"수학이 쉬워지는 완벽한 솔루션"

완쏠 개념

중등수학

1-1

메가스터디BOOKS

완쏠 개념

"수학이 쉬워지는 완벽한 솔루션"

완쏠 개념

중등수학

1-1

완쏠 개념 중등수학 1-1

발행일	2023년 10월 20일
펴낸곳	메가스터디(주)
펴낸이	손은진
개발 책임	배경윤
개발	김민, 신상희, 성기은, 오성한
디자인	이정숙, 신은지, 이솔이
제작	이성재, 장병미
주소	서울시 서초구 효령로 304(서초동) 국제전자센터 24층
대표전화	1661.5431(내용 문의 02-6984-6908 / 구입 문의 02-6984-6868,9)
홈페이지	http://www.megastudybooks.com
출판사 신고 번호	제 2015-000159호
출간제안/원고투고	writer@megastudy.net

메가스터디BOOKS

'메가스터디북스'는 메가스터디㈜의 출판 전문 브랜드입니다.

유아/초등 학습서, 중고등 수능/내신 참고서는 물론, 지식, 교양, 인문 분야에서 다양한 도서를 출간하고 있습니다.

수학 기본기를 강화하는
완쏠 개념은
이렇게 만들었습니다!

새 교육과정에 충실한
중요 개념 선별 & 수록

교과서 수준에 철저히 맞춘
대표 예제와 유제 수록

내신 기출문제를 분석한
단원별 실전 문제 수록

단원의 개념을 최종 정리하는
마인드맵과 OX 문제 수록

정확한 답과 설명을
건너뛰지 않는 친절한 해설

이 책의 짜임새

STEP 1 →

필수 개념 + 개념 확인하기

단원별로 꼭 알아야 하는 필수 개념과 그 개념을 확인하는 문제로 개념을 쉽게 이해할 수 있습니다.

STEP 2 →

대표 예제로 개념 익히기

개념별로 자주 출제되는 유형으로 선정한 대표 예제, 이와 관련된 유제를 다시 풀어 보며 내신 기본기를 다질 수 있습니다.

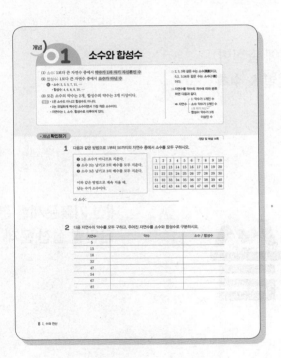

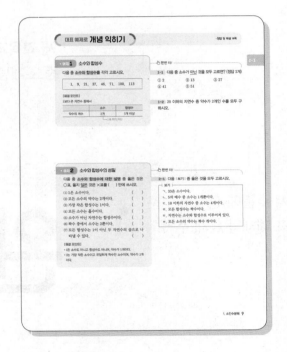

STEP 3

실전 문제로 단원 마무리하기

중단원 학습 내용을 점검하는 다양한 난이도의 실전 문제(서술형 포함)로 내신 대비를 탄탄하게 할 수 있습니다.

단원 정리하기

마인드맵 & OX 문제로 단원 정리하기

중단원에서 학습한 개념을 마인드맵으로 구조화 하여 이해하고, OX 문제에 답하며 개념 이해도 를 스스로 점검할 수 있습니다.

➕ 본책 학습 후 "워크북"

본책의 각 개념에 대한 확인 문제, 대표 예제를 반복하여 풀며 내신 기본기를 더욱 탄탄하게 다 지고 싶은 학생은 "워크북"까지 풀어 보세요!

이 책의 차례

중등 1-2	I 기본 도형	1 기본 도형
		2 작도와 합동
	II 평면도형과 입체도형	3 평면도형의 성질
		4 입체도형의 성질
	III 통계	5 대푯값 / 자료의 정리와 해석

*완쏠 개념 중등수학 1-2는 별도 판매합니다.

1

소인수분해

배웠어요

- 자연수의 혼합 계산 [초5~6]
- 약수와 배수 [초5~6]
- 최대공약수와 최소공배수 [초5~6]
- 분수와 소수 [초3~4]
- 분수의 사칙계산 [초5~6]
- 소수의 곱셈과 나눗셈 [초5~6]

✔ 이번에 배워요

1. 소인수분해
- 소인수분해
- 최대공약수와 최소공배수

2. 정수와 유리수
- 정수와 유리수
- 수의 대소 관계
- 정수와 유리수의 덧셈, 뺄셈
- 정수와 유리수의 곱셈, 나눗셈

배울 거예요

- 유리수와 순환소수 [중2]
- 제곱근과 실수 [중3]
- 복소수와 이차방정식 [고등]

우리의 일상 속 자연수는 컴퓨터를 움직이고, 다양한 정보를 전달하는 원리가 되기도 합니다.

특히, 소수는 자연수의 일부로서 오늘날 암호화된 비밀번호를 만들 때 사용되어 보안이 필요한 곳에서 중요한 역할을 합니다.

이 단원에서는 자연수를 소인수분해하고, 이를 이용하여 최대공약수와 최소공배수를 구하는 방법에 대해 학습합니다.

▶ **새로 배우는 용어**

소수, 합성수, 거듭제곱, 지수, 밑, 소인수, 소인수분해, 서로소

1. 소인수분해를 시작하기 전에

약수와 배수 초등

1 다음을 보고, □ 안에 알맞은 것을 쓰시오.

$$15=1\times15, \qquad 15=3\times5$$

⇨ 15는 1, 3, 5, 15의 [   ]이고, 1, 3, 5, 15는 15의 [   ]이다.

최대공약수와 최소공배수 초등

2 36과 45의 최대공약수와 최소공배수를 차례로 구하시오.

개념 01 소수와 합성수

(1) **소수**: 1보다 큰 자연수 중에서 약수가 1과 자기 자신뿐인 수

(2) **합성수**: 1보다 큰 자연수 중에서 소수가 아닌 수

   예 • 소수: 2, 3, 5, 7, 11, …

      • 합성수: 4, 6, 8, 9, 10, …

(3) 모든 소수의 약수는 2개, 합성수의 약수는 3개 이상이다.

  참고 • 1은 소수도 아니고 합성수도 아니다.

      • 2는 유일하게 짝수인 소수이면서 가장 작은 소수이다.

      • 자연수는 1, 소수, 합성수로 이루어져 있다.

» 2, 3, 5와 같은 수는 소수(素數)이고, 0.2, 3.28과 같은 수는 소수(小數)이다.

» 자연수를 약수의 개수에 따라 분류하면 다음과 같다.

→ 자연수 ┌ 1: 약수가 1개인 수
       ├ 소수: 약수가 2개인 수
         1과 자기 자신 ┘
       └ 합성수: 약수가 3개 이상인 수

• 개념 확인하기

정답 및 해설 14쪽

1 다음과 같은 방법으로 1부터 50까지의 자연수 중에서 소수를 모두 구하시오.

❶ 1은 소수가 아니므로 지운다.

❷ 소수 2는 남기고 2의 배수를 모두 지운다.

❸ 소수 3은 남기고 3의 배수를 모두 지운다.

⋮

이와 같은 방법으로 계속 지울 때, 남는 수가 소수이다.

1	2	3	4	5	6	7	8	9	10
11	12	13	14	15	16	17	18	19	20
21	22	23	24	25	26	27	28	29	30
31	32	33	34	35	36	37	38	39	40
41	42	43	44	45	46	47	48	49	50

⇨ 소수: _____

2 다음 자연수의 약수를 모두 구하고, 주어진 자연수를 소수와 합성수로 구분하시오.

자연수	약수	소수 / 합성수
5		
13		
18		
32		
47		
54		
67		
87		

•정답 및 해설 14쪽

• 예제 1 소수와 합성수

다음 중 소수와 합성수를 각각 고르시오.

1, 9, 21, 37, 46, 71, 100, 113

[해결 포인트]

1보다 큰 자연수 중에서

	소수	합성수
약수의 개수	2개	3개 이상

→ 1과 자기 자신

☞ **한번 더!**

1-1 다음 중 소수가 <u>아닌</u> 것을 모두 고르면? (정답 2개)

① 2   ② 13   ③ 27
④ 41   ⑤ 51

1-2 20 이하의 자연수 중 약수가 2개인 수를 모두 구하시오.

• 예제 2 소수와 합성수의 성질

다음 중 소수와 합성수에 대한 설명 중 옳은 것은 ○표, 옳지 <u>않은</u> 것은 ×표를 (   ) 안에 쓰시오.

(1) 1은 소수이다.   (   )
(2) 모든 소수의 약수는 2개이다.   (   )
(3) 가장 작은 합성수는 1이다.   (   )
(4) 모든 소수는 홀수이다.   (   )
(5) 소수가 아닌 자연수는 합성수이다. (   )
(6) 짝수 중에서 소수는 2뿐이다.   (   )
(7) 모든 합성수는 1이 아닌 두 자연수의 곱으로 나타낼 수 있다.   (   )

[해결 포인트]

• 1은 소수도 아니고 합성수도 아니며, 약수가 1개이다.
• 2는 가장 작은 소수이고 유일하게 짝수인 소수이며, 약수가 2개이다.

☞ **한번 더!**

2-1 다음 | 보기 | 중 옳은 것을 모두 고르시오.

| 보기 |

ㄱ. 33은 소수이다.
ㄴ. 5의 배수 중 소수는 1개뿐이다.
ㄷ. 10 이하의 자연수 중 소수는 4개이다.
ㄹ. 모든 합성수는 짝수이다.
ㅁ. 자연수는 소수와 합성수로 이루어져 있다.
ㅂ. 모든 소수의 약수는 짝수 개이다.

개념 02 거듭제곱

(1) **거듭제곱**: 같은 수나 문자를 여러 번 곱한 것을 2^2, 2^3, 2^4, …과 같이 간단히 나타낸 것

➡ $2\times2=2^2$, $2\times2\times2=2^3$,

$2\times2\times2\times2=2^4$, …

참고 2^2, 2^3, 2^4, …을 각각 2의 제곱, 2의 세제곱, 2의 네제곱, …이라 읽는다.

(2) **밑**: 거듭제곱에서 곱하는 수나 문자

(3) **지수**: 거듭제곱에서 곱해진 수나 문자의 개수

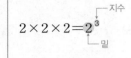

$$2\times2\times2=2^3 \quad \substack{\text{지수}\\\text{밑}}$$

» 2^1은 2로 정한다.

» 1의 거듭제곱은 항상 1이다.

➡ $1=1^2=1^3=\cdots=1^{100}=\cdots$

» $2\times2\times2\times3\times3$은 2의 거듭제곱과 3의 거듭제곱을 함께 사용하여 나타낼 수 있다. 즉,

$2\times2\times2\times3\times3=2^3\times3^2$

• 개념 확인하기

• 정답 및 해설 14쪽

1 다음 표를 완성하시오.

수	밑	지수
3^2		
7^3		
$\left(\dfrac{1}{2}\right)^6$		
$\left(\dfrac{3}{5}\right)^{10}$		

2 다음을 거듭제곱을 사용하여 나타내시오.

(1) $5\times5\times5\times5$

(2) $3\times3\times7\times7\times7$

(3) $2\times2\times5\times5\times5\times11$

(4) $\dfrac{1}{4}\times\dfrac{1}{4}\times\dfrac{1}{4}$

(5) $\dfrac{1}{3}\times\dfrac{1}{3}\times\dfrac{1}{3}\times\dfrac{1}{8}\times\dfrac{1}{8}$

(6) $\dfrac{1}{2\times3\times3\times7\times7\times7}$

3 다음 수를 [ ] 안의 수의 거듭제곱으로 나타내시오.

(1) 32   [2]

(2) 27   [3]

(3) 125   [5]

(4) 10000   [10]

(5) $\dfrac{1}{16}$ $\left[\dfrac{1}{2}\right]$

(6) $\dfrac{1}{49}$ $\left[\dfrac{1}{7}\right]$

· 예제 **1** 거듭제곱(1)

다음 중 옳은 것은?

① $2 \times 2 \times 2 = 3^2$

② $\dfrac{1}{5} \times \dfrac{1}{5} \times \dfrac{1}{5} = \dfrac{3}{5}$

③ $3 + 3 + 3 + 3 = 3^4$

④ $7 \times 7 \times 7 \times 7 = 7 \times 4$

⑤ $\dfrac{1}{3 \times 3 \times 5 \times 5 \times 5} = \dfrac{1}{3^2 \times 5^3}$

[해결 포인트]

$\underline{2 \times 2 \times 2} = 2^3$이고, $\underline{2 + 2 + 2} = 2 \times 3$이다.
　2를 3번 곱한 것　　　　2를 3번 더한 것

🖑 **한번 더!**

1-1 다음 중 5^3과 같은 것은?

① $3 + 3 + 3 + 3 + 3$　　② $5 + 5 + 5$

③ 5×3　　　　　　　④ $5 \times 5 \times 5$

⑤ $3 \times 3 \times 3 \times 3 \times 3$

1-2 다음 중 옳은 것을 모두 고르면? (정답 2개)

① $10 + 10 + 10 = 10^3$

② $2 \times 3 \times 3 \times 5 = 2 + 3^2 + 5$

③ $4 \times 4 \times 4 \times 4 \times 4 = 5^4$

④ $2 \times 2 \times 3 \times 3 \times 5 = 2^2 \times 3^2 \times 5$

⑤ $\dfrac{1}{7} \times \dfrac{1}{7} \times \dfrac{1}{7} \times \dfrac{1}{7} = \left(\dfrac{1}{7}\right)^4$

· 예제 **2** 거듭제곱(2) – 미지수 구하기

$2^3 = a$, $7^b = 343$을 만족시키는 자연수 a, b에 대하여 $a + b$의 값은?

① 3　　　　② 8　　　　③ 10

④ 11　　　⑤ 13

[해결 포인트]

$\underbrace{a \times a \times \cdots \times a}_{n개} = a^n$
　　a를 n번 곱한 것

이므로 2^3은 2를 몇 번 곱한 것인지, 343은 7을 몇 번 곱한 것인지 알아본다.

🖑 **한번 더!**

2-1 $\dfrac{1}{2^4} = \dfrac{1}{a}$, $3^b = 81$을 만족시키는 자연수 a, b에 대하여 $a - b$의 값을 구하시오.

2-2 $16 \times 25 = 2^a \times 5^b$일 때, 자연수 a, b에 대하여 $a + b$의 값을 구하시오.

소인수분해

(1) 소인수분해

① 인수와 소인수: 세 자연수 a, b, c에 대하여 $a=b \times c$일 때, a의 약수 b, c를 a의 인수라 한다.

특히 인수 중에서 소수인 것을 소인수라 한다.

예 $6=1 \times 6=2 \times 3$ ➡ 6의 약수 1, 2, 3, 6 중에서 소인수는 2, 3이다.

② 소인수분해: 1보다 큰 자연수를 소인수만의 곱으로 나타내는 것

③ 소인수분해하는 방법

방법 ①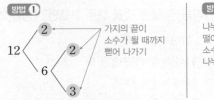

가지의 끝이 소수가 될 때까지 뻗어 나가기

방법 ②

나누어 떨어지는 소수로만 나누기

몫이 소수가 될 때까지 나누기

12의 소인수분해 결과 ➡ $12=2 \times 2 \times 3=2^2 \times 3$

참고 일반적으로 소인수분해한 결과는 크기가 작은 소인수부터 차례로 쓰고, 같은 소인수의 곱은 거듭제곱으로 나타낸다.

➡ 소인수분해한 결과는 곱의 순서를 생각하지 않는다면 오직 한 가지뿐이다.

④ 어떤 자연수의 제곱인 수는 소인수분해했을 때, 각 소인수의 지수가 모두 짝수이다.

예 $6^2=36=2^2 \times 3^2$, $8^2=64=2^6$, $12^2=144=2^4 \times 3^2$

》 소인수분해한 결과는 반드시 소인수만의 곱으로 나타내야 한다.

예 $12=2 \times 6$ (×)

$12=2^2 \times 3$ (○)

》 소인수분해한 결과가 $A=a^m \times b^n$ (a, b는 서로 다른 소수, m, n은 자연수)이면 A의 소인수는 a, b이다.

예 $36=2^2 \times 3^2$이므로 36의 소인수는 2, 3이다.

(2) 소인수분해를 이용하여 약수 구하기

자연수 A가 $A=a^m \times b^n$ (a, b는 서로 다른 소수, m, n은 자연수)으로 소인수분해될 때

① A의 약수: a^m의 약수($1, a, a^2, \cdots, a^m$)와 b^n의 약수($1, b, b^2, \cdots, b^n$)의 곱으로 구한다.
$(m+1)$개 $(n+1)$개

② A의 약수의 개수: $(m+1) \times (n+1)$개

소인수의 각 지수에 1을 더하여 곱한다.

예 $18=2 \times 3^2$이므로 다음 표에서

	1	3	3^2
1	$1 \times 1=1$	$1 \times 3=3$	$1 \times 3^2=9$
2	$2 \times 1=2$	$2 \times 3=6$	$2 \times 3^2=18$

3^2의 약수
2^1의 약수
18의 약수

① 18의 약수 ➡ 1, 2, 3, 6, 9, 18

② 18의 약수의 개수 ➡ $(1+1) \times (2+1)=6$(개)

》 어떤 자연수가 a^m (a는 소수, m은 자연수)으로 소인수분해될 때
① 약수: $1, a, a^2, \cdots, a^m$
② 약수의 개수: $(m+1)$개

》 표를 이용하면 $a^m \times b^n$의 약수를 빠짐없이 구할 수 있다.

· 정답 및 해설 15쪽

1 다음은 두 가지 방법을 이용하여 자연수를 소인수분해하는 과정을 나타낸 것이다. ☐ 안에 알맞은 수를 쓰시오.

(1) 20

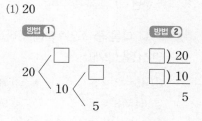

20의 소인수분해 결과 ⇨ $20 = 2^{\square} \times 5$

(2) 54

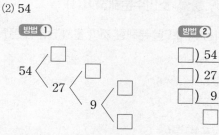

54의 소인수분해 결과 ⇨ $54 = \square \times 3^{\square}$

2 다음 수를 소인수분해하고, 소인수를 모두 구하시오.

(1) 9

(2) 24

(3) 56

(4) 90

3 다음 수 중에서 어떤 자연수의 제곱인 수인 것은 ○표, 제곱인 수가 <u>아닌</u> 것은 ×표를 ( ) 안에 쓰시오.

(1) $2^2 \times 3^3$ (   )   (2) 5^4 (   )

(3) $2^3 \times 7^2$ (   )   (4) $2^2 \times 3^2 \times 5^2$ (   )

4 다음은 소인수분해를 이용하여 약수를 구하는 과정이다. 표를 완성하고, 주어진 수의 약수를 모두 구하시오.

(1) $2^2 \times 7$

×	1	7
1		
2		
2^2		

⇨ $2^2 \times 7$의 약수: _____

(2) $225 = $ _____ ← 소인수분해

×	1	5	5^2
1			

⇨ 225의 약수: _____

5 다음 수의 약수의 개수를 구하시오.

(1) 5^7

(2) $3^2 \times 7$

(3) 68

(4) 100

예제 1 소인수분해하기(1)

다음 중 소인수분해한 것이 옳지 **않은** 것은?

① $18 = 2 \times 3^2$

② $27 = 3^3$

③ $30 = 5 \times 6$

④ $50 = 2 \times 5^2$

⑤ $51 = 3 \times 17$

[해결 포인트]
소인수분해한 결과는 소인수만의 곱으로 나타낸다.

👆 한번 더!

1-1 다음 중 소인수분해를 바르게 한 것을 모두 고르면? (정답 2개)

① $45 = 3^2 \times 5$

② $70 = 7 \times 10$

③ $64 = 8^2$

④ $96 = 32 \times 3$

⑤ $147 = 3 \times 7^2$

예제 2 소인수분해하기(2) – 미지수 구하기

80을 소인수분해하면 $2^a \times 5^b$일 때, 자연수 a, b에 대하여 $a+b$의 값을 구하시오.

[해결 포인트]
소인수분해한 결과가 $2^5 \times 3$일 때, $2^5 \times 3 = 2^5 \times 3^1$이므로 소인수 2의 지수는 5이고, 소인수 3의 지수는 1이다.

👆 한번 더!

2-1 252를 소인수분해하면 $2^a \times 3^b \times c$일 때, $a+b+c$의 값을 구하시오.

(단, a, b는 자연수, c는 소수)

예제 3 소인수 구하기

다음 중 462의 소인수가 **아닌** 것은?

① 2

② 3

③ 7

④ 11

⑤ 13

[해결 포인트]
소인수는 어떤 수를 소인수분해했을 때, 밑이 되는 수이다.
즉, 소인수분해한 결과가 $A = a^m \times b^n$이면
➡ A의 소인수는 a, b이다.

👆 한번 더!

3-1 다음 중 소인수가 나머지 넷과 **다른** 하나는?

① 12

② 36

③ 54

④ 72

⑤ 126

• 예제 4 제곱인 수 만들기

$2^3 \times \square$가 어떤 자연수의 제곱이 되도록 할 때, $\square$ 안에 들어갈 가장 작은 자연수는?

① 2 　　　② 4 　　　③ 8

④ 9 　　　⑤ 18

[해결 포인트]

자연수 A가 어떤 자연수의 제곱이 되려면 A를 소인수분해했을 때, 각 소인수의 지수가 모두 짝수이어야 한다.

👆 **한번 더!**

4-1 45에 가능한 한 작은 자연수를 곱하여 어떤 자연수의 제곱이 되게 하려고 한다. 다음 물음에 답하시오.

(1) 45를 소인수분해하시오.

(2) 곱할 수 있는 가장 작은 자연수를 구하시오.

(3) (2)에서 구한 수를 45에 곱하면 어떤 자연수의 제곱이 되는지 구하시오.

• 예제 5 약수 구하기

다음 중 $2^4 \times 3^2$의 약수가 <u>아닌</u> 것은?

① 2 　　　② $2^3 \times 3$ 　　　③ 2×3^2

④ $2^4 \times 3^2$ 　　　⑤ $2^4 \times 3^3$

[해결 포인트]

a, b, c는 서로 다른 소수이고 l, m, n은 자연수일 때
$a^l \times b^m \times c^n$의 약수 ➡ ($a^l$의 약수)×($b^m$의 약수)×($c^n$의 약수)

👆 **한번 더!**

5-1 다음 |보기| 중 110의 약수인 것을 모두 고르시오.

┌ **보기** ├─────────────────────

　ㄱ. 2 　　　ㄴ. 9 　　　ㄷ. 22

　ㄹ. 2^4 　　　ㅁ. $2^2 \times 5$ 　　　ㅂ. $2 \times 5 \times 11$

• 예제 6 약수의 개수 구하기

다음 중 약수의 개수가 나머지 넷과 <u>다른</u> 하나는?

① $2^2 \times 7^7$ 　　　② 3×5^{11} 　　　③ $3^4 \times 5^6$

④ $2 \times 3^5 \times 7$ 　　　⑤ $3 \times 5^2 \times 11^3$

[해결 포인트]

a, b, c는 서로 다른 소수이고 l, m, n은 자연수일 때
• a^l의 약수의 개수 ➡ $(l+1)$개
• $a^l \times b^m$의 약수의 개수 ➡ $(l+1) \times (m+1)$개
• $a^l \times b^m \times c^n$의 약수의 개수 ➡ $(l+1) \times (m+1) \times (n+1)$개

👆 **한번 더!**

6-1 다음 중 약수의 개수가 가장 많은 것은?

① 90 　　　② 125 　　　③ 175

④ $2^2 \times 6$ 　　　⑤ $4^2 \times 3^2$

6-2 $2^3 \times 5^\square$의 약수의 개수가 12개일 때, $\square$ 안에 알맞은 자연수를 구하시오.

공약수와 최대공약수

(1) **공약수**: 두 개 이상의 자연수의 공통인 약수
(2) **최대공약수**: 공약수 중에서 가장 큰 수
  예 6의 약수: 1, 2, 3, 6   8의 약수: 1, 2, 4, 8
    ➡ 6과 8의 공약수: 1, 2
    ➡ 6과 8의 최대공약수: 2
(3) **최대공약수의 성질**
  두 개 이상의 자연수의 공약수는 그 수들의 최대공약수의 약수이다.
  예 6과 8의 공약수 1, 2는 6과 8의 최대공약수인 2의 약수이다.
(4) **서로소**: 최대공약수가 1인 두 자연수를 서로소라 한다.
  예 2와 7의 최대공약수가 1이므로 2와 7은 서로소이다.
  참고 • 1은 모든 자연수와 서로소이다.
    • 서로 다른 두 소수는 항상 서로소이다.

>> 공약수 중에서 가장 작은 수는 항상 1이므로 최소공약수는 생각하지 않는다.

>> 두 자연수의 공약수의 개수는 두 수의 최대공약수의 약수의 개수와 같다.

>> 두 자연수가 서로소이면 두 수의 공약수는 1뿐이다.

• 개념 **확인하기**

• 정답 및 해설 17쪽

1 18과 42의 최대공약수를 구하려고 한다. 다음을 구하고, □ 안에 알맞은 것을 쓰시오.

(1) 18의 약수   (2) 42의 약수

(3) 18과 42의 공약수   (4) 18과 42의 최대공약수

⇨ 18과 42의 공약수는 두 수의 최대공약수인 □의 □이다.

2 어떤 두 자연수의 최대공약수가 다음과 같을 때, 이 두 수의 공약수를 모두 구하시오.

(1) 4   (2) 20
(3) 28   (4) 32

3 다음 중 두 수가 서로소인 것은 ○표, 서로소가 <u>아닌</u> 것은 ×표를 (   ) 안에 쓰시오.

(1) 4, 15   (   )   (2) 9, 21   (   )
(3) 16, 24   (   )   (4) 27, 49   (   )

• 예제 1 최대공약수의 성질

다음 중 최대공약수가 30인 두 자연수의 공약수가 아닌 것은?

① 2   ② 6   ③ 10
④ 15   ⑤ 20

[해결 포인트]

공약수와 최대공약수의 관계
➡ (두 수의 공약수)=(두 수의 최대공약수의 약수)

🖑한번 더!

1-1 두 자연수 A, B의 최대공약수가 45일 때, 다음 중 A, B의 공약수인 것을 모두 고르면? (정답 2개)

① 3   ② 8   ③ 15
④ 25   ⑤ 40

1-2 어떤 두 자연수의 최대공약수가 24일 때, 이 두 수의 공약수의 개수를 구하시오.

• 예제 2 서로소

다음 중 두 수가 서로소가 아닌 것은?

① 4, 9   ② 5, 12   ③ 7, 14
④ 12, 19   ⑤ 18, 25

[해결 포인트]

두 자연수가 서로소이다. ➡ 두 자연수의 최대공약수가 1이다.

🖑한번 더!

2-1 다음 | 보기 | 중 서로소인 두 자연수로 짝 지어진 것을 모두 고르시오.

| 보기 |

ㄱ. 7, 25   ㄴ. 11, 21   ㄷ. 15, 18
ㄹ. 20, 38   ㅁ. 14, 23   ㅂ. 33, 55

2-2 다음 중 14와 서로소인 자연수는?

① 2   ② 6   ③ 12
④ 15   ⑤ 21

최대공약수 구하기

최대공약수는 다음과 같이 두 가지 방법으로 구할 수 있다.

방법 ① 소인수분해 이용하기

❶ 주어진 수를 각각 소인수분해한다.

❷ 공통인 소인수를 모두 곱한다.

이때 소인수의 지수가 같으면 그대로, 다르면 작은 것을 택하여 곱한다.

예

$$24 = 2^3 \times 3$$
$$30 = 2 \times 3 \times 5$$
$$\overline{\text{(최대공약수)} = 2 \times 3 = 6}$$

소인수의 지수가 다르면 → 지수가 작은 것을 곱한다.   소인수의 지수가 같으면 그대로 곱한다.

방법 ② 나눗셈 이용하기

❶ 몫이 서로소가 될 때까지 1이 아닌 공약수로 계속 나눈다.

❷ 나눈 공약수를 모두 곱한다.

예
$$\begin{array}{r} 2\,)\underline{\;24\;\;30\;} \\ 3\,)\underline{\;12\;\;15\;} \\ \boxed{4\;\;5} \leftarrow \text{서로소} \end{array}$$

∴ (최대공약수)=$2 \times 3 = 6$

참고 세 수의 최대공약수도 두 수일 때와 같은 방법으로 구한다.

• 개념 확인하기

• 정답 및 해설 17쪽

1 다음 □ 안에 알맞은 수를 쓰고, 주어진 수들의 최대공약수를 두 가지 방법을 이용하여 구하시오.

(1) 8, 12

방법 ①

8의 소인수분해: $\boxed{}^{3}$

12의 소인수분해: $\boxed{}^{2} \times \boxed{}$

(최대공약수)$= \boxed{}^{\boxed{}} = \boxed{}$

방법 ②

$$2\,)\underline{\;8\;\;12\;}$$

∴ (최대공약수)=

(2) 30, 75

방법 ①

30의 소인수분해:

75의 소인수분해:

(최대공약수)=

방법 ②

$$)\underline{\;30\;\;75\;}$$

∴ (최대공약수)=

(3) 24, 42, 60

방법 ①

24의 소인수분해:

42의 소인수분해:

60의 소인수분해:

(최대공약수)=

방법 ②

$$)\underline{\;24\;\;42\;\;60\;}$$

∴ (최대공약수)=

• 예제 1 최대공약수 구하기

다음 세 수의 최대공약수는?

$$2^3 \times 7^2, \quad 2^2 \times 5 \times 7, \quad 2^2 \times 3^2 \times 7$$

① 2×7　　　　　　② $2^2 \times 7$

③ $2^3 \times 7^2$　　　　　④ $2 \times 3 \times 5 \times 7$

⑤ $2^3 \times 3^2 \times 5 \times 7^2$

[해결 포인트]
세 수의 최대공약수는 세 수를 소인수분해한 꼴에서 공통인 소인수를 찾아 모두 곱한 값과 같다.
이때 공통인 소인수의 지수가 같으면 그대로, 다르면 작은 것을 택하여 곱해야 한다.

👆**한번 더!**

1-1 두 수 78, 102의 최대공약수를 소인수의 곱으로 나타내시오.

1-2 다음 세 수의 최대공약수를 소인수의 곱으로 나타내시오.

$$2 \times 3^4, \quad 2^2 \times 3^2 \times 5, \quad 396$$

• 예제 2 공약수 구하기

다음 중 두 수 $2^2 \times 3^2 \times 5^2$, $2^3 \times 3 \times 5$의 공약수가 <u>아닌</u> 것은?

① 2×3　　　② 3×5　　　③ $2^2 \times 5$

④ $2 \times 3 \times 5$　　⑤ $2^2 \times 3^2$

[해결 포인트]
공약수는 최대공약수의 약수이므로 주어진 수들의 최대공약수를 먼저 구해 본다.

👆**한번 더!**

2-1 다음 중 세 수 $2^2 \times 3^2$, $2 \times 3^2 \times 7^2$, $2 \times 3^3 \times 7$의 공약수가 <u>아닌</u> 것은?

① 2　　　　② 6　　　　③ 3^2

④ 18　　　⑤ $2 \times 3 \times 7^2$

2-2 두 수 72, 96의 공약수의 개수를 구하시오.

공배수와 최소공배수

(1) **공배수**: 두 개 이상의 자연수의 공통인 배수

(2) **최소공배수**: 공배수 중에서 가장 작은 수

　　예 4의 배수: 4, 8, 12, 16, 20, 24, 28, 32, 36, …

　　　　6의 배수: 6, 12, 18, 24, 30, 36, …

　　　➡ 4와 6의 공배수: 12, 24, 36, …

　　　➡ 4와 6의 최소공배수: 12

(3) **최소공배수의 성질**

　① 두 개 이상의 자연수의 공배수는 그 수들의 최소공배수의 배수이다.

　② 서로소인 두 자연수의 최소공배수는 두 수의 곱과 같다.

　　예 • 4와 6의 공배수 12, 24, 36, …은 4와 6의 최소공배수인 12의 배수이다.

　　　　• 3과 4는 서로소이므로 3과 4의 최소공배수는 3×4＝12이다.

>> 공배수는 공약수와 달리 끝없이 계속 구할 수 있으므로 공배수 중에서 가장 큰 것은 알 수 없다. 따라서 최대공배수는 생각하지 않는다.

• 개념 확인하기

• 정답 및 해설 18쪽

1 4와 10의 최소공배수를 구하려고 한다. 다음을 구하고, □ 안에 알맞은 것을 쓰시오.

　(1) 4의 배수　　　　　　　　　　　　　(2) 10의 배수

　(3) 4와 10의 공배수　　　　　　　　　　(4) 4와 10의 최소공배수

　➡ 4와 10의 공배수는 두 수의 최소공배수인 □의 □이다.

2 5와 8의 최소공배수를 구하려고 한다. 다음을 구하고, □ 안에 알맞은 것을 쓰시오.

　(1) 5의 배수　　　　　　　　　　　　　(2) 8의 배수

　(3) 5와 8의 공배수　　　　　　　　　　(4) 5와 8의 최소공배수

　➡ 5와 8의 공배수는 두 수의 최소공배수인 □의 □이다.

　➡ 5와 8의 최소공배수인 □은 서로소인 두 수 5와 8의 □과 같다.

3 어떤 두 자연수의 최소공배수가 다음과 같을 때, 이 두 수의 공배수를 가장 작은 것부터 차례로 3개를 구하시오.

　(1) 16　　　　　　　　　(2) 35　　　　　　　　　(3) 54

예제 1 최소공배수의 성질 (1)

어떤 두 자연수의 최소공배수가 9일 때, 다음 중 이 두 수의 공배수인 것을 모두 고르시오.

| 18, | 25, | 36, | 40, |
| 63, | 51, | 27, | 105 |

[해결 포인트]
공배수와 최소공배수의 관계
➡ (두 수의 공배수)=(두 수의 최소공배수의 배수)

👆 한번 더!

1-1 어떤 두 자연수의 최소공배수가 28일 때, 다음 중 이 두 수의 공배수인 것을 모두 고르시오.

| 7, 28, 32, 42, 56, 64, 70, 84 |

1-2 다음 중 최소공배수가 11인 두 자연수의 공배수가 아닌 것은?

① 22   ② 66   ③ 99
④ 111   ⑤ 121

예제 2 최소공배수의 성질 (2)

어떤 두 자연수의 최소공배수가 30일 때, 이 두 수의 공배수 중 두 자리의 자연수의 개수를 구하시오.

[해결 포인트]
공배수와 최소공배수의 관계와 주어진 수의 범위를 이용한다.

👆 한번 더!

2-1 50 이하의 자연수 중 3과 7의 공배수의 개수를 구하시오.

2-2 어떤 세 자연수의 최소공배수가 16일 때, 이 세 수의 공배수 중 100에 가장 가까운 수는?

① 72   ② 80   ③ 90
④ 96   ⑤ 112

최소공배수 구하기

최소공배수는 다음과 같이 두 가지 방법으로 구할 수 있다.

방법 ① 소인수분해 이용하기

❶ 주어진 수를 각각 소인수분해한다.

❷ 공통인 소인수와 공통이 아닌 소인수를 모두 곱한다. 이때 소인수의 지수가 같으면 그대로, 다르면 큰 것을 택하여 곱한다.

예

$$18 = 2 \times 3^2$$
$$36 = 2^2 \times 3^2$$
$$45 = 3^2 \times 5$$
$$\text{(최소공배수)} = 2^2 \times 3^2 \times 5 = 180$$

소인수의 지수가 다르면 지수가 큰 것을 곱한다.   소인수의 지수가 같으면 그대로 곱한다.   공통이 아닌 소인수도 곱한다.

방법 ② 나눗셈 이용하기

❶ 1이 아닌 공약수로 계속 나눈다.

   이때 세 수의 공약수가 없으면 두 수의 공약수로 나누고, 공약수가 없는 수는 그대로 아래로 내린다.

❷ 나눈 공약수와 마지막 몫을 모두 곱한다.

예

```
3 ) 18  36  45
3 )  6  12  15
2 )  2   4   5
      1   2   5
```

세 수의 최소공배수를 구할 때는 어떤 두 수를 택하여도 공약수가 1일 때까지 나눈다.

$$\therefore \text{(최소공배수)} = 3 \times 3 \times 2 \times 1 \times 2 \times 5 = 180$$

• 개념 확인하기

• 정답 및 해설 19쪽

1 다음 □ 안에 알맞은 수를 쓰고, 주어진 수들의 최소공배수를 두 가지 방법을 이용하여 구하시오.

(1) 8, 12

방법 ①

8의 소인수분해: $\square^3$

12의 소인수분해: $\square^2 \times \square$

$\text{(최소공배수)} = \square^{\square} \times \square = \square$

방법 ②

```
2 ) 8  12
```

$\therefore \text{(최소공배수)} =$

(2) 16, 20

방법 ①

16의 소인수분해:

20의 소인수분해:

$\text{(최소공배수)} =$

방법 ②

```
) 16  20
```

$\therefore \text{(최소공배수)} =$

(3) 12, 15, 30

방법 ①

12의 소인수분해:

15의 소인수분해:

30의 소인수분해:

$\text{(최소공배수)} =$

방법 ②

```
) 12  15  30
```

$\therefore \text{(최소공배수)} =$

• 예제 1　**최소공배수 구하기**

다음 세 수의 **최소공배수**를 소인수의 곱으로 나타내시오.

$$2^2 \times 3^2, \quad 3 \times 5^2, \quad 2 \times 3^2 \times 5$$

[해결 포인트]
세 수의 최소공배수는 세 수를 소인수분해한 꼴에서 공통인 소인수와 공통이 아닌 소인수를 모두 곱한 값과 같다. 이때 공통인 소인수의 지수가 같으면 그대로, 다르면 큰 것을 택하여 곱해야 한다.

한번 더!

1-1 두 수 $2 \times 3^2 \times 5$, 42의 최소공배수는?

① 2×3
② 5×7
③ 2×3^2
④ $2 \times 3 \times 5 \times 7$
⑤ $2 \times 3^2 \times 5 \times 7$

• 예제 2　**공배수 구하기**

다음 중 두 수 $2 \times 3^2 \times 5^2$, $2^2 \times 3^3 \times 7$의 공배수가 아닌 것은?

① $2^2 \times 3^3 \times 5^2 \times 7$　② $2^2 \times 3^4 \times 5 \times 7^2$
③ $2^4 \times 3^3 \times 5^4 \times 7$　④ $2^3 \times 3^3 \times 5^2 \times 7^2$
⑤ $2^2 \times 3^3 \times 5^2 \times 7^3$

[해결 포인트]
공배수는 최소공배수의 배수이므로 주어진 수들의 최소공배수를 먼저 구해 본다.

한번 더!

2-1 다음 중 세 수 28, 63, 84의 공배수인 것은?

① $2^2 \times 3^2$
② $3^2 \times 7$
③ $2 \times 3 \times 7$
④ $2^2 \times 3^2 \times 7^2$
⑤ $2 \times 3^3 \times 5 \times 7$

• 예제 3　**최대공약수, 최소공배수가 주어지는 경우**

두 수 $2^a \times 3^2$과 $2^3 \times 3^b \times 7$의 **최대공약수**는 $2^3 \times 3$이고 **최소공배수**는 $2^4 \times 3^2 \times 7$일 때, 자연수 a, b에 대하여 $a+b$의 값을 구하시오.

[해결 포인트]
주어진 두 수와 최대공약수 또는 최소공배수를 각 소인수의 지수끼리 비교하여 미지수를 구한다.

한번 더!

3-1 두 수 $2^3 \times 3^a \times 5^2$, $2^b \times 3^4 \times 7^c$의 최대공약수는 $2^2 \times 3^4$이고 최소공배수는 $2^3 \times 3^4 \times 5^2 \times 7$일 때, 자연수 a, b, c에 대하여 $a+b+c$의 값을 구하시오.

1 ●○○

다음 두 학생의 대화를 읽고, □ 안에 알맞은 수들의 합을 구하시오.

유진: 소수는 약수가 □개인 자연수이고, 합성수는 약수가 □개 이상인 자연수야.

서호: □은 약수가 1개뿐이니까 소수도 아니고 합성수도 아니라고 할 수 있어.

2 중요 ●●●

다음 중 옳은 것을 모두 고르면? (정답 2개)

① 47은 소수이다.
② 가장 작은 소수는 1이다.
③ 1을 제외한 모든 홀수는 소수이다.
④ 소수이면서 합성수인 수는 없다.
⑤ 합성수는 약수가 3개인 수이다.

3 ●○○

다음 중 옳은 것은?

① $2 \times 2 \times 2 = 3^2$
② $2 \times 3 \times 2 = 2^3$
③ $3 \times 3 \times 5 \times 5 \times 5 = 3^2 + 5^3$
④ $\frac{1}{2} \times \frac{1}{2} \times \frac{1}{2} = \frac{3}{2}$
⑤ $\frac{1}{5} \times \frac{1}{5} \times \frac{1}{5} = \left(\frac{1}{5}\right)^3$

4 ●●○

$2^a = 256$을 만족시키는 자연수 a의 값을 구하시오.

5 ●○○

다음은 주어진 자연수를 소인수분해한 것이다. □ 안에 들어갈 수가 나머지 넷과 <u>다른</u> 하나는?

① $9 = 3^{\square}$
② $20 = 2^{\square} \times 5$
③ $36 = 2^{\square} \times 3^2$
④ $84 = 2^{\square} \times 3 \times 7$
⑤ $135 = 3^{\square} \times 5$

6 ●●●

다음 |보기| 중 소인수가 같은 것끼리 짝 지어진 것은?

| 보기 |
| ㄱ. 18   ㄴ. 42   ㄷ. 96   ㄹ. 140 |

① ㄱ, ㄴ
② ㄱ, ㄷ
③ ㄴ, ㄷ
④ ㄴ, ㄹ
⑤ ㄷ, ㄹ

7 ●●●

200을 자연수 x로 나누어 어떤 자연수의 제곱이 되도록 할 때, 다음 중 x의 값이 될 수 있는 것은?

① 4
② 20
③ 40
④ 50
⑤ 100

8 중요 ●●○

다음 중 315의 약수가 <u>아닌</u> 것은?

① 3×5
② 35
③ $3^2 \times 7$
④ 3×5^2
⑤ $3 \times 5 \times 7$

9 중요

어떤 두 자연수의 최대공약수가 $2^3 \times 5^2$일 때, 이 두 수의 공약수의 개수를 구하시오.

10

다음 중 옳지 <u>않은</u> 것을 모두 고르면? (정답 2개)

① 12와 35는 서로소이다.
② 1은 모든 자연수와 서로소이다.
③ 서로소인 두 자연수의 공약수는 2개이다.
④ 서로 다른 두 소수는 항상 서로소이다.
⑤ 서로 다른 두 홀수는 항상 서로소이다.

11 창의력 UP

오른쪽 그림의 5개의 자연수를 최대공약수가 1인 두 수끼리 선분으로 연결하려고 한다. 이때 생기는 선분의 개수를 구하시오.

12

세 수 $2 \times 3^2 \times 5^3$, 360, 540의 최대공약수를 $2^a \times 3^b \times 5^c$이라 할 때, 자연수 a, b, c에 대하여 $a+b+c$의 값을 구하시오.

13 중요

다음 |보기| 중 두 수 $2^2 \times 3^3 \times 5^2 \times 7$, $2^2 \times 3^2 \times 5$의 공약수인 것을 모두 고른 것은?

┌ 보기 ┐

ㄱ. $2 \times 3 \times 5$ ㄴ. $2^2 \times 3^2$ ㄷ. $2 \times 3 \times 7$
ㄹ. $3^2 \times 7$ ㅁ. $3 \times 5 \times 7$ ㅂ. 5

① ㄱ, ㄴ, ㄷ   ② ㄱ, ㄴ, ㅂ   ③ ㄴ, ㄹ, ㅂ
④ ㄷ, ㄹ, ㅁ   ⑤ ㄹ, ㅁ, ㅂ

14

세 수 30, 42, 60의 공약수의 개수는?

① 3개   ② 4개   ③ 5개
④ 6개   ⑤ 7개

15

두 자연수 A, B의 최소공배수가 $2^2 \times 5$일 때, 다음 중 A, B의 공배수가 <u>아닌</u> 것을 모두 고르면? (정답 2개)

① 2×5^2 ② $2^2 \times 5^3$
③ $2^3 \times 3 \times 5^4$ ④ $2 \times 5^2 \times 7$
⑤ $2^4 \times 5^2 \times 7$

16

두 자연수 A, B의 최소공배수가 48일 때, A, B의 공배수 중 가장 작은 세 자리의 자연수를 구하시오.

17 중요

세 수 $2^2 \times 3$, $2^3 \times 3^2 \times 5$, $2^2 \times 3^3 \times 7$의 최대공약수와 최소공배수를 바르게 구한 것은?

	최대공약수	최소공배수
①	$2^2 \times 3$	$2^3 \times 3^3$
②	$2^2 \times 3$	$2 \times 3^2 \times 5 \times 7$
③	$2^2 \times 3$	$2^3 \times 3^2 \times 5 \times 7$
④	$2^2 \times 3$	$2^3 \times 3^3 \times 5 \times 7$
⑤	$2^3 \times 3^2$	$2^3 \times 3^3 \times 5 \times 7$

18

두 수 $2^3 \times 3^2 \times 5^2$, 210의 최소공배수가 $2^a \times 3^b \times 5^c \times 7$일 때, 자연수 a, b, c에 대하여 $a+b+c$의 값을 구하시오.

19

세 수 6, 20, 24의 공배수 중 700에 가장 가까운 수를 구하시오.

서술형

20

$1 \times 2 \times 3 \times \cdots \times 9 \times 10$을 소인수분해한 결과를 거듭제곱을 사용하여 나타냈을 때, 2의 지수를 구하시오.

(단, 풀이 과정을 자세히 쓰시오.)

풀이

답

21

세 수 $2^a \times 3 \times b \times 11^2$, $2^4 \times 3^2 \times 7$, $2^4 \times 3^3 \times 7$의 최대공약수는 $2^3 \times 3 \times 7$이고 최소공배수는 $2^4 \times 3^c \times 7 \times 11^2$일 때, $a \times b \times c$의 값을 구하시오. (단, a, c는 자연수, b는 소수이고, 풀이 과정을 자세히 쓰시오.)

풀이

답

1 · 소인수분해 · 단원 정리하기

1 마인드맵으로 개념 구조화!

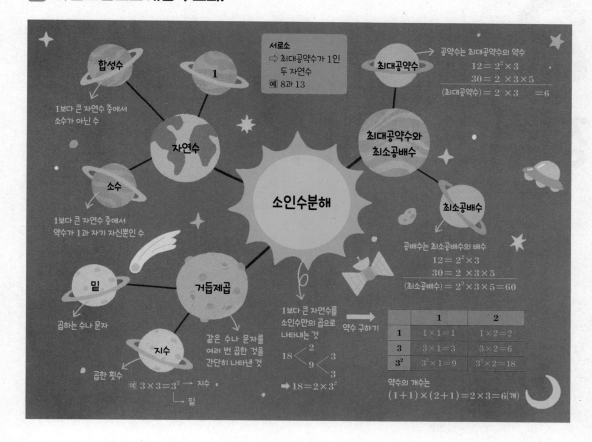

2 OX 문제로 개념 점검!

옳은 것은 ○, 옳지 않은 것은 X를 택하시오.

• 정답 및 해설 22쪽

❶ 가장 작은 합성수는 2이다. ○ | X

❷ 모든 소수는 홀수이다. ○ | X

❸ 소수는 약수가 2개인 자연수이다. ○ | X

❹ 자연수는 소수와 합성수로 이루어져 있다. ○ | X

❺ $3^3 = 9$이다. ○ | X

❻ 48을 소인수분해하면 $2^3 \times 6$이다. ○ | X

❼ 서로소인 두 자연수의 공약수는 1이다. ○ | X

❽ 두 수 $2^3 \times 3 \times 5$와 $2^2 \times 5^2 \times 7$의 최대공약수는 $2^2 \times 3 \times 5 \times 7$이다. ○ | X

❾ 서로소인 두 자연수의 최소공배수는 두 수의 곱과 같다. ○ | X

2

정수와 유리수

배웠어요

- 자연수의 혼합 계산 [초5~6]
- 약수와 배수 [초5~6]
- 최대공약수와 최소공배수 [초5~6]
- 분수와 소수 [초3~4]
- 분수의 사칙계산 [초5~6]
- 소수의 곱셈과 나눗셈 [초5~6]

✅ 이번에 배워요

1. 소인수분해
- 소인수분해
- 최대공약수와 최소공배수

2. 정수와 유리수
- 정수와 유리수
- 수의 대소 관계
- 정수와 유리수의 덧셈, 뺄셈
- 정수와 유리수의 곱셈, 나눗셈

배울 거예요

- 유리수와 순환소수 [중2]
- 제곱근과 실수 [중3]
- 복소수와 이차방정식 [고등]

인류는 오래전부터 물건을 셀 때 자연수를 사용했습니다.

그러나 많고 적음, 영상과 영하, 이익과 손해 등 서로 짝을 이루며 대비되는 현상을 나타낼 때 자연수가 아닌 다른 수가 필요했습니다.

이 단원에서는 이와 같은 수인 정수와 유리수, 그리고 이에 대한 사칙계산에 대해 학습합니다.

▶ **새로 배우는 용어·기호**

양수, 음수, 양의 정수, 음의 정수, 정수, 수직선, 양의 유리수, 음의 유리수, 유리수, 절댓값, 교환법칙, 결합법칙, 분배법칙, 역수, 양의 부호(＋), 음의 부호(－), ｜ ｜, ≤, ≥

2. 정수와 유리수를 시작하기 전에

1 분수와 소수의 크기 비교 [초등]
다음 ◯ 안에 ＞, ＝, ＜ 중 알맞은 것을 쓰시오.

(1) $1.5 \bigcirc 1.49$

(2) $\dfrac{7}{10} \bigcirc \dfrac{3}{4}$

(3) $\dfrac{7}{2} \bigcirc 3.5$

2 분수와 소수의 계산 [초등]
다음을 계산하시오.

(1) $\dfrac{2}{3} + \dfrac{7}{6}$

(2) $\dfrac{3}{4} - \dfrac{4}{7}$

(3) $1.6 + 3.9$

(4) $7.3 - 4.5$

양수와 음수

(1) 양의 부호와 음의 부호

어떤 기준을 중심으로 서로 반대되는 성질을 가지는 양을 수로 나타낼 때, 한쪽에는 '+'를, 다른 쪽에는 '−'를 사용하여 나타낼 수 있다.

이때 +를 양의 부호, −를 음의 부호라 한다.

참고 서로 반대되는 성질의 두 양의 예는 다음과 같다.

양의 부호(+)	증가	영상	이익	수입	해발	∼후	지상	상승
음의 부호(−)	감소	영하	손해	지출	해저	∼전	지하	하락

예 • 5점 득점을 +5점으로 나타내면 3점 실점은 −3점으로 나타낼 수 있다.
• 2년 전을 −2년으로 나타내면 10년 후는 +10년으로 나타낼 수 있다.

≫ 양의 부호 +, 음의 부호 −는 각각 덧셈, 뺄셈의 기호와 모양은 같지만 그 의미는 다르다.

(2) 양수와 음수

① 양수: 0보다 큰 수로 양의 부호 +가 붙은 수

② 음수: 0보다 작은 수로 음의 부호 −가 붙은 수

예 0보다 4만큼 큰 수: +4, 0보다 2만큼 작은 수: −2

≫ 0은 양수도 아니고 음수도 아니다.

• 개념 확인하기

• 정답 및 해설 22쪽

1 다음을 양의 부호 + 또는 음의 부호 −를 사용하여 나타내시오.

(1) 8명 증가 ⇨ +8명
　　12명 감소 ⇨ _____

(2) 5500원 손해 ⇨ −5500원
　　3000원 이익 ⇨ _____

(3) 13위 상승 ⇨ +13위
　　7위 하락 ⇨ _____

(4) 출발 1시간 전 ⇨ −1시간
　　출발 2시간 후 ⇨ _____

(5) 해발 250 m ⇨ +250 m
　　해저 140 m ⇨ _____

(6) 영하 3 ℃ ⇨ −3 ℃
　　영상 17 ℃ ⇨ _____

2 다음을 양의 부호 + 또는 음의 부호 −를 사용하여 나타내시오.

(1) 0보다 7만큼 큰 수

(2) 0보다 3만큼 작은 수

(3) 0보다 0.2만큼 큰 수

(4) 0보다 $\frac{1}{2}$만큼 작은 수

3 |보기|의 수 중 다음에 해당하는 것을 모두 고르시오.

┌ 보기 ┐
　　　　　　-1, 　-5, 　$+12$, 　0, 　$+4$, 　-100

(1) 양수

(2) 음수

• 예제 1 부호를 가진 수

다음 중 양의 부호 + 또는 음의 부호 −를 사용하여 나타낸 것으로 옳은 것은?

① 지하 2층 ⇨ +2층
② 수입 4000원 ⇨ −4000원
③ 5 m 하강 ⇨ +5 m
④ 출발 3일 전 ⇨ −3일
⑤ 10 % 할인 ⇨ +10 %

[해결 포인트]

서로 반대되는 성질을 가지는 양을 수로 나타낼 때, 한쪽은 양의 부호 +를, 다른 쪽은 음의 부호 −를 사용한다.

👆**한번 더!**

1-1 다음 중 밑줄 친 부분을 양의 부호 + 또는 음의 부호 −를 사용하여 나타낸 것으로 옳지 <u>않은</u> 것은?

① 몸무게가 2 kg 감소하였다. ⇨ −2 kg
② 기차가 30분 전에 출발했다. ⇨ −30분
③ 한라산의 높이는 해발 1947 m이다. ⇨ +1947 m
④ 물가 상승률이 1.2 %이다. ⇨ −1.2 %
⑤ 농구 시합에서 26점을 득점하였다. ⇨ +26점

• 예제 2 양수와 음수

다음을 양의 부호 + 또는 음의 부호 −를 사용하여 나타내고, 양수와 음수로 구분하시오.

⑴ 0보다 9만큼 큰 수
⑵ 0보다 7만큼 작은 수
⑶ 0보다 $\frac{3}{5}$ 만큼 큰 수
⑷ 0보다 1.5만큼 작은 수

[해결 포인트]

0을 기준으로
• 0보다 큰 수 ➡ 양의 부호 +가 붙은 수 ➡ 양수
• 0보다 작은 수 ➡ 음의 부호 −가 붙은 수 ➡ 음수

👆**한번 더!**

2-1 다음 수 중 양수의 개수를 a개, 음수의 개수를 b개라 할 때, $a+b$의 값을 구하시오.

$$-1, \quad 0, \quad +\frac{1}{2}, \quad -\frac{4}{5}, \quad +3.6, \quad +13$$

2-2 다음 |보기| 중 양의 부호 + 또는 음의 부호 −를 사용하여 나타낼 때, 음수인 것을 모두 고르시오.

┤ 보기 ├
ㄱ. 1년 후   ㄴ. 3점 실점
ㄷ. 4위 상승   ㄹ. 5000원 지출

정수와 유리수

(1) 정수

① 양의 정수: $+1$, $+2$, $+3$, …과 같이 자연수에 양의 부호 $+$를 붙인 수

② 음의 정수: -1, -2, -3, …과 같이 자연수에 음의 부호 $-$를 붙인 수

③ 양의 정수, 0, 음의 정수를 통틀어 정수라 한다.

(2) 유리수

① 양의 유리수: 분모, 분자가 모두 자연수인 분수에 양의 부호 $+$를 붙인 수

② 음의 유리수: 분모, 분자가 모두 자연수인 분수에 음의 부호 $-$를 붙인 수

③ 양의 유리수, 0, 음의 유리수를 통틀어 유리수라 한다.

참고
· 유리수는 $\dfrac{(정수)}{(0이\ 아닌\ 정수)}$의 꼴로 나타낼 수 있다.

· 정수는 분수로 나타낼 수 있으므로 모두 유리수이다.

예 양의 유리수: $+\dfrac{1}{3}$, $+8\left(=+\dfrac{8}{1}\right)$, $+1.6\left(=+\dfrac{16}{10}\right)$, …

음의 유리수: $-\dfrac{5}{2}$, $-4\left(=-\dfrac{4}{1}\right)$, $-9.8\left(=-\dfrac{98}{10}\right)$, …

(3) 유리수의 분류

$$유리수\begin{cases} 정수\begin{cases} 양의\ 정수(자연수) \\ 0 \\ 음의\ 정수 \end{cases} \\ 정수가\ 아닌\ 유리수 \end{cases}$$

참고 앞으로 특별한 언급이 없으면 수는 유리수를 의미한다.

》 양의 정수는 양의 부호 $+$를 생략하여 나타낼 수 있으므로 자연수와 같다.

》 양의 유리수도 양의 정수와 같이 양의 부호 $+$를 생략하여 나타낼 수 있다.

》 양의 유리수는 양수이고, 음의 유리수는 음수이다.

· 개념 확인하기

· 정답 및 해설 22쪽

1 |보기|의 수 중 다음에 해당하는 것을 모두 고르시오.

┤ 보기 ├

$$-7, \quad +3, \quad 0, \quad -1.4, \quad \frac{10}{2}, \quad -\frac{3}{4}, \quad \frac{8}{3}$$

(1) 양의 정수   (2) 음의 정수

(3) 정수   (4) 양의 유리수

(5) 음의 유리수   (6) 정수가 아닌 유리수

2 정수와 유리수에 대한 다음 설명 중 옳은 것은 ○표, 옳지 않은 것은 ×표를 ( ) 안에 쓰시오.

(1) 자연수는 양의 정수이다.   (   )   (2) 모든 정수는 유리수이다.   (   )

(3) 0은 정수가 아니다.   (   )   (4) 음의 정수는 음수이다.   (   )

• 예제 1 정수와 유리수

다음 유리수의 분류에서 (가)에 해당하는 수로 알맞은 것을 아래 | 보기 |에서 모두 고르시오.

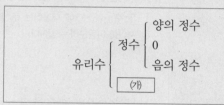

| 보기 |

$$-3, \quad \frac{12}{4}, \quad 0.6, \quad 2, \quad -\frac{4}{3}$$

[해결 포인트]

정수 또는 정수가 아닌 유리수를 찾을 때, 분수는 기약분수로 고친 후 판단한다.

1-1 다음 수에 대한 설명으로 옳은 것은?

$$+4, \quad -3.7, \quad -\frac{16}{2}, \quad 0, \quad \frac{9}{8}, \quad -6$$

① 정수는 3개이다.
② 유리수는 5개이다.
③ 자연수는 2개이다.
④ 양의 유리수는 2개이다.
⑤ 정수가 아닌 유리수는 3개이다.

• 예제 2 정수와 유리수의 성질

다음 | 보기 | 중 정수와 유리수에 대한 설명으로 옳은 것을 모두 고르시오.

| 보기 |

ㄱ. 정수가 아닌 유리수도 있다.
ㄴ. 양의 유리수 중 가장 작은 수는 1이다.
ㄷ. 모든 음의 유리수는 음의 정수이다.
ㄹ. 서로 다른 두 정수 사이에는 무수히 많은 유리수가 있다.

[해결 포인트]

유리수의 분류를 이해하고 자연수, 정수, 유리수 사이의 관계를 생각해 본다.

2-1 다음 중 정수와 유리수에 대한 설명으로 옳은 것은?

① 유리수가 아닌 정수도 있다.
② 양의 정수가 아닌 정수는 음의 정수이다.
③ 유리수는 양의 유리수와 음의 유리수로 이루어져 있다.
④ 0은 양수도 아니고 음수도 아니다.
⑤ 서로 다른 두 정수 사이에는 무수히 많은 정수가 있다.

10 수직선 / 절댓값

개념 10

(1) **수직선**: 직선 위에 기준이 되는 점을 정하여 그 점에 수 0을 대응시키고, 그 점의 좌우에 일정한 간격으로 점을 잡아서 오른쪽 점에 양의 정수를, 왼쪽 점에 음의 정수를 차례로 대응시킨 직선을 수직선이라 한다.

➡ 모든 유리수는 수직선 위의 점에 대응시킬 수 있다.

음의 유리수(음수)　　　양의 유리수(양수)

(2) **절댓값**: 수직선 위에서 원점과 어떤 수에 대응하는 점 사이의 거리를 그 수의 절댓값이라 하고, 기호 $|\ \ |$를 사용하여 나타낸다.

> **예** $+3$의 절댓값: $|+3|=3$
> -2의 절댓값: $|-2|=2$

> **참고** • 절댓값이 $a(a>0)$인 수는 $+a$, $-a$의 2개이다.
> • 0의 절댓값은 0이다. 즉, $|0|=0$이다.
> • 절댓값은 거리를 나타내므로 항상 0 또는 양수이다.
> • 수를 수직선 위의 점에 대응시킬 때, 원점에서 멀리 떨어질수록 절댓값이 커진다.

》 수직선에서 수 0에 대응하는 기준이 되는 점을 원점이라 한다.

》 수직선에서 $+\dfrac{1}{2}$에 대응하는 점은 두 수 0과 $+1$에 대응하는 두 점 사이를 이등분하는 점이다.

》 양수와 음수의 절댓값은 그 수의 부호 $+$, $-$를 떼어 낸 수와 같다.
➡ $a>0$일 때, $|a|=a$, $|-a|=a$

》 절댓값이　　　절댓값이
　 커진다.　　　커진다.
　◀──────●──────▶
　　　　　　0

• 개념 확인하기

• 정답 및 해설 23쪽

1 다음 수직선 위의 점에 대응하는 수를 구하시오.

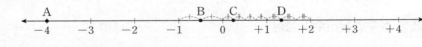

(1) 점 A　　　　　(2) 점 B　　　　　(3) 점 C　　　　　(4) 점 D

2 다음을 구하시오.

(1) $+5$의 절댓값　　　　(2) -1의 절댓값　　　　(3) 0의 절댓값

(4) $|+1.5|$　　　　(5) $\left|-\dfrac{2}{5}\right|$　　　　(6) $\left|+\dfrac{1}{3}\right|$

3 다음을 구하시오.

(1) 절댓값이 10인 수　　　(2) 절댓값이 0인 수　　　(3) 절댓값이 4.2인 음수

대표 예제로 **개념 익히기**

• 예제 **1**   수를 수직선 위에 나타내기

다음 수직선 위의 다섯 개의 점 A, B, C, D, E에 대응하는 수로 옳은 것은?

① A: 3   ② B: $-\dfrac{4}{3}$ ③ C: $-\dfrac{2}{3}$

④ D: $\dfrac{7}{4}$ ⑤ E: $\dfrac{7}{2}$

[해결 포인트]

수직선 위의 점이 연속한 두 정수 사이에 있는 경우에는 눈금 한 칸이 몇 등분된 것인지 확인해 본다.

👆한번 더!

1-1 다음 수직선 위의 다섯 개의 점 A, B, C, D, E에 대응하는 수로 옳지 <u>않은</u> 것을 모두 고르면? (정답 2개)

① A: $-\dfrac{8}{3}$ ② B: -2 ③ C: $-\dfrac{1}{2}$

④ D: 0.3   ⑤ E: 2

1-2 다음 수를 수직선 위의 점에 대응시킬 때, 가장 오른쪽에 있는 수는?

① $+1$ ② -3 ③ $+\dfrac{2}{3}$

④ $+\dfrac{9}{4}$ ⑤ $-\dfrac{1}{2}$

• 예제 **2**   절댓값

-4의 절댓값을 a, $+\dfrac{1}{6}$의 절댓값을 b라 할 때, $a+b$의 값을 구하시오.

[해결 포인트]

• a의 절댓값
  ➡ 수직선에서 원점과 a에 대응하는 점 사이의 거리
  ➡ $a>0$일 때, $|a|=a$, $|-a|=a$
• 절댓값이 $a(a>0)$인 수 ➡ a, $-a$

👆한번 더!

2-1 $-\dfrac{3}{2}$의 절댓값을 a, 절댓값이 5인 수 중에서 양수를 b라 할 때, $a+b$의 값을 구하시오.

2-2 다음 수 중 절댓값이 가장 큰 수와 절댓값이 가장 작은 수를 차례로 구하시오.

$$6, \quad -\dfrac{15}{4}, \quad 0, \quad 1.7, \quad -0.8$$

• 예제 **3**   **절댓값의 성질**

다음 중 절댓값에 대한 설명으로 옳지 <u>않은</u> 것을 모두 고르면? (정답 2개)

① 0의 절댓값은 0이다.
② 절댓값은 항상 양수이다.
③ 음수의 절댓값은 항상 양수이다.
④ 절댓값이 같은 수는 항상 2개이다.
⑤ 양수의 절댓값은 항상 자기 자신과 같다.

[해결 포인트]
• 절댓값은 항상 0 또는 양수이다.
• 수를 수직선 위의 점에 대응시킬 때, 원점에서 멀리 떨어질수록 절댓값이 커진다.

🖑 **한번 더!**

3-1 다음 |보기| 중 옳은 것을 모두 고르시오.

┤ 보기 ├

ㄱ. 수의 절댓값은 항상 0보다 크거나 같다.
ㄴ. 음수의 절댓값은 음수이다.
ㄷ. 절댓값이 가장 작은 정수는 +1과 −1이다.
ㄹ. $\frac{1}{7}$과 $-\frac{1}{7}$의 절댓값은 같다.
ㅁ. 절댓값이 2인 수는 +2뿐이다.
ㅂ. 수직선에서 왼쪽에 있는 수는 오른쪽에 있는 수보다 절댓값이 작다.

• 예제 **4**   **절댓값이 같고 부호가 반대인 두 수**

절댓값이 같고 부호가 반대인 어떤 두 수를 수직선 위에 나타내면 두 수에 대응하는 두 점 사이의 거리가 12이다. 이때 두 수를 구하시오.

[해결 포인트]
절댓값이 같고 부호가 반대인 두 수에 대응하는 두 점 사이의 거리가 a이다.
➡ 두 점은 원점으로부터 서로 반대 방향으로 $\frac{a}{2}$만큼 떨어져 있다.
➡ 두 수는 $\frac{a}{2}$, $-\frac{a}{2}$이다.

🖑 **한번 더!**

4-1 수직선에서 절댓값이 4인 두 수에 대응하는 두 점 사이의 거리는?

① 4   ② 6   ③ 8
④ 10   ⑤ 12

4-2 절댓값이 같고 부호가 반대인 두 수의 차가 16일 때, 두 수 중 큰 수를 구하시오.

개념 11 수의 대소 관계

(1) 수의 대소 관계: 수직선 위에서 수는 오른쪽으로 갈수록 커지고, 왼쪽으로 갈수록 작아진다.

① 양수는 0보다 크고, 음수는 0보다 작다. 즉, (음수)<0<(양수)이다.

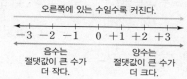
오른쪽에 있는 수일수록 커진다.

음수는 절댓값이 큰 수가 더 작다.
양수는 절댓값이 큰 수가 더 크다.

② 양수는 음수보다 크다.

예 $-1<+6$

③ 두 양수끼리는 절댓값이 큰 수가 크다.

예 $|+3|=3$, $|+5|=5 \Rightarrow +3<+5$

④ 두 음수끼리는 절댓값이 큰 수가 작다.

예 $|-3|=3$, $|-5|=5 \Rightarrow -3>-5$

(2) 부등호의 사용: 부등호 $>$, $<$, $\geq$, $\leq$를 사용하여 수의 대소 관계를 나타낼 수 있다.

$x>a$	$x<a$	$x \geq a$	$x \leq a$
• x는 a보다 크다. • x는 a 초과이다.	• x는 a보다 작다. • x는 a 미만이다.	• x는 a보다 크거나 같다. • x는 a보다 작지 않다. • x는 a 이상이다.	• x는 a보다 작거나 같다. • x는 a보다 크지 않다. • x는 a 이하이다.

참고 세 수의 대소 관계도 부등호를 사용하여 나타낼 수 있다.

예 a는 2보다 크고 5보다 작거나 같다. ➡ $2<a \leq 5$

》 부호가 같은 두 수의 대소 관계는 절댓값을 이용하여 비교한다.

》 부등호 $\geq$는 $>$ 또는 $=$임을 나타내고, $\leq$는 $<$ 또는 $=$임을 나타낸다.

• 개념 확인하기

• 정답 및 해설 24쪽

1 다음 ○ 안에는 부등호 $>$, $<$ 중 알맞은 것을, □ 안에는 알맞은 수를 쓰시오.

(1) $+3 \bigcirc -7$

(2) $-5 \bigcirc 0$

(3) $+3.3 \bigcirc +2.8$

(4) $-\dfrac{3}{7} \bigcirc -\dfrac{1}{7}$

(5) $+\dfrac{3}{4}, +\dfrac{7}{9}$ $\xrightarrow{\text{통분}}$ □ , □ $\xrightarrow{\text{대소 비교}}$ $+\dfrac{3}{4} \bigcirc +\dfrac{7}{9}$

(6) $-\dfrac{3}{4}, -0.4$ $\xrightarrow{\text{통분}}$ $-\dfrac{\square}{20}, -\dfrac{\square}{20}$ $\xrightarrow{\text{대소 비교}}$ $-\dfrac{3}{4} \bigcirc -0.4$

2 다음 ○ 안에 알맞은 부등호를 쓰시오.

(1) x는 7보다 작지 않다. ⇨ $x \bigcirc 7$

(2) x는 -2 초과이고 3 이하이다. ⇨ $-2 \bigcirc x \bigcirc 3$

(3) x는 4 이상이고 9 미만이다. ⇨ $4 \bigcirc x \bigcirc 9$

(4) x는 -6보다 크거나 같고 5보다 작거나 같다. ⇨ $-6 \bigcirc x \bigcirc 5$

・예제 1 **수의 대소 관계**

다음 중 대소 관계가 옳지 <u>않은</u> 것을 모두 고르면?

(정답 2개)

① $-8 < 5$ ② $\dfrac{4}{5} > \dfrac{4}{7}$ ③ $-\dfrac{3}{4} < -\dfrac{4}{3}$

④ $0 < \dfrac{2}{5}$ ⑤ $-4 > |-4|$

[해결 포인트]
・(음수) < 0 < (양수)
・양수끼리는 절댓값이 큰 수가 크고, 음수끼리는 절댓값이 큰 수가 작다.
・분모가 다른 분수의 대소 관계는 분모의 최소공배수로 분모를 통분한 후 비교한다.
・분수와 소수의 대소 관계는 분수를 소수로 나타내거나 소수를 분수로 나타낸 후 비교한다.

한번 더!

1-1 다음 중 대소 관계가 옳은 것은?

① $+0.3 > +\dfrac{3}{5}$ ② $+\dfrac{1}{2} < -\dfrac{6}{7}$

③ $+1.2 > +1.8$ ④ $-0.5 < -1.2$

⑤ $-\dfrac{6}{5} < -\dfrac{1}{2}$

1-2 다음 수를 작은 것부터 차례로 나열하시오.

$$-\dfrac{8}{3}, \quad +1.5, \quad 0, \quad -1, \quad \dfrac{1}{4}$$

・예제 2 **부등호의 사용**

다음 중 부등호를 사용하여 나타낸 것으로 옳지 <u>않은</u> 것은?

① x는 4보다 크다. ⇨ $x > 4$

② x는 $-\dfrac{1}{3}$보다 작거나 같다. ⇨ $x \leq -\dfrac{1}{3}$

③ x는 -5 이상이고 2 미만이다. ⇨ $-5 \leq x \leq 2$

④ x는 $\dfrac{4}{5}$ 초과이고 6 이하이다. ⇨ $\dfrac{4}{5} < x \leq 6$

⑤ x는 $\dfrac{1}{2}$보다 크거나 같고 $\dfrac{8}{7}$보다 작거나 같다.

  ⇨ $\dfrac{1}{2} \leq x \leq \dfrac{8}{7}$

[해결 포인트]

초과	a는 b보다 크다.	$a > b$
미만	a는 b보다 작다.	$a < b$
이상	a는 b보다 크거나 같다.(작지 않다.)	$a \geq b$
이하	a는 b보다 작거나 같다.(크지 않다.)	$a \leq b$

한번 더!

2-1 다음 |보기| 중 $-3 \leq x < 1$을 나타내는 것을 모두 고르시오.

| 보기 |
ㄱ. x는 -3 이상이고 1 미만이다.
ㄴ. x는 -3보다 크고 1보다 작거나 같다.
ㄷ. x는 -3보다 작지 않고 1보다 작다.
ㄹ. x는 -3보다 작지 않고 1보다 크지 않다.

2-2 $-2 < a \leq 4$를 만족시키는 정수 a의 개수를 구하시오.

정수와 유리수의 덧셈

(1) 부호가 같은 두 수의 덧셈

두 수의 절댓값의 합에 공통인 부호를 붙인다.

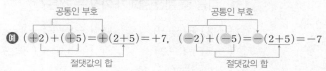

(2) 부호가 다른 두 수의 덧셈

두 수의 절댓값의 차에 절댓값이 큰 수의 부호를 붙인다.

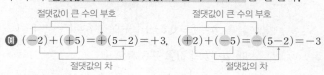

(3) 덧셈의 계산 법칙

세 수 a, b, c에 대하여

① 덧셈의 교환법칙

$$a+b=b+a$$

② 덧셈의 결합법칙

$$(a+b)+c=a+(b+c)$$

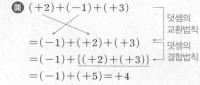

» 어떤 수와 0의 합은 그 수 자신이다.
  예 $(+3)+0=+3$
  $0+(-5)=-5$

» 절댓값이 같고 부호가 다른 두 수의 합은 0이다.
  예 $(+2)+(-2)=0$

» 세 수의 덧셈에서는 덧셈의 결합법칙이 성립하므로 $(a+b)+c$, $a+(b+c)$를 모두 $a+b+c$로 나타낼 수 있다.

·개념 확인하기

·정답 및 해설 25쪽

1 다음을 계산하시오.

(1) $(+6)+(+3)$

(2) $(+4)+(-10)$

(3) $\left(-\dfrac{2}{5}\right)+\left(-\dfrac{4}{5}\right)$

(4) $\left(-\dfrac{1}{2}\right)+\left(+\dfrac{3}{5}\right)$

(5) $(+0.4)+(-0.8)$

(6) $(-3.2)+(-2.6)$

2 다음 계산 과정에서 (가), (나)에 이용된 덧셈의 계산 법칙을 각각 말하시오.

(1) $(+8)+(-7)+(+3)$
$=(-7)+(+8)+(+3)$ ⎤ (가)
$=(-7)+\{(+8)+(+3)\}$ ⎦ (나)
$=(-7)+(+11)$
$=+4$

(2) $(+4)+(+7)+(-4)+(-9)$
$=(+4)+(-4)+(+7)+(-9)$ ⎤ (가)
$=\{(+4)+(-4)\}+\{(+7)+(-9)\}$ ⎦ (나)
$=0+(-2)$
$=-2$

• 예제 1   수의 덧셈

다음 중 계산 결과가 옳은 것을 모두 고르면?

(정답 2개)

① $0+(-3)=+3$

② $(-4)+(+6)=-10$

③ $\left(+\dfrac{1}{2}\right)+(-2)=+\dfrac{3}{2}$

④ $(-0.7)+(-1.4)=-2.1$

⑤ $\left(+\dfrac{5}{6}\right)+\left(-\dfrac{1}{6}\right)=+\dfrac{2}{3}$

[해결 포인트]

(양수)+(양수) ➡ $+$ (절댓값의 합)

(음수)+(음수) ➡ $-$ (절댓값의 합)

(양수)+(음수) ⎫
(음수)+(양수) ⎭ ➡ ◯ (절댓값의 차)

            절댓값이 큰 수의 부호

👆 한번 더!

1-1 다음 중 계산 결과가 가장 큰 것은?

① $(+2)+(-10)$ ② $(-8)+(+3)$

③ $(-7)+(-2)$ ④ $(-8.5)+(+2.7)$

⑤ $(+6.9)+(-15)$

1-2 $a=(-0.5)+\left(+\dfrac{3}{2}\right)$, $b=\left(-\dfrac{7}{4}\right)+\left(-\dfrac{2}{3}\right)$일

때, $a+b$의 값을 구하시오.

★ TIP

분수와 소수의 덧셈은 분수를 소수로 나타내거나 소수를 분수로 나타내어 어느 하나의 형태로 통일하여 계산한다.

• 예제 2   덧셈의 계산 법칙

다음은 덧셈의 계산 법칙을 이용하여 계산하는 과정이다. ☐ 안에 알맞은 것을 쓰시오.

$(+6.2)+(-7)+(-3.2)$ ⎤ 덧셈의 ☐ 법칙

$=(-7)+(\boxed{})+(-3.2)$ ⎦

$=(-7)+\{(\boxed{})+(-3.2)\}$ ⎤ 덧셈의 결합법칙

$=(-7)+(\boxed{})$

$=\boxed{}$

[해결 포인트]

• 덧셈의 교환법칙

  ➡ 순서를 바꾸어 더하여도 그 결과는 같다.

• 덧셈의 결합법칙

  ➡ 어느 두 수를 먼저 더하여도 그 결과는 같다.

👆 한번 더!

2-1 다음 계산 과정에서 ㉠~㉢에 알맞은 것을 바르게 짝 지은 것은?

$(-2)+(+19)+(+2)+(-10)$ ⎤ 덧셈의
                                   교환법칙

$=(-2)+(+2)+(+19)+(-10)$ ⎦ ㉠

$=\{(-2)+(+2)\}+\{(+19)+(-10)\}$

$=\boxed{㉡}+(+9)$

$=\boxed{㉢}$

	㉠	㉡	㉢
①	덧셈의 교환법칙	-4	$+5$
②	덧셈의 결합법칙	-4	$+5$
③	덧셈의 교환법칙	0	$+9$
④	덧셈의 결합법칙	0	$+9$
⑤	덧셈의 결합법칙	$+4$	$+13$

정수와 유리수의 뺄셈

(1) 두 수의 뺄셈

<u>빼는 수의 부호를 바꾸어 덧셈으로 고쳐서 계산한다.</u>

부호를 반대로

예 $(-6)-(+3)=(-6)+(-3)=-(6+3)=-9$

뺄셈을 덧셈으로

부호를 반대로

$(+6)-(-3)=(+6)+(+3)=+(6+3)=+9$

뺄셈을 덧셈으로

(2) 덧셈과 뺄셈의 혼합 계산

뺄셈을 덧셈으로 바꾼 후 덧셈의 계산 법칙을 이용하여 계산한다.

예 $(-3)-(-10)+(-6)=(-3)+(+10)+(-6)$ 덧셈의 교환법칙, 결합법칙 이용
$=(+10)+\{(-3)+(-6)\}$
$=(+10)+(-9)=1$ ← 계산 결과가 양수이면 + 부호는 생략하여 나타낸다.

(3) 부호가 생략된 수의 덧셈과 뺄셈

수의 덧셈과 뺄셈에서 양수는 + 부호와 괄호를 생략하여 나타낼 수 있고, 음수가 식의 맨 앞에 나올 때는 괄호를 생략하여 나타낼 수 있다.
즉, 부호가 생략된 수의 계산은 + 부호와 괄호가 있는 식으로 바꾸어 계산한다.

예 $-4+2-7=(-4)+(+2)-(+7)=(-4)+(+2)+(-7)$
$=(+2)+\{(-4)+(-7)\}=(+2)+(-11)=-9$

>> 어떤 수에서 0을 빼면 그 수 자신이다.
예 $(-2)-0=-2$

>> 뺄셈에서는 교환법칙과 결합법칙이 성립하지 않으므로 반드시 뺄셈을 덧셈으로 바꾼 후 계산한다.

>> 덧셈의 계산 법칙을 이용할 때, 양수는 양수끼리, 음수는 음수끼리 모아서 계산하면 편리하다.

• 개념 확인하기

• 정답 및 해설 25쪽

1 다음을 계산하시오.

(1) $(+7)-(+2)$

(2) $(-1)-(+8)$

(3) $(-2.2)-(-0.6)$

(4) $\left(+\dfrac{1}{3}\right)-\left(-\dfrac{2}{5}\right)$

2 다음 ○ 안에는 +, − 중 알맞은 것을, □ 안에는 알맞은 수를 쓰시오.

(1) $(-12)-(-7)+(-4)$
$=(-12)+(\bigcirc\square)+(-4)$
$=\{(-12)+(-4)\}+(\bigcirc\square)$
$=(-16)+(\bigcirc\square)$
$=\bigcirc\square$

(2) $1-5+9$
$=(+1)-(\bigcirc5)+(\bigcirc\square)$
$=(+1)+(\bigcirc5)+(\bigcirc\square)$
$=\{(+1)+(\bigcirc\square)\}+(\bigcirc5)$
$=(\bigcirc\square)+(\bigcirc5)$
$=\square$

예제 1 수의 뺄셈

다음 중 계산 결과가 옳은 것은?

① $(+10)-(+6)=-4$

② $(-3)-(-7)=+4$

③ $(-3.7)-(+8)=+5.7$

④ $\left(+\dfrac{1}{6}\right)-\left(-\dfrac{5}{3}\right)=+\dfrac{1}{6}$

⑤ $\left(-\dfrac{3}{5}\right)-\left(+\dfrac{3}{5}\right)=0$

[해결 포인트]

두 수의 뺄셈은 빼는 수의 부호를 바꾸어 덧셈으로 고쳐서 계산한다.

· $\square-(+\triangle) \Rightarrow \square+(-\triangle)$

· $\square-(-\triangle) \Rightarrow \square+(+\triangle)$

👆 한번 더!

1-1 다음 중 뺄셈을 덧셈으로 고치는 과정이 옳지 <u>않은</u> 것은?

① $(+8)-(-3)=(+8)+(+3)$

② $(+2)-(+6)=(+2)+(+6)$

③ $(-3)-(-1)=(-3)+(+1)$

④ $(-5)-(+4)=(-5)+(-4)$

⑤ $(-7)-(-2)=(-7)+(+2)$

1-2 다음 |보기| 중 계산 결과가 -3인 것을 모두 고르시오.

| 보기 |

ㄱ. $(+5)-(-2)$ ㄴ. $(+6)-(+9)$

ㄷ. $\left(-\dfrac{6}{7}\right)-\left(+\dfrac{15}{7}\right)$ ㄹ. $(+3.8)-(-0.8)$

예제 2 어떤 수보다 □만큼 큰(작은) 수

다음을 구하시오.

⑴ -1보다 -5만큼 큰 수

⑵ $+3$보다 $-\dfrac{1}{2}$만큼 작은 수

⑶ -5보다 $+\dfrac{3}{4}$만큼 작은 수

[해결 포인트]

· 어떤 수보다 □만큼 큰 수 ➡ (어떤 수)$+\square$

· 어떤 수보다 □만큼 작은 수 ➡ (어떤 수)$-\square$

👆 한번 더!

2-1 다음 |보기|에서 계산 결과가 작은 것부터 차례로 나열하시오.

| 보기 |

ㄱ. $+6$보다 $+1$만큼 큰 수

ㄴ. $+3$보다 -7만큼 큰 수

ㄷ. -5보다 -3만큼 작은 수

2-2 -2보다 $+5$만큼 큰 수를 a, $+\dfrac{1}{2}$보다 -1만큼 작은 수를 b라 할 때, a, b의 값을 각각 구하시오.

• 예제 3   덧셈과 뺄셈의 혼합 계산

다음 중 계산 결과가 나머지 넷과 다른 하나는?

① $(+7)+(-1)-(+2)$

② $(-3)-(-8)+(-1)$

③ $(+5)-(-2)+(-3)$

④ $(-4.5)+(+1.5)-(-7)$

⑤ $\left(+\dfrac{7}{2}\right)-\left(-\dfrac{5}{2}\right)+(-3)$

[해결 포인트]

❶ 뺄셈을 모두 덧셈으로 바꾼다.

❷ 덧셈의 교환법칙, 결합법칙을 이용하여 계산한다.

　이때 양수는 양수끼리, 음수는 음수끼리, 분수가 있는 식은 분모가 같은 것끼리 모아서 계산하면 편리하다.

👆 한번 더!

3-1 다음을 계산하시오.

(1) $(+5)+(-14)-(-3)$

(2) $\left(-\dfrac{2}{3}\right)-\left(+\dfrac{1}{2}\right)+\left(+\dfrac{5}{12}\right)$

(3) $(-2.3)-(-4.5)+(-2.2)$

(4) $\left(-\dfrac{1}{2}\right)+\left(-\dfrac{4}{5}\right)-\left(-\dfrac{3}{2}\right)-\left(+\dfrac{1}{5}\right)$

• 예제 4   부호가 생략된 수의 덧셈과 뺄셈

다음 중 계산 결과가 가장 작은 것은?

① $5-7+3$

② $7-3-6$

③ $-7-2+5$

④ $-9-7+3$

⑤ $-10+5-3$

[해결 포인트]

부호가 생략된 경우 $+$ 부호를 다시 살려서 괄호가 있는 식으로 먼저 나타낸다.

👆 한번 더!

4-1 다음을 계산하시오.

(1) $-4-6+11-9$

(2) $-5.7+6.1-2.9$

(3) $\dfrac{1}{2}-\dfrac{2}{3}+\dfrac{7}{4}$

(4) $\dfrac{3}{4}-1-\dfrac{1}{4}+\dfrac{1}{3}$

4-2 $A=3-0.4-\dfrac{1}{2}$, $B=\dfrac{5}{6}-\dfrac{1}{2}+\dfrac{2}{3}-1$일 때, $A+B$의 값을 구하시오.

개념 14 정수와 유리수의 곱셈

(1) **부호가 같은 두 수의 곱셈**

두 수의 절댓값의 곱에 양의 부호 +를 붙인다.

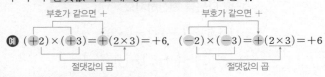

(2) **부호가 다른 두 수의 곱셈**

두 수의 절댓값의 곱에 음의 부호 −를 붙인다.

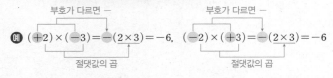

>> 어떤 수와 0의 곱은 항상 0이다.
예 $(+4) \times 0 = 0$
$0 \times (-3) = 0$

・개념 확인하기

・정답 및 해설 27쪽

1 다음 ○ 안에는 +, − 중 알맞은 것을, □ 안에는 알맞은 수를 쓰시오.

(1) $(+3) \times (+8) = \bigcirc(3 \times 8) = \bigcirc \square$

(2) $(-3) \times (-8) = \bigcirc(3 \times 8) = \bigcirc \square$

(3) $(+3) \times (-8) = \bigcirc(3 \times 8) = \bigcirc \square$

(4) $(-3) \times (+8) = \bigcirc(3 \times 8) = \bigcirc \square$

2 다음을 계산하시오.

(1) $(+3) \times (+4)$

(2) $(-5) \times (-10)$

(3) $\left(+\dfrac{2}{3}\right) \times \left(+\dfrac{9}{4}\right)$

(4) $\left(-\dfrac{1}{4}\right) \times \left(-\dfrac{8}{3}\right)$

(5) $(+0.2) \times (+5)$

(6) $\left(-\dfrac{5}{6}\right) \times (-0.3)$

3 다음을 계산하시오.

(1) $(+4) \times (-7)$

(2) $(-6) \times (+3)$

(3) $\left(+\dfrac{7}{5}\right) \times \left(-\dfrac{5}{14}\right)$

(4) $\left(-\dfrac{3}{2}\right) \times \left(+\dfrac{10}{9}\right)$

(5) $(+1.3) \times (-5)$

(6) $\left(-\dfrac{1}{6}\right) \times (+0.4)$

대표 예제로 개념 익히기

· 예제 1 두 수의 곱셈(1)

다음 중 계산 결과가 옳지 않은 것은?

① $(-3) \times (-6) = +18$

② $(-2) \times (+9) = -18$

③ $(+5) \times (-5) = +25$

④ $(-7) \times (+10) = -70$

⑤ $(+6) \times (+7) = +42$

[해결 포인트]

$\left.\begin{array}{l}(양수)\times(양수)\\(음수)\times(음수)\end{array}\right\} \Rightarrow +(절댓값의 곱)$

$\left.\begin{array}{l}(양수)\times(음수)\\(음수)\times(양수)\end{array}\right\} \Rightarrow -(절댓값의 곱)$

🖑 한번 더!

1-1 다음 중 계산 결과가 옳은 것을 모두 고르면?

(정답 2개)

① $(-8) \times (-4) = -32$

② $\left(+\dfrac{1}{3}\right) \times \left(+\dfrac{9}{5}\right) = +\dfrac{3}{5}$

③ $\left(-\dfrac{5}{7}\right) \times (+14) = +10$

④ $0 \times (-6) = -6$

⑤ $(+0.5) \times (-4) = -2$

1-2 다음 |보기| 중 계산 결과가 가장 작은 것과 가장 큰 것을 차례로 구하시오.

| 보기 |

ㄱ. $(+4) \times \left(+\dfrac{1}{8}\right)$　　ㄴ. $\left(-\dfrac{1}{15}\right) \times (-3)$

ㄷ. $\left(+\dfrac{3}{2}\right) \times \left(-\dfrac{4}{9}\right)$　　ㄹ. $\left(-\dfrac{21}{2}\right) \times \left(+\dfrac{8}{15}\right)$

ㅁ. $\left(-\dfrac{5}{6}\right) \times \left(-\dfrac{2}{3}\right)$

· 예제 2 두 수의 곱셈(2)

$a = (+2) \times (-12)$, $b = \left(-\dfrac{1}{4}\right) \times \left(-\dfrac{2}{3}\right)$일 때, $a \times b$의 값은?

① -4　　　② -3　　　③ 1

④ 3　　　　⑤ 4

[해결 포인트]

부호에 유의하여 a, b의 값을 각각 먼저 구한 후, $a \times b$의 값을 구한다.

🖑 한번 더!

2-1 $a = \left(-\dfrac{15}{4}\right) \times \left(+\dfrac{2}{3}\right)$, $b = \left(+\dfrac{3}{7}\right) \times \left(-\dfrac{28}{9}\right)$일 때, $a + b$의 값을 구하시오.

2-2 -2보다 $-\dfrac{1}{3}$만큼 작은 수를 a, 절댓값이 $\dfrac{7}{4}$인 수 중 큰 수를 b라 할 때, $a \times b$의 값을 구하시오.

개념 15 곱셈의 계산 법칙 / 세 수 이상의 곱셈

(1) **곱셈의 계산 법칙**

세 수 a, b, c에 대하여

① 곱셈의 교환법칙

$a \times b = b \times a$

② 곱셈의 결합법칙

$(a \times b) \times c = a \times (b \times c)$

예 $\left(+\dfrac{1}{4} \right) \times (-5) \times \left(+\dfrac{4}{3} \right)$

$= \left(+\dfrac{1}{4} \right) \times \left(+\dfrac{4}{3} \right) \times (-5)$ 곱셈의 교환법칙

$= \left\{ \left(+\dfrac{1}{4} \right) \times \left(+\dfrac{4}{3} \right) \right\} \times (-5)$ 곱셈의 결합법칙

$= \left(+\dfrac{1}{3} \right) \times (-5) = -\dfrac{5}{3}$

>> 세 수의 곱셈에서는 곱셈의 결합법칙이 성립하므로 $(a \times b) \times c$, $a \times (b \times c)$를 모두 $a \times b \times c$로 나타낼 수 있다.

(2) **세 수 이상의 곱셈**

세 수 이상의 곱셈은 다음과 같은 순서로 계산한다.

❶ 먼저 곱의 부호를 결정한다.

이때 곱해진 음수의 개수가 $\begin{cases} 짝수\ 개 \Rightarrow + \\ 홀수\ 개 \Rightarrow - \end{cases}$

❷ 각 수의 절댓값의 곱에 ❶에서 결정된 부호를 붙인다.

예 • $(-2) \times (+3) \times (-7) = +(2 \times 3 \times 7) = +42$

　　음수가 짝수 개

　• $\left(-\dfrac{3}{5} \right) \times \left(-\dfrac{5}{4} \right) \times \left(-\dfrac{2}{3} \right) = -\left(\dfrac{3}{5} \times \dfrac{5}{4} \times \dfrac{2}{3} \right) = -\dfrac{1}{2}$

　　音수가 홀수 개

• 개념 확인하기

• 정답 및 해설 29쪽

1 다음 계산 과정에서 (가), (나)에 이용된 곱셈의 계산 법칙을 각각 말하시오.

$(-25) \times (-3) \times (+4)$
$= (-3) \times (-25) \times (+4)$ 　(가)
$= (-3) \times \{ (-25) \times (+4) \}$ 　(나)
$= (-3) \times (-100)$
$= +300$

2 다음을 계산하시오.

(1) $(-4) \times (+7) \times (-5)$

(2) $(+3) \times (+5) \times (-2)$

(3) $(-6) \times (-9) \times (-15)$

(4) $(-8) \times (+3) \times (-4) \times (+2)$

(5) $(+8) \times \left(-\dfrac{3}{2} \right) \times \left(+\dfrac{4}{9} \right)$

(6) $\left(+\dfrac{7}{15} \right) \times (+30) \times \left(-\dfrac{5}{21} \right) \times \left(-\dfrac{1}{10} \right)$

• 예제 1 곱셈의 계산 법칙

다음 계산 과정에서 □ 안에 알맞은 수를 쓰고, (가), (나)에 이용된 곱셈의 계산 법칙을 각각 말하시오.

$$(-3) \times \left(-\frac{1}{5}\right) \times \left(+\frac{4}{9}\right)$$
$$= \left(-\frac{1}{5}\right) \times (\boxed{}) \times \left(+\frac{4}{9}\right) \quad \text{(가)}$$
$$= \left(-\frac{1}{5}\right) \times \left\{(\boxed{}) \times \left(+\frac{4}{9}\right)\right\} \quad \text{(나)}$$
$$= \left(-\frac{1}{5}\right) \times (\boxed{})$$
$$= \boxed{}$$

[해결 포인트]

• 곱셈의 교환법칙
➡ 순서를 바꾸어 곱하여도 그 결과는 같다.
• 곱셈의 결합법칙
➡ 어느 두 수를 먼저 곱하여도 그 결과는 같다.

👆**한번 더!**

1-1 다음 계산 과정에서 곱셈의 결합법칙이 이용된 곳은?

$$(-50) \times (+0.26) \times (+2)$$
$$= (-50) \times (+2) \times (+0.26) \quad ①$$
$$= \{(-50) \times (+2)\} \times (+0.26) \quad ②$$
$$= \{-(50 \times 2)\} \times (+0.26) \quad ③$$
$$= (-100) \times (+0.26) \quad ④$$
$$= -26 \quad ⑤$$

1-2 다음을 곱셈의 계산 법칙을 이용하여 계산하시오.

$$(-0.5) \times \left(-\frac{4}{9}\right) \times (-2)$$

• 예제 2 세 수 이상의 곱셈

다음 중 계산 결과가 가장 큰 것은?

① $(+3) \times (-3) \times (+2)$
② $(+2) \times (-4) \times (-7)$
③ $(+4) \times \left(-\frac{3}{2}\right) \times (+5)$
④ $(-1) \times \left(+\frac{5}{3}\right) \times (-8) \times (+6)$
⑤ $\left(-\frac{7}{5}\right) \times (-15) \times \left(-\frac{1}{2}\right) \times (-8)$

[해결 포인트]

세 수 이상의 곱셈에서
• 곱해진 음수가 짝수 개 ➡ +(절댓값의 곱)
• 곱해진 음수가 홀수 개 ➡ −(절댓값의 곱)

👆**한번 더!**

2-1 $a = \left(-\frac{2}{3}\right) \times \left(+\frac{6}{5}\right)$,

$b = \left(+\frac{1}{2}\right) \times \left(-\frac{5}{2}\right) \times \left(-\frac{12}{5}\right)$일 때, $a \times b$의 값을 구하시오.

2-2 다음을 계산하시오.

$$\left(-\frac{1}{2}\right) \times \left(-\frac{2}{3}\right) \times \left(-\frac{3}{4}\right) \times \left(-\frac{4}{5}\right) \times \left(-\frac{5}{6}\right)$$

거듭제곱의 계산 / 분배법칙

(1) 거듭제곱의 계산

① 양수의 거듭제곱은 항상 양수이다.

> 예 $(+2)^2=(+2)\times(+2)=+(2\times2)=+4$
>
> $(+2)^3=(+2)\times(+2)\times(+2)=+(2\times2\times2)=+8$

② 음수의 거듭제곱의 부호는 지수가 $\begin{cases} \text{짝수이면} + \\ \text{홀수이면} - \end{cases}$

> 예 $(-2)^2=(-2)\times(-2)=+(2\times2)=+4$
>
> $(-2)^3=(-2)\times(-2)\times(-2)=-(2\times2\times2)=-8$

(2) 분배법칙

어떤 수에 두 수의 합을 곱한 것은 어떤 수에 각각의 수를 곱하여 더한 것과 그 결과가 같다. 이것을 분배법칙이라 한다.

즉, 세 수 a, b, c에 대하여

① $a\times(b+c)=\underset{①}{a\times b}+\underset{②}{a\times c}$ ② $(a+b)\times c=\underset{①}{a\times c}+\underset{②}{b\times c}$

> 예 $(-2)\times(3+4)=(-2)\times7=-14$ ┐
>
> $(-2)\times3+(-2)\times4=(-6)+(-8)=-14$ ┘ 일치

≫ (양수)$^{(짝수)}$ ➡ $+$ 부호
(양수)$^{(홀수)}$ ➡ $+$ 부호
(음수)$^{(짝수)}$ ➡ $+$ 부호
(음수)$^{(홀수)}$ ➡ $-$ 부호

≫ $(-2)^2$과 -2^2을 혼동하지 않도록 주의한다.
➡ $(-2)^2=(-2)\times(-2)=+4$
$-2^2=-(2\times2)=-4$

• 개념 확인하기

• 정답 및 해설 29쪽

1 다음을 계산하시오.

(1) $(-3)^4=(-3)\times(-3)\times(-3)\times(-3)$
$=\underline{\hphantom{0000}}$

(2) $-3^4=-(3\times3\times3\times3)$
$=\underline{\hphantom{0000}}$

(3) $(-6)^2$

(4) -6^2

(5) $(-1)^9$

(6) $(-1)^{10}$

(7) $\left(-\dfrac{1}{2}\right)^3$

(8) $\left(-\dfrac{1}{2}\right)^4$

2 다음은 분배법칙을 이용하여 계산하는 과정이다. ☐ 안에 알맞은 수를 쓰시오.

(1) $12\times(100+4)=12\times\boxed{}+12\times\boxed{}=\boxed{}$

(2) $(100+1)\times16=\boxed{}\times16+\boxed{}\times16=\boxed{}$

(3) $37\times98+37\times2=\boxed{}\times(98+2)=\boxed{}$

(4) $19\times(-7)+81\times(-7)=(19+81)\times(\boxed{})=\boxed{}$

• 예제 **1** 거듭제곱의 계산

다음 중 계산 결과가 옳은 것은?

① $(-1)^5 = -5$ ② $-7^2 = 49$

③ $(-4)^3 = 12$ ④ $\left(-\dfrac{1}{2}\right)^5 = \dfrac{1}{32}$

⑤ $-\left(-\dfrac{5}{6}\right)^2 = -\dfrac{25}{36}$

[해결 포인트]

• 음수의 거듭제곱의 부호 ➡ 지수가 $\begin{cases} \text{짝수이면 } + \\ \text{홀수이면 } - \end{cases}$

• $(-1)^{(\text{짝수})} = 1$, $(-1)^{(\text{홀수})} = -1$

👆 **한번 더!**

1-1 다음 중 계산 결과가 가장 작은 수는?

① $(+2)^3$ ② -1^4 ③ $\left(-\dfrac{3}{2}\right)^2$

④ $-\left(-\dfrac{1}{3}\right)^2$ ⑤ -4^3

1-2 다음을 계산하시오.

$$(-5^2) \times (-6) \times \left(+\dfrac{4}{5}\right) \times \left(-\dfrac{1}{2}\right)^2$$

• 예제 **2** 분배법칙

다음은 분배법칙을 이용하여 15×106을 계산하는 과정이다. ☐ 안에 알맞은 수를 쓰시오.

$$
\begin{aligned}
15 \times 106 &= 15 \times (100 + \boxed{}) \\
&= 15 \times 100 + 15 \times \boxed{} \\
&= 1500 + \boxed{} \\
&= \boxed{}
\end{aligned}
$$

[해결 포인트]

15×106에서 106을 $100 + \square$로 고친 후 분배법칙을 이용할 수 있다. 이와 같이 큰 수의 곱셈이나 덧셈과 곱셈이 섞인 식의 계산에서 분배법칙을 이용하면 편리한 경우가 있다.

👆 **한번 더!**

2-1 다음을 분배법칙을 이용하여 계산하시오.

(1) $(-5) \times (100 - 7)$

(2) $\left(\dfrac{3}{4} - \dfrac{1}{5}\right) \times 20$

(3) $(-4.16) \times 35 + (-4.16) \times 65$

(4) $\dfrac{1}{4} \times 9.2 + \dfrac{3}{4} \times 9.2$

2-2 다음은 분배법칙을 이용하여 $2.2 \times (-8) + 7.8 \times (-8)$을 계산하는 과정이다. 두 수 A, B에 대하여 $A - B$의 값을 구하시오.

$$2.2 \times (-8) + 7.8 \times (-8) = A \times (-8) = B$$

정수와 유리수의 나눗셈 / 혼합 계산

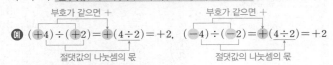

(1) **수의 나눗셈**

① 부호가 같은 두 수의 나눗셈

두 수의 절댓값의 나눗셈의 몫에 양의 부호 $+$를 붙인다.

예) $(+4) \div (+2) = +(4 \div 2) = +2, \quad (-4) \div (-2) = +(4 \div 2) = +2$

② 부호가 다른 두 수의 나눗셈

두 수의 절댓값의 나눗셈의 몫에 음의 부호 $-$를 붙인다.

예) $(+4) \div (-2) = -(4 \div 2) = -2, \quad (-4) \div (+2) = -(4 \div 2) = -2$

(2) **역수를 이용한 수의 나눗셈**

① 역수: 두 수의 곱이 1이 될 때, 한 수를 다른 수의 역수라 한다.

예) $\left(-\dfrac{2}{3}\right) \times \left(-\dfrac{3}{2}\right) = 1$이므로 $-\dfrac{2}{3}$의 역수는 $-\dfrac{3}{2}$이고, $-\dfrac{3}{2}$의 역수는 $-\dfrac{2}{3}$이다.

참고) 0에 어떤 수를 곱하여도 1이 될 수 없으므로 0의 역수는 없다.

② 역수를 이용한 나눗셈

나누는 수를 그 수의 역수로 바꾸어 곱셈으로 고쳐서 계산한다.

예) $(+12) \div \left(-\dfrac{2}{3}\right) = (+12) \times \left(-\dfrac{3}{2}\right) = -\left(12 \times \dfrac{3}{2}\right) = -18$

나눗셈을 곱셈으로 고치기

(3) **곱셈과 나눗셈의 혼합 계산**

❶ 거듭제곱이 있으면 거듭제곱을 먼저 계산한다.

❷ 나눗셈을 모두 곱셈으로 고친다.

❸ 부호를 결정하고 각 수의 절댓값의 곱에 결정된 부호를 붙인다.

예) $\left(+\dfrac{1}{3}\right) \div (-6) \times (-2)^2 = \left(+\dfrac{1}{3}\right) \times \left(-\dfrac{1}{6}\right) \times (+4) = -\left(\dfrac{1}{3} \times \dfrac{1}{6} \times 4\right) = -\dfrac{2}{9}$

(4) **덧셈, 뺄셈, 곱셈, 나눗셈의 혼합 계산**

❶ 거듭제곱이 있으면 거듭제곱을 먼저 계산한다.

❷ 괄호가 있으면 괄호 안을 먼저 계산한다.

이때 소괄호 ( ) ➡ 중괄호 { } ➡ 대괄호 [ ]의 순서로 계산한다.

❸ 곱셈과 나눗셈을 한다.

❹ 덧셈과 뺄셈을 한다.

예)
$$1 + \left\{\left(-\dfrac{2}{3}\right)^2 + \dfrac{1}{2} \div \left(-\dfrac{9}{2}\right)\right\} \times 3 = 1 + \left\{\dfrac{4}{9} + \dfrac{1}{2} \div \left(-\dfrac{9}{2}\right)\right\} \times 3 \quad \leftarrow ①$$

$$= 1 + \left\{\dfrac{4}{9} + \dfrac{1}{2} \times \left(-\dfrac{2}{9}\right)\right\} \times 3$$

$$= 1 + \left\{\dfrac{4}{9} + \left(-\dfrac{1}{9}\right)\right\} \times 3 \quad \leftarrow ②$$

$$= 1 + \dfrac{1}{3} \times 3 \quad \leftarrow ③$$

$$= 1 + 1 \quad \leftarrow ④$$

$$= 2 \quad \leftarrow ⑤$$

≫ 0을 0이 아닌 수로 나누면 그 몫은 항상 0이다. 예) $0 \div 2 = 0$
한편 $2 \div 0$과 같이 어떤 수를 0으로 나누는 경우는 생각하지 않는다.

≫ 나눗셈에서는 교환법칙과 결합법칙이 성립하지 않는다.

≫ 역수는 분수 꼴에서 분자와 분모를 서로 바꾸어 구할 수 있으므로 정수, 대분수, 소수는 다음과 같이 나타낸 후 역수를 구한다.

① 정수 ➡ $\dfrac{(정수)}{1}$

② 대분수 ➡ 가분수

③ 소수 ➡ 분수

≫ **곱의 부호의 결정**
곱해진 음수의 개수가
- 짝수 개 ➡ $+$
- 홀수 개 ➡ $-$

• 정답 및 해설 30쪽

1 다음 ○ 안에는 +, − 중 알맞은 것을, □ 안에는 알맞은 수를 쓰시오.

(1) $(+15) \div (+3) = \bigcirc(15 \div 3) = \bigcirc\square$　　(2) $(-20) \div (+5) = \bigcirc(20 \div 5) = \bigcirc\square$

(3) $(-35) \div (-7) = \bigcirc(35 \div 7) = \bigcirc\square$　　(4) $(+18) \div (-3) = \bigcirc(18 \div 3) = \bigcirc\square$

2 다음 수의 역수를 구하시오.

(1) 3 　　　　　　(2) -2 　　　　　　(3) $\dfrac{1}{2}$

(4) $-\dfrac{4}{3}$ 　　　　(5) 0.9 　　　　(6) $1\dfrac{2}{5}$

3 다음을 계산하시오.

(1) $(+6) \div (+3)$ 　　　　　　(2) $(-25) \div (-5)$

(3) $(+18) \div (-9)$ 　　　　　(4) $(-21) \div (+3)$

(5) $(+4) \div \left(+\dfrac{2}{5}\right)$ 　　　　(6) $\left(+\dfrac{1}{3}\right) \div (-2)$

(7) $\left(-\dfrac{2}{5}\right) \div \left(-\dfrac{7}{10}\right)$ 　　(8) $(-0.3) \div \left(+\dfrac{9}{4}\right)$

4 다음을 계산하시오.

(1) $10 \div (-5) \times (-2)$ 　　　　(2) $(-3)^2 \times 4 \div (-6)$

(3) $\dfrac{4}{7} \div \left(-\dfrac{1}{14}\right) \times (-2)$ 　　(4) $(-0.2) \div \dfrac{3}{5} \times (-9)$

5 다음을 계산하시오.

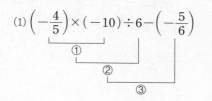

(1) $\left(-\dfrac{4}{5}\right) \times (-10) \div 6 - \left(-\dfrac{5}{6}\right)$

(2) $-1 + \left\{\dfrac{1}{9} \times (-3)^2 + \dfrac{2}{5}\right\} \div \dfrac{1}{5}$

• 예제 **1** 역수

다음 두 수가 서로 역수가 <u>아닌</u> 것은?

① $8, \dfrac{1}{8}$　　② $-\dfrac{5}{4}, -\dfrac{4}{5}$　③ $4.5, \dfrac{2}{9}$

④ $\dfrac{11}{3}, \dfrac{3}{11}$　　⑤ $-1, 1$

[해결 포인트]

· 두 수의 곱이 1이면 두 수는 서로 역수이다.

· $\dfrac{\triangle}{\bigcirc}$의 역수 ➡ $\dfrac{\bigcirc}{\triangle}$

☞ 한번 더!

1-1 다음 |보기| 중 두 수가 서로 역수인 것을 모두 고르시오.

| 보기 |
> ㄱ. $\dfrac{10}{7}, -\dfrac{7}{10}$　　　　　ㄴ. $5, \dfrac{1}{5}$
>
> ㄷ. $\dfrac{3}{2}, \dfrac{2}{3}$　　　　　　ㄹ. $1\dfrac{1}{4}, 4$

1-2 $-\dfrac{6}{5}$의 역수를 a, 6의 역수를 b라 할 때, $a+b$의 값을 구하시오.

• 예제 **2** 두 수의 나눗셈

다음 중 계산 결과가 나머지 넷과 <u>다른</u> 하나는?

① $(-12) \div (+3)$　　② $(+36) \div (-9)$

③ $\left(-\dfrac{3}{2}\right) \div \left(+\dfrac{3}{8}\right)$　　④ $\left(-\dfrac{3}{5}\right) \div \left(+\dfrac{3}{20}\right)$

⑤ $\left(+\dfrac{8}{5}\right) \div \left(-\dfrac{5}{2}\right)$

[해결 포인트]

· 두 수의 나눗셈에서 두 수의 부호가　$\begin{cases} \text{같으면} ➡ + \\ \text{다르면} ➡ - \end{cases}$

· 역수를 이용한 나눗셈

　➡ 나누는 수의 역수를 곱하여 계산한다.

　즉, $\square \div \dfrac{\triangle}{\bigcirc} ➡ \square \times \dfrac{\bigcirc}{\triangle}$

☞ 한번 더!

2-1 다음 중 계산 결과가 옳지 <u>않은</u> 것은?

① $(+30) \div (-5) = -6$

② $(-24) \div (-3) = -8$

③ $(+20) \div (+4) = +5$

④ $(-3.2) \div (+4) = -0.8$

⑤ $(-2.6) \div (-1.3) = +2$

2-2 다음 중 계산 결과가 $\left(+\dfrac{9}{5}\right) \div \left(-\dfrac{3}{4}\right)$과 같은 것은?

① $(+3) \div (-5)$　　② $\left(-\dfrac{8}{3}\right) \div (+4)$

③ $\left(-\dfrac{6}{5}\right) \div (+3)$　　④ $(+1.5) \div (-2)$

⑤ $\left(-\dfrac{3}{2}\right) \div \left(+\dfrac{5}{8}\right)$

I·2

예제 3 곱셈과 나눗셈의 혼합 계산

다음 중 계산 결과가 가장 작은 것은?

① $(-9) \div (+1.5) \times \left(-\dfrac{4}{9}\right)$

② $(-3)^2 \times \left(-\dfrac{3}{2}\right) \div \left(-\dfrac{5}{2}\right)$

③ $(-5) \div (+2) \times \left(+\dfrac{2}{5}\right)$

④ $(-2)^2 \times (-3) \div (+12)$

⑤ $(+4.5) \div (-3)^2 \times (-10)$

[해결 포인트]

곱셈과 나눗셈의 혼합 계산 순서

거듭제곱 계산	→	나눗셈을 곱셈으로	→	절댓값의 곱에 결정된 부호 붙이기

☞ 한번 더!

3-1 다음은 $18 \div \dfrac{1}{6} \times \dfrac{1}{3}$ 을 계산하는 과정이다. 물음에 답하시오.

$$18 \div \dfrac{1}{6} \times \dfrac{1}{3} = \underset{\uparrow \\ \text{㉠}}{18 \div \left(\dfrac{1}{6} \times \dfrac{1}{3}\right)} = \underset{\uparrow \\ \text{㉡}}{18 \div \dfrac{1}{18}} = \underset{\uparrow \\ \text{㉢}}{1}$$

(1) ㉠~㉢ 중 처음으로 틀린 곳을 찾으시오.

(2) 주어진 식을 바르게 계산하시오.

3-2 다음을 계산하시오.

$$(-12) \times (-2)^3 \div \left(-\dfrac{3}{2}\right) \times \left(-\dfrac{3}{4}\right)$$

예제 4 덧셈, 뺄셈, 곱셈, 나눗셈의 혼합 계산

다음 식에 대하여 물음에 답하시오.

$$4 - \underset{\uparrow \\ \text{㉠}}{\{} 3 \underset{\uparrow \\ \text{㉡}}{\times} \underset{\uparrow \\ \text{㉢}}{(-4)^2} + 6 \} \underset{\uparrow \\ \text{㉣}}{\div} (-3)$$
㉠ ㉡ ㉢ ㉣ ㉤

(1) 주어진 식의 계산 순서를 차례로 나열하시오.

(2) 주어진 식을 계산하시오.

[해결 포인트]

덧셈, 뺄셈, 곱셈, 나눗셈의 혼합 계산 순서

거듭제곱 계산	→	괄호 안 계산 ( ) → { } → [ ]	→	곱셈, 나눗셈	→	덧셈, 뺄셈

☞ 한번 더!

4-1 다음을 계산하시오.

(1) $\{7 - 2 \times (5-6)\} \times 3 - 13$

(2) $(-3)^3 - \{(-2) \times (-4)\} \div \dfrac{4}{9}$

4-2 다음을 계산하시오.

$$2 \times \left[-\dfrac{4}{3} + \left\{ 1 - \left(-\dfrac{5}{2}\right)^2 \div \dfrac{15}{4} \right\} \right]$$

1

다음은 아인이의 일기이다. ㉠~㉣ 중 음의 부호 −를 사용하여 나타낼 수 있는 것을 모두 고르시오.

> 어제는 ㉠영상 7 ℃로 따뜻했는데 오늘은 ㉡영하 2 ℃로 추운 날이었다. 동생의 생일이라 케이크를 샀는데 포인트 ㉢5000점을 적립해 주어서 그중 ㉣3000점을 사용하여 빵을 샀다.

2 중요

다음 수 중 양의 유리수의 개수를 a개, 음수의 개수를 b개, 정수가 아닌 유리수의 개수를 c개라 할 때, $a+b+c$의 값을 구하시오.

$$-5.3, \quad +2, \quad 0, \quad +\frac{1}{4}, \quad -\frac{7}{2}, \quad \frac{9}{3}, \quad 0.6, \quad -8$$

3

다음 중 옳은 것은?

① 모든 정수는 자연수이다.
② 0과 1 사이에는 유리수가 없다.
③ 0은 양수도 아니고 음수도 아니다.
④ 유리수는 $\dfrac{(\text{자연수})}{(\text{자연수})}$의 꼴로 나타낼 수 있다.
⑤ 정수는 양의 정수와 음의 정수로 이루어져 있다.

4

수직선에서 −2와 +4에 대응하는 두 점으로부터 같은 거리에 있는 점에 대응하는 수는?

① −1   ② 0   ③ +1
④ +2   ⑤ +3

5

다음 수 중 절댓값이 3보다 작은 수의 개수는?

$$3, \quad \frac{8}{5}, \quad -1, \quad \frac{4}{2}, \quad -1.7, \quad 2\frac{2}{3}, \quad 4$$

① 2개   ② 3개   ③ 4개
④ 5개   ⑤ 6개

6 중요

다음 중 옳지 않은 것을 모두 고르면? (정답 2개)

① 절댓값은 항상 0보다 크다.
② 절댓값이 가장 작은 정수는 1개이다.
③ 음수의 절댓값은 0보다 작다.
④ 양수는 절댓값이 클수록 크다.
⑤ 수직선에서 절댓값이 같은 두 수에 대응하는 점은 원점으로부터 떨어진 거리가 같다.

7 창의력 UP

하준이가 다음 그림과 같은 갈림길을 출발 지점에서 시작하여 따라가는데 각 갈림길에서 가장 큰 수가 있는 길을 따라가려고 한다. 이때 하준이가 도착하는 장소를 말하시오.

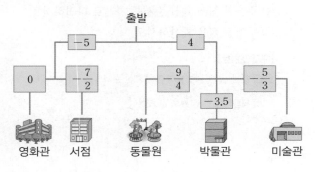

8

다음을 만족시키는 모든 정수 x의 값의 합을 구하시오.

> x는 -4 초과이고 $\dfrac{13}{3}$보다 크지 않다.

9

다음 중 가장 큰 수와 가장 작은 수의 합을 구하시오.

> $-1,\ +\dfrac{7}{3},\ -\dfrac{11}{2},\ +\dfrac{9}{4}$

10

다음은 $(-1.5)+(+6)+\left(-\dfrac{7}{2}\right)$을 계산하는 과정이다. ㉠~㉺ 중 덧셈의 교환법칙과 덧셈의 결합법칙이 이용된 곳을 차례로 나열한 것은?

$$(-1.5)+(+6)+\left(-\dfrac{7}{2}\right)$$

$$=\left(-\dfrac{3}{2}\right)+(+6)+\left(-\dfrac{7}{2}\right) \quad ㉠$$

$$=(+6)+\left(-\dfrac{3}{2}\right)+\left(-\dfrac{7}{2}\right) \quad ㉡$$

$$=(+6)+\left\{\left(-\dfrac{3}{2}\right)+\left(-\dfrac{7}{2}\right)\right\} \quad ㉢$$

$$=(+6)+(-5) \quad ㉣$$

$$=+(6-5) \quad ㉤$$

$$=+1 \quad ㉥$$

① ㉠, ㉢ ② ㉡, ㉢ ③ ㉡, ㉣
④ ㉢, ㉤ ⑤ ㉣, ㉤

11 창의력 UP

다음 표는 어느 날 각 지역의 최고 기온과 최저 기온을 나타낸 것이다. 일교차가 가장 큰 지역과 일교차가 가장 작은 지역을 차례로 나열하시오. (단, 일교차는 하루 중 최고 기온에서 최저 기온을 뺀 값이다.)

(단위: ℃)

	서울	부산	울산	대전	제주
최고 기온	9.4	10.8	11.1	8.7	12.7
최저 기온	-1.4	3.1	2.5	-2.7	5.4

12 중요

다음 세 수 A, B, C 중 가장 작은 수를 고르시오.

> $A=-3.6+1.4-2.3$
>
> $B=\dfrac{1}{2}-\dfrac{2}{3}+\dfrac{5}{6}$
>
> $C=\dfrac{4}{5}-1+\dfrac{1}{3}-\dfrac{1}{5}$

13

-3보다 $\dfrac{3}{2}$만큼 큰 수를 a, $-\dfrac{2}{3}$보다 $-\dfrac{1}{4}$만큼 작은 수를 b라 할 때, $a\times b$의 값을 구하시오.

14

네 유리수 $-6,\ +2,\ -\dfrac{5}{2},\ +\dfrac{1}{4}$에 대하여 다음을 구하시오.

(1) 서로 다른 세 수를 뽑아 곱한 값 중 가장 큰 수

(2) 서로 다른 세 수를 뽑아 곱한 값 중 가장 작은 수

15 중요

다음 중 계산 결과가 나머지 넷과 <u>다른</u> 하나는?

① $(+3)^4$　　② $(-3)^4$　　③ $+(-3)^4$

④ -3^4　　⑤ 3^4

16

세 수 a, b, c에 대하여 $a \times b = -13$, $a \times (b+c) = 12$
일 때, $a \times c$의 값을 구하시오.

17 중요

오른쪽 그림과 같은 정육면체에서
마주 보는 면에 적힌 두 수의 곱이
1일 때, 보이지 않는 세 면에 적힌
수의 곱을 구하시오.

18

다음 중 계산 결과가 옳은 것은?

① $\dfrac{4}{15} \times (-24) \times \dfrac{8}{21} = \dfrac{84}{5}$

② $2 - \left\{ (-3)^2 - 6 + \dfrac{3}{2} + 1 \right\} = 8$

③ $(-24) \div \dfrac{8}{3} \div \left(-\dfrac{1}{2} \right)^2 = 18$

④ $6 - [3 - \{2 - (5-8) + 1\}] = -5$

⑤ $(-2) \times \left\{ (-2)^3 \div \dfrac{2}{3} + \dfrac{7}{2} \right\} - 2 = 15$

---

19 중요

수직선에서 $-\dfrac{1}{3}$에 가장 가까운 정수를 a, $\dfrac{12}{5}$에 가장
가까운 정수를 b라 할 때, $a+b$의 값을 구하시오.

(단, 풀이 과정을 자세히 쓰시오.)

[풀이]

[답]

20

어떤 수에 $-\dfrac{5}{3}$를 더해야 할 것을 잘못하여 뺐더니 $\dfrac{13}{15}$
이 되었다. 다음 물음에 답하시오.

(단, 풀이 과정을 자세히 쓰시오.)

(1) 어떤 수를 구하시오.

(2) 바르게 계산한 답을 구하시오.

[풀이]

[답]

1 마인드맵으로 개념 구조화!

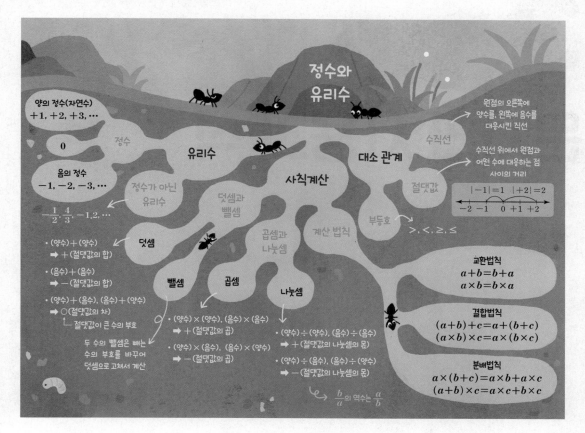

2 OX 문제로 개념 점검!

옳은 것은 ○, 옳지 않은 것은 X를 택하시오.　　　　　　　　　· 정답 및 해설 34쪽

❶ 0과 1 사이에는 정수가 없다.　　　　　　　　　　　　　　　　　○ | X

❷ 두 수 중에서 절댓값이 큰 수가 절댓값이 작은 수보다 크다.　　　○ | X

❸ 부호가 다른 두 수의 합의 부호는 절댓값이 큰 수의 부호를 따른다.　○ | X

❹ 양수에서 양수를 뺀 값은 항상 양수이다.　　　　　　　　　　　○ | X

❺ 두 수의 곱이 양수일 때, 두 수는 모두 양수이거나 모두 음수이다.　○ | X

❻ 세 수 이상의 곱셈에서 음수의 개수가 홀수 개이면 곱셈 결과의 부호는 −이다.　○ | X

❼ $(-1)^{100} = -100$이다.　　　　　　　　　　　　　　　　○ | X

❽ −1의 역수는 −1이다.　　　　　　　　　　　　　　　　　　○ | X

❾ 덧셈, 뺄셈, 곱셈, 나눗셈의 혼합 계산에서 괄호가 있으면 대괄호, 중괄호, 소괄호의 순서로 계산한다.　○ | X

3

문자의 사용과 식

우리 생활 주변에서 흔히 볼 수 있는 교통 표지판, 안내도, 일기 예보 등은 전달하려는 의미를 한눈에 알 수 있도록 기호나 그림으로 표시합니다.

수학에서도 여러 가지 문자나 기호를 정해진 약속에 따라 사용하고 있습니다.

이 단원에서는 문자를 사용하여 식으로 나타내고, 식을 계산하는 방법에 대해 학습합니다.

▶새로 배우는 용어

대입, 다항식, 항, 단항식, 상수항, 계수, 차수, 일차식, 동류항

3. 문자의 사용과 식을 시작하기 전에

1 식으로 나타내기 [초등]

다음 문장을 식으로 나타내시오.

(1) △의 12배와 ◇의 3배의 합

(2) 500원짜리 연필 ○자루와 1000원짜리 공책 □권의 가격

2 유리수의 사칙계산 [중1]

다음을 계산하시오.

(1) $10 - 4 \times 2$

(2) $5 \div 2 - \dfrac{3}{2} \times (2 + 0.4)$

[정답] **1.** (1) $\triangle \times 12 + \diamondsuit \times 3$ (2) $(500 \times \bigcirc + 1000 \times \square)$원 **2.** (1) 2 (2) $-\dfrac{11}{10}$

문자의 사용

(1) 문자의 사용

구체적인 값이 주어지지 않거나 일반적인 수량을 나타낼 때, 문자를 사용하면 수량 사이의 관계를 간단한 식으로 나타낼 수 있다. 문자를 사용한 식으로 나타낼 때는 다음과 같은 순서로 한다.

❶ 문제의 뜻을 파악하여 규칙을 찾는다.

❷ ❶의 규칙에 맞게 수와 문자를 사용하여 식으로 나타낸다.

(2) 곱셈 기호, 나눗셈 기호의 생략

① 곱셈 기호의 생략

(수)×(문자), (문자)×(문자)에서 곱셈 기호 ×를 생략하고 다음과 같이 나타낸다.

- (수)×(문자)에서는 수를 문자 앞에 쓴다. 예 $2 \times a = 2a$, $b \times (-2) = -2b$

  참고 $\frac{1}{2} \times x$는 $\frac{1}{2}x$ 또는 $\frac{x}{2}$로 나타낸다.

- $1 \times$(문자) 또는 $(-1) \times$(문자)에서는 1을 생략한다. 예 $1 \times x = x$, $(-1) \times x = -x$

  주의 $0.1 \times x$는 $0.x$로 쓰지 않고 $0.1x$로 쓴다.

- (문자)×(문자)에서는 보통 알파벳 순서로 쓴다. 예 $y \times x \times z = xyz$

- 같은 문자의 곱은 거듭제곱의 꼴로 나타낸다. 예 $a \times a = a^2$, $x \times x \times x = x^3$

- 괄호가 있는 식과 수의 곱은 수를 괄호 앞에 쓴다. 예 $(x-1) \times 3 = 3(x-1)$

② 나눗셈 기호의 생략

나눗셈 기호 ÷를 생략하고 분수 꼴로 나타낸다. 또는 역수의 곱셈으로 고쳐서 곱셈 기호를 생략한다.

➡ $a \div b = \dfrac{a}{b}$ 또는 $a \div b = a \times \dfrac{1}{b} = \dfrac{a}{b}$ (단, $b \neq 0$)

예 • $a \div 2 = \dfrac{a}{2}$ • $x \div (-3) = -\dfrac{x}{3}$ • $x \div y = \dfrac{x}{y}$ (단, $y \neq 0$)

• 개념 확인하기

• 정답 및 해설 35쪽

1 다음 식을 곱셈 기호 ×와 나눗셈 기호 ÷를 생략하여 나타내시오.

(1) $a \times 3 \times b$

(2) $0.1 \times y \times x$

(3) $x \times x \times y \times y \times x$

(4) $(a+b) \times (-5)$

(5) $(-2) \div a$

(6) $x \div y \div z$

(7) $a \div (b+c)$

(8) $x \div 3 + 7 \div y$

(9) $a \div x \times 3$

(10) $x \times (-2) \div y$

2 다음을 문자를 사용한 식으로 나타내시오.

(1) 한 권에 1500원인 공책 a권의 가격

(2) a를 4배한 것과 b를 3배한 것을 더한 수

(3) 국어 점수가 a점, 수학 점수가 b점일 때, 두 과목의 평균 점수

(4) 한 변의 길이가 x cm인 정삼각형의 둘레의 길이

(5) 자동차가 시속 80 km로 x시간 동안 이동한 거리

•정답 및 해설 35쪽

Ⅱ·3

•예제 **1** 곱셈 기호, 나눗셈 기호의 생략

다음 |보기| 중 곱셈 기호 ×와 나눗셈 기호 ÷를 생략하여 나타낸 것으로 옳은 것을 모두 고르시오.

| 보기 |

ㄱ. $a \times 8 \times b \times c = 8abc$

ㄴ. $x \times x \times y \times (-1) = -x^2 y$

ㄷ. $3 + x \div y = \dfrac{3+x}{y}$

ㄹ. $(a-b) \div \dfrac{1}{3} = \dfrac{a-b}{3}$

ㅁ. $x \times 5 \div (y+2) = \dfrac{5x}{y+2}$

[해결 포인트]

기호 $+$, $-$, $\times$, $\div$가 섞여 있는 경우에는 기호 $\times$, $\div$는 앞에서부터 차례로 생략하고 기호 $+$, $-$는 그대로 둔다.

☞ 한번 더!

1-1 다음 중 곱셈 기호 ×와 나눗셈 기호 ÷를 생략하여 나타낸 것으로 옳지 않은 것을 모두 고르면?

(정답 2개)

① $y \times (-3) \times x = -3xy$

② $0.1 \times x \times a = 0.ax$

③ $a \times a \times b = a^2 b$

④ $x \div 4 - 1 \times (-y) = \dfrac{x}{4} + y$

⑤ $x \div 8 \times a = \dfrac{x}{8a}$

•예제 **2** 문자를 사용한 식으로 나타내기

다음 중 문자를 사용하여 나타낸 식으로 옳지 않은 것은?

① 12자루에 x원인 연필 한 자루의 가격 ⇨ $\dfrac{x}{12}$원

② 한 변의 길이가 x cm인 정사각형의 넓이 ⇨ x^2 cm²

③ 전체 학생 수가 150명이고 여학생 수가 a명일 때, 남학생 수 ⇨ $(150-a)$명

④ 백의 자리의 숫자가 a, 십의 자리의 숫자가 b, 일의 자리의 숫자가 c인 세 자리의 자연수 ⇨ $100a + 10b + c$

⑤ 시속 4 km로 걷는 사람이 x km를 걸었을 때, 걸린 시간 ⇨ $4x$시간

[해결 포인트]

수량 사이의 관계를 문자를 사용한 식으로 나타낸 후 기호 $\times$, $\div$를 생략한다.

☞ 한번 더!

2-1 다음 |보기| 중 옳은 것을 모두 고르시오.

| 보기 |

ㄱ. 현재 a세인 민지의 4년 전 나이는 $(a-4)$세이다.

ㄴ. 한 개에 2000원인 사과 x개를 사고 10000원을 냈을 때의 거스름돈은 $(2000x - 10000)$원이다.

ㄷ. 밑변의 길이가 x cm, 높이가 y cm인 삼각형의 넓이는 $\dfrac{xy}{2}$ cm²이다.

ㄹ. 5로 나누었을 때 몫이 x이고 나머지가 2인 수는 $5x - 2$이다.

ㅁ. x g의 40 %인 무게는 $\dfrac{3}{5} x$ g이다.

대입과 식의 값

(1) **대입**: 문자를 사용한 식에서 문자를 어떤 수로 바꾸어 넣는 것

(2) **식의 값**: 문자를 사용한 식에서 문자에 어떤 수를 대입하여 계산한 결과

(3) **식의 값 구하기**

문자에 어떤 수를 대입하여 식의 값을 구할 때는 다음과 같은 순서로 한다.

❶ 생략된 곱셈 기호를 다시 쓴다.

❷ 문자에 주어진 수를 대입하여 계산한다.

문자에 음수를 대입할 때는 반드시 괄호를 사용하고,

분모에 분수를 대입할 때는 생략된 나눗셈 기호를 다시 쓴다.

⑩ ・$x=-1$일 때, $2x-1$의 값 ➡ $2x-1=2\times(-1)-1=-2-1=-3$

・$x=\dfrac{1}{4}$일 때, $\dfrac{1}{x}$의 값 ➡ $\dfrac{1}{x}=1\div x=1\div\dfrac{1}{4}=1\times4=4$

>> $x=2$일 때, $3x+2$의 값 구하기

$3x+2$

↓ x에 2를 대입

$=3\times2+2$

$=6+2$

$=8$ ← 식의 값

・**개념 확인하기**

・정답 및 해설 35쪽

1 a의 값이 다음과 같을 때, $5a+1$의 값을 구하려고 한다. □ 안에 알맞은 수를 쓰시오.

(1) $a=0$일 때, $5a+1=5\times\boxed{}+1=\boxed{}$

(2) $a=2$일 때, $5a+1=5\times\boxed{}+1=\boxed{}$

(3) $a=4$일 때, $5a+1=5\times\boxed{}+1=\boxed{}$

(4) $a=\dfrac{1}{5}$일 때, $5a+1=5\times\boxed{}+1=\boxed{}$

(5) $a=-1$일 때, $5a+1=5\times(\boxed{})+1=\boxed{}$

(6) $a=-3$일 때, $5a+1=5\times(\boxed{})+1=\boxed{}$

2 다음을 구하시오.

(1) $a=\dfrac{1}{2}$일 때, $8a-3$의 값

(2) $x=-4$일 때, $9x-1$의 값

(3) $x=-5$일 때, $\dfrac{5}{x}+4$의 값

(4) $a=2$, $b=-3$일 때, $2a+b$의 값

(5) $a=-1$, $b=-\dfrac{1}{2}$일 때, $10+6ab$의 값

(6) $x=2$, $y=-3$일 때, $3x^2+y^2$의 값

3 $a=\dfrac{1}{2}$일 때, 다음 □ 안에 알맞은 수를 쓰고, 주어진 식의 값을 구하시오.

(1) $\dfrac{1}{a}=1\div a=1\div\boxed{}=1\times\boxed{}=\boxed{}$

(2) $1-\dfrac{3}{a}$

• 예제 1 식의 값(1) – 문자가 1개인 경우

다음 식의 값을 구하시오.

(1) $a=-1$일 때, $1-2a$

(2) $a=2$일 때, $\dfrac{1}{6}a+3$

(3) $a=\dfrac{1}{3}$일 때, $9a^2-1$

(4) $a=-\dfrac{1}{2}$일 때, $\dfrac{4}{a}+5$

[해결 포인트]

• 문자에 음수를 대입할 때는 반드시 괄호를 사용한다.

• 분모에 분수를 대입할 때는 주어진 식에서 생략된 나눗셈 기호 ÷를 다시 쓴다. ➡ $\dfrac{4}{a}=4\div a$

👆 한번 더!

1-1 $x=-2$일 때, 다음 |보기| 중 식의 값이 가장 큰 것을 고르시오.

┤ 보기 ├

ㄱ. $x+2$ ㄴ. $2x$

ㄷ. $\dfrac{2}{x}$ ㄹ. $-x$

ㅁ. x^2 ㅂ. $-(-x)^3+1$

• 예제 2 식의 값(2) – 문자가 2개인 경우

$x=-1$, $y=\dfrac{1}{3}$일 때, 다음 중 식의 값이 나머지 넷과 다른 하나는?

① $-3(x+y)$ ② $-6xy$ ③ $-x^2+\dfrac{1}{y}$

④ $\dfrac{2}{x}+9y$ ⑤ $\dfrac{4}{x}+\dfrac{2}{y}$

[해결 포인트]

두 개 이상의 문자를 포함한 식의 값은 문자에 각각의 수를 대입하여 구한다.

👆 한번 더!

2-1 $x=\dfrac{1}{5}$, $y=-3$일 때, 다음 식의 값을 구하시오.

(1) $\dfrac{3}{x}+2y$

(2) $y-25x^2$

• 예제 3 식의 값의 활용

기온이 $x\,°C$일 때, 공기 중에서 소리의 속력은 초속 $(331+0.6x)\,\mathrm{m}$이다. 기온이 $20\,°C$일 때, 공기 중에서 소리의 속력은 초속 몇 m인지 구하시오.

[해결 포인트]

주어진 식의 문자에 상황에 알맞은 수를 대입하여 식의 값을 구한다.

👆 한번 더!

3-1 지면에서 초속 $30\,\mathrm{m}$로 똑바로 위로 던져 올린 물체의 t초 후의 높이는 $(30t-5t^2)\,\mathrm{m}$라 한다. 이 물체의 2초 후의 높이를 구하시오.

개념 20 다항식 / 일차식

(1) 다항식

① 항과 계수

- 항: 수 또는 문자의 곱으로 이루어진 식
- 상수항: 문자 없이 수만으로 이루어진 항
- 계수: 항에서 문자에 곱해진 수

② 다항식과 단항식

- 다항식: 한 개 또는 두 개 이상의 항의 합으로 이루어진 식

  예 $3a$, $2x-y$, $a+2b+5$

- 단항식: 다항식 중에서 한 개의 항으로만 이루어진 식   **예** x^2, $-4y$, 2

(2) 일차식

① 차수: 어떤 항에서 문자가 곱해진 개수

예 $3x^2=3\times x\times x$이므로 $3x^2$의 차수는 2이다.

② 다항식의 차수: 다항식에서 차수가 가장 큰 항의 차수

예 다항식 x^2-4x+1에서 차수가 가장 큰 항은 x^2이고, 이 항의 차수는 2이므로 이 다항식의 차수는 2이다.

③ 일차식: 차수가 1인 다항식   **예** $-3x$, $a-1$, $\dfrac{y}{4}$

> x의 계수 y의 계수 상수항
> $$2x-7y+5$$
> 항

> 단항식은 모두 다항식이다.

> $\dfrac{4}{x}$, $\dfrac{1}{a+1}$과 같이 분모에 문자가 있는 식은 다항식이 아니므로 일차식도 아니다.

• 개념 확인하기

• 정답 및 해설 36쪽

1 다음 표를 완성하시오.

다항식	항	상수항	계수	단항식이면 ○, 아니면 ×
(1) $6a+5b$		0	a의 계수: b의 계수:	
(2) $-2b-1$			b의 계수:	
(3) $-7x$		0	x의 계수:	
(4) $\dfrac{3}{4}x-y+6$			x의 계수: y의 계수:	

2 다음 표를 완성하시오.

다항식	차수	다항식의 차수	일차식이면 ○, 아니면 ×
(1) $3a+2$	$3a$의 차수:		
(2) $-\dfrac{b}{4}+1$	$-\dfrac{b}{4}$의 차수:		
(3) $\dfrac{1}{2}x^2+x-3$	$\dfrac{1}{2}x^2$의 차수: x의 차수:		
(4) $5y^3-4y^2$	$5y^3$의 차수: $-4y^2$의 차수:		

• 예제 **1** 다항식의 이해

다음 중 다항식 $3x^2 - \dfrac{x}{2} - 5$에 대한 설명으로 옳지 <u>않은</u> 것을 모두 고르면? (정답 2개)

① 항은 $3x^2$, $\dfrac{x}{2}$, 5이다.

② x^2의 계수는 3이다.

③ x의 계수는 $-\dfrac{1}{2}$이다.

④ 상수항은 5이다.

⑤ 다항식의 차수는 2이다.

[해결 포인트]

자주 등장하는 여러 가지 용어(항, 상수항, 계수, 다항식, 단항식, 차수)를 확실하게 구별하여 이해한다.

👆 **한번 더!**

1-1 다음 중 옳은 것은?

① $\dfrac{1}{3}x + 4y$에서 y의 차수는 4이다.

② $5x - 1$에서 상수항은 1이다.

③ $x - 2y + 7$에서 y의 계수는 1이다.

④ $-x^2 + 2x - 5$에서 $-x^2$의 차수는 2이다.

⑤ $\dfrac{1}{2}x^2 - 3y + 6$에서 항은 $\dfrac{1}{2}x^2$, $3y$, 6이다.

1-2 다음 |보기| 중 단항식을 모두 고르시오.

| 보기 |

ㄱ. $2x^3$ ㄴ. $-x + 1$ ㄷ. 5

ㄹ. $2y^2 - 1$ ㅁ. $4a$ ㅂ. $\dfrac{y+1}{3}$

• 예제 **2** 일차식 찾기

다음 |보기| 중 일차식은 모두 몇 개인가?

| 보기 |

ㄱ. $x^2 + 2x$ ㄴ. $x + 1$ ㄷ. $\dfrac{3y}{5}$

ㄹ. $3 \div b$ ㅁ. $\dfrac{1}{2} - 5x$ ㅂ. $\dfrac{1}{x+1}$

① 1개 ② 2개 ③ 3개

④ 4개 ⑤ 5개

[해결 포인트]

• 일차식은 차수가 1인 다항식이다.

• 분모에 문자가 포함된 식은 다항식이 아니므로 일차식이라고 생각하지 않도록 주의한다.

👆 **한번 더!**

2-1 다음 중 일차식을 모두 고르면? (정답 2개)

① $0 \times a + 1$ ② $x^2 - 2x$ ③ $0.1a + 4$

④ $-\dfrac{1}{x} + 2$ ⑤ $-\dfrac{y}{5} + 3$

2-2 다항식 $(3+a)x^2 + (b-2)x + 3$이 x에 대한 일차식이 되도록 하는 상수 a, b의 조건을 구하시오.

일차식과 수의 곱셈, 나눗셈

(1) 단항식과 수의 곱셈, 나눗셈

① (수)×(단항식): 곱셈의 교환법칙과 결합법칙을 이용하여 수끼리 곱한 후 수를 문자 앞에 쓴다.

> **예** $2x \times 3 = 2 \times x \times 3$
> $= 2 \times 3 \times x$ — 곱셈의 교환법칙
> $= (2 \times 3) \times x$ — 곱셈의 결합법칙
> $= 6x$

② (단항식)÷(수): 나누는 수의 역수를 곱한다.

> **예** $10x \div 2 = 10x \times \dfrac{1}{2} = 10 \times x \times \dfrac{1}{2} = \left(10 \times \dfrac{1}{2}\right) \times x = 5x$

(2) 일차식과 수의 곱셈, 나눗셈

① (수)×(일차식): 분배법칙을 이용하여 일차식의 각 항에 수를 곱한다.

> **예** $6(2x+5) = 6 \times 2x + 6 \times 5 = 12x + 30$

> **주의** 곱하는 수의 부호도 각 항에 곱해야 한다.　**예** $-3(x+2) = (-3) \times x + (-3) \times 2 = -3x - 6$

② (일차식)÷(수): 분배법칙을 이용하여 나누는 수의 역수를 일차식의 각 항에 곱한다.

> **예** $(12x-9) \div 3 = (12x-9) \times \dfrac{1}{3} = 12x \times \dfrac{1}{3} - 9 \times \dfrac{1}{3} = 4x - 3$

· 개념 확인하기

· 정답 및 해설 37쪽

1 다음 식을 간단히 하시오.

(1) $4 \times 3a$

(2) $(-7) \times 6x$

(3) $(-2a) \times (-5)$

(4) $2x \times \left(-\dfrac{5}{6}\right)$

(5) $32x \div 8$

(6) $(-6a) \div 3$

(7) $(-20a) \div (-4)$

(8) $(-8x) \div \dfrac{2}{3}$

2 다음 식을 간단히 하시오.

(1) $3(x+4)$

(2) $-2(5a-1)$

(3) $(a+2) \times 4$

(4) $(3-7b) \times (-5)$

(5) $(14-6a) \div 2$

(6) $(12x+8) \div (-4)$

(7) $(2y+7) \div \dfrac{1}{2}$

(8) $\left(\dfrac{12}{25}a - 3\right) \div \left(-\dfrac{1}{5}\right)$

• 예제 1 단항식과 수의 곱셈, 나눗셈

다음 중 옳은 것은?

① $3 \times 6x = 36x$

② $(-x) \times 5 = 5x$

③ $\dfrac{x}{2} \times 4 = \dfrac{x}{8}$

④ $3y \div (-4) = -\dfrac{3}{4}y$

⑤ $\left(-\dfrac{2}{5}x\right) \div \left(-\dfrac{1}{4}\right) = \dfrac{1}{10}x$

[해결 포인트]

• (수)×(단항식), (단항식)×(수)

➡ 수끼리 곱한 후 문자 앞에 쓴다.

• (단항식)÷(수) ➡ 나누는 수의 역수를 곱한다.

👆 한번 더!

1-1 다음 중 옳지 <u>않은</u> 것은?

① $2a \times 7 = 14a$

② $\dfrac{a}{3} \times 15 = 5a$

③ $(-6a) \div 3 = -2a$

④ $12a \div \left(-\dfrac{1}{3}\right) = -4a$

⑤ $\left(-\dfrac{6}{7}a\right) \div (-3) = \dfrac{2}{7}a$

1-2 다음 중 식을 간단히 한 결과가
$\left(-\dfrac{3}{2}x\right) \div \left(-\dfrac{1}{6}\right)$과 같은 것은?

① $2 \times 2x$ ② $4 \div \dfrac{x}{16}$ ③ $9x \div 3$

④ $3x \times \dfrac{1}{3}$ ⑤ $3x \div \dfrac{1}{3}$

• 예제 2 일차식과 수의 곱셈, 나눗셈

다음 |보기| 중 옳지 <u>않은</u> 것을 모두 고른 것은?

┌─ 보기 ─────────────────┐
ㄱ. $6(2x-1) = 12x - 6$

ㄴ. $(3x-2) \times (-2) = 4x - 6$

ㄷ. $\left(x + \dfrac{1}{2}\right) \times 4 = 4x + 2$

ㄹ. $(4-10x) \div (-5) = -20 + 2x$

ㅁ. $(6x-10) \div 3 = 2x - \dfrac{10}{3}$
└─────────────────────────┘

① ㄱ, ㄴ ② ㄱ, ㄷ ③ ㄴ, ㄹ

④ ㄷ, ㅁ ⑤ ㄹ, ㅁ

[해결 포인트]

• (수)×(일차식), (일차식)×(수)

➡ 분배법칙을 이용하여 각 항에 수를 곱한다.

• (일차식)÷(수) ➡ 나누는 수의 역수를 각 항에 곱한다.

👆 한번 더!

2-1 다음 식을 간단히 하시오.

(1) $-2(3a-1)$

(2) $8\left(-\dfrac{1}{2}b + \dfrac{3}{4}\right)$

(3) $(2x-3) \div \dfrac{2}{3}$

(4) $(-8y+2) \div \left(-\dfrac{4}{5}\right)$

2-2 $(9x-12) \times \dfrac{1}{3}$을 간단히 했을 때, x의 계수와
상수항의 곱을 구하시오.

개념 22 동류항의 계산

(1) **동류항**: 문자와 차수가 각각 같은 항

참고 상수항끼리는 모두 동류항이다.

예 $2x+y-8+3x-2y+5$에서

$2x$와 $3x$, y와 $-2y$, -8과 5는 각각 동류항이다.

(2) **동류항의 덧셈과 뺄셈**

동류항끼리 모은 후 분배법칙을 이용하여 간단히 한다.

예 ・$x+4x=(1+4)x=5x$

・$5x-2x=(5-2)x=3x$

・$3x-5+7x+8=3x+7x-5+8=(3+7)x+(-5+8)=10x+3$

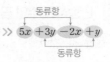

≫ 문자와 차수 중 하나라도 다르면 동류항이 아니다.

예 ・$2a$와 $2b$ ➡ 문자가 다르다.

・a^2과 a ➡ 차수가 다르다.

• **개념 확인하기**

•정답 및 해설 38쪽

1 다음 주어진 두 항이 동류항인 것은 ○표, 아닌 것은 ×표를 ( ) 안에 쓰시오.

(1) $2x$, $3y$　　　　　　(　)　　(2) x, $\dfrac{1}{2}x$　　　　　　(　)

(3) $-5y$, $\dfrac{1}{3}y^2$　　　　(　)　　(4) 4, -9　　　　　　(　)

2 다음은 색칠한 직사각형의 넓이를 이용하여 $7x+2x$와 $7x-2x$를 각각 간단히 하는 과정이다.
□ 안에 알맞은 수를 쓰시오.

(1)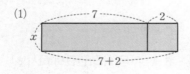

$\Rightarrow 7x+2x=(\square+\square)x$

$=\square x$

(2)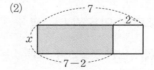

$\Rightarrow 7x-2x=(\square-\square)x$

$=\square x$

3 다음 □ 안에 알맞은 수를 쓰고, 주어진 식을 간단히 하시오.

(1) $2x+3x=(2+\square)x=\square x$　　　(2) $9x-3x$

(3) $3a-2a+a$　　　(4) $2x+7x-5x$

(5) $8x+4-10x-7$　　　(6) $\dfrac{1}{2}a+6b-\dfrac{3}{2}a-7b$

II·3

• 예제 **1** 동류항 찾기

다음 다항식에서 **동류항**을 모두 찾으시오.

$$x^2 - 5x + y + 6 - \frac{1}{3}y - 10 + y^2$$

[해결 포인트]

동류항을 찾을 때는 다음을 모두 만족시키는지 확인한다.
① 문자가 같은지
② 차수가 같은지

👆한번 더!

1-1 다음 중 동류항끼리 짝 지어진 것은?

① $2a$, a^2 ② $7x^2$, $7y^2$ ③ $2x^3$, $-3x^2$

④ $3x$, $-\frac{1}{6}x$ ⑤ $-x$, y

1-2 다음 중 $3x$와 동류항인 것을 모두 고르시오.

$$3y, \quad -2x, \quad x^2, \quad \frac{4}{x}, \quad 3, \quad \frac{1}{5}x$$

• 예제 **2** 동류항의 덧셈, 뺄셈

다음 중 옳지 **않은** 것을 모두 고르면? (정답 2개)

① $4x - 7x = -3x$

② $5 + 4x = 9x$

③ $3a - 5 - 9a = -6a - 5$

④ $\frac{x}{2} + \frac{x}{3} = \frac{x}{5}$

⑤ $2x - \frac{4}{5} + 6x + 3 = 8x + \frac{11}{5}$

[해결 포인트]

• 동류항끼리만 덧셈, 뺄셈이 가능하다.
• 동류항의 계산에서는 분배법칙을 이용한다.
➡ $ax + bx = (a+b)x$, $ax - bx = (a-b)x$

👆한번 더!

2-1 다음 중 옳은 것은?

① $2a - 8a = 6a$

② $y - 3y + 4y = -2y$

③ $a + 2 + \frac{1}{3}a = \frac{10}{3}a$

④ $-x + 2 + 6x - 3 = x + 3$

⑤ $3x - \frac{1}{2} + 4x + 1 = 7x + \frac{1}{2}$

일차식의 덧셈과 뺄셈

일차식의 덧셈과 뺄셈은 다음과 같은 순서로 계산한다.
❶ 괄호가 있으면 분배법칙을 이용하여 괄호를 푼다.

이때 괄호 앞에 $\begin{cases} +$ 가 있으면 괄호 안의 각 항의 부호를 그대로 \\ -$ 가 있으면 괄호 안의 각 항의 부호를 반대로 \end{cases}$ 쓴다.

❷ 동류항끼리 모아서 계산한다.

예

일차식의 덧셈	일차식의 뺄셈
$(5x+1)+(-3x+4)$ 괄호 풀기	$(7x-2)-(6x-4)$ 빼는 식의 각 항의 부호를 바꾸어 괄호 풀기
$=5x+1-3x+4$	$=7x-2-6x+4$
$=5x-3x+1+4$ 동류항끼리 계산하기	$=7x-6x-2+4$ 동류항끼리 계산하기
$=2x+5$	$=x+2$

• 개념 확인하기

• 정답 및 해설 39쪽

1 다음 식을 계산하시오.

(1) $(x-3)+(2x-1)$

(2) $(3a+4)+(-2a-3)$

(3) $(4x+3)-(5x+2)$

(4) $(10a-3)-(7a-8)$

2 다음 식을 계산하시오.

(1) $2(2a-7)+(-5a+3)$

(2) $7(2x+3)+3(x-5)$

(3) $(a+3)-5(a-2)$

(4) $3(-1+2a)-2(-3a+2)$

(5) $(6-3x)+\dfrac{1}{3}(3x-9)$

(6) $8\left(\dfrac{3}{4}x+\dfrac{1}{2}\right)-4\left(\dfrac{1}{4}x-\dfrac{1}{2}\right)$

3 다음 □ 안에 알맞은 식을 구하시오.

(1) $\boxed{}-(5x-1)=3x+2$

(2) $2a-2+(\boxed{})=-7a+1$

4 어떤 다항식에 $3x-6$을 더해야 할 것을 잘못하여 뺐더니 $2x-4$가 되었다. 다음 물음에 답하시오.

(1) 다음 ○ 안에 $+$, $-$ 중 알맞은 것을 쓰시오.

$$(\text{어떤 다항식}) \bigcirc (3x-6)=2x-4$$

(2) (1)의 식을 이용하여 어떤 다항식을 구하시오.

(3) 바르게 계산한 식을 구하시오.

·예제 1 일차식의 덧셈과 뺄셈

다음 식을 계산하면?

$$\frac{3}{2}(4x-8)-3(x-1)$$

① $-3x-5$ ② $3x-9$ ③ $3x-5$

④ $9x-15$ ⑤ $9x+9$

[해결 포인트]

분배법칙을 이용하여 괄호를 푼 후 동류항끼리 모아서 계산한다.

👆 한번 더!

1-1 $5(-2x+1)-(6x+1)$을 계산하면?

① $-16x-6$ ② $-16x+2$ ③ $-16x+4$

④ $-4x+2$ ⑤ $-4x+4$

1-2 $\left(\frac{4}{3}x-5\right)+2\left(\frac{1}{3}x+2\right)$를 계산했을 때, x의 계수를 a, 상수항을 b라 하자. 이때 $a+b$의 값을 구하시오.

·예제 2 어떤 식과 바르게 계산한 식 구하기

다음 □ 안에 알맞은 식을 구하시오.

(1) $4a-3+(\boxed{})=10a+2$

(2) $\boxed{}-(-x+5)=2x+3$

(3) $2(3x-4)-(\boxed{})=5x-3$

[해결 포인트]

다음 관계를 이용하여 어떤 식 □를 구한다.

· □$+A=B$에서 □$=B-A$

· □$-A=B$에서 □$=B+A$

· $A-$□$=B$에서 □$=A-B$

👆 한번 더!

2-1 $12x-9$에서 어떤 다항식을 뺐더니 $-3x-5$가 되었다. 이때 어떤 다항식은?

① $9x-14$ ② $9x-4$ ③ $15x-14$

④ $15x-4$ ⑤ $15x+4$

2-2 어떤 다항식에서 $4x-3$을 빼야 할 것을 잘못하여 더했더니 $2x+5$가 되었다. 다음 물음에 답하시오.

(1) 어떤 다항식을 구하시오.

(2) 바르게 계산한 식을 구하시오.

복잡한 일차식의 덧셈과 뺄셈

(1) **분수 꼴인 일차식의 덧셈과 뺄셈**

$\dfrac{\triangle x + \square}{\bigcirc} = \dfrac{\triangle}{\bigcirc}x + \dfrac{\square}{\bigcirc}$ 임을 이용하여 각 항을 분리한 후, 동류항끼리 분모의 최소공배수로

통분하여 계산한다.

예 $\dfrac{2x-3}{4} + \dfrac{3x+1}{3} = \dfrac{1}{2}x - \dfrac{3}{4} + x + \dfrac{1}{3} = \dfrac{1}{2}x + \dfrac{2}{2}x - \dfrac{9}{12} + \dfrac{4}{12} = \dfrac{3}{2}x - \dfrac{5}{12}$

(2) **괄호가 여러 개인 일차식의 덧셈과 뺄셈**

소괄호 ( ) ➡ 중괄호 { } ➡ 대괄호 [ ]의 순서로 계산한다.

예 $4x - \{x + (-2x + 7)\} = 4x - (x - 2x + 7) = 4x - (-x + 7) = 4x + x - 7 = 5x - 7$

• 개념 확인하기

• 정답 및 해설 40쪽

1 다음 □ 안에 알맞은 것을 쓰고, 주어진 식을 계산하시오.

(1) $\dfrac{7-2x}{3} + \dfrac{2x-5}{2}$

$= \dfrac{7}{3} - \dfrac{2}{3}x + \boxed{} - \dfrac{5}{2}$

$= -\dfrac{2}{3}x + \dfrac{\boxed{}}{3}x + \dfrac{\boxed{}}{6} - \dfrac{15}{6}$

$= \boxed{}x - \dfrac{1}{6}$

(2) $\dfrac{a+4}{5} + \dfrac{2a-3}{2}$

(3) $\dfrac{x-1}{4} - \dfrac{5x+4}{3}$

2 다음 □ 안에 알맞은 것을 쓰고, 주어진 식을 계산하시오.

(1) $5x - \{x - (3x - 2)\}$

$= 5x - (x - \boxed{} + 2)$

$= 5x - (\boxed{} + 2)$

$= 5x + \boxed{} - 2$

$= \boxed{} - 2$

(2) $x - 2 - \{3x - (5x - 1)\}$

(3) $7a - [a + \{5 - (2 - 4a)\}]$

・예제 1 **분수 꼴인 일차식의 덧셈과 뺄셈**

다음 식을 계산하시오.

$$\frac{3a+7}{2}+\frac{a-5}{6}$$

[해결 포인트]

분수 꼴인 일차식의 덧셈, 뺄셈에서 동류항끼리 분모가 서로 다른 경우 분모의 최소공배수로 통분하여 계산한다.

👆 **한번 더!**

1-1 다음은 $\frac{x+3}{2}-\frac{x-2}{3}$ 를 계산하는 과정이다. 물음에 답하시오.

$$\frac{x+3}{2}-\frac{x-2}{3}$$
$$=\frac{1}{2}x+3-\frac{1}{3}x+2 \quad ┐ ㉠$$
$$=\frac{3}{6}x-\frac{2}{6}x+3+2 \quad ┐ ㉡$$
$$=\frac{1}{6}x+5 \quad ┐ ㉢$$

(1) ㉠~㉢ 중 처음으로 틀린 곳을 찾고, 그 이유를 설명하시오.

(2) $\frac{x+3}{2}-\frac{x-2}{3}$ 를 계산하시오.

・예제 2 **괄호가 여러 개인 일차식의 덧셈과 뺄셈**

$-2a-[-5a-\{3-(a+6)\}]$을 계산하면?

① $-8a-4$ ② $-4a+3$ ③ $-2a-3$

④ $2a-3$ ⑤ $2a+3$

[해결 포인트]

괄호가 여러 개인 일차식의 덧셈, 뺄셈은

$(\quad)\Rightarrow\{\quad\}\Rightarrow[\quad]$

의 순서로 괄호를 풀어서 계산한다.

👆 **한번 더!**

2-1 $3x-1-\{x-3(x-2)\}$를 계산하시오.

2-2 다음 식을 계산했을 때, x의 계수를 a, 상수항을 b라 하자. 이때 $a-b$의 값을 구하시오.

$$2x-[x+3\{4x-(7x-3)\}]$$

1 중요

다음 중 곱셈 기호 ×와 나눗셈 기호 ÷를 생략하여 나타낸 것으로 옳지 <u>않은</u> 것을 모두 고르면? (정답 2개)

① $2 \times x + y = 2x + y$

② $a \times b \times 0.1 \times b \times c = 0.ab^2c$

③ $a + 2b \div 3 = \dfrac{a+2b}{3}$

④ $x \div y \div z \times 4 = \dfrac{4x}{yz}$

⑤ $a \div b - x \times y = \dfrac{a}{b} - xy$

2

다음 중 곱셈 기호 ×와 나눗셈 기호 ÷를 생략하여 나타낼 때, 그 결과가 나머지 넷과 <u>다른</u> 하나는?

① $a \times \dfrac{1}{b} \times \dfrac{1}{c}$ 　　② $a \div b \div c$

③ $a \div (b \times c)$ 　　④ $a \div (b \div c)$

⑤ $(a \div b) \div c$

3

다음 중 문자를 사용하여 나타낸 식으로 옳지 <u>않은</u> 것을 모두 고르면? (정답 2개)

① 10송이씩 묶인 장미꽃 x다발의 장미의 수
　　⇨ $10x$송이

② 한 변의 길이가 a cm인 정사각형의 둘레의 길이
　　⇨ $4a$ cm

③ 길이가 x cm인 종이테이프를 4등분했을 때, 한 도막의 길이 ⇨ $4x$ cm

④ 4명이 a원씩 모아서 b원인 물건을 사고 남은 돈
　　⇨ $(b - 4a)$원

⑤ 시속 x km로 90 km의 거리를 달리는 데 걸리는
　　시간 ⇨ $\dfrac{90}{x}$시간

4

두 지점 A, B 사이의 거리는 4 km이다. 하영이가 자전거를 타고 지점 A에서 출발하여 지점 B까지 분속 300 m로 달려가고 있다. x분 동안 달렸을 때, 지점 B까지 남은 거리를 문자를 사용한 식으로 나타내시오.

5

$a = 2$일 때, 다음 중 식의 값이 가장 작은 것은?

① $-a^2$ 　　② $a - 4$ 　　③ $-a^3$

④ $a^2 - 5a$ 　　⑤ $(-a)^4$

6 중요

$x = -2$, $y = 3$일 때, $-2xy + y^2$의 값은?

① -6 　　② -3 　　③ 3

④ 18 　　⑤ 21

7

귀뚜라미는 주변의 온도에 따라 체온이 변하는 변온 동물로 온도에 민감하여 우는 횟수도 기온에 따라 변한다. 미국의 물리학자 돌베어는 기온이 x ℃일 때, 흰나무귀뚜라미가 1분 동안 우는 횟수를 $\left(\dfrac{36}{5}x - 32\right)$회로 나타냈다. 기온이 25 ℃일 때, 흰나무귀뚜라미가 1분 동안 우는 횟수를 구하시오.

8 중요 ●○○

다음 |보기| 중 옳은 것을 모두 고르시오.

┌ 보기 ├
ㄱ. $3x+5$에서 항은 1개이다.
ㄴ. $-4x+2y-1$에서 상수항은 -1이다.
ㄷ. x^2-x+6의 차수는 2이다.
ㄹ. $\dfrac{5}{x}+2x+1$은 다항식이다.

9 ●○○

다음 |보기| 중 일차식의 개수를 구하시오.

┌ 보기 ├
ㄱ. $a-5$ ㄴ. $-3x$ ㄷ. a^2+a-5
ㄹ. $\dfrac{2}{x}-1$ ㅁ. $\dfrac{-x+3}{7}$ ㅂ. $1\div y$

10 ●●○

다항식 $ax^2+3x-5-2x^2-4x+b$가 x에 대한 일차식이고 상수항이 1일 때, 상수 a, b에 대하여 ab의 값을 구하시오.

11 ●●○

다음 중 식을 간단히 한 결과가 $-(3x+1)$과 같은 것은?

① $(-6x+2)\times\dfrac{1}{2}$ ② $(9x-3)\div(-3)$

③ $(3x+1)\div(-1)^5$ ④ $-\dfrac{3}{5}\left(-5x+\dfrac{5}{3}\right)$

⑤ $(-12x-4)\div\dfrac{1}{4}$

12 ●○○

다음 중 동류항끼리 짝 지어진 것은?

① 5, $5x$ ② $-x$, $2x^2$ ③ $9a^2$, $9b^2$
④ $-4a$, $3a$ ⑤ x, y

13 창의력UP ●●●

오른쪽 그림과 같은 전개도를 이용하여 정육면체를 만들었을 때, 마주 보는 면에 적힌 두 항은 동류항이다. 다음 |보기| 중 A, B가 될 수 있는 것의 개수를 각각 구하시오.

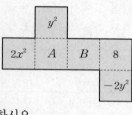

┌ 보기 ├
$-x^2$, $11y$, -2, $4x^2$, $3y^2$, $-x^3$

14 중요 ●●○

$(6x-9)-\dfrac{1}{2}(2x-8)$을 계산했을 때, x의 계수를 a, 상수항을 b라 하자. 이때 $a+b$의 값을 구하시오.

15 ●●○

$A=5x-1$, $B=-x+4$일 때, $2B-3(A+B)$를 계산하시오.

16

다음 □ 안에 알맞은 식을 구하시오.

$$3(2a-7)+(\boxed{})=4a-9$$

17 창의력 UP

다음 표에서 가로, 세로, 대각선에 놓인 세 식의 합이 모두 같을 때, 두 일차식 A, B를 각각 구하시오.

A		
-6	$4x-2$	$8x+2$
$2x+4$		B

18 중요

어떤 다항식에서 $6x+3$을 빼야 할 것을 잘못하여 더했더니 $12x-2$가 되었다. 이때 바르게 계산한 식을 구하시오.

19

$2(x-3)-\{6-(-25x+10)\div5\}$를 계산했을 때 x의 계수를 a, 상수항을 b라 하자. 이때 ab의 값을 구하시오.

20

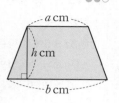

오른쪽 그림과 같이 윗변의 길이가 a cm, 아랫변의 길이가 b cm이고 높이가 h cm인 사다리꼴에 대하여 다음 물음에 답하시오.
(단, 풀이 과정을 자세히 쓰시오.)

(1) 사다리꼴의 넓이를 a, b, h를 사용한 식으로 나타내시오.

(2) (1)의 식을 이용하여 $a=4$, $b=7$, $h=4$일 때, 사다리꼴의 넓이를 구하시오.

풀이

답

21

$\dfrac{2x-4}{3}-\dfrac{x+3}{4}$ 을 계산하면 $ax+b$이다. 이때 상수 a, b에 대하여 $a-b$의 값을 구하시오.
(단, 풀이 과정을 자세히 쓰시오.)

풀이

답

1 마인드맵으로 개념 구조화!

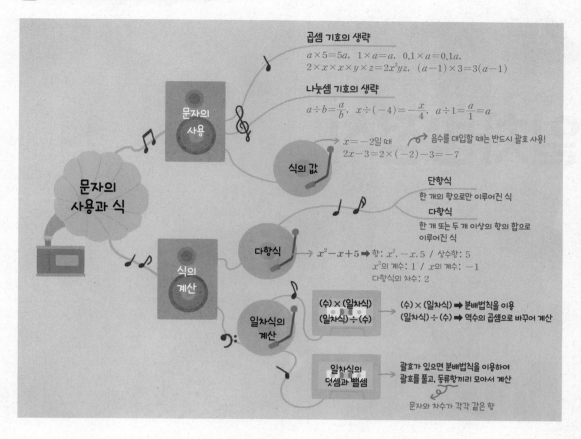

곱셈 기호의 생략
$a \times 5 = 5a$, $1 \times a = a$, $0.1 \times a = 0.1a$,
$2 \times x \times x \times y \times z = 2x^2yz$, $(a-1) \times 3 = 3(a-1)$

나눗셈 기호의 생략
$a \div b = \dfrac{a}{b}$, $x \div (-4) = -\dfrac{x}{4}$, $a \div 1 = \dfrac{a}{1} = a$

문자의 사용

$x = -2$일 때
$2x - 3 = 2 \times (-2) - 3 = -7$ 음수를 대입할 때는 반드시 괄호 사용!

식의 값

단항식
한 개의 항으로만 이루어진 식
다항식
한 개 또는 두 개 이상의 항의 합으로 이루어진 식

다항식 → $x^2 - x + 5$ ➡ 항: x^2, $-x$, 5 / 상수항: 5
x^2의 계수: 1 / x의 계수: -1
다항식의 차수: 2

문자의 사용과 식

식의 계산

일차식의 계산

(수) × (일차식)
(일차식) ÷ (수)
→ (수) × (일차식) ➡ 분배법칙을 이용
(일차식) ÷ (수) ➡ 역수의 곱셈으로 바꾸어 계산

일차식의 덧셈과 뺄셈
→ 괄호가 있으면 분배법칙을 이용하여 괄호를 풀고, 동류항끼리 모아서 계산
문자와 차수가 각각 같은 항

2 OX 문제로 개념 점검!

옳은 것은 ○, 옳지 않은 것은 X를 택하시오.   • 정답 및 해설 43쪽

❶ $0.01 \times a$에서 곱셈 기호 $\times$를 생략하여 나타내면 $0.0a$이다.   ○ | X

❷ 시속 $4\,\text{km}$로 $x\,\text{km}$를 가는 데 걸린 시간은 $\dfrac{x}{4}$시간이다.   ○ | X

❸ $x = 2$일 때, $5x - 2$의 값은 8이다.   ○ | X

❹ 다항식 $4x + 5y - 3$에서 항을 모두 구하면 $4x$, $5y$, 3이다.   ○ | X

❺ $\dfrac{x}{6} + 1$은 일차식이다.   ○ | X

❻ $-\dfrac{1}{2}(8a - 4)$를 간단히 하면 $-4a + 2$이다.   ○ | X

❼ $0.2x$와 $10x$는 동류항이다.   ○ | X

❽ $2(2x - 3) - (5x + 1) = -x - 4$이다.   ○ | X

4

일차방정식

✅ 이번에 배워요

3. 문자의 사용과 식
- 문자의 사용
- 식의 값
- 일차식의 계산

4. 일차방정식
- 방정식과 그 해
- 일차방정식

주어진 금액으로 살 수 있는 물건의 개수가 궁금하거나 욕조를 물로 가득 채울 때까지 걸리는 시간이 궁금할 때, 일차방정식을 이용하면 알 수 있습니다.

이와 같이 고대 이집트, 중국뿐 아니라 우리나라에서도 삼국 시대부터 여러 가지 문제를 방정식으로 나타내고 방정식에 나타난 문자의 값을 구하여 답을 구해 왔습니다.

이 단원에서는 일차방정식을 풀고, 이를 이용하여 생활 속 여러 가지 문제를 해결하는 방법에 대해 학습합니다.

▶ **새로 배우는 용어**
등식, 방정식, 미지수, 해, 근, 항등식, 이항, 일차방정식

4. 일차방정식을 시작하기 전에

1 식의 값 [중1]

$x=3$일 때, 다음 식의 값을 구하시오.

(1) $2x-5$ (2) $-4x+3$

2 일차식의 계산 [중1]

다음을 계산하시오.

(1) $x+(-8x+7)$ (2) $(2x+1)-(3x-2)$

(3) $-4x+6(-2x-1)$ (4) $2(3x+1)-3(5+x)$

[정답] **1.** (1) 1   (2) -9 **2.** (1) $-7x+7$ (2) $-x+3$ (3) $-16x-6$ (4) $3x-13$

25 방정식과 그 해

(1) **등식**: 등호 ＝를 사용하여 수나 식이 서로 같음을 나타낸 식

> 참고 등호의 왼쪽 부분을 좌변, 오른쪽 부분을 우변이라 하고, 좌변과 우변을 통틀어 양변이라 한다.

(2) **방정식**: 문자의 값에 따라 참이 되기도 하고 거짓이 되기도 하는 등식

  ① **미지수**: 방정식에 있는 x, y 등의 문자

  ② **방정식의 해(근)**: 방정식을 참이 되게 하는 미지수의 값

  ③ **방정식을 푼다**: 방정식의 해(근)를 구하는 것

  예 등식 $x+3=4$는

    $x=1$일 때 $1+3=4$이므로 참이 되고, $x=2$일 때 $2+3\neq4$이므로 거짓이 된다.

    ➡ $x+3=4$는 방정식이고, $x=1$은 이 방정식의 해(근)이다.

(3) **항등식**: 미지수에 어떤 값을 대입하여도 항상 참이 되는 등식

  예 $x+2x=3x$ ➡ x에 어떤 값을 대입하여도 등식은 항상 참이 되므로 항등식이다.

> 참고 · 항등식을 찾을 때는 등식의 좌변과 우변을 각각 간단히 정리하여 (좌변)＝(우변)인지 확인한다.
> · '모든 x에 대하여 항상 참인 등식', 'x의 값에 관계없이 항상 참인 등식', 'x의 값에 관계없이 항상 성립하는 등식'은 모두 항등식이다.

$$
\overset{\text{등호}}{x+3 \underset{\text{양변}}{=} 4}
$$
좌변 우변

• 개념 확인하기

• 정답 및 해설 43쪽

1 다음 □ 안에 알맞은 수를 쓰고, 주어진 문장을 등식으로 나타내시오.

(1) 어떤 수 x에 6을 더하면 / 14와 같다. ⇨ _____

  $x+\square \qquad = \qquad \square$

(2) 5에서 어떤 수 x를 뺀 값은 / -12이다.

(3) 미술관의 학생 1명당 입장료가 x원일 때, 학생 5명의 입장료는 / 10000원이다.

(4) 한 변의 길이가 $x\,$cm인 정삼각형의 둘레의 길이는 / 21 cm이다.

(5) 한 자루에 500원인 연필 x자루와 한 개에 300원인 지우개 5개를 사고 / 7000원을 지불했다.

2 다음 방정식에 대하여 표를 완성하고, 주어진 방정식의 해를 구하시오.

(1) $2x-3=-1$

x의 값	$2x-3$의 값	-1	참 / 거짓
-1	$2\times(-1)-3=-5$	-1	거짓
0		-1	
1		-1	

⇨ 해: _____

(2) $4x=x+6$

x의 값	$4x$의 값	$x+6$의 값	참 / 거짓
1			
2			
3			

⇨ 해: _____

3 다음 중 항등식인 것은 ○표, 항등식이 아닌 것은 ×표를 ( ) 안에 쓰시오.

(1) $1-x=x-1$ ( )   (2) $x+4=2$ ( )

(3) $3x-x=2x$ ( )   (4) $2x=2(x-1)+2$ ( )

• 예제 1 문장을 등식으로 나타내기

다음 문장을 등식으로 나타낸 것은?

> 어떤 수 x의 2배에 5를 더한 값은 어떤 수 x의 3배에서 2를 뺀 값과 같다.

① $2x-5=3x+2$ ② $2x-5=3x-2$
③ $2x+5=3x+2$ ④ $2x+5=3x-2$
⑤ $2(x+5)=3(x-2)$

[해결 포인트]
문장을 등식으로 나타낼 때는 문장을 적절히 끊어서 좌변과 우변이 되는 식을 각각 세운다.

👆 **한번 더!**

1-1 다음 중 문장을 등식으로 나타낸 것으로 옳지 않은 것은?

① 7에서 어떤 수 x를 뺀 값은 x의 3배와 같다.
   ⇨ $7-x=3x$
② 가로의 길이가 $3\,\text{cm}$, 세로의 길이가 $a\,\text{cm}$인 직사각형의 넓이는 $48\,\text{cm}^2$이다. ⇨ $3a=48$
③ 시속 $5\,\text{km}$로 x시간 동안 간 거리는 $10\,\text{km}$이다.
   ⇨ $5x=10$
④ 5000원을 내고 700원짜리 아이스크림 x개를 샀더니 거스름돈이 100원이었다. ⇨ $5000-700x=100$
⑤ 볼펜 37개를 x명의 학생들에게 5개씩 나누어 주었더니 2개가 남았다. ⇨ $37+5x=2$

Ⅱ·4

• 예제 2 방정식의 해

다음 방정식 중 해가 $x=3$인 것은?

① $x-7=4$ ② $4x=-12$
③ $\dfrac{x}{3}=9$ ④ $x-3=-2x$
⑤ $4(x-2)=4$

[해결 포인트]
주어진 해를 각 방정식의 x에 대입하여 등식이 성립하는 방정식을 찾는다.

👆 **한번 더!**

2-1 다음 중 [　] 안의 수가 주어진 방정식의 해인 것은?

① $x-1=-2$ $[-3]$
② $x-2=5$ $[3]$
③ $-5x=x+6$ $[1]$
④ $3(1-x)=-3$ $[2]$
⑤ $4x+8=8x$ $[-2]$

• 예제 3 항등식 찾기

다음 중 항등식인 것은?

① $x-3=-3$ ② $-2x+5=-2+5x$
③ $2x=4$ ④ $6x+4=2(3x+2)$
⑤ $x-1+3x=-2x-1$

[해결 포인트]
좌변과 우변을 각각 간단히 정리했을 때, (좌변)=(우변)이 되는 식을 찾는다.

👆 **한번 더!**

3-1 다음 중 x의 값에 관계없이 항상 참이 되는 등식을 모두 고르면? (정답 2개)

① $4x-10=2(2x-5)$
② $x-3=7$
③ $x+1=2x+1-x$
④ $4x-2=5(x+1)$
⑤ $3x+4=-2$

개념 26 등식의 성질

(1) **등식의 성질**

① 등식의 양변에 **같은 수를 더해도** 등식은 성립한다.

➡ $a=b$이면 $a+c=b+c$이다.

② 등식의 양변에서 **같은 수를 빼도** 등식은 성립한다.

➡ $a=b$이면 $a-c=b-c$이다.

③ 등식의 양변에 **같은 수를 곱해도** 등식은 성립한다.

➡ $a=b$이면 $ac=bc$이다.

④ 등식의 양변을 **0이 아닌 같은 수로 나누어도** 등식은 성립한다.

➡ $a=b$이고 $c\neq0$이면 $\dfrac{a}{c}=\dfrac{b}{c}$이다.

(2) x에 대한 방정식은 등식의 성질을 이용하여 $x=(수)$의 꼴로 고쳐서 해를 구할 수 있다.

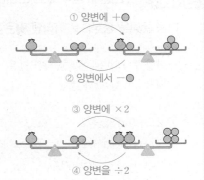

① 양변에 $+\bigcirc$
② 양변에서 $-\bigcirc$
③ 양변에 $\times 2$
④ 양변을 $\div 2$

• 개념 확인하기

• 정답 및 해설 44쪽

1 $a=2b$일 때, 다음 □ 안에 알맞은 수를 쓰시오.

(1) $a+1=2b+\square$

(2) $2a=\square\,b$

(3) $\dfrac{a}{4}=\dfrac{b}{\square}$

(4) $3a-3=6b-\square$

2 다음 중 옳은 것은 ○표, 옳지 <u>않은</u> 것은 ×표를 ( ) 안에 쓰시오.

(1) $a=b$이면 $a-1=b-1$이다. ( )

(2) $a=b$이면 $a+3=3-b$이다. ( )

(3) $a=b$이면 $-4a=-4b$이다. ( )

(4) $a=b$이면 $\dfrac{a}{2}=\dfrac{b}{2}$이다. ( )

(5) $\dfrac{a}{3}=\dfrac{b}{2}$이면 $3a=2b$이다. ( )

(6) $2a+5=2b+5$이면 $a=b$이다. ( )

3 다음은 등식의 성질을 이용하여 방정식을 푸는 과정이다. □ 안에 알맞은 수를 쓰시오.

(1) $4x-2=6$

$\Rightarrow 4x-2+\square=6+\square$

$4x=\square$

$\dfrac{4x}{4}=\dfrac{\square}{4}$

$\therefore x=\square$

(2) $-\dfrac{1}{2}x+3=-1$

$\Rightarrow -\dfrac{1}{2}x+3-\square=-1-\square$

$-\dfrac{1}{2}x=\square$

$-\dfrac{1}{2}x\times(\square)=-4\times(\square)$

$\therefore x=\square$

대표 예제로 개념 익히기

• 예제 1 등식의 성질

다음 중 옳지 <u>않은</u> 것은?

① $a=b$이면 $a+c=b+c$이다.

② $a+5=b+5$이면 $a=b$이다.

③ $a=b$이면 $a-2=b-2$이다.

④ $ac=bc$이면 $a=b$이다.

⑤ $\dfrac{a}{5}=\dfrac{b}{2}$이면 $2a=5b$이다.

[해결 포인트]

등식의 양변에 적당한 수를 더하거나 빼거나 곱하거나 나누어도 등식은 성립한다. (단, 0으로 나누는 것은 생각하지 않는다.)

🖑 한번 더!

1-1 다음 | 보기 | 중 옳은 것을 모두 고르시오.

| 보기 |

ㄱ. $a=b$이면 $\dfrac{a}{4}=\dfrac{b}{2}$이다.

ㄴ. $-7a=-7b$이면 $a=b$이다.

ㄷ. $\dfrac{a}{3}=\dfrac{b}{4}$이면 $3a=4b$이다.

ㄹ. $a=b$이면 $3a-1=3b-1$

ㅁ. $3a=b$이면 $3(a+1)=b+1$이다.

Ⅱ·4

• 예제 2 등식의 성질을 이용한 방정식의 풀이

방정식 $2x+3=11$을 오른쪽과 같이 등식의 성질을 이용하여 풀었다. (가), (나)에서 이용한 등식의 성질을 각각 다음 | 보기 |에서 고르시오.

$$2x+3=11$$
$$2x=8 \quad \text{(가)}$$
$$\therefore x=4 \quad \text{(나)}$$

| 보기 |

$a=b$이고, c는 자연수일 때

ㄱ. $a+c=b+c$ 　　　ㄴ. $a-c=b-c$

ㄷ. $ac=bc$ 　　　　ㄹ. $\dfrac{a}{c}=\dfrac{b}{c}$

[해결 포인트]

등식의 성질을 이용하여 방정식을 풀 때

❶ 좌변에 x항만 남긴다.

❷ x의 계수를 1로 만든다. ➡ $x=(수)$

　　└ 방정식의 해

🖑 한번 더!

2-1 오른쪽은 등식의 성질을 이용하여 방정식 $4a-9=7$을 푸는 과정이다. (가)에서 이용한 등식의 성질을 다음 | 보기 |에서 고르시오. (단, $c>0$)

$$4a-9=7$$
$$4a=16 \quad \text{(가)}$$
$$\therefore a=4$$

| 보기 |

ㄱ. $a=b$이면 $a+c=b+c$이다.

ㄴ. $a=b$이면 $a-c=b-c$이다.

ㄷ. $a=b$이면 $ac=bc$이다.

ㄹ. $a=b$이면 $\dfrac{a}{c}=\dfrac{b}{c}$이다.

2-2 다음 방정식을 등식의 성질을 이용하여 푸시오.

(1) $-6x-7=5$

(2) $\dfrac{x+3}{4}=2$

개념 27 이항 / 일차방정식

(1) 이항

등식의 성질을 이용하여 등식의 한 변에 있는 항을 그 항의 부호를 바꾸어 다른 변으로 옮기는 것을 **이항**이라 한다.

$$x-2=1$$
이항
$$x=1+2$$

>> **이항할 때 항의 부호의 변화**
$+a$를 이항 ➡ $-a$
$-a$를 이항 ➡ $+a$

등식의 성질	이항
$x+2=5$ ↓ 양변에서 2를 빼기 $x+2-2=5-2$ ∴ $x=3$	$x+2=5$ 우변으로 이항하기 $x=5-2$ ← 부호가 바뀐다. ∴ $x=3$

참고

즉, 이항은 등식의 성질 중 '등식의 양변에 같은 수를 더하거나 양변에서 같은 수를 빼도 등식은 성립한다.'를 이용한 것이다.

(2) 일차방정식

등식의 모든 항을 좌변으로 이항하여 정리한 식이

(x에 대한 일차식)=0, 즉 $ax+b=0\ (a\neq0)$

의 꼴로 나타나는 방정식을 x에 대한 **일차방정식**이라 한다.

예 등식 $2x-1=4$는 4를 좌변으로 이항하여 정리하면 $2x-5=0$이므로 일차방정식이다.

>> $ax^2+bx+c=0$이 x에 대한 일차방정식이 되려면 $a=0$, $b\neq0$이어야 한다.

• **개념 확인하기**

•정답 및 해설 45쪽

1 다음 등식에서 밑줄 친 항을 이항하시오.

(1) $x\underline{+1}=6$ (2) $5x\underline{-3}=12$

(3) $x=\underline{8x}+7$ (4) $x=\underline{-2x}+9$

(5) $\underline{2}+x=3\underline{-3x}$ (6) $4x\underline{-6}=\underline{2x}+4$

2 다음 중 일차방정식인 것은 ○표, 일차방정식이 **아닌** 것은 ×표를 ( ) 안에 쓰시오.

(1) $2x-4$ (　)   (2) $3x-8=0$ (　)

(3) $4x-6=2x-6$ (　)   (4) $6x-5x=x$ (　)

(5) $2(x+7)=14+2x$ (　)   (6) $2x^2+1=x(x-1)$ (　)

· 예제 **1**　이항

다음 중 밑줄 친 항을 바르게 이항한 것은?

① $3x \underline{+6} = 3 \Rightarrow 3x = 3 + 6$

② $x \underline{-2} = -7 \Rightarrow x = -7 - 2$

③ $x = \underline{-2x} + 9 \Rightarrow x - 2x = 9$

④ $x = \underline{2x} - 7 \Rightarrow x + 2x + 7 = 0$

⑤ $-3x = \underline{5x} - 16 \Rightarrow -3x - 5x = -16$

[해결 포인트]

이항하면 항의 부호가 바뀜에 주의한다.

· $+■$를 이항하면 $-■$

· $-■$를 이항하면 $+■$

🖑 한번 더!

1-1 다음 중 $4x \underline{-6} = 12$에서 밑줄 친 항을 바르게 이항한 것은?

① $4x = 12 - 6$　　② $4x = 12 + 6$

③ $12 = 4x - 6$　　④ $4x - 6 - 12 = 0$

⑤ $-6 = 12 - 4x$

1-2 이항을 이용하여 다음 등식을 $ax + b = 0$의 꼴로 나타내시오. (단, $a > 0$)

(1) $3x + 1 = x - 7$

(2) $4x - 3 = -x + 2$

· 예제 **2**　일차방정식 찾기

다음 중 일차방정식을 모두 고르면? (정답 2개)

① $3x + 4 = 5 - 2x$

② $4x - x = 3x$

③ $x^2 - 3x = 8 + x^2$

④ $5 - (2x + 3) = -2x - 1$

⑤ $x^2 - x = x + 4$

[해결 포인트]

등식의 모든 항을 좌변으로 이항하여 정리했을 때, (일차식)=0의 꼴이면 일차방정식이다.

🖑 한번 더!

2-1 다음 |보기| 중 일차방정식을 모두 고르시오.

┌─ 보기 ├─

ㄱ. $3x - 2 = -3x + 2$　　ㄴ. $x^2 + x = x^2 - x + 4$

ㄷ. $2x - 5 = 3$　　ㄹ. $2(x - 1) = 2x - 2$

ㅁ. $x^2 - 1 = x + 1$　　ㅂ. $5x - 7$

2-2 등식 $3x + 5 = ax - 4$가 x에 대한 일차방정식이 되기 위한 상수 a의 조건은?

① $a \neq -3$　　② $a \neq 0$　　③ $a \neq 2$

④ $a \neq 3$　　⑤ $a \neq 5$

☆ **TIP**

x에 대한 일차방정식은 $ax + b = 0 \, (a \neq 0)$의 꼴이므로 x의 계수가 0이 되지 않게 하는 상수의 조건을 구한다.

28 일차방정식의 풀이

일차방정식은 다음과 같은 순서로 푼다.

❶ 괄호가 있으면 분배법칙을 이용하여 괄호를 먼저 푼다.

❷ x를 포함하는 항은 좌변으로, 상수항은 우변으로 이항한다.

❸ 양변을 각각 정리하여 $ax=b\,(a \neq 0)$의 꼴로 나타낸다.

❹ 양변을 x의 계수 a로 나누어 해를 구한다.

>> **분배법칙**
$$a(b+c)=ab+ac$$
$$a(b-c)=ab-ac$$

예
$$3(x-2)=x+4 \qquad \text{괄호 풀기}$$
$$3x-6=x+4 \qquad \text{이항하기}$$
$$3x-x=4+6 \qquad \text{정리하기}$$
$$2x=10 \qquad \text{양변을 } x\text{의 계수로 나누기}$$
$$\therefore x=5$$

• **개념 확인하기**

• 정답 및 해설 46쪽

1 다음 □ 안에 알맞은 수를 쓰고, 주어진 일차방정식을 푸시오.

(1) $3x+5=11$
$$3x=11-\boxed{} \quad \boxed{}\text{를 이항한다.}$$
$$3x=\boxed{}$$
$$\therefore x=\boxed{}$$

(2) $2x-5=1$

(3) $3x=5x+4$

(4) $-3x+7=-4x-7$

2 다음 □ 안에 알맞은 수를 쓰고, 주어진 일차방정식을 푸시오.

(1) $4(x-3)=-3+x$
$$\boxed{}x-\boxed{}=-3+x \quad \text{분배법칙을 이용하여 괄호를 푼다.}$$
$$\boxed{}x-x=-3+\boxed{} \quad x\text{와 }\boxed{}\text{를 각각 이항한다.}$$
$$\boxed{}x=\boxed{}$$
$$\therefore x=\boxed{}$$

(2) $3(x-7)=12$

(3) $-2(x-1)=x+8$

(4) $6x-(x+1)=x-3$

• 예제 **1**   일차방정식의 풀이

다음 일차방정식 중 해가 나머지 넷과 다른 하나는?

① $6x-4=4x$

② $-2x+7=x+1$

③ $-3x-2=-7x-6$

④ $2x=3x-2$

⑤ $2+5x=3x+6$

[해결 포인트]

x를 포함하는 항은
좌변으로, 상수항은 ➡ $ax=b\,(a\neq0)$의 ➡ 해는 $x=\dfrac{b}{a}$
우변으로 이항   꼴로 정리

👆 한번 더!

1-1 다음 |보기| 중 해가 같은 것끼리 짝 지은 것으로 옳은 것은?

┌─ 보기 ─────────────────────┐

ㄱ. $x=14-6x$

ㄴ. $2x=x-5$

ㄷ. $7-3x=2x-28$

ㄹ. $-2x+14=4x-4$

ㅁ. $5x-8=4x-1$

└──────────────────────────┘

① ㄱ, ㄷ   ② ㄱ, ㄹ   ③ ㄴ, ㄷ

④ ㄷ, ㅁ   ⑤ ㄹ, ㅁ

1-2 일차방정식 $x+2=3x+a$의 해가 $x=4$일 때, 상수 a의 값은?

① -7 ② -6 ③ -5

④ 5 ⑤ 6

☆ TIP

x에 대한 일차방정식의 해가 $x=k$이면 주어진 방정식에 $x=k$를 대입했을 때 등식이 성립한다.

• 예제 **2**   괄호가 있는 일차방정식의 풀이

일차방정식 $4-(-2x+5)=-7$을 풀면?

① $x=-4$ ② $x=-3$ ③ $x=-2$

④ $x=3$ ⑤ $x=4$

[해결 포인트]

괄호가 있는 일차방정식은 분배법칙을 이용하여 괄호를 먼저 푼다.

👆 한번 더!

2-1 다음 일차방정식을 푸시오.

$$-3(x+10)+12=6-(x-4)$$

복잡한 일차방정식의 풀이

계수가 소수 또는 분수인 일차방정식은 양변에 적당한 수를 곱하여 계수를 모두 정수로 고쳐서 푼다.

(1) 계수가 소수인 경우: 양변에 10의 거듭제곱을 곱한다.

예 $0.5x + 0.2 = 0.1$ → 양변에 10을 곱하면 → $0.5x \times 10 + 0.2 \times 10 = 0.1 \times 10$ ➡ $5x + 2 = 1$ ∴ $x = -\dfrac{1}{5}$

(2) 계수가 분수인 경우: 양변에 분모의 최소공배수를 곱한다.

예 $\dfrac{1}{3}x + 1 = \dfrac{1}{2}$ → 양변에 6을 곱하면 → $\dfrac{1}{3}x \times 6 + 1 \times 6 = \dfrac{1}{2} \times 6$ ➡ $2x + 6 = 3$ ∴ $x = -\dfrac{3}{2}$

주의 양변에 수를 곱할 때는 모든 항에 똑같은 수를 빠짐없이 곱해야 한다.

· 개념 확인하기

· 정답 및 해설 47쪽

1 다음 ☐ 안에 알맞은 수를 쓰고, 주어진 일차방정식을 푸시오.

(1)
$$0.6x - 1.6 = 0.2$$
$$6x - 16 = 2$$
양변에 ☐을 곱한다.
☐을 이항한다.
$$6x = 2 + ☐$$
$$6x = ☐$$
∴ $x = ☐$

(2) $1.2x - 1.9 = 0.3x + 2.6$

(3) $0.77x - 0.14 = 0.36 - 0.23x$

2 다음 ☐ 안에 알맞은 것을 쓰고, 주어진 일차방정식을 푸시오.

(1)
$$\frac{x}{3} = \frac{x-2}{5}$$
양변에 ☐를 곱한다.
$$☐x = 3(x-2)$$
괄호를 푼다.
$$☐x = 3x - ☐$$
☐를 이항한다.
$$☐x - 3x = ☐$$
$$☐x = ☐$$
∴ $x = ☐$

(2) $\dfrac{3x+1}{2} = \dfrac{x-5}{3}$

(3) $\dfrac{3}{2}x = \dfrac{7}{4} + \dfrac{1}{3}x$

3 다음 일차방정식을 푸시오.

(1) $0.6x - 1 = \dfrac{x+1}{2}$

(2) $3 - \dfrac{1}{5}x = 0.25x - 6$

· 예제 **1**　계수가 소수인 일차방정식의 풀이

일차방정식 $0.5x - 0.15 = 0.3(x - 0.3)$을 풀면?

① $x = \dfrac{1}{10}$　② $x = \dfrac{1}{5}$　③ $x = \dfrac{3}{10}$

④ $x = \dfrac{2}{5}$　⑤ $x = \dfrac{1}{2}$

[해결 포인트]

계수가 소수인 일차방정식은 양변에 10^n을 곱하여 계수를 모두 정수로 고친 후 푼다.

👉 **한번 더!**

1-1 일차방정식 $x - 0.2 = 0.4x + 7$을 푸시오.

1-2 다음 x에 대한 두 일차방정식의 해가 같을 때, 상수 a의 값을 구하시오.

$$2x + a = 4, \quad 0.6x - 2.1 = 0.3(x - 4)$$

⭐ **TIP**

두 방정식 중 해를 구할 수 있는 방정식에서 해를 먼저 구한다.

Ⅱ·4

· 예제 **2**　계수가 분수인 일차방정식의 풀이

다음은 일차방정식 $\dfrac{3}{2}x - 1 = -\dfrac{2}{3}(x - 5)$를 푸는 과정이다. 물음에 답하시오.

$$\begin{aligned}
\dfrac{3}{2}x - 1 &= -\dfrac{2}{3}(x - 5) \quad\raise{-}\ \text{⊙}\\
9x - 1 &= -4(x - 5) \quad\raise{-}\ \text{ⓛ}\\
9x - 1 &= -4x + 20 \quad\raise{-}\ \text{ⓒ}\\
13x &= 21 \quad\raise{-}\ \text{ⓔ}\\
\therefore x &= \dfrac{21}{13}
\end{aligned}$$

(1) ⊙~ⓔ 중 처음으로 틀린 곳을 찾으시오.

(2) 일차방정식 $\dfrac{3}{2}x - 1 = -\dfrac{2}{3}(x - 5)$를 푸시오.

[해결 포인트]

계수가 분수인 일차방정식은 양변에 분모의 최소공배수를 곱하여 계수를 모두 정수로 고친 후 푼다.

👉 **한번 더!**

2-1 일차방정식 $\dfrac{1}{4}x - 1 = \dfrac{2}{5}x - \dfrac{1}{10}$의 해는?

① $x = -6$　② $x = -3$　③ $x = \dfrac{1}{3}$

④ $x = 3$　⑤ $x = 6$

2-2 일차방정식 $\dfrac{2x - 8}{5} = 0.7(x - 4)$를 푸시오.

일차방정식의 활용(1)

(1) 일차방정식의 활용 문제 해결

일차방정식의 활용 문제는 다음과 같은 순서로 해결한다.

❶ 문제의 뜻을 이해하고, 구하려는 값을 미지수로 놓는다.

❷ 문제의 뜻에 맞게 일차방정식을 세운다.

❸ 일차방정식을 풀어 해를 구한다.

❹ ❸에서 구한 해가 문제의 뜻에 맞는지 확인한다.

주의 문제의 답을 쓸 때는 반드시 단위를 쓴다.

(2) 여러 가지 일차방정식의 활용 문제

① 연속하는 수에 대한 문제

• 연속하는 두 정수: x, $x+1$ 또는 $x-1$, x

예 연속하는 두 정수의 합이 15이다. ➡ $x+(x+1)=15$

• 연속하는 두 홀수(짝수): x, $x+2$ 또는 $x-2$, x 또는 $x-1$, $x+1$

• 연속하는 세 정수: $x-1$, x, $x+1$ 또는 x, $x+1$, $x+2$

예 연속하는 세 정수의 합이 15이다. ➡ $(x-1)+x+(x+1)=15$

• 연속하는 세 홀수(짝수): $x-2$, x, $x+2$ 또는 x, $x+2$, $x+4$

② 자릿수에 대한 문제

• 십의 자리의 숫자가 a, 일의 자리의 숫자가 b인 두 자리의 자연수

➡ $10a+b$

• 십의 자리의 숫자 a와 일의 자리의 숫자 b를 바꾼 두 자리의 자연수

➡ $10b+a$

③ 나이에 대한 문제

• 현재 x세인 사람의 a년 후의 나이 ➡ $(x+a)$세

• 현재 x세인 사람의 a년 전의 나이 ➡ $(x-a)$세

• 나이 차가 a세인 두 사람의 나이 ➡ x세와 $(x+a)$세 또는 $(x-a)$세와 x세

④ 합이 일정한 문제

A, B의 개수의 합이 a개로 일정할 때

➡ A의 개수를 x개라 하면 B의 개수는 $(a-x)$개

⑤ 도형에 대한 문제

• (직사각형의 둘레의 길이)$=2\times\{$(가로의 길이)$+$(세로의 길이)$\}$

• (직사각형의 넓이)$=$(가로의 길이)$\times$(세로의 길이)

• (사다리꼴의 넓이)$=\dfrac{1}{2}\times\{$(윗변의 길이)$+$(아랫변의 길이)$\}\times$(높이)

⑥ 일에 대한 문제

• 어떤 일을 혼자 완성하는 데 a일이 걸린다.

➡ 전체 일의 양을 1이라 하면 하루에 하는 일의 양은 $\dfrac{1}{a}$이다.

• 하루에 하는 일의 양이 A이다.

➡ x일 동안 하는 일의 양은 Ax이다.

≫ 연속하는 수의 성질

• 연속하는 두 정수 또는 세 정수
➡ 연속하는 수는 1씩 차이가 난다.

• 연속하는 두 홀수 또는 세 홀수
➡ 연속하는 수는 2씩 차이가 난다.
(짝수인 경우도 마찬가지이다.)

1 다음 □ 안에 알맞은 수를 쓰고, 주어진 문장을 방정식으로 나타낸 후 방정식의 해를 구하시오.

(1) 어떤 수 x의 2배는 어떤 수 x에 5를 더한 수와 같다.

⇨ $\boxed{}x=x+\boxed{}$ ∴ $x=\boxed{}$

(2) 어떤 수 x에 8을 더하여 3배한 수는 / 어떤 수 x의 7배와 같다.

2 다음은 연속하는 두 짝수의 합이 34일 때, 두 짝수를 구하는 과정이다. □ 안에 알맞은 것을 쓰시오.

❶ 연속하는 두 짝수를 x, $x+2$라 하자.
❷ 일차방정식을 세우면 $x+(\boxed{})=34$
❸ 이 일차방정식을 풀면 $x=\boxed{}$
   따라서 연속하는 두 짝수는 $\boxed{}$, $\boxed{}$이다.
❹ 연속하는 두 짝수를 합하면 $\boxed{}$이므로 문제의 뜻에 맞는다.

3 다음은 나이 차가 3세인 형과 동생의 나이의 합이 41세일 때, 형의 나이를 구하는 과정이다. □ 안에 알맞은 것을 쓰시오.

❶ 구하려고 하는 형의 나이를 x세라 하면 동생의 나이는 ($\boxed{}$)세이다.
❷ 일차방정식을 세우면 $x+(\boxed{})=41$
❸ 이 일차방정식을 풀면 $x=\boxed{}$
   따라서 형의 나이는 $\boxed{}$세이다.
❹ 동생의 나이는 $\boxed{}$세이고, 형과 동생의 나이의 합은 $\boxed{}$세이므로 문제의 뜻에 맞는다.

4 오른쪽 그림과 같이 아랫변의 길이가 윗변의 길이보다 3 cm만큼 더 길고, 높이가 4 cm인 사다리꼴이 있다. 다음은 이 사다리꼴의 넓이가 22 cm²일 때, 윗변의 길이를 구하는 과정이다. □ 안에 알맞은 것을 쓰시오.

❶ 구하려고 하는 윗변의 길이를 x cm라 하면 아랫변의 길이는 ($\boxed{}$) cm이다.
❷ 일차방정식을 세우면 $\dfrac{1}{2}\times\{x+(\boxed{})\}\times4=22$
❸ 이 일차방정식을 풀면 $x=\boxed{}$
   따라서 윗변의 길이는 $\boxed{}$ cm이다.
❹ 사다리꼴의 아랫변의 길이는 $\boxed{}$ cm이고, 사다리꼴의 넓이는 $\boxed{}$ cm²이므로 문제의 뜻에 맞는다.

대표 예제로 개념 익히기

예제 1 수에 대한 문제

연속하는 세 자연수의 합이 111일 때, 세 자연수를 구하시오.

[해결 포인트]

연속하는 자연수는 그 차가 1이므로 연속하는 세 자연수 중 가운데 수를 x라 하면 나머지 두 수는 $x-1$, $x+1$이 된다.

👆 한번 더!

1-1 연속하는 세 홀수의 합이 57일 때, 세 홀수 중 가장 작은 수는?

① 11 　　② 13 　　③ 15

④ 17 　　⑤ 19

예제 2 자릿수에 대한 문제

일의 자리의 숫자가 5인 두 자리의 자연수가 있다. 이 자연수는 각 자리의 숫자의 합의 5배와 같을 때, 이 자연수를 구하려고 한다. 다음 물음에 답하시오.

(1) 이 자연수의 십의 자리의 숫자를 x라 할 때, 다음 표를 완성하고 이를 이용하여 일차방정식을 세우시오.

	x에 대한 일차식
십의 자리의 숫자	x
두 자리의 자연수	
각 자리의 숫자의 합	

⇨ 일차방정식: _____

(2) (1)에서 세운 일차방정식을 푸시오.

(3) 이 자연수를 구하시오.

[해결 포인트]

십의 자리의 숫자가 a, 일의 자리의 숫자가 b인 두 자리의 자연수
➡ $10a+b$

👆 한번 더!

2-1 십의 자리의 숫자가 3인 두 자리의 자연수가 있다. 이 자연수는 각 자리의 숫자의 합의 4배와 같을 때, 이 자연수를 구하시오.

2-2 일의 자리의 숫자가 4인 두 자리의 자연수가 있다. 이 자연수의 십의 자리의 숫자와 일의 자리의 숫자를 바꾼 수는 처음 수보다 9만큼 크다고 할 때, 처음 자연수를 구하시오.

•정답 및 해설 48쪽

• 예제 **3** 개수, 가격에 대한 문제

어느 수목원의 청소년 입장료는 어른 입장료보다 500원이 싸다고 한다. 어른 3명과 청소년 6명의 입장료가 모두 합하여 4200원일 때, 청소년 1명의 입장료를 구하시오.

[해결 포인트]

(전체 입장료)=(어른 3명의 입장료)+(청소년 6명의 입장료)

🖑 한번 더!

3-1 수연이는 1개에 250원인 망고맛 사탕과 1개에 300원인 포도맛 사탕을 모두 합하여 30개를 사고, 8400원을 지불하였다. 망고맛 사탕과 포도맛 사탕을 각각 몇 개씩 샀는지 차례로 구하면?

① 12개, 18개 ② 13개, 17개

③ 15개, 15개 ④ 17개, 13개

⑤ 19개, 11개

Ⅱ·4

• 예제 **4** 도형에 대한 문제

오른쪽 그림과 같이 한 변의 길이가 6 cm인 정사각형의 가로의 길이를 1 cm만큼 줄이고, 세로의 길이를 x cm만큼 늘였더니 넓이가 40 cm²인 직사각형이 되었다. 이때 x의 값을 구하시오.

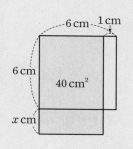

[해결 포인트]

(직사각형의 넓이)=(가로의 길이)×(세로의 길이)

🖑 한번 더!

4-1 가로의 길이가 7 cm, 세로의 길이가 11 cm인 직사각형의 가로의 길이를 x cm만큼 늘이고, 세로의 길이를 2 cm만큼 줄였더니 그 넓이가 처음 넓이보다 13 cm²만큼 늘었다. 이때 x의 값을 구하시오.

4-2 오른쪽 그림과 같이 학교의 담에 길이가 19 m인 철망을 모두 사용하여 직사각형 모양의 토끼 우리를 만들려고 한다. 이 토끼 우리의 가로의 길이를 세로의 길이보다 4 m만큼 더 길게 하려고 할 때, 세로의 길이를 구하시오. (단, 담벽 부분에는 철망을 사용하지 않는다.)

• **예제 5** **과부족에 대한 문제**

학생들에게 공책을 나누어 주는데 한 학생에게 4권씩 주면 5권이 남고, 5권씩 주면 2권이 부족하다고 한다. 학생 수를 구하려고 할 때, 다음 물음에 답하시오.

(1) 학생 수를 x명이라 할 때, 다음 ☐ 안에 알맞은 것을 쓰고, 이를 이용하여 일차방정식을 세우시오.

> (ⅰ) 4권씩 주면 5권이 남으므로 공책의 수는 $(4x+5)$권
>
> (ⅱ) 5권씩 주면 2권이 부족하므로 공책의 수는 (☐)권

⇨ 일차방정식: _____

(2) (1)에서 세운 일차방정식을 푸시오.

(3) 학생 수를 구하시오.

[해결 포인트]
나누어 주는 방법에 관계없이 공책의 수가 같음을 이용하여 방정식을 세운다.

👆 **한번 더!**

5-1 학생들에게 귤을 나누어 주는데 한 학생에게 2개씩 주면 20개가 남고, 3개씩 주면 10개가 부족하다고 할 때, 다음을 구하시오.

(1) 학생 수

(2) 귤의 개수

• **예제 6** **일에 대한 문제**

어떤 일을 완성하는 데 서연이가 혼자 하면 3일, 세호가 혼자 하면 6일이 걸린다고 한다. 이 일을 서연이와 세호가 같이 완성하는 데 며칠이 걸리는지 구하려고 할 때, 다음 물음에 답하시오.

(1) 전체 일의 양을 1이라 할 때, 서연이와 세호가 하루에 하는 일의 양을 각각 구하시오.

(2) 이 일을 서연이와 세호가 같이 완성하는 데 며칠이 걸리는지 구하시오.

[해결 포인트]

$$(\text{혼자 하루에 하는 일의 양}) = \frac{(\text{전체 일의 양})}{(\text{혼자 일을 완성하는 데 걸리는 날수})}$$

👆 **한번 더!**

6-1 어떤 일을 완성하는 데 갑이 혼자 하면 12일, 을이 혼자 하면 16일이 걸린다고 한다. 이 일을 을이 혼자 며칠 동안 한 후 갑과 을이 같이 3일 동안 하여 완성했을 때, 을이 혼자 일한 날수를 구하시오.

⭐**TIP**

(을이 혼자 한 일의 양)+(갑과 을이 같이 3일 동안 한 일의 양)
=(전체 일의 양)

일차방정식의 활용 (2)

거리, 속력, 시간에 대한 일차방정식의 활용 문제는 다음 관계를 이용하여 방정식을 세워 해결한다.

$$(거리)=(속력)\times(시간), \quad (속력)=\frac{(거리)}{(시간)}, \quad (시간)=\frac{(거리)}{(속력)}$$

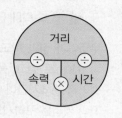

주의 거리, 속력, 시간에 대한 문제를 풀 때, 각각의 단위가 다른 경우에는 방정식을 세우기 전에 단위를 통일한다.

➡ $1\,km=1000\,m$, $60분=1시간$, $30분=\frac{30}{60}시간=\frac{1}{2}시간$

· **개념 확인하기**

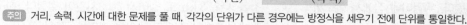

· 정답 및 해설 50쪽

1 지점 A에서 지점 B까지 자동차를 타고 왕복하는데 갈 때는 시속 $60\,km$로 가고, 올 때는 같은 길을 시속 $80\,km$로 왔더니 총 7시간이 걸렸다. 두 지점 A, B 사이의 거리를 구하려고 할 때, 다음 물음에 답하시오.

(1) 두 지점 A, B 사이의 거리를 $x\,km$라 할 때, 다음 표를 완성하고 일차방정식을 세우시오.

	갈 때	올 때
거리	$x\,km$	
속력	시속 $60\,km$	
시간		

⇨ (갈 때 걸린 시간)+(올 때 걸린 시간)=7(시간)이므로
일차방정식을 세우면 ＿＿＿＿＿＿＿＿이다.

(2) (1)에서 세운 일차방정식을 푸시오.

(3) 두 지점 A, B 사이의 거리를 구하시오.

2 미소가 등산을 하는데 올라갈 때는 시속 $2\,km$로 걷고, 내려올 때는 올라갈 때보다 $4\,km$ 더 먼 길을 시속 $3\,km$로 걸어서 총 3시간이 걸렸다. 미소가 올라간 거리와 내려온 거리를 각각 구하려고 할 때, 다음 물음에 답하시오.

(1) 미소가 올라간 거리를 $x\,km$라 할 때, 다음 표를 완성하고 일차방정식을 세우시오.

	올라갈 때	내려올 때
거리	$x\,km$	
속력	시속 $2\,km$	
시간		

⇨ (올라갈 때 걸린 시간)+(내려올 때 걸린 시간)=3(시간)이므로
일차방정식을 세우면 ＿＿＿＿＿＿＿＿이다.

(2) (1)에서 세운 일차방정식을 푸시오.

(3) 미소가 올라간 거리와 내려온 거리를 각각 구하시오.

•정답 및 해설 50쪽

• 예제 1 속력에 대한 문제(1) – 총 걸린 시간

우영이가 집과 학교 사이를 왕복하는데 갈 때는 시속 3 km로 걷고, 올 때는 같은 길을 시속 4 km로 걸어서 총 1시간이 걸렸다. 우영이네 집에서 학교까지의 거리를 구하시오.

[해결 포인트]

(갈 때 걸린 시간)+(올 때 걸린 시간)=(총 걸린 시간)

👆 한번 더!

1-1 지애가 집과 친구네 집 사이를 왕복하는데 갈 때는 시속 2 km로 걷고, 올 때는 갈 때보다 1 km 더 먼 길을 시속 3 km로 걸어서 총 3시간이 걸렸다. 친구네 집에서 지애네 집으로 돌아온 거리를 구하시오.

• 예제 2 속력에 대한 문제(2) – 시간 차

두 지점 A, B 사이를 자동차로 왕복하는데 갈 때는 시속 90 km로 달리고, 올 때는 같은 길을 시속 70 km로 달렸다. 올 때는 갈 때보다 20분이 더 걸렸을 때, 두 지점 A, B 사이의 거리를 구하려고 한다. 다음 물음에 답하시오.

(1) 두 지점 A, B 사이의 거리를 x km라 할 때, 다음 표를 완성하시오.

	갈 때	올 때
거리	x km	x km
속력	시속 90 km	시속 70 km
시간		

(2) (올 때 걸린 시간)−(갈 때 걸린 시간)=(시간 차) 임을 이용하여 두 지점 A, B 사이의 거리를 구하시오.

[해결 포인트]

(느린 속력으로 이동한 시간)−(빠른 속력으로 이동한 시간)
=(시간 차)

👆 한번 더!

2-1 두 지점 A, B 사이를 자동차로 왕복하는데 갈 때는 시속 60 km, 올 때는 같은 길을 시속 45 km로 달렸더니 올 때는 갈 때보다 1시간이 더 걸렸다고 한다. 두 지점 A, B 사이의 거리를 구하시오.

2-2 형이 집을 출발한 지 15분 후에 동생이 형을 따라나섰다. 형은 분속 40 m로 걷고, 동생은 분속 60 m로 따라서 걸어간다고 할 때, 동생이 출발한 지 몇 분 후에 형을 만나게 되는지 구하시오.

⭐**TIP**

동생이 먼저 출발한 형을 만날 때,
(형이 걸어간 거리)=(동생이 걸어간 거리)

1

다음 중 등식을 모두 고르면? (정답 2개)

① $3x-5$ ② $2x-2<0$

③ $3-x=2$ ④ $1-6\geq0$

⑤ $4-(-3)=7$

2

'어떤 수 x의 3배에 5를 더한 수는 8에서 x를 뺀 수의 2배와 같다.'를 등식으로 나타내면?

① $3x+5=8-2x$ ② $3x+5=2(8-x)$

③ $3x+5=2(x-8)$ ④ $3(x+5)=8-2x$

⑤ $3(x+5)=2-8x$

3 중요

다음 방정식 중 해가 $x=2$인 것은?

① $2x-1=-3$ ② $6-3x=1$

③ $3x=x+4$ ④ $0.5x=10$

⑤ $\dfrac{x}{5}-1=\dfrac{3}{5}$

4

다음 |보기| 중 x의 값에 관계없이 항상 참이 되는 등식을 모두 고르시오.

| 보기 |

ㄱ. $x=-4$ ㄴ. $2x-x=x$

ㄷ. $x+2>7$ ㄹ. $2x=x+2$

ㅁ. $2(x+3)=2x+6$ ㅂ. $x+6$

5

등식 $ax+6=2x-3b$가 x에 대한 항등식일 때, 상수 a, b에 대하여 ab의 값을 구하시오.

6 중요

$a=b$일 때, 다음 중 옳지 <u>않은</u> 것을 모두 고르면?

(정답 2개)

① $a+2=b-2$ ② $a-5=b-5$

③ $3a=3b$ ④ $\dfrac{a}{4}=\dfrac{b}{2}$

⑤ $2a+1=2b+1$

7

다음 중 등식의 성질 '$a=b$이면 $a-c=b-c$이다.'를 이용하여 방정식을 변형한 것이 <u>아닌</u> 것은? (단, $c>0$)

① $x+1=-2 \Rightarrow x=-3$

② $2+3x=4 \Rightarrow 3x=2$

③ $4(x+1)=2 \Rightarrow 4x=-2$

④ $2x=-8 \Rightarrow x=-4$

⑤ $\dfrac{1}{6}x+7=1 \Rightarrow \dfrac{1}{6}x=-6$

8

아래 그림의 윗접시저울은 등식의 성질 중 하나를 나타 낸 것이다. 방정식 $3(x-4)=9$를 푸는 다음 과정에서 ㉠~㉢ 중 그림이 나타내는 등식의 성질이 이용된 곳을 고르시오.

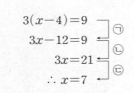

$$3(x-4)=9 \quad \rceil ㉠$$
$$3x-12=9 \quad \rceil ㉡$$
$$3x=21 \quad \rceil ㉢$$
$$\therefore x=7$$

9

다음 중 밑줄 친 항을 바르게 이항한 것은?

① $2x\underline{+5}=4 \Rightarrow 2x=4+5$

② $4x\underline{-7}=2 \Rightarrow 4x=2-7$

③ $2x=\underline{-x}-3 \Rightarrow 2x-x=-3$

④ $x=-5\underline{+3x} \Rightarrow x+3x=-5$

⑤ $7x\underline{+3}=\underline{6x}-3 \Rightarrow 7x-6x=-3-3$

10 중요

다음 중 일차방정식이 <u>아닌</u> 것은?

① $5x-3=2$ ② $2x+4x=8x$

③ $\dfrac{x}{3}=9$ ④ $x^2-x=x^2+5$

⑤ $2(x-3)=2x-6$

11

등식 $ax+2=5-bx$가 x에 대한 일차방정식이 되기 위한 상수 a, b의 조건은?

① $ab=0$ ② $a-b\neq0$

③ $a+b\neq0$ ④ $a+2b\neq0$

⑤ $5-b=0$

12

일차방정식 $7x=4x+9$의 해를 $x=a$, 일차방정식 $4x-4=3(x-5)$의 해를 $x=b$라 할 때, $a-b$의 값을 구하시오.

13 창의력 UP

다음 그림에서 위칸의 식은 바로 아래 두 칸의 식을 더한 것이다. 이때 x의 값을 구하시오.

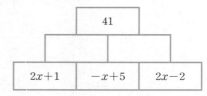

14 중요

x에 대한 일차방정식 $a(x-1)=3x+2$의 해가 $x=-4$일 때, 상수 a의 값은?

① -7 　　② -2 　　③ 1

④ 2 　　⑤ 7

15

일차방정식 $0.05x+0.3=0.2x-0.15$의 해는?

① $x=-3$ 　② $x=-2$ 　③ $x=-1$

④ $x=2$ 　⑤ $x=3$

16

연속하는 세 짝수의 합이 270일 때, 이 세 수 중 가장 큰 수를 구하시오.

17 중요

1개에 700원인 과자와 1개에 300원인 사탕을 합하여 15개를 사고 7300원을 지불하였다. 이때 과자와 사탕을 각각 몇 개씩 샀는지 구하시오.

18

세로의 길이가 가로의 길이보다 4 cm만큼 더 짧은 직사각형의 둘레의 길이가 56 cm일 때, 이 직사각형의 넓이를 구하시오.

19

어느 반 학생들이 강당의 긴 의자에 앉는데 4명씩 앉으면 학생이 3명이 남고, 5명씩 모두 채워 앉으면 긴 의자가 1개 남는다고 한다. 학생 수를 구하시오.

20

다음 글에서 서현이가 뛰어간 거리를 x m라 할 때, x의 값을 구하는 방정식으로 옳은 것은?

> 서현이네 집에서 공원까지의 거리는 2 km이다. 서현이가 집에서 공원까지 가는데 처음에는 분속 300 m로 뛰어가다가 중간에 숨이 차서 분속 100 m로 걸었더니 20분만에 도착하였다.

① $\dfrac{x}{300}+\dfrac{2-x}{100}=20$

② $\dfrac{x}{300}+\dfrac{2-x}{100}=\dfrac{1}{3}$

③ $\dfrac{x}{300}+\dfrac{2000-x}{100}=20$

④ $300x-100(2000-x)=20$

⑤ $300x+100(2-x)=\dfrac{1}{3}$

서술형

21

x에 대한 두 일차방정식 $3(x-3)+5=2x$,

$\dfrac{x}{2}-\dfrac{a}{3}=a+\dfrac{3}{2}x$의 해가 같을 때, 상수 a의 값을 구하시오. (단, 풀이 과정을 자세히 쓰시오.)

풀이

답

22

다음 일차방정식을 푸시오.

(단, 풀이 과정을 자세히 쓰시오.)

$$\frac{1}{10}(x-3)-0.5=\frac{1}{3}(x-1)$$

풀이

답

23

올해 아버지의 나이는 45세이고, 지수의 나이는 11세이다. 아버지의 나이가 지수의 나이의 3배가 되는 것은 몇 년 후인지 구하시오. (단, 풀이 과정을 자세히 쓰시오.)

풀이

답

24

지점 A에서 지점 B까지 갈 때, 시속 50 km의 버스로 가면 시속 25 km의 자전거로 가는 것보다 1시간 빨리 도착한다고 한다. 두 지점 A, B 사이의 거리를 구하시오. (단, 풀이 과정을 자세히 쓰시오.)

풀이

답

1 마인드맵으로 개념 구조화!

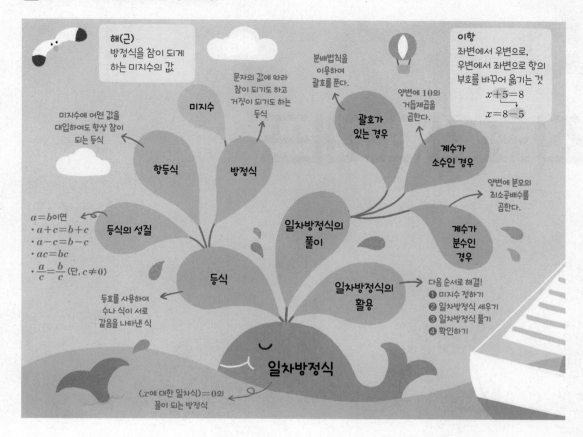

해(근)
방정식을 참이 되게
하는 미지수의 값

문자의 값에 따라
참이 되기도 하고
거짓이 되기도 하는
등식

분배법칙을
이용하여
괄호를 푼다.

이항
좌변에서 우변으로,
우변에서 좌변으로 항의
부호를 바꾸어 옮기는 것
$$x+5=8$$
$$x=8-5$$

미지수

양변에 10의
거듭제곱을
곱한다.

미지수에 어떤 값을
대입하여도 항상 참이
되는 등식

괄호가
있는 경우

계수가
소수인 경우

항등식

방정식

양변에 분모의
최소공배수를
곱한다.

$a=b$이면
· $a+c=b+c$
· $a-c=b-c$
· $ac=bc$
· $\dfrac{a}{c}=\dfrac{b}{c}$ (단, $c \neq 0$)

등식의 성질

일차방정식의
풀이

계수가
분수인
경우

등식

일차방정식의
활용

다음 순서로 해결!
❶ 미지수 정하기
❷ 일차방정식 세우기
❸ 일차방정식 풀기
❹ 확인하기

등호를 사용하여
수나 식이 서로
같음을 나타낸 식

일차방정식

(x에 대한 일차식)=0의
꼴이 되는 방정식

2 OX 문제로 개념 점검!

옳은 것은 ◯, 옳지 않은 것은 X를 택하시오.

• 정답 및 해설 53쪽

❶ $3x-7=0$은 등식이다. ◯ | X

❷ $x=3$은 방정식 $x+2=2x-2$의 해이다. ◯ | X

❸ 등식의 양변에 -2를 곱해도 등식은 성립한다. ◯ | X

❹ $\dfrac{a}{3}=\dfrac{b}{4}$이면 $3a=4b$이다. ◯ | X

❺ 등식 $2x+4=-8$에서 좌변에 있는 4를 이항하면 $2x=-8+4$이다. ◯ | X

❻ $2x^2-3x=2x^2+8$은 일차방정식이다. ◯ | X

❼ 두 일차방정식 $\dfrac{x}{3}=\dfrac{x}{5}+2$와 $4(x-6)=2x+6$의 해는 같다. ◯ | X

❽ 두 지점 A, B 사이를 왕복하는데 갈 때는 시속 5 km로 걷고, 올 때는 같은 길을 시속 3 km로 걸어서 총 2시간이 걸린 경우 두 지점 A, B 사이의 거리를 x km라 하고 방정식을 세우면 $\dfrac{x}{5}+\dfrac{x}{3}=2$이다. ◯ | X

5

좌표와 그래프

우리 주변에서 통화 시간에 따른 요금의 변화, 속력에 따른 시간이나 거리의 변화 등과 같이 한 양이 변하면 그에 따라 다른 양이 변하는 관계를 많이 볼 수 있습니다.

이와 같이 서로 함께 변하는 두 양 사이의 관계는 좌표를 써서 그래프로 나타낼 수 있습니다.

이 단원에서는 다양한 상황을 그래프로 나타내고, 주어진 그래프를 해석하는 것에 대해 학습합니다.

▶ 새로 배우는 용어

변수, 좌표, 순서쌍, x좌표, y좌표, 원점, 좌표축, x축, y축, 좌표평면, 제1사분면, 제2사분면, 제3사분면, 제4사분면, 그래프

5. 좌표와 그래프를 시작하기 전에

1 꺾은선그래프 [초등]

오른쪽 그림은 어느 해 우리나라 어느 지역의 3월부터 11월까지의 평균 기온을 나타낸 꺾은선그래프이다. 다음 물음에 답하시오.

(1) 5월의 평균 기온을 구하시오.

(2) 7월의 평균 기온과 11월의 평균 기온의 차를 구하시오.

(3) 평균 기온이 가장 높은 달과 가장 낮은 달을 차례로 구하시오.

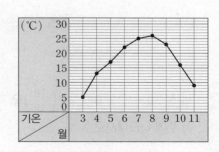

2 수직선 [중1]

다음 수직선 위의 세 점 A, B, C에 대응하는 수를 각각 구하시오.

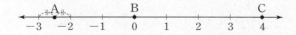

순서쌍과 좌표

(1) **수직선 위의 점의 좌표**

수직선 위의 한 점에 대응하는 수를 그 점의 좌표라 하고,
점 P의 좌표가 a일 때, 기호로 $P(a)$와 같이 나타낸다.

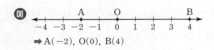

➡ $A(-2)$, $O(0)$, $B(4)$

(2) **좌표평면 위의 점의 좌표**

① **순서쌍**: 순서를 생각하여 두 수를 짝 지어 나타낸 것 **예** $(1, 3)$, $(-2, 0)$

　주의　$a \neq b$일 때, 순서쌍 (a, b)와 (b, a)는 서로 다르다.

② **좌표평면**

두 수직선이 점 O에서 서로 수직으로 만날 때

• x축: 가로의 수직선　　　　　　• y축: 세로의 수직선

• 좌표축: x축과 y축을 통틀어 좌표축이라 한다.

• 원점: 두 좌표축이 만나는 점 O

• 좌표평면: 좌표축이 정해져 있는 평면

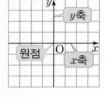

③ **좌표평면 위의 점의 좌표**

좌표평면 위의 한 점 P에서 x축, y축에 각각 수선을 내려 이 수선과 x축, y축이 만나는 점에 대응하는 수가 각각 a, b일 때, 순서쌍 (a, b)를 점 P의 좌표라 하고, 기호로 $P(a, b)$와 같이 나타낸다.

이때 a를 점 P의 x좌표, b를 점 P의 y좌표라 한다.

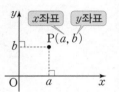

• 개념 확인하기

• 정답 및 해설 54쪽

1 다음 수직선 위의 세 점 A, B, C의 좌표를 각각 기호로 나타내시오.

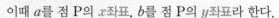

2 세 점 $A\left(-\dfrac{7}{2}\right)$, $B(1)$, $C\left(\dfrac{10}{3}\right)$을 각각 다음 수직선 위에 나타내시오.

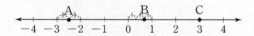

3 오른쪽 좌표평면 위의 네 점 A, B, C, D의 좌표를 각각 기호로 나타내시오.

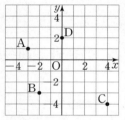

4 네 점 $A(-1, 4)$, $B(3, -1)$, $C(-2, -2)$, $D(1, 0)$을 각각 오른쪽 좌표평면 위에 나타내시오.

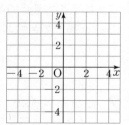

• 예제 1   순서쌍

두 순서쌍 $\left(\frac{1}{3}a,\, 2\right)$, $(-2,\, 4b-6)$이 서로 같을 때, a, b의 값을 각각 구하시오.

[해결 포인트]

두 순서쌍 (a, b), (c, d)가 서로 같다.

➡ $a=c$, $b=d$

☞ **한번 더!**

1-1 두 순서쌍 $(3a,\, 4)$, $(-9,\, 2b)$가 서로 같을 때, $a+b$의 값을 구하시오.

• 예제 2   좌표평면 위의 점의 좌표

다음 중 오른쪽 좌표평면 위의 점의 좌표를 나타낸 것으로 옳은 것은?

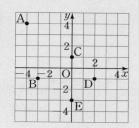

① $A(4,\, -4)$

② $B(-1,\, 3)$

③ $C(0,\, 1)$

④ $D(-2,\, -1)$

⑤ $E(-3,\, 0)$

[해결 포인트]

• x좌표가 a, y좌표가 b인 점 P의 좌표 ➡ $P(a, b)$

• 점의 좌표를 기호로 나타낼 때는 x좌표와 y좌표의 순서에 주의해야 한다.

☞ **한번 더!**

2-1 오른쪽 좌표평면 위의 5개의 점 A, B, C, D, E 중 x좌표와 y좌표의 합이 가장 큰 것은?

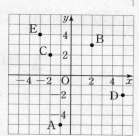

① 점 A   ② 점 B

③ 점 C   ④ 점 D

⑤ 점 E

2-2 다음 각 점의 좌표를 기호로 나타내시오.

(1) x좌표가 2, y좌표가 -1인 점 A

(2) x축 위에 있고, x좌표가 5인 점 B

(3) y축 위에 있고, y좌표가 -4인 점 C

2-3 세 점 $A(-1,\, -3)$, $B(3,\, -3)$, $C(3,\, 4)$를 꼭짓점으로 하는 삼각형 ABC를 오른쪽 좌표평면 위에 그리고, 삼각형 ABC의 넓이를 구하시오.

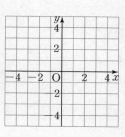

개념 33 사분면

(1) **사분면**: 좌표평면은 오른쪽 그림과 같이 좌표축에 의하여 네 부분으로 나뉘는데, 그 각각을 제1사분면, 제2사분면, 제3사분면, 제4사분면이라 한다.

예 점 $(2, 1)$ ➡ 제1사분면 위의 점,   점 $(-2, 1)$ ➡ 제2사분면 위의 점
점 $(-2, -1)$ ➡ 제3사분면 위의 점,   점 $(2, -1)$ ➡ 제4사분면 위의 점

주의 좌표축 위의 점은 어느 사분면에도 속하지 않는다.

(2) **두 수의 부호가 주어질 때, 사분면 결정하기**

a, b의 부호가 주어지고 점의 좌표가 a, b에 대한 식으로 주어지면 다음을 이용하여 x좌표, y좌표의 부호를 판별한다.

① $a > 0$, $b > 0$이면 $a + b > 0$, $ab > 0$ ⎤ 두 수의 부호가 같을 때
② $a < 0$, $b < 0$이면 $a + b < 0$, $ab > 0$ ⎦

③ $a > 0$, $b < 0$이면 $a - b > 0$, $ab < 0$ ⎤ 두 수의 부호가 다를 때
④ $a < 0$, $b > 0$이면 $a - b < 0$, $ab < 0$ ⎦

· 개념 확인하기

· 정답 및 해설 54쪽

1 다음 표를 완성하시오.

점의 좌표	x좌표의 부호	y좌표의 부호	사분면
$(3, 1)$	$+$	$+$	제1사분면
$(-3, 1)$			
$(-3, -1)$			
$(3, -1)$			

2 다음 점은 제몇 사분면 위의 점인지 말하시오.

(1) $(-4, -5)$ (2) $(3, -2)$

(3) $(0, 0)$ (4) $(6, 4)$

(5) $(-1, 6)$ (6) $(0, 7)$

3 $a > 0$, $b < 0$일 때, 다음 ○ 안에 $+$, $-$ 중 알맞은 것을 쓰고, 주어진 점은 제몇 사분면 위의 점인지 말하시오.

(1) (a, b) ⇨ $(+, -)$ (2) $(-a, b)$ ⇨ $(○, ○)$

(3) $(a, -b)$ ⇨ $(○, ○)$ (4) $(-a, -b)$ ⇨ $(○, ○)$

대표 예제로 **개념 익히기**

· 예제 **1** 사분면

다음 중 점의 좌표와 그 점이 속하는 사분면이 바르게 연결된 것은?

① $A(5, 0)$ $\Rightarrow$ 제1사분면
② $B(-1, 5)$ $\Rightarrow$ 제4사분면
③ $C(-8, -1)$ $\Rightarrow$ 제3사분면
④ $D(2, -1)$ $\Rightarrow$ 제2사분면
⑤ $E(6, 3)$ $\Rightarrow$ 제4사분면

[해결 포인트]

점 $P(a, b)$에 대하여

· 제1사분면 $\Rightarrow a>0, b>0$ · 제2사분면 $\Rightarrow a<0, b>0$
· 제3사분면 $\Rightarrow a<0, b<0$ · 제4사분면 $\Rightarrow a>0, b<0$

👆 **한번 더!**

1-1 다음 중 옳지 않은 것을 모두 고르면? (정답 2개)

① x축 위의 점의 y좌표는 0이다.
② y축 위의 점의 x좌표는 0이다.
③ 점 $(2, 0)$은 제1사분면 위의 점이다.
④ 점 $(-6, 3)$은 제3사분면 위의 점이다.
⑤ 좌표축 위의 점은 어느 사분면에도 속하지 않는다.

1-2 다음 |보기| 중 점 $(4, 5)$와 같은 사분면 위의 점을 모두 고르시오.

| 보기 |

ㄱ. $(-1, 2)$　ㄴ. $(-4, 0)$　ㄷ. $(3, 2)$
ㄹ. $(6, 6)$　ㅁ. $(-3, -7)$　ㅂ. $(5, -3)$

Ⅲ · 5

· 예제 **2** 사분면 결정하기

$a<0, b<0$일 때, 다음 점은 제몇 사분면 위의 점인지 말하시오.

⑴ $(-b, -a)$
⑵ $(-2a, b)$
⑶ $(a+b, b)$
⑷ (a, ab)

[해결 포인트]

a, b의 부호를 이용하여 점의 좌표가 a, b에 대한 식으로 이루어진 x좌표, y좌표의 부호를 판별한다.

👆 **한번 더!**

2-1 $a<0, b>0$일 때, 다음 중 제2사분면 위의 점은?

① $(3a, -b)$　　　　② $(a-b, ab)$
③ $(b, b-a)$　　　　④ $(-2a, -2b)$
⑤ $\left(\dfrac{a}{b}, -a\right)$

2-2 점 (a, b)가 제4사분면 위의 점일 때, 점 $(b, -a)$는 제몇 사분면 위의 점인지 말하시오.

★ **TIP**

점 (a, b)가 속하는 사분면이 주어지면 a, b의 부호를 먼저 판별한다.

개념 34 그래프와 그 해석

(1) **변수**: 여러 가지로 변하는 값을 나타내는 문자

>> 변수와 달리 일정한 값을 나타내는 수나 문자를 상수라 한다.

(2) **그래프**: 두 변수 사이의 관계를 좌표평면 위에 점, 직선, 곡선 등으로 나타낸 그림

>> 두 변수 사이의 관계는 표나 식 또는 그래프로 나타낼 수 있다.

(3) **그래프의 해석**

① 두 변수 사이의 관계를 그래프로 나타내면 두 변수의 증가와 감소, 주기적 변화를 쉽게 파악할 수 있다.

예 시간에 따른 속력의 그래프를 해석하면 다음과 같다.

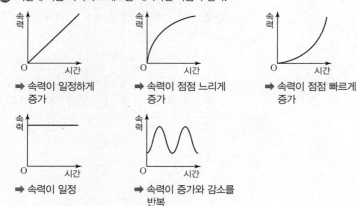

➡ 속력이 일정하게 증가   ➡ 속력이 점점 느리게 증가   ➡ 속력이 점점 빠르게 증가

➡ 속력이 일정   ➡ 속력이 증가와 감소를 반복

② 좌표가 주어진 그래프에서는 x축과 y축이 각각 무엇을 나타내는지 확인하고 그래프에서 좌표를 읽어 그 그래프를 해석한 후, 필요한 값을 구한다.

참고 그래프에서 점 (a, b)는 $x=a$일 때 $y=b$임을 나타낸다.

예 오른쪽 그래프는 민수가 집에서 출발하여 도서관까지 갔다가 다시 집으로 돌아올 때까지 집에서 떨어진 거리를 시간에 따라 나타낸 것이다.

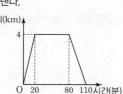

• 도서관은 민수네 집에서 4 km 떨어진 곳에 있다.

• 민수는 집에서 출발한 지 20분 후에 도서관에 도착하였고, 도서관에 머무는 동안에는 집에서 떨어진 거리의 변화가 없으므로 $80-20=60$(분) 동안 도서관에 머물다가 도서관에서 출발한 지 $110-80=30$(분) 후에 집에 도착하였다.

• 정답 및 해설 55쪽

1 다음 상황에 알맞은 그래프를 |보기|에서 고르시오.

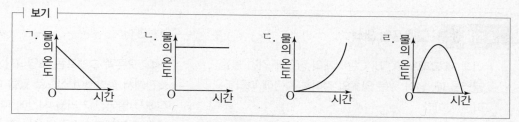

(1) 진공 상태에서는 시간이 지나도 물의 온도가 변하지 않는다.

(2) 물의 온도가 시간에 따라 높아졌다가 다시 낮아졌다.

(3) 물을 끓였더니 물의 온도가 시간에 따라 점점 빠르게 높아졌다.

(4) 냉동실에 물을 넣었더니 물의 온도가 시간에 따라 일정하게 낮아졌다.

2 다음 |보기|의 그래프는 세 용기 (1), (2), (3)에 일정한 속력으로 물을 채울 때, 물의 높이를 시간에 따라 나타낸 것이다. 각 용기에 알맞은 그래프를 |보기|에서 고르시오.

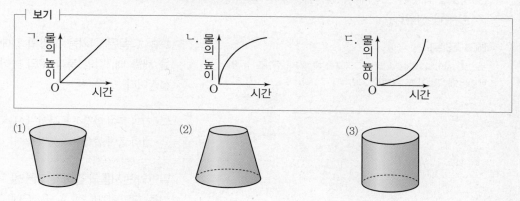

3 오른쪽 그래프는 지민이가 운동장 트랙을 x분 동안 달린 거리를 y km라 할 때, x와 y 사이의 관계를 나타낸 것이다. 다음 물음에 답하시오.

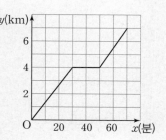

(1) 지민이가 출발선에서 출발한 후 30분 동안 달린 거리를 구하시오.

(2) 지민이가 총 몇 km를 달렸는지 구하시오.

(3) 지민이가 몇 분 동안 멈춰 있었는지 구하시오.

예제 1 그래프의 해석

아래 세 그래프 A, B, C는 3개의 양초에 각각 불을 붙였을 때, 남아 있는 양초의 길이를 시간에 따라 나타낸 것이다.

A

B

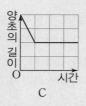
C

다음의 각 상황에 알맞은 그래프를 세 그래프 A, B, C에서 모두 고르시오.

(1) 양초를 다 태웠다.

(2) 양초를 절반만 태우고 불을 껐다.

(3) 양초를 태우는 도중에 멈췄다가 잠시 후 남은 양초를 다 태웠다.

[해결 포인트]

두 변수 사이의 관계를 나타낸 그래프를 해석하여 주어진 각 상황에 알맞은 그래프를 찾는다.

👆 한번 더!

1-1 오른쪽 그래프는 도연이가 영화관에서 출발하여 집으로 갔을 때, 집에서 떨어진 거리를 시간에 따라 나타낸 것이다. 다음 |보기| 중 이 그래프에 알맞은 상황을 고르시오.

| 보기 |

ㄱ. 영화가 끝나고 곧바로 집에 갔다.

ㄴ. 집에 가는 도중에 영화관에 두고 온 물건을 가지러 다시 영화관에 갔다가 집으로 갔다.

ㄷ. 집에 가는 도중에 다리가 아파 잠시 멈췄다가 집에 갔다.

1-2 다음은 원기둥 모양의 컵에 일정한 속력으로 물을 채울 때, 컵의 폭과 물의 높이 사이의 관계에 대한 설명이다.

• 컵의 폭이 일정하면 물의 높이는 일정하게 증가한다.
• 컵의 폭이 좁을수록 물의 높이는 더 빠르게 증가한다.

밑면의 반지름의 길이가 다른 원기둥 모양의 세 컵 A, B, C에 일정한 속력으로 물을 채울 때, 물의 높이를 시간에 따라 그래프로 나타내면 오른쪽 그림과 같다. 이때 각 컵에 알맞은 그래프를 ㉠, ㉡, ㉢에서 고르시오.

A

B

C

•예제 2 좌표가 주어진 그래프의 해석

일정한 속력으로 달리던 자동차가 브레이크를 밟아 서서히 정지했다. 다음 그래프는 자동차의 속력을 시간에 따라 나타낸 것이다. 물음에 답하시오.

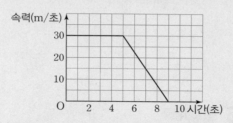

(1) 브레이크를 밟기 전 자동차의 속력은 초속 몇 m 인지 구하시오.
(2) 자동차가 일정한 속력으로 달린 시간을 구하시오.
(3) 브레이크를 밟은 후 자동차의 속력이 감소하여 완전히 정지하는 데 몇 초가 걸렸는지 구하시오.

[해결 포인트]
그래프에서 x축과 y축이 각각 무엇을 나타내는지 확인한 후 좌표를 읽어 필요한 값을 구한다.

한번 더!

2-1 냉동실에 넣은 물의 온도는 내려가다가 0 ℃에서 얼음으로 모두 변할 때까지 일정하게 유지된 후 다시 내려간다. 다음 그래프는 냉동실에 물을 넣은 지 x분 후의 물의 온도를 y ℃라 할 때, x와 y 사이의 관계를 나타낸 것이다. 물음에 답하시오.

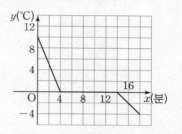

(1) 냉동실에 물을 넣은 지 4분 후의 물의 온도를 구하시오.
(2) 물이 모두 얼음으로 변한 것은 냉동실에 물을 넣은 지 몇 분 후인지 구하시오.

2-2 아래 그래프는 어느 날 빈이가 집에서 출발하여 학교에 도착할 때까지 집에서 떨어진 거리를 시간에 따라 나타낸 것이다.

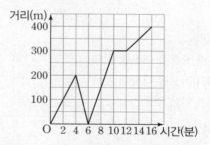

다음은 이날의 상황을 담은 빈이의 일기이다. 이때 (개)~(라)에 알맞은 수를 구하시오.

나는 아침 일찍 일어나 집을 나선 지 ⬚(개)⬚ 분 후 집에 두고 온 준비물이 생각나 집으로 되돌아갔다. 집에 도착하니 처음 집에서 출발한 지 ⬚(나)⬚ 분 후였다. 다시 학교로 향하여 가던 도중에 또 잊고 온 준비물이 생각나 문구점에 들러 그곳에서 ⬚(다)⬚ 분 동안 머물며 준비물을 샀다. 결국 집에서 400 m 떨어진 학교까지 가는 데 걸린 시간은 ⬚(라)⬚ 분이었다. 다행히 지각은 피했지만 정신없는 아침이었다.

1

다음 중 수직선 위의 점의 좌표를 나타낸 것으로 옳지 <u>않은</u> 것은?

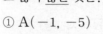

① $A(-4)$　　② $B\left(-\dfrac{3}{2}\right)$　　③ $C(2)$

④ $D\left(\dfrac{8}{3}\right)$　　⑤ $E(5)$

2 중요

두 순서쌍 $(3-a,\ 2b-5)$, $(-1,\ b)$가 서로 같을 때, 다음 중 순서쌍 $(a,\ a-b)$와 같은 것은?

① $(-5,\ 1)$　　② $(-3,\ -2)$　　③ $(-3,\ 0)$

④ $(2,\ 5)$　　⑤ $(4,\ -1)$

3 중요

다음 중 오른쪽 좌표평면 위의 점의 좌표를 나타낸 것으로 옳지 <u>않은</u> 것은?

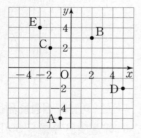

① $A(-1,\ -5)$
② $B(2,\ 3)$
③ $C(-2,\ 2)$
④ $D(5,\ -2)$
⑤ $E(4,\ -3)$

4

네 점 $A(-3,\ 2)$, $B(-3,\ -3)$, $C(2,\ -3)$, $D(2,\ 2)$를 꼭짓점으로 하는 사각형 ABCD의 넓이를 구하시오.

5

다음 중 제4사분면 위의 점은?

① $(0,\ -4)$　　② $(3,\ 10)$　　③ $(-3,\ -5)$

④ $(2,\ -1)$　　⑤ $(-6,\ 1)$

6 창의력UP

오른쪽 좌표평면에서 '나'를 원점으로 할 때, 다음 두 학생과 나의 몸무게 차이, 키 차이를 각각 x좌표, y좌표로 하는 점을 좌표평면 위에 나타내려고 한다. 두 학생에 대한 설명을 읽고 각 학생을 나타내는 점이 속하는 사분면을 말하시오.

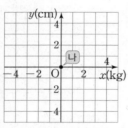

> 윤아: '나'보다 몸무게가 $3\,\text{kg}$ 더 나가고,
> 　　　키가 $4\,\text{cm}$ 더 작다.
> 준호: '나'보다 몸무게가 $4\,\text{kg}$ 덜 나가고,
> 　　　키가 $2\,\text{cm}$ 더 크다.

7

점 $(5a+3,\ 2-3a)$는 x축 위의 점이고, 점 $(b+1,\ 2b-4)$는 y축 위의 점일 때, $a+b$의 값을 구하시오.

8 중요

$a<0$, $b>0$일 때, 다음 중 옳은 것은?

① 점 (a, b)는 제3사분면 위의 점이다.

② 점 $(-a, a-b)$는 제2사분면 위의 점이다.

③ 점 $(ab, -b)$는 제4사분면 위의 점이다.

④ 점 $(b, b-a)$는 제1사분면 위의 점이다.

⑤ 점 $\left(\dfrac{b}{a}, b\right)$는 제3사분면 위의 점이다.

9

점 $(-a, -b)$가 제2사분면 위의 점일 때,
점 $(a-b, ab)$는 제몇 사분면 위의 점인지 말하시오.

10

오른쪽 그래프는 어느 경마장에서 달리는 말의 속력을 시간에 따라 나타낸 것이다. 이 그래프의 ㈎, ㈏, ㈐ 세 구간에 대한 해석으로 옳은 것을 다음 |보기|에서 고르시오.

┤ 보기 ├

ㄱ. 구간 ㈎: 말은 움직이지 않고 가만히 서 있다.

ㄴ. 구간 ㈏: 말은 일정한 속력으로 달린다.

ㄷ. 구간 ㈐: 말은 속력을 감소하면서 달린다.

11

다음 그래프는 A, B, C 세 사람이 물을 한 병씩 마셨을 때, 각각의 물병에 남아 있는 물의 양을 시간에 따라 나타낸 것이다. 물음에 답하시오.

A   B   C

(1) 물을 모두 마신 사람을 모두 고르시오.

(2) 물을 마시다가 멈춘 적이 있는 사람을 모두 고르시오.

12 중요

오른쪽 그래프는 어떤 용기에 일정한 속력으로 물을 채울 때, 물의 높이를 시간에 따라 나타낸 것이다. 다음 중 이 용기의 모양으로 가장 알맞은 것은?

①   ②   ③

④   ⑤

13

다음 그래프는 종진이가 날린 고무동력기의 지면으로부터의 높이를 시간에 따라 나타낸 것이다. 이 그래프에 대한 설명으로 옳은 것을 |보기|에서 모두 고르시오.

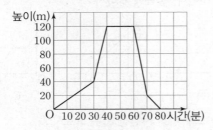

┤ 보기 ├

ㄱ. 고무동력기의 지면으로부터의 높이는 처음 30분 동안 일정하게 증가하였다.

ㄴ. 고무동력기가 가장 높이 올라갔을 때의 지면으로부터의 높이는 120 m이었다.

ㄷ. 고무동력기를 날린 지 30분 후부터 60분 후까지 고무동력기의 지면으로부터의 높이는 일정하였다.

14

다음 그래프 ㉠, ㉡은 경훈이가 집에서 8 km 떨어진 공원까지 자전거로 갈 때와 뛰어갈 때의 이동 거리를 각각 시간에 따라 나타낸 것이다. 물음에 답하시오.

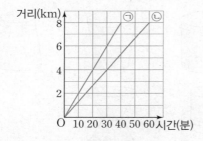

(1) 집에서 공원까지 자전거로 갈 때와 뛰어갈 때 각각 몇 분이 걸리는지 구하시오.

(2) 집에서 공원까지 뛰어갈 때는 자전거로 갈 때보다 몇 분 더 걸리는지 구하시오.

15

좌표평면 위의 두 점 $A(a+1, a-2)$, $B(b+3, b-1)$ 은 각각 x축, y축 위의 점이다. 이때 원점 O와 두 점 A, B를 꼭짓점으로 하는 삼각형 OAB의 넓이를 구하시오. (단, 풀이 과정을 자세히 쓰시오.)

[풀이]

[답]

16

다음 그래프는 나은이가 집에서 출발하여 편의점에 들러 음료수를 산 뒤 놀이터에서 친구를 만나 이야기를 나누고 집으로 돌아올 때까지 집에서 떨어진 거리를 시간에 따라 나타낸 것이다. 집, 편의점, 놀이터는 차례로 일직선 위에 있을 때, 물음에 답하시오.

(단, 풀이 과정을 자세히 쓰시오.)

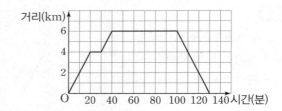

(1) 나은이네 집에서 편의점까지의 거리를 구하시오.

(2) 나은이가 놀이터에서 머문 시간은 몇 분인지 구하시오.

[풀이]

[답]

1 마인드맵으로 개념 구조화!

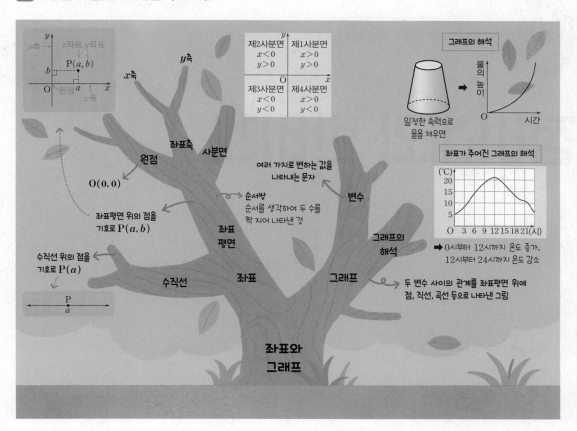

2 OX 문제로 개념 점검!

옳은 것은 ○, 옳지 <u>않은</u> 것은 X를 택하시오.

· 정답 및 해설 57쪽

❶ 수직선 위의 점 A의 좌표가 −5이면 A(−5)로 나타낸다.   ○ | X

❷ 두 순서쌍 $(1, 3)$과 $(3, 1)$은 서로 같다.   ○ | X

❸ 점 $(−2, 3)$은 제4사분면 위의 점이다.   ○ | X

❹ 원점은 어느 사분면에도 속하지 않는다.   ○ | X

❺ $a>0$, $b<0$이면 점 (a, b)는 제3사분면 위의 점이다.   ○ | X

❻ 여러 가지로 변하는 값을 나타내는 문자를 변수라 한다.   ○ | X

❼ 시간에 따른 속력의 그래프가 오른쪽 위로 향하는 모양이면 시간이 지남에 따라 속력이 증가하는 것을 뜻한다.   ○ | X

6

정비례와 반비례

계단은 한 층 오르는 데 약 7 kcal가 소모되고, 오르는 계단 수가 많아질수록 소모 열량이 많아집니다.
한편 헬륨 풍선은 높은 곳으로 올라갈수록 대기압이 낮아지면서 풍선 안의 기체의 부피는 커집니다.
이와 같이 우리 주변에는 한 값이 커짐에 따라 다른 값이 같은 비율로 커지거나, 반대로 작아지는 경우가 있습니다.
이 단원에서는 정비례, 반비례 관계를 이해하고, 그 관계를 표나 식, 그래프로 나타내는 것에 대해 학습합니다.

▶ 새로 배우는 용어
정비례, 반비례

6. 정비례와 반비례를 시작하기 전에

규칙과 대응 [초등]

1 다음 표를 보고, ■와 ▲ 사이의 대응 관계를 식으로 나타내시오.

(1)

■	1	2	3	4
▲	2	4	6	8

(2)

■	1	2	5	10
▲	10	5	2	1

비례식의 성질 [초등]

2 다음 □ 안에 알맞은 수를 구하시오.

(1) $4 : 5 = 16 : \square$

(2) $\square : 54 = 8 : 9$

정비례 관계

(1) 두 변수 x, y에서 x의 값이 2배, 3배, 4배, …로 변함에 따라 y의 값도 2배, 3배, 4배, …로 변할 때, y는 x에 정비례한다고 한다.

(2) 일반적으로 y가 x에 정비례하면 x와 y 사이의 관계식은 $y=ax\,(a\neq0)$로 나타낼 수 있다.

　　한편, x와 y 사이에 $y=ax\,(a\neq0)$인 관계가 있으면 y는 x에 정비례한다.

> 참고 y가 x에 정비례할 때, $\dfrac{y}{x}$의 값은 항상 일정하다. ➡ $y=ax$에서 $\dfrac{y}{x}=a$ (일정)

> 예 가로의 길이가 x cm, 세로의 길이가 2 cm인 직사각형의 넓이를 y cm^{2}라 할 때,
> x와 y 사이의 관계를 표로 나타내면 오른쪽과 같다.

x	1	2	3	4	…
y	2	4	6	8	…

> ➡ x의 값이 2배, 3배, 4배, …로 변함에 따라 y의 값도 2배, 3배, 4배, …로 변하
> 　　므로 y는 x에 정비례하고, x와 y 사이의 관계식은 $y=2x$이다.
> ➡ $\dfrac{y}{x}$의 값은 $\dfrac{y}{x}=\dfrac{2}{1}=\dfrac{4}{2}=\dfrac{6}{3}=\dfrac{8}{4}=\cdots=2$로 일정하다.

· 개념 확인하기

· 정답 및 해설 58쪽

1 한 개에 500원인 과자 x개의 가격을 y원이라 할 때, 다음 물음에 답하시오.

(1) 아래 표를 완성하시오.

x	1	2	3	4	…
y	500				…

(2) y가 x에 정비례하는지 말하시오.

(3) x와 y 사이의 관계식을 구하시오.

2 다음 중 y가 x에 정비례하는 것은 ○표, 정비례하지 <u>않는</u> 것은 ×표를 (　　) 안에 쓰시오.

(1) $y=-x$ 　　　　(　)　　(2) $y=3x+1$ 　　　　(　)　　(3) $y=\dfrac{1}{4}x$ 　　　　(　)

(4) $\dfrac{y}{x}=9$ 　　　　(　)　　(5) $xy=2$ 　　　　(　)　　(6) $y=\dfrac{5}{x}$ 　　　　(　)

3 다음을 x와 y 사이의 관계식으로 나타내고, y가 x에 정비례하는지 말하시오.

(1) 나이가 x세인 동생보다 4세 많은 형의 나이 y세

(2) 자전거를 타고 시속 40 km로 x시간 동안 달린 거리 y km

(3) 1 L당 가격이 1800원인 휘발유를 x L 주유했을 때, 전체 가격 y원

(4) 하루 24시간 중 낮의 길이가 x시간일 때, 밤의 길이 y시간

• 예제 **1** 정비례 관계

다음 중 y가 x에 정비례하는 것을 모두 고르면?

(정답 2개)

① $y=2x-5$ ② $xy=-6$ ③ $y=-4x$

④ $y=\dfrac{2}{x}$ ⑤ $y=\dfrac{1}{3}x$

[해결 포인트]

y가 x에 정비례한다.

➡ x의 값이 2배, 3배, 4배, …가 될 때, y의 값도 2배, 3배, 4배, …가 된다.

➡ 관계식은 $y=ax\,(a\neq0)$이다.

➡ $\dfrac{y}{x}$의 값은 항상 $a\,(a\neq0)$로 일정하다.

👆 **한번 더!**

1-1 다음 중 x의 값이 2배, 3배, 4배, …가 될 때, y의 값도 2배, 3배, 4배, …가 되는 것은?

① $y=x-10$ ② $y=7x$ ③ $xy=5$

④ $y=\dfrac{1}{x}$ ⑤ $y=3-x$

1-2 다음 |보기| 중 y가 x에 정비례하지 <u>않는</u> 것을 모두 고르시오.

┌ 보기 ┐

ㄱ. 원주율이 3.14일 때, 반지름의 길이가 $x\,\mathrm{cm}$인 원의 둘레의 길이 $y\,\mathrm{cm}$

ㄴ. 길이가 $100\,\mathrm{cm}$인 테이프를 x조각으로 똑같이 나누었을 때, 한 조각의 길이 $y\,\mathrm{cm}$

ㄷ. 전체 쪽수가 200쪽인 책을 x쪽 읽었을 때, 남은 쪽수 y쪽

ㄹ. 시간당 강수량이 $30\,\mathrm{mm}$일 때, x시간 동안 비가 내렸을 때의 강수량 $y\,\mathrm{mm}$

└─────────────────────┘

• 예제 **2** 정비례 관계식 구하기

y가 x에 정비례하고, $x=-1$일 때 $y=7$이다. $y=28$일 때 x의 값을 구하시오.

[해결 포인트]

y가 x에 정비례할 때, x와 y 사이의 관계식은 다음의 순서로 구한다.

❶ $y=ax\,(a\neq0)$로 놓는다.

❷ ❶의 식에 주어진 x,y의 값을 대입하여 a의 값을 구한다.

👆 **한번 더!**

2-1 y가 x에 정비례할 때, x와 y 사이의 관계를 표로 나타내면 다음과 같다. 이때 $A+B$의 값을 구하시오.

x	-2	-1	1	2
y	4	A	-2	B

정비례 관계의 그래프와 활용

(1) 정비례 관계의 그래프

x의 값의 범위가 수 전체일 때, 정비례 관계 $y=ax$ $(a \neq 0)$의 그래프는 원점을 지나는 직선이다.

	$a>0$일 때	$a<0$일 때
그래프	$y \uparrow$ $y=ax$ a O 1 x 증가 증가	$y \uparrow$ 증가 감소 1 O x a $y=ax$
지나는 사분면	제1사분면과 제3사분면	제2사분면과 제4사분면
그래프의 모양	오른쪽 위로 향하는 직선	오른쪽 아래로 향하는 직선
증가, 감소 상태	x의 값이 증가하면 y의 값도 증가한다.	x의 값이 증가하면 y의 값은 감소한다.

참고 정비례 관계 $y=ax$ $(a \neq 0)$의 그래프는 a의 절댓값이 클수록 y축에 가까워진다.

(2) 정비례 관계의 활용 문제는 다음과 같은 순서로 해결한다.

❶ x와 y 사이의 관계식을 $y=ax$로 놓는다.

❷ ❶의 식에 주어진 조건($x=m$ 또는 $y=n$)을 대입하여 문제에서 요구하는 답을 구한다.

• **개념 확인하기**

• 정답 및 해설 59쪽

1 x의 값의 범위가 수 전체일 때, 다음 ☐ 안에 알맞은 수를 쓰고, 정비례 관계 (1), (2)의 그래프를 오른쪽 좌표평면 위에 각각 그리시오.

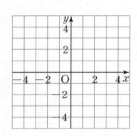

(1) $y=\dfrac{1}{3}x$ ⇨ 두 점 $(0,\ \boxed{})$, $(3,\ \boxed{})$을 지나는 직선이다.

⇨ 제☐사분면과 제☐사분면을 지난다.

(2) $y=-2x$ ⇨ 두 점 $(0,\ \boxed{})$, $(1,\ \boxed{})$를 지나는 직선이다.

⇨ 제☐사분면과 제☐사분면을 지난다.

2 빈 물통에 매분 5 L씩 물을 넣으려고 한다. 물을 넣기 시작한 지 x분 후에 물통 안에 있는 물의 양을 y L라 할 때, 다음 물음에 답하시오.

(1) x와 y 사이의 관계식을 구하시오.

(2) 물을 넣기 시작한 지 14분 후에 물통 안에 있는 물의 양은 몇 L인지 구하시오.

• 예제 **1** 정비례 관계의 그래프의 성질

다음 중 정비례 관계 $y = 3x$의 그래프에 대한 설명으로 옳지 <u>않은</u> 것은?

① 원점을 지난다.

② 제2사분면과 제4사분면을 지난다.

③ 점 $(1, 3)$을 지난다.

④ x의 값이 증가하면 y의 값도 증가한다.

⑤ 오른쪽 위로 향하는 직선이다.

[해결 포인트]

• 정비례 관계 $y = ax$의 그래프는 원점을 지나는 직선으로 $a > 0$일 때 x의 값이 증가하면 y의 값도 증가하고, $a < 0$일 때 x의 값이 증가하면 y의 값은 감소한다.

• 정비례 관계 $y = ax$의 그래프는 a의 절댓값이 클수록 y축에 가까워지고, a의 절댓값이 작을수록 x축에 가까워진다.

👆 **한번 더!**

1-1 다음 중 정비례 관계 $y = ax\,(a \neq 0)$의 그래프에 대한 설명으로 옳지 <u>않은</u> 것을 모두 고르면? (정답 2개)

① 원점과 점 $(1, a)$를 지난다.

② $a < 0$이면 제2사분면과 제4사분면을 지난다.

③ $a > 0$이면 제1사분면과 제3사분면을 지난다.

④ $a < 0$일 때, x의 값이 증가하면 y의 값도 증가한다.

⑤ a의 절댓값이 클수록 x축에 가까워진다.

1-2 다음 정비례 관계의 그래프 중 y축에 가장 가까운 것은?

① $y = -6x$ ② $y = \dfrac{x}{4}$ ③ $y = -x$

④ $y = x$ ⑤ $y = 3x$

III · 6

• 예제 **2** 정비례 관계의 그래프 위의 점

다음 중 정비례 관계 $y = -\dfrac{1}{4}x$의 그래프 위의 점이 <u>아닌</u> 것은?

① $\left(-1, \dfrac{1}{4}\right)$ ② $\left(-\dfrac{1}{2}, \dfrac{1}{8}\right)$

③ $(0, 0)$ ④ $\left(2, -\dfrac{1}{2}\right)$

⑤ $(4, 1)$

[해결 포인트]

점 (p, q)는 정비례 관계 $y = ax$의 그래프 위의 점이다.

➡ 정비례 관계 $y = ax$의 그래프가 점 (p, q)를 지난다.

➡ $y = ax$에 $x = p$, $y = q$를 대입하면 등식이 성립한다.

👆 **한번 더!**

2-1 다음 중 정비례 관계 $y = 6x$의 그래프가 지나는 점을 모두 고르면? (정답 2개)

① $(-2, 12)$ ② $(-1, -6)$

③ $\left(-\dfrac{1}{3}, -3\right)$ ④ $\left(\dfrac{1}{6}, 1\right)$

⑤ $(12, 2)$

2-2 정비례 관계 $y = -15x$의 그래프가 점 $(a, 30)$을 지날 때, a의 값을 구하시오.

· 예제 3 그래프를 이용하여 정비례 관계식 구하기

오른쪽 그림과 같은 그래프가 나타내는 x와 y 사이의 관계식을 구하시오.

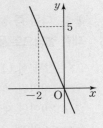

[해결 포인트]

원점을 지나는 직선을 그래프로 하는 정비례 관계식은 다음의 순서로 구한다.

❶ $y=ax(a\neq0)$로 놓는다.

❷ ❶의 식에 원점을 제외한 직선 위의 한 점의 좌표를 대입하여 a의 값을 구한다.

🖐 한번 더!

3-1 오른쪽 그림과 같은 그래프가 나타내는 x와 y 사이의 관계식을 구하시오.

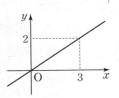

3-2 정비례 관계 $y=ax$의 그래프가 오른쪽 그림과 같이 두 점 $(-8, 6)$, $(b, -3)$을 지날 때, $4a+b$의 값을 구하시오.

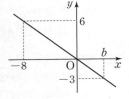

· 예제 4 정비례 관계의 활용

시속 $80\,\mathrm{km}$로 달리는 자동차로 x시간 동안 달린 거리를 $y\,\mathrm{km}$라 할 때, 다음 물음에 답하시오.

(1) x와 y 사이의 관계식을 구하시오.

(2) 이 자동차로 $400\,\mathrm{km}$를 가는 데 몇 시간이 걸리는지 구하시오.

[해결 포인트]

두 변수 x, y에 대하여 y가 x에 정비례하거나 $\dfrac{y}{x}$의 값이 일정한 경우 식을 $y=ax(a\neq0)$로 놓고 a의 값을 구한 후, 주어진 x의 값 또는 y의 값을 대입하여 필요한 값을 구한다.

🖐 한번 더!

4-1 길이가 $30\,\mathrm{cm}$인 양초에 불을 붙이면 매분 $0.5\,\mathrm{cm}$씩 양초의 길이가 줄어든다고 한다. 불을 붙인 지 x분 후에 줄어든 양초의 길이를 $y\,\mathrm{cm}$라 할 때, 다음 물음에 답하시오.

(1) x와 y 사이의 관계식을 구하시오.

(2) 불을 붙인 지 16분 후에 줄어든 양초의 길이를 구하시오.

4-2 오른쪽 그림과 같은 직사각형 ABCD에서 점 P는 점 B에서 출발하여 선분 BC를 따라 점 C까지 움직인다. 선분 BP의 길이를 $x\,\mathrm{cm}$, 삼각형 ABP의 넓이를 $y\,\mathrm{cm}^2$라 할 때, x와 y 사이의 관계식을 구하고, 삼각형 ABP의 넓이가 $18\,\mathrm{cm}^2$일 때의 선분 BP의 길이를 구하시오.

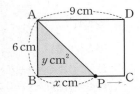

반비례 관계

(1) 두 변수 x, y에서 x의 값이 2배, 3배, 4배, …로 변함에 따라 y의 값은 $\frac{1}{2}$배, $\frac{1}{3}$배, $\frac{1}{4}$배, …로 변할 때, y는 x에 **반비례**한다고 한다.

(2) 일반적으로 y가 x에 반비례하면 x와 y 사이의 관계식은 $y=\dfrac{a}{x}\,(a\neq0)$로 나타낼 수 있다.

　한편, x와 y 사이에 $y=\dfrac{a}{x}\,(a\neq0)$인 관계가 있으면 y는 x에 반비례한다.

　참고 y가 x에 반비례할 때, xy의 값은 항상 일정하다. ➡ $y=\dfrac{a}{x}$에서 $xy=a$(일정)

　예 우유 6 L를 x명이 똑같이 나누어 마실 때, 한 명이 마시는 우유의 양을 y L라 하자.
　이때 x와 y 사이의 관계를 표로 나타내면 오른쪽과 같다.

x	1	2	3	4	…
y	6	3	2	$\frac{3}{2}$	…

　➡ x의 값이 2배, 3배, 4배, …로 변함에 따라 y의 값은 $\frac{1}{2}$배, $\frac{1}{3}$배, $\frac{1}{4}$배, …로
　변하므로 y는 x에 반비례하고, x와 y 사이의 관계식은 $y=\dfrac{6}{x}$이다.

　➡ xy의 값은 $xy=1\times6=2\times3=3\times2=4\times\frac{3}{2}=\cdots=6$으로 일정하다.

· 개념 확인하기

· 정답 및 해설 60쪽

1 48권의 공책을 x명이 똑같이 y권씩 나누어 가질 때, 다음 물음에 답하시오.

(1) 아래 표를 완성하시오.

x	1	2	3	4	…	48
y	48				…	

(2) y가 x에 반비례하는지 말하시오.

(3) x와 y 사이의 관계식을 구하시오.

2 다음 중 y가 x에 반비례하는 것은 ○표, 반비례하지 <u>않는</u> 것은 ×표를 (　) 안에 쓰시오.

(1) $y=\dfrac{1}{x}$　　　　(　　) 　(2) $y=x+3$　　　(　　)　(3) $y=-\dfrac{5}{x}$　　　(　　)

(4) $xy=9$　　　　(　　) 　(5) $\dfrac{y}{x}=4$　　　(　　)　(6) $y=\dfrac{1}{2}x$　　　(　　)

3 다음을 x와 y 사이의 관계식으로 나타내고, y가 x에 반비례하는지 말하시오.

(1) 전체 50명의 학생 중 남학생이 x명일 때, 여학생 수 y명

(2) 넓이가 28 cm²인 직사각형의 가로의 길이 x cm와 세로의 길이 y cm

(3) 한 개에 x원인 아이스크림을 y개 샀을 때, 지불한 금액 8000원

(4) 생수 x L를 10명이 똑같이 나누어 들 때, 한 사람이 드는 생수의 양 y L

•예제 1 반비례 관계

다음 중 y가 x에 반비례하는 것을 모두 고르면?

(정답 2개)

① $y=\dfrac{2}{x}$ ② $y=\dfrac{1}{x}+1$ ③ $xy=-5$

④ $y=\dfrac{x}{3}$ ⑤ $x+y=1$

[해결 포인트]

y가 x에 반비례한다.

➡ x의 값이 2배, 3배, 4배, …가 될 때, y의 값은 $\dfrac{1}{2}$배, $\dfrac{1}{3}$배, $\dfrac{1}{4}$배, …가 된다.

➡ 관계식은 $y=\dfrac{a}{x}\,(a\neq0)$이다.

➡ xy의 값은 항상 $a\,(a\neq0)$로 일정하다.

👆 한번 더!

1-1 다음 중 x의 값이 2배, 3배, 4배, …가 될 때, y의 값은 $\dfrac{1}{2}$배, $\dfrac{1}{3}$배, $\dfrac{1}{4}$배, …가 되는 것은?

① $y=3x$ ② $\dfrac{y}{x}=-1$ ③ $y=x+5$

④ $y=-\dfrac{x}{7}$ ⑤ $xy=4$

1-2 다음 | 보기 | 중 y가 x에 반비례하는 것을 모두 고르시오.

| 보기 |

ㄱ. 합이 60인 두 수 x와 y

ㄴ. 한 개에 4000원인 과자 x개의 가격 y원

ㄷ. 시속 x km로 100 km를 가는 데 걸린 시간 y시간

ㄹ. 넓이가 30 cm²인 삼각형의 밑변의 길이 x cm와 높이 y cm

ㅁ. 영어 단어 70개를 하루에 x개씩 외울 때, 단어를 모두 외우기 위해 필요한 날수 y일

•예제 2 반비례 관계식 구하기

y가 x에 반비례하고, $x=-8$일 때 $y=-3$이다. $x=6$일 때 y의 값을 구하시오.

[해결 포인트]

y가 x에 반비례할 때, x와 y 사이의 관계식은 다음의 순서로 구한다.

❶ $y=\dfrac{a}{x}\,(a\neq0)$로 놓는다.

❷ ❶의 식에 주어진 x, y의 값을 대입하여 a의 값을 구한다.

👆 한번 더!

2-1 y가 x에 반비례할 때, x와 y 사이의 관계를 표로 나타내면 다음과 같다. 이때 $A+B$의 값을 구하시오.

x	1	2	3	6
y	18	9	A	B

반비례 관계의 그래프와 활용

(1) 반비례 관계의 그래프

x의 값의 범위가 0이 아닌 수 전체일 때, 반비례 관계 $y=\dfrac{a}{x}\,(a\neq0)$의 그래프는 좌표축에 가까워지면서 한없이 뻗어 나가는 한 쌍의 매끄러운 곡선이다.

	$a>0$일 때	$a<0$일 때
그래프	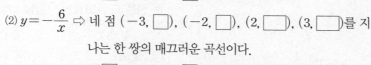	
지나는 사분면	제1사분면과 제3사분면	제2사분면과 제4사분면

참고 반비례 관계 $y=\dfrac{a}{x}\,(a\neq0)$의 그래프는 a의 절댓값이 클수록 원점에서 멀어진다.

(2) 반비례 관계의 활용 문제는 다음과 같은 순서로 해결한다.

❶ x와 y 사이의 관계식을 $y=\dfrac{a}{x}$로 놓는다.

❷ ❶의 식에 주어진 조건($x=m$ 또는 $y=n$)을 대입하여 문제에서 요구하는 답을 구한다.

Ⅲ·6

•개념 확인하기

•정답 및 해설 61쪽

1 x의 값의 범위가 0이 아닌 수 전체일 때, 다음 ☐ 안에 알맞은 수를 쓰고, 반비례 관계 (1), (2)의 그래프를 오른쪽 좌표평면 위에 각각 그리시오.

(1) $y=\dfrac{3}{x}$ ⇨ 네 점 $(-3,\boxed{})$, $(-1,\boxed{})$, $(1,\boxed{})$, $(3,\boxed{})$을 지나는 한 쌍의 매끄러운 곡선이다.

⇨ 제☐사분면과 제☐사분면을 지난다.

(2) $y=-\dfrac{6}{x}$ ⇨ 네 점 $(-3,\boxed{})$, $(-2,\boxed{})$, $(2,\boxed{})$, $(3,\boxed{})$를 지나는 한 쌍의 매끄러운 곡선이다.

⇨ 제☐사분면과 제☐사분면을 지난다.

2 전체 쪽수가 360쪽인 책을 x일 동안 매일 y쪽씩 읽어서 모두 읽었을 때, 다음 물음에 답하시오.

(1) x와 y 사이의 관계식을 구하시오.

(2) 책을 하루에 18쪽씩 읽을 때, 책을 읽기 시작한 지 며칠 후에 모두 읽게 되는지 구하시오.

예제 1 반비례 관계의 그래프의 성질

다음 중 반비례 관계 $y=\dfrac{8}{x}$의 그래프에 대한 설명으로 옳은 것을 모두 고르면? (정답 2개)

① 점 $(4, 2)$를 지난다.
② x축과 한 점에서 만난다.
③ 제1사분면과 제3사분면을 지난다.
④ 원점을 지나는 한 쌍의 매끄러운 곡선이다.
⑤ $x<0$일 때, x의 값이 증가하면 y의 값도 증가한다.

[해결 포인트]

• 반비례 관계 $y=\dfrac{a}{x}$의 그래프는 한 쌍의 매끄러운 곡선으로 $a>0$일 때 제1, 3사분면을 지나고, $a<0$일 때 제2, 4사분면을 지난다.
• 반비례 관계 $y=\dfrac{a}{x}$의 그래프는 a의 절댓값이 클수록 원점에서 멀어지고, a의 절댓값이 작을수록 원점에 가까워진다.

👆 **한번 더!**

1-1 다음 중 반비례 관계 $y=\dfrac{a}{x}\,(a\neq0)$의 그래프에 대한 설명으로 옳지 <u>않은</u> 것은?

① 점 $(1, a)$를 지난다.
② $a<0$이면 제2사분면과 제4사분면을 지난다.
③ $a>0$이면 제1사분면과 제3사분면을 지난다.
④ $a<0$, $x>0$일 때, x의 값이 증가하면 y의 값은 감소한다.
⑤ 원점을 지나지 않는 한 쌍의 매끄러운 곡선이다.

1-2 다음 |보기|의 반비례 관계의 그래프 중 원점에 가장 가까운 것과 원점에서 가장 먼 것을 차례로 구하시오.

| 보기 |

ㄱ. $y=\dfrac{1}{x}$　　　ㄴ. $y=-\dfrac{2}{x}$

ㄷ. $y=\dfrac{1}{3x}$　　　ㄹ. $y=-\dfrac{5}{x}$

예제 2 반비례 관계의 그래프 위의 점

다음 중 반비례 관계 $y=\dfrac{10}{x}$의 그래프 위의 점이 <u>아닌</u> 것은?

① $(-5, -2)$　　　② $(-1, -10)$
③ $(1, 10)$　　　④ $\left(10, \dfrac{1}{2}\right)$
⑤ $\left(15, \dfrac{2}{3}\right)$

[해결 포인트]

점 (p, q)는 반비례 관계 $y=\dfrac{a}{x}$의 그래프 위의 점이다.

➡ 반비례 관계 $y=\dfrac{a}{x}$의 그래프가 점 (p, q)를 지난다.

➡ $y=\dfrac{a}{x}$에 $x=p$, $y=q$를 대입하면 등식이 성립한다.

👆 **한번 더!**

2-1 다음 중 반비례 관계 $y=-\dfrac{12}{x}$의 그래프가 지나는 점을 모두 고르면? (정답 2개)

① $(-2, 6)$　　　② $(-1, -12)$
③ $(3, 4)$　　　④ $(6, 2)$
⑤ $(12, -1)$

2-2 점 $(a, -8)$이 반비례 관계 $y=\dfrac{24}{x}$의 그래프 위에 있을 때, a의 값을 구하시오.

예제 3 그래프를 이용하여 반비례 관계식 구하기

오른쪽 그림과 같은 그래프가 나타내는 x와 y 사이의 관계식을 구하시오.

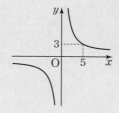

[해결 포인트]

한 쌍의 매끄러운 곡선을 그래프로 하는 반비례 관계식은 다음의 순서로 구한다.

❶ $y = \dfrac{a}{x}$ ($a \neq 0$)로 놓는다.

❷ ❶의 식에 곡선 위의 한 점의 좌표를 대입하여 a의 값을 구한다.

🖑 한번 더!

3-1 오른쪽 그림과 같은 그래프가 나타내는 x와 y 사이의 관계식을 구하시오.

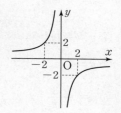

3-2 반비례 관계 $y = \dfrac{a}{x}$의 그래프가 오른쪽 그림과 같을 때, k의 값을 구하시오.

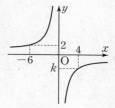

예제 4 반비례 관계의 활용

크기가 같은 정사각형 모양의 타일 36개를 빈틈없이 붙여서 직사각형 모양을 만들려고 한다. 가로, 세로에 놓인 타일의 개수를 각각 x개, y개라 할 때, 다음 물음에 답하시오.

(1) x와 y 사이의 관계식을 구하시오.

(2) 가로에 4개의 타일이 놓여 있을 때, 세로에 놓이는 타일의 개수를 구하시오.

[해결 포인트]

두 변수 x, y에 대하여 y가 x에 반비례하거나 xy의 값이 일정한 경우 식을 $y = \dfrac{a}{x}$ ($a \neq 0$)로 놓고 a의 값을 구한 후, 주어진 x의 값 또는 y의 값을 대입하여 필요한 값을 구한다.

🖑 한번 더!

4-1 일정한 온도에서 기체의 부피는 압력에 반비례한다. 어떤 기체의 부피가 6 mL일 때, 압력은 2기압이었다. 같은 온도에서 압력이 x기압일 때의 이 기체의 부피를 y mL라 할 때, 다음 물음에 답하시오.

(1) x와 y 사이의 관계식을 구하시오.

(2) 압력이 12기압일 때, 이 기체의 부피는 몇 mL인지 구하시오.

4-2 비어 있는 물탱크에 매분 2 L씩 물을 넣으면 가득 차는 데 50분이 걸린다고 한다. 이 물탱크에 매분 x L씩 물을 넣으면 가득 채우는 데 y분이 걸린다고 할 때, x와 y 사이의 관계식을 구하고, 20분 만에 이 물탱크에 물을 가득 채우려면 매분 몇 L씩 물을 넣어야 하는지 구하시오.

1

다음 중 y가 x에 정비례하는 것을 모두 고르면?

(정답 2개)

① $y=-4x$ ② $y=x+1$

③ $y=\dfrac{1}{x}$ ④ $y=\dfrac{1}{2}x$

⑤ $y=-\dfrac{3}{x}$

2

다음 중 y가 x에 정비례하는 것은?

① 길이가 50 cm인 수수깡을 x등분 했을 때, 수수깡 한 개의 길이 y cm
② 곱이 30인 두 수 x와 y
③ 한 변의 길이가 x cm인 정사각형의 둘레의 길이 y cm
④ 자전거를 타고 시속 x km로 10 km를 갈 때, 걸린 시간 y시간
⑤ 40 L의 기름이 담겨 있는 기름통에 매초 0.5 L씩 기름을 넣을 때, x초 후에 기름통에 담겨 있는 기름의 양 y L

3

다음 중 정비례 관계 $y=-\dfrac{2}{3}x$의 그래프는?

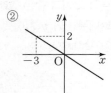

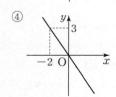

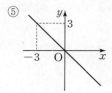

4

오른쪽 그림의 (1)~(4)의 그래프가 나타내는 x와 y 사이의 관계식으로 알맞은 것을 다음 |보기|에서 각각 고르시오.

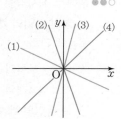

┌ 보기 ┐

ㄱ. $y=-3x$ ㄴ. $y=x$

ㄷ. $y=4x$ ㄹ. $y=-\dfrac{1}{2}x$

5

정비례 관계 $y=\dfrac{4}{3}x$의 그래프가 점 $(-a,\ a-7)$을 지날 때, a의 값을 구하시오.

6

다음 중 오른쪽 그림과 같은 그래프 위의 점은?

① $(-10, -8)$

② $\left(-1, \dfrac{5}{4}\right)$

③ $\left(1, \dfrac{5}{4}\right)$

④ $(5, -4)$

⑤ $(10, -6)$

7 중요

톱니의 수가 각각 28개, 14개인 두 톱니바퀴 A, B가 서로 맞물려 돌고 있다. 톱니바퀴 A가 x바퀴 회전하는 동안 톱니바퀴 B는 y바퀴 회전한다고 한다. 톱니바퀴 A가 10바퀴 회전할 때, 톱니바퀴 B는 몇 바퀴 회전하는지 구하시오.

8 중요

다음 중 반비례 관계 $y = \dfrac{3}{x}$의 그래프에 대한 설명으로 옳지 <u>않은</u> 것을 모두 고르면? (정답 2개)

① y가 x에 반비례한다.

② x의 값이 1일 때, y의 값은 3이다.

③ x의 값이 -3일 때, y의 값은 -1이다.

④ x의 값이 2배가 되면 y의 값도 2배가 된다.

⑤ $\dfrac{y}{x}$의 값은 3으로 항상 일정하다.

9 창의력UP

음악에서는 다음 표와 같이 음표를 이용하여 음의 박자를 나타낸다. 음표의 이름을 x분음표, 음의 박자를 y박자라 할 때, y가 x에 반비례하는지 말하고, 반비례하면 x와 y 사이의 관계식을 구하시오.

음표	♩	♩	♪	♪
이름	2분음표	4분음표	8분음표	16분음표
박자	2박자	1박자	$\dfrac{1}{2}$박자	$\dfrac{1}{4}$박자

10

다음 |보기| 중 반비례 관계 $y = -\dfrac{4}{x}$의 그래프를 고르시오.

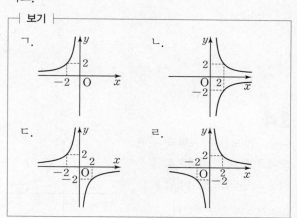

11

다음 반비례 관계의 그래프 중 원점에서 가장 멀리 떨어진 것은?

① $y = -\dfrac{7}{x}$ ② $y = -\dfrac{4}{x}$ ③ $y = -\dfrac{1}{x}$

④ $y = \dfrac{3}{x}$ ⑤ $y = \dfrac{6}{x}$

12 중요

다음 |보기|의 그래프 중 제2사분면을 지나는 것의 개수를 구하시오.

> |보기|
>
> $$y=-2x, \qquad y=\frac{1}{5}x, \qquad y=-\frac{4}{3}x$$
>
> $$y=\frac{3}{x}, \qquad y=-\frac{1}{x}, \qquad y=\frac{1}{6x}$$

13

반비례 관계 $y=-\dfrac{16}{x}$의 그래프가 두 점 $(a, 2)$, $(-4, b)$를 지날 때, $b-a$의 값은?

① 6   ② 8   ③ 10

④ 12   ⑤ 14

14

다음 중 오른쪽 그림과 같은 그래프에 대한 설명으로 옳은 것을 모두 고르면? (정답 2개)

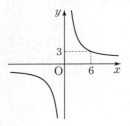

① y는 x에 정비례한다.

② $y=\dfrac{18}{x}$의 그래프이다.

③ 점 $(-2, -9)$를 지난다.

④ $x<0$일 때, x의 값이 증가하면 y의 값도 증가한다.

⑤ 그래프 위의 임의의 점 (a, b)에 대하여 $\dfrac{b}{a}$의 값이 일정하다.

15

다음 그림과 같이 정비례 관계 $y=-3x$의 그래프와 반비례 관계 $y=\dfrac{a}{x}$의 그래프가 x좌표가 -3인 점 A에서 만날 때, 상수 a의 값은?

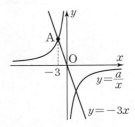

① -27 ② -9 ③ -3

④ 9   ⑤ 27

16

2시간 동안 시청했을 때 소모되는 전력량이 $400\,\mathrm{Wh}$인 텔레비전이 있다. 이 텔레비전을 x시간 동안 시청했을 때 소모되는 전력량을 $y\,\mathrm{Wh}$라 할 때, 다음 |보기| 중 옳은 것을 모두 고르시오.

> |보기|
>
> ㄱ. y는 x에 반비례한다.
>
> ㄴ. x와 y 사이의 관계식은 $y=200x$이다.
>
> ㄷ. 이 텔레비전을 4시간 동안 시청했을 때 소모되는 전력량은 $800\,\mathrm{Wh}$이다.
>
> ㄹ. xy의 값이 200으로 일정하다.

서술형

17

두 정비례 관계 $y=ax$, $y=bx$
의 그래프가 오른쪽 그림과 같을
때, 상수 a, b에 대하여 ab의 값
을 구하시오.
(단, 풀이 과정을 자세히 쓰시오.)

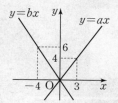

[풀이]

[답]

18

정비례 관계 $y=ax$의 그래프가 세 점 $(2, 6)$, $(-1, b)$,
$(c, -18)$을 지날 때, $a+b+c$의 값을 구하시오.
(단, a는 상수이고, 풀이 과정을 자세히 쓰시오.)

[풀이]

[답]

19

오른쪽 그림과 같은 그래프에서
k의 값을 구하시오.
(단, 풀이 과정을 자세히 쓰시오.)

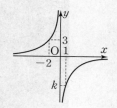

[풀이]

[답]

20

다음 그림은 주파수 x MHz와 파장 y m 사이의 관계를
나타낸 그래프이다. 물음에 답하시오.
(단, 풀이 과정을 자세히 쓰시오.)

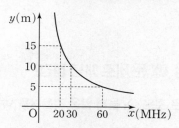

(1) x와 y 사이의 관계식을 구하시오.
(2) 주파수가 50 MHz일 때, 파장은 몇 m인지 구하시오.

[풀이]

[답]

1 마인드맵으로 개념 구조화!

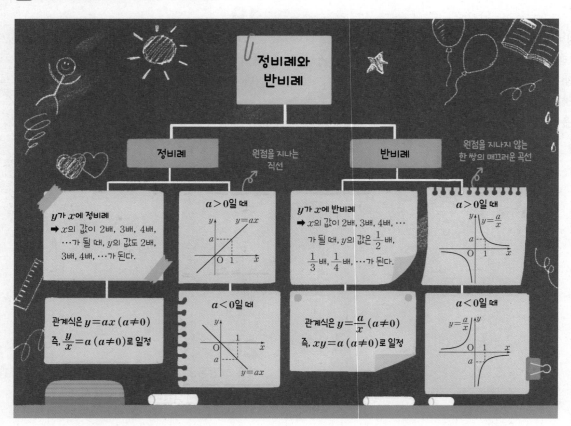

2 OX 문제로 개념 점검!

옳은 것은 ○, 옳지 않은 것은 X를 택하시오.　　　　　　· 정답 및 해설 65쪽

❶ 두 변수 x, y에서 x의 값이 2배, 3배, 4배, …가 될 때 y의 값도 2배, 3배, 4배, …가 되면

　y는 x에 정비례한다.　　　　　　　　　　　　　　　　　　　　　　　　　　○ | X

❷ 정비례 관계 $y=\frac{1}{2}x$의 그래프에서 x의 값이 증가하면 y의 값은 감소한다.　　　　○ | X

❸ y가 x에 반비례할 때, $\frac{y}{x}$의 값은 항상 일정하다.　　　　　　　　　　　　　　　○ | X

❹ 반비례 관계 $y=-\frac{3}{x}$의 그래프는 제2사분면과 제4사분면을 지나는 한 쌍의 매끄러운 곡선이다.　○ | X

❺ 정비례 관계의 그래프와 반비례 관계의 그래프는 모두 원점을 지난다.　　　　　　　　○ | X

❻ 길이가 80 cm인 끈을 x개로 똑같이 나눌 때, 끈 한 개의 길이를 y cm라 하면 x와 y 사이의 관계식은

　$y=\frac{80}{x}$이다.　　　　　　　　　　　　　　　　　　　　　　　　　　　　○ | X

완쑬 개념

"수학이 쉬워지는 완벽한 솔루션"

2022
개정 교육과정

2025년
중1부터 적용

"수학이 쉬워지는 완벽한 솔루션"

완쏠 개념

중등수학

1-1

워크북

메가스터디BOOKS

"수학이 쉬워지는 **완**벽한 **솔**루션"

완쏠 개념

중등수학

1-1

워크북

이 책의 짜임새

반복하여 연습하면 자신감이 UP!

완쏠 개념 중등수학1-1 본책의 필수 개념 각각에 대하여 그 개념에 해당하는 워크북을 바로 반복 연습합니다.

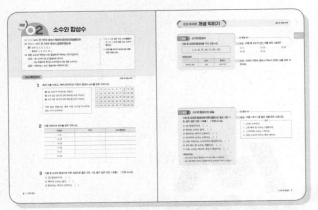

완쏠 "본책"으로
첫 번째 학습

+

완쏠 "워크북"으로
반복 학습

→

**더욱
완벽한
개념 학습**

이런 학생들은 워크북을 꼭 풀어 보세요!

✔ 완쏠 본책을 공부한 후, 개념 이해력을 더욱 강화하고 싶다!

✔ 완쏠 본책을 공부한 후, 추가 공부할 과제가 필요하다!

이 책의 차례

1

다음 자연수가 소수이면 '소', 합성수이면 '합'을 □ 안에 쓰시오.

(1) 17 ⇨ □   (2) 45 ⇨ □

(3) 21 ⇨ □   (4) 11 ⇨ □

(5) 53 ⇨ □   (6) 49 ⇨ □

(7) 55 ⇨ □   (8) 73 ⇨ □

(9) 89 ⇨ □   (10) 39 ⇨ □

대표 예제 **한번 더!**

3

다음 중 소수의 개수를 a개, 합성수의 개수를 b개라 할 때, $a-b$의 값을 구하시오.

1, 2, 5, 15, 27, 29, 31, 91

2

소수와 합성수에 대한 다음 설명 중 옳은 것은 ○표, 옳지 않은 것은 ×표를 ( ) 안에 쓰시오.

(1) 모든 소수는 홀수이다.   ( )

(2) 3의 배수는 모두 합성수이다.   ( )

(3) 모든 소수는 약수가 2개이다.   ( )

(4) 1은 소수이다.   ( )

(5) 2는 짝수 중 유일한 소수이다.   ( )

(6) 모든 소수는 자기 자신이 아닌 두 자연수의 곱으로 나타낼 수 있다.   ( )

4

다음 중 옳은 것은?

① 합성수는 약수가 3개이다.

② 일의 자리의 숫자가 3인 자연수는 모두 소수이다.

③ 10 이하의 자연수 중 소수는 3개이다.

④ 7의 배수 중 소수는 1개뿐이다.

⑤ 두 소수의 곱은 항상 소수이다.

1

다음 거듭제곱의 밑과 지수를 각각 구하시오.

(1) 5^4 ⇨ 밑: _____   지수: _____

(2) 2^7 ⇨ 밑: _____   지수: _____

(3) $\left(\dfrac{2}{5}\right)^8$ ⇨ 밑: _____   지수: _____

2

다음을 거듭제곱을 사용하여 나타내시오.

(1) $10 \times 10 \times 10$

(2) $2 \times 2 \times 7 \times 7$

(3) $3 \times 3 \times 5 \times 5 \times 11$

(4) $\dfrac{1}{2} \times \dfrac{1}{2} \times \dfrac{1}{2} \times \dfrac{1}{2}$

(5) $\dfrac{1}{5} \times \dfrac{1}{5} \times \dfrac{1}{5} \times \dfrac{1}{7} \times \dfrac{1}{7}$

(6) $\dfrac{1}{2 \times 3 \times 3 \times 5 \times 5}$

3

다음 수를 [   ] 안의 수의 거듭제곱으로 나타내시오.

(1) 16 $[\,2\,]$ (2) 49 $[\,7\,]$

(3) 121 $[\,11\,]$ (4) $\dfrac{1}{27}$ $\left[\,\dfrac{1}{3}\,\right]$

(5) $\dfrac{1}{64}$ $\left[\,\dfrac{1}{2}\,\right]$ (6) $\dfrac{1}{10000}$ $\left[\,\dfrac{1}{10}\,\right]$

4

다음을 만족시키는 자연수 a의 값을 구하시오.

(1) $3^a = 27$

(2) $5^a = 125$

(3) $\left(\dfrac{1}{2}\right)^a = \dfrac{1}{32}$

(4) $\dfrac{1}{13^a} = \dfrac{1}{169}$

대표 예제 한번 더!

5

다음 중 옳은 것은?

① $2 + 2 + 2 = 2^3$

② $3 \times 3 + 5 \times 5 \times 5 = 3^2 \times 5^3$

③ $2 \times 2 \times 2 = 2 \times 3$

④ $3 + 3 + 3 \times 7 + 7 = 3^3 + 7^2$

⑤ $2 \times 2 \times 2 \times 5 \times 7 = 2^3 \times 5 \times 7$

6

$16 \times 625 = 2^a \times b^4$일 때, 자연수 a, b의 값을 차례로 구하면?

① 2, 5   ② 2, 15   ③ 4, 3

④ 4, 5   ⑤ 4, 15

1

다음은 두 가지 방법을 이용하여 자연수를 소인수분해
하는 과정을 나타낸 것이다. □ 안에 알맞은 수를 쓰고,
소인수를 모두 구하시오.

(1) 28

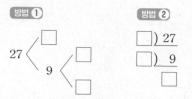

⇨ 28의 소인수분해 결과: $28 = 2^{\square} \times 7$
　　28의 소인수: ＿＿＿＿＿＿＿＿＿

(2) 27

방법 ①

$27\left\langle\begin{array}{c}\square\\9\left\langle\begin{array}{c}\square\\\square\end{array}\right.\end{array}\right.$

방법 ②

$\begin{array}{r}\square\,)\,27\\\square\,)\,\,\,9\\\hline\square\end{array}$

⇨ 27의 소인수분해 결과: $27 = \square^{3}$
　　27의 소인수: ＿＿＿＿＿＿＿＿＿

2

다음 수를 소인수분해하고, 소인수를 모두 구하시오.

(1) 25

(2) 42

(3) 55

(4) 72

(5) 153

(6) 180

3

다음 수 중에서 어떤 자연수의 제곱인 수인 것은 ○표,
제곱인 수가 <u>아닌</u> 것은 ×표를 (　　) 안에 쓰시오.

(1) $2^{2} \times 3^{2}$　　　　　　　　　　　　　(　　)

(2) 3^{3}　　　　　　　　　　　　　　　　(　　)

(3) $2^{4} \times 7^{3}$　　　　　　　　　　　　　(　　)

(4) $2^{4} \times 3^{2} \times 5^{2}$　　　　　　　　　　(　　)

(5) $3^{2} \times 5^{3} \times 7^{2}$　　　　　　　　　　(　　)

4

다음 |보기|와 같이 주어진 수에 가능한 한 작은 자연수를 곱하여 어떤 자연수의 제곱이 되게 하려고 한다. 이때 곱할 수 있는 가장 작은 자연수를 구하시오.

┤ 보기 ├

$2^2 \times 5$ ← 지수가 홀수인 5의 지수가 짝수가 되어야 한다.

$\Rightarrow 2^2 \times 5 \times 5 = 2 \times 2 \times 5 \times 5$
$= (2 \times 5) \times (2 \times 5)$
$= (2 \times 5)^2 = 10^2$

(1) 3^3

(2) $2^4 \times 7^3$

(3) $2 \times 3 \times 5^2$

5

다음 |보기|와 같이 주어진 수를 가능한 한 작은 자연수로 나누어 어떤 자연수의 제곱이 되게 하려고 한다. 이때 나눌 수 있는 가장 작은 자연수를 구하시오.

┤ 보기 ├

$3^2 \times 5^3$ ← 지수가 홀수인 5의 지수가 짝수가 되어야 한다.

$\Rightarrow \dfrac{3^2 \times 5^3}{5} = \dfrac{3 \times 3 \times 5 \times 5 \times 5}{5} = 3 \times 3 \times 5 \times 5$
$= (3 \times 5) \times (3 \times 5)$
$= (3 \times 5)^2 = 15^2$

(1) 2^5

(2) $2^3 \times 3^2$

(3) $2 \times 5 \times 7^2$

6

다음은 소인수분해를 이용하여 약수를 구하는 과정이다. □ 안에 알맞은 수를 쓰고, 표를 완성하여 주어진 수의 약수를 모두 구하시오.

(1) $45 = \boxed{}^2 \times \boxed{}$

×	1	5
1		
3		
3^2		

⇨ 45의 약수: _____

(2) $72 = \boxed{}^3 \times \boxed{}^2$

×	1	3	3^2
1			
2			
2^2			
2^3			

⇨ 72의 약수: _____

7

다음 수의 약수의 개수를 구하시오.

(1) 3^2

(2) $2^2 \times 3^3$

(3) $5^2 \times 7$

(4) $2^2 \times 3 \times 5$

(5) 24

(6) 121

대표 예제 한번 더!

8

다음 중 소인수분해를 바르게 한 것은?

① $48 = 6 \times 8$　　　② $54 = 2 \times 3 \times 9$

③ $63 = 3 \times 21$　　　④ $84 = 2^2 \times 3 \times 7$

⑤ $90 = 3^2 \times 10$

9

300을 소인수분해하면 $2^a \times b \times 5^c$일 때, $a+b-c$의 값을 구하시오. (단, a, c는 자연수, b는 소수)

10

다음 수 중 소인수가 같은 두 수를 찾으시오.

24, 45, 56, 72

11

48에 자연수를 곱하여 어떤 자연수의 제곱이 되도록 할 때, 다음 중 곱할 수 있는 수를 모두 고르면? (정답 2개)

① 3^4　　　② 3^5　　　③ 3^6

④ 3^7　　　⑤ 3^8

12

아래 표를 이용하여 196의 약수를 구하려고 할 때, 다음 |보기| 중 옳지 않은 것을 모두 고르시오.

×	1	7	7^2
1	1	7	
2	2	2×7	
(개)	2^2	(나)	(다)

┌ 보기 ┐

ㄱ. 196을 소인수분해하면 $2^2 \times 7^2$이다.

ㄴ. (개)에 알맞은 수는 2^2이다.

ㄷ. (나)에 알맞은 수는 2×7^2이다.

ㄹ. (나), (다)는 모두 어떤 자연수의 제곱인 수이다.

ㅁ. $2^3 \times 7^2$은 196의 약수이다.

ㅂ. 196의 약수 중 가장 큰 수는 (다)이다.

13

$3^n \times 5^3$의 약수의 개수가 20개일 때, 자연수 n의 값은?

① 1　　　② 2　　　③ 3

④ 4　　　⑤ 5

1

주어진 두 수의 최대공약수를 구하려고 한다. 다음을 구하고, □ 안에 알맞은 것을 쓰시오.

(1) 4, 6

① 4의 약수
② 6의 약수
③ 4와 6의 공약수
④ 4와 6의 최대공약수
⇨ 4와 6의 공약수는 두 수의 최대공약수인
□의 □이다.

(2) 18, 27

① 18의 약수
② 27의 약수
③ 18과 27의 공약수
④ 18과 27의 최대공약수
⇨ 18과 27의 공약수는 두 수의 최대공약수인
□의 □이다.

2

어떤 두 자연수의 최대공약수가 다음과 같을 때, 이 두 수의 공약수를 모두 구하시오.

(1) 39

(2) 63

(3) 98

(4) 110

3

다음 중 두 수가 서로소인 것은 ○표, 서로소가 아닌 것은 ×표를 (   ) 안에 쓰시오.

(1) 7, 9   (   )

(2) 14, 91   (   )

(3) 16, 32   (   )

(4) 30, 49   (   )

대표 예제 **한번 더!** ✍

4

두 자연수 A, B의 최대공약수가 2×3^3일 때, 두 수 A, B의 공약수를 모두 구한 것은?

① 1, 2, 27
② 1, 2, 3, 9, 18
③ 1, 2, 3, 6, 18, 27
④ 1, 2, 3, 6, 9, 18, 27, 54
⑤ 1, 2, 3, 6, 9, 12, 18, 24, 27, 54

5

다음 중 두 수가 서로소인 것을 모두 고르면? (정답 2개)

① 6, 8   ② 15, 16   ③ 24, 45
④ 37, 43   ⑤ 56, 105

1

다음 □ 안에 알맞은 수를 쓰고, 주어진 수들의 최대공약수를 두 가지 방법을 이용하여 구하시오.

(1) 12, 16

방법 **①**　12의 소인수분해: $\square^2 \times \square$

16의 소인수분해: $\square^4$

(최대공약수)$=\square^{\square}=\square$

방법 **②**　2) 12　16
　　　　　$\square$) 　6　　8
　　　　　　　$\square$　$\square$

⇨ (최대공약수)$=2\times\square=\square$

(2) 36, 42

방법 **①**　36의 소인수분해:

42의 소인수분해:

(최대공약수)$=$

방법 **②**　) 36　42

⇨ (최대공약수)$=$

(3) 9, 36, 45

방법 **①**　9의 소인수분해:

36의 소인수분해:

45의 소인수분해:

(최대공약수)$=$

방법 **②**　) 9　36　45

⇨ (최대공약수)$=$

(4) 18, 90, 126

방법 **①**　18의 소인수분해:

90의 소인수분해:

126의 소인수분해:

(최대공약수)$=$

방법 **②**　) 18　90　126

⇨ (최대공약수)$=$

대표 예제 한번 더! ☞

2

세 수 24, 60, 120의 최대공약수를 소인수의 곱으로 나타내시오.

3

다음 중 두 수 225, $2 \times 3^2 \times 5$의 공약수가 <u>아닌</u> 것은?

① 3 　　　　② 5 　　　　③ 3^2

④ 3×5 　　　⑤ $3^2 \times 5^2$

공배수와 최소공배수

· 정답 및 해설 69쪽

1

주어진 두 수의 최소공배수를 구하려고 한다. 다음을 구하고, ☐ 안에 알맞은 것을 쓰시오.

(1) 9, 12

    ① 9의 배수

    ② 12의 배수

    ③ 9와 12의 공배수

    ④ 9와 12의 최소공배수

    ⇨ 9와 12의 공배수는 두 수의 최소공배수인
       ☐의 ☐이다.

(2) 2, 3

    ① 2의 배수

    ② 3의 배수

    ③ 2와 3의 공배수

    ④ 2와 3의 최소공배수

    ⇨ 2와 3의 공배수는 두 수의 최소공배수인
       ☐의 ☐이다.

    ⇨ 2와 3의 최소공배수인 ☐은 서로소인 두 수
       2와 3의 ☐과 같다.

2

어떤 두 자연수의 최소공배수가 다음과 같을 때, 이 두 수의 공배수를 가장 작은 것부터 차례로 3개를 구하시오.

(1) 8

(2) 13

(3) 20

(4) 45

3

어떤 두 자연수의 최소공배수가 다음과 같을 때, 이 두 수의 공배수 중 100 이하인 것을 모두 구하시오.

(1) 15

(2) 24

(3) 32

(4) 40

대표 예제 한번 더!

4

두 자연수 A, B의 최소공배수가 36일 때, 다음 중 A, B의 공배수가 아닌 것은?

① 36   ② 72   ③ 108

④ 124   ⑤ 216

5

두 자연수 A, B의 최소공배수가 28일 때, A, B의 공배수 중 200에 가장 가까운 수를 구하시오.

1

다음 □ 안에 알맞은 수를 쓰고, 주어진 수들의 최소공배수를 두 가지 방법을 이용하여 구하시오.

⑴ 14, 35

방법 ①   14의 소인수분해: □ $\times 7$

         35의 소인수분해: □$\times 7$

         (최소공배수)$=$□$\times$□$\times 7=$□

방법 ②   7) 14   35

             □   □

     ⇨ (최소공배수)$=7\times$□$\times$□$=$□

⑵ 6, 28, 60

방법 ①   6의 소인수분해:

         28의 소인수분해:

         60의 소인수분해:

         (최소공배수)$=$

방법 ②   ) 6   28   60

     ⇨ (최소공배수)$=$

⑶ 20, 30, 45

방법 ①   20의 소인수분해:

         30의 소인수분해:

         45의 소인수분해:

         (최소공배수)$=$

방법 ②   ) 20   30   45

     ⇨ (최소공배수)$=$

대표 예제 한번 더!

2

다음 두 수 중 최소공배수가 $2^2\times 3^3\times 5\times 7$인 것은?

① $2^2\times 3^2$, $2^2\times 5\times 7$

② $2\times 5\times 7$, 2×3^3

③ $2\times 3\times 5^2$, $2^2\times 3^3\times 7$

④ $2^3\times 3^2$, $2\times 3\times 5\times 7$

⑤ $2^2\times 3^3\times 5$, $2^2\times 3\times 7$

3

다음 중 두 수 $2^2\times 3$, $2^3\times 3^2\times 5$의 공배수가 <u>아닌</u> 것은?

① $2^2\times 3^2\times 5$ ② $2^3\times 3^2\times 5$

③ $2^4\times 3^2\times 5$ ④ $2^3\times 3^3\times 5\times 7$

⑤ $2^4\times 3^3\times 5^2$

4

두 수 $2^a\times 3^2$, $2^2\times 3^b\times c$의 최대공약수가 2×3^2, 최소공배수가 $2^2\times 3^3\times 5$일 때, a, b, c의 값을 각각 구하시오.

(단, a, b는 자연수, c는 소수)

1

다음을 양의 부호 + 또는 음의 부호 −를 사용하여 나타내시오.

(1) 7점 득점 ⇨ +7점

　　2점 실점 ⇨ _____

(2) 3000원 출금 ⇨ −3000원

　　5000원 입금 ⇨ _____

(3) 10년 후 ⇨ +10년

　　4년 전 ⇨ _____

(4) 3 kg 감소 ⇨ −3 kg

　　5 kg 증가 ⇨ _____

(5) 14 % 하락 ⇨ −14 %

　　20 % 상승 ⇨ _____

2

|보기|의 수 중 다음에 해당하는 것을 모두 고르시오.

┌─ 보기 ├─────────────────────┐
$$-7, \quad +3, \quad 0, \quad -\frac{3}{2}, \quad +1, \quad -11, \quad +1.6$$
└──────────────────────────────┘

(1) 양수

(2) 음수

3

다음을 양의 부호 + 또는 음의 부호 −를 사용하여 나타내고, 양수와 음수로 구분하시오.

(1) 0보다 3만큼 큰 수

(2) 0보다 5만큼 작은 수

(3) 0보다 $\frac{2}{5}$ 만큼 큰 수

(4) 0보다 1.7만큼 작은 수

대표 예제 **한번 더!**

4

다음 중 밑줄 친 부분을 양의 부호 + 또는 음의 부호 −를 사용하여 나타낸 것으로 옳지 <u>않은</u> 것은?

① 내일 낮 최고 기온은 오늘보다 <u>1 ℃ 높아질</u> 것으로 예상된다. ⇨ +1 ℃

② 우리 반 교실은 <u>지상 3층</u>에 있다. ⇨ +3층

③ 라면 1개의 값이 작년보다 <u>500원 올랐다.</u> ⇨ +500원

④ 이번 달 용돈에서 <u>4000원을 사용</u>했다. ⇨ +4000원

⑤ 건강을 위해서 몸무게를 <u>7 kg 감량</u>했다. ⇨ −7 kg

5

다음 중 음수가 <u>아닌</u> 것을 모두 고르면? (정답 2개)

① −8　　　　② −3.5　　　　③ −1

④ 0　　　　⑤ +6

1

| 보기 |의 수 중 다음에 해당하는 것을 모두 고르시오.

┌─ 보기 ┤

$$1.2, \quad -3, \quad -\frac{5}{8}, \quad +\frac{9}{3}, \quad -2.3$$

$$-10, \quad \frac{4}{2}, \quad 0, \quad +0.7, \quad 6$$

(1) 양의 정수

(2) 음의 정수

(3) 정수

(4) 양의 유리수

(5) 음의 유리수

(6) 정수가 아닌 유리수

2

정수와 유리수에 대한 다음 설명 중 옳은 것은 ○표, 옳지 <u>않은</u> 것은 ×표를 ( ) 안에 쓰시오.

(1) 0은 유리수이다. ( )

(2) −3은 분모와 분자가 정수인 분수로 나타낼 수 없다. ( )

(3) 모든 정수는 자연수이다. ( )

(4) 모든 정수는 유리수이다. ( )

(5) 음수는 음의 부호 −를 생략할 수 있다. ( )

(6) 유리수는 양의 유리수와 음의 유리수로 이루어져 있다. ( )

대표 예제 한번 더!

3

다음 수 중 양의 정수의 개수를 a개, 음의 정수의 개수를 b개라 할 때, $b-a$의 값을 구하시오.

$$\frac{4}{9}, \quad -1, \quad +0.6, \quad -\frac{12}{6}$$

$$0, \quad +\frac{2}{5}, \quad +\frac{21}{7}, \quad -9$$

4

다음 중 정수가 아닌 유리수를 모두 고르면? (정답 2개)

① $-\frac{10}{2}$ ② 0 ③ -2.1

④ $-\frac{15}{6}$ ⑤ 11

5

다음 중 정수와 유리수에 대한 설명으로 옳은 것은?

① 0은 양수이다.

② 모든 음수는 음의 정수이다.

③ 정수 중에는 유리수가 아닌 수가 있다.

④ 모든 자연수는 정수이다.

⑤ 유리수는 $\dfrac{(자연수)}{(자연수)}$의 꼴로 나타낼 수 있는 수이다.

수직선 / 절댓값

1

다음 수직선 위의 두 점 A, B에 대응하는 수를 각각 구하시오.

(1)
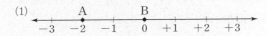

(2)
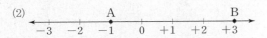

(3)
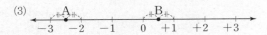

(4)
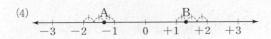

(5)

2

다음 두 수 A, B에 대응하는 점을 각각 수직선 위에 나타내시오.

(1) A: -3, B: $+2$

(2) A: -2.5, B: $+1$

(3) A: $-\dfrac{1}{2}$, B: $+\dfrac{2}{3}$

(4) A: $-\dfrac{5}{2}$, B: $+\dfrac{11}{4}$

3

다음 수의 절댓값을 구하시오.

(1) $+3$

(2) -8

(3) $+1.7$

(4) $-\dfrac{2}{9}$

4

다음을 구하시오.

(1) $|-4|$

(2) $|0|$

(3) $\left|+\dfrac{11}{3}\right|$

(4) $|-2.4|$

5

다음을 구하시오.

(1) 절댓값이 5인 수

(2) 절댓값이 1.6인 수

(3) 절댓값이 $\frac{8}{5}$인 수

(4) 절댓값이 0인 수

(5) 절댓값이 4인 양수

(6) 절댓값이 $\frac{4}{7}$인 음수

7

$-\frac{3}{8}$의 절댓값을 a, 절댓값이 7인 음수를 b, 절댓값이 $\frac{5}{2}$인 양수를 c라 할 때, a, b, c의 값을 각각 구하시오.

8

다음 중 옳은 것을 모두 고르면? (정답 2개)

① 모든 수의 절댓값은 항상 양수이다.

② $+2$와 -2의 절댓값은 같다.

③ 절댓값이 3인 수는 $+3$이다.

④ 절댓값이 가장 작은 수는 0이다.

⑤ 절댓값이 클수록 수직선 위에서 원점으로부터 가까이 있다.

대표 예제 한번 더!

6

다음 수를 수직선 위의 점에 대응시킬 때, 왼쪽에서 두 번째에 있는 수는?

① $\frac{5}{2}$ ② -1 ③ 1

④ $-\frac{1}{3}$ ⑤ $-\frac{9}{4}$

9

절댓값이 같고 $a>b$인 두 수 a, b가 있다. 수직선 위에서 a, b에 대응하는 두 점 사이의 거리가 15일 때, b의 값은?

① -15 ② $-\frac{15}{2}$ ③ $-\frac{15}{4}$

④ $\frac{15}{4}$ ⑤ $\frac{15}{2}$

개념 11 수의 대소 관계

1

다음 ◯ 안에 부등호 >, < 중 알맞은 것을 쓰시오.

(1) $0 \bigcirc +3$

(2) $0 \bigcirc -4$

(3) $+2 \bigcirc -6$

(4) $-10 \bigcirc +5$

(5) $+\dfrac{1}{4} \bigcirc -0.25$

2

다음 ◯ 안에는 부등호 >, < 중 알맞은 것을, ▢ 안에는 알맞은 수를 쓰시오.

(1) $+6 \bigcirc +1$

(2) $+3 \bigcirc +7.3$

(3) $+\dfrac{2}{7}, \ +\dfrac{1}{4} \xrightarrow{\text{통분}} \boxed{}, \boxed{}$

$\xrightarrow{\text{대소 비교}} +\dfrac{2}{7} \bigcirc +\dfrac{1}{4}$

(4) $+\dfrac{12}{5}, \ +1.8 \xrightarrow{\text{통분}} +\dfrac{\boxed{}}{10}, +\dfrac{\boxed{}}{10}$

$\xrightarrow{\text{대소 비교}} +\dfrac{12}{5} \bigcirc +1.8$

3

다음 ◯ 안에는 부등호 >, < 중 알맞은 것을, ▢ 안에는 알맞은 수를 쓰시오.

(1) $-4 \bigcirc -3$

(2) $-\dfrac{3}{2} \bigcirc -2$

(3) $-\dfrac{7}{11}, \ -\dfrac{4}{5} \xrightarrow{\text{통분}} \boxed{}, \boxed{}$

$\xrightarrow{\text{대소 비교}} -\dfrac{7}{11} \bigcirc -\dfrac{4}{5}$

(4) $-1.6, \ -\dfrac{5}{2} \xrightarrow{\text{통분}} -\dfrac{\boxed{}}{10}, -\dfrac{\boxed{}}{10}$

$\xrightarrow{\text{대소 비교}} -1.6 \bigcirc -\dfrac{5}{2}$

4

다음 ◯ 안에 알맞은 부등호를 쓰시오.

(1) x는 -5 이상이다.

$\Rightarrow x \bigcirc -5$

(2) x는 -3보다 크고 2보다 크지 않다.

$\Rightarrow -3 \bigcirc x \bigcirc 2$

(3) x는 -1 초과이고 4보다 작거나 같다.

$\Rightarrow -1 \bigcirc x \bigcirc 4$

(4) x는 $\dfrac{2}{7}$보다 크고 3.1 미만이다.

$\Rightarrow \dfrac{2}{7} \bigcirc x \bigcirc 3.1$

5

다음을 부등호를 사용하여 나타내시오.

(1) x는 -5보다 작다.

(2) x는 7 이하이다.

(3) x는 -1보다 크거나 같다.

(4) x는 $-\dfrac{3}{2}$보다 크지 않다.

(5) x는 $\dfrac{7}{5}$ 초과이다.

(6) x는 -3보다 작거나 같다.

(7) x는 -2보다 크거나 같고 3보다 작거나 같다.

(8) x는 -5보다 작지 않고 4 이하이다.

(9) x는 $-\dfrac{5}{2}$ 이상이고 1 미만이다.

(10) x는 0 초과이고 $\dfrac{9}{4}$보다 크지 않다.

6

다음 중 대소 관계가 옳은 것은?

① $-12 > -3$ ② $-2.7 < -3.2$

③ $-\dfrac{1}{3} > -\dfrac{1}{5}$ ④ $\left| -\dfrac{5}{3} \right| > \dfrac{2}{5}$

⑤ $|-3.1| < 3$

7

다음 수를 큰 것부터 차례로 나열할 때, 세 번째에 오는 수는?

$$+7, \quad -5.9, \quad \dfrac{5}{4}, \quad -\dfrac{5}{2}, \quad -1$$

① $+7$ ② -5.9 ③ $\dfrac{5}{4}$

④ $-\dfrac{5}{2}$ ⑤ -1

8

다음 중 부등호를 사용하여 나타낸 것으로 옳지 <u>않은</u> 것을 모두 고르면? (정답 2개)

① x는 5보다 작지 않다. ⇨ $x \leq 5$

② x는 -1 초과이고 3보다 크지 않다. ⇨ $-1 < x < 3$

③ x는 4보다 크고 6 이하이다. ⇨ $4 < x \leq 6$

④ x는 -3 이상이고 2 미만이다. ⇨ $-3 \leq x < 2$

⑤ x는 $\dfrac{5}{6}$보다 크고 $\dfrac{7}{4}$보다 작거나 같다.

⇨ $\dfrac{5}{6} < x \leq \dfrac{7}{4}$

1

다음을 계산하시오.

(1) $(+7)+(+2)$

(2) $(+6)+(+15)$

(3) $(-8)+(-4)$

(4) $(-17)+(-13)$

(5) $\left(-\dfrac{4}{7}\right)+\left(-\dfrac{9}{7}\right)$

(6) $\left(+\dfrac{9}{4}\right)+\left(+\dfrac{1}{2}\right)$

(7) $(+0.9)+(+1.4)$

(8) $(-1.3)+(-2.5)$

2

다음을 계산하시오.

(1) $(+6)+(-2)$

(2) $(+12)+(-7)$

(3) $(-18)+(+6)$

(4) $(-11)+(+9)$

(5) $\left(-\dfrac{3}{10}\right)+\left(+\dfrac{11}{10}\right)$

(6) $\left(+\dfrac{4}{3}\right)+\left(-\dfrac{5}{4}\right)$

(7) $(+0.5)+(-0.8)$

(8) $(-2.3)+(+1.7)$

3

다음 계산 과정에서 (가), (나)에 이용된 덧셈의 계산 법칙을 각각 말하시오.

(1) $(-4)+(+9)+(-5)$
$= (+9)+(-4)+(-5)$ ⌉(가)
$= (+9)+\{(-4)+(-5)\}$ ⌋(나)
$= (+9)+(-9)$
$= 0$

(2) $(+2)+(+5)+(-2)+(-8)$
$= (+2)+(-2)+(+5)+(-8)$ ⌉(가)
$= \{(+2)+(-2)\}+\{(+5)+(-8)\}$ ⌋(나)
$= 0+(-3)$
$= -3$

4

다음 □ 안에 알맞은 것을 쓰시오.

(1) $(+1)+(-6)+(+9)$

$= (+1)+(\boxed{})+(-6)$ ← 덧셈의 $\boxed{}$ 법칙

$= \{(+1)+(\boxed{})\}+(-6)$ ← 덧셈의 결합법칙

$= (\boxed{})+(-6)$

$= \boxed{}$

(2) $(-0.8)+(+1.2)+(-0.4)$

$= (+1.2)+(\boxed{})+(-0.4)$ ← 덧셈의 교환법칙

$= (+1.2)+\{(\boxed{})+(-0.4)\}$ ← 덧셈의 $\boxed{}$ 법칙

$= (+1.2)+(\boxed{})$

$= \boxed{}$

(3) $\left(+\dfrac{7}{2}\right)+\left(-\dfrac{2}{3}\right)+\left(-\dfrac{1}{2}\right)$

$= \left(-\dfrac{2}{3}\right)+(\boxed{})+\left(-\dfrac{1}{2}\right)$ ← 덧셈의 $\boxed{}$ 법칙

$= \left(-\dfrac{2}{3}\right)+\left\{(\boxed{})+\left(-\dfrac{1}{2}\right)\right\}$ ← 덧셈의 $\boxed{}$ 법칙

$= \left(-\dfrac{2}{3}\right)+(\boxed{})$

$= \boxed{}$

5

다음을 덧셈의 계산 법칙을 이용하여 계산하시오.

(1) $(+6)+(-3)+(+5)$

(2) $\left(-\dfrac{2}{3}\right)+(+7)+\left(-\dfrac{4}{3}\right)$

(3) $(+4.7)+(-5)+(-0.7)+(-3)$

대표 예제 한번 더!

6

다음 중 계산 결과가 옳은 것은?

① $(+3)+(-7)=+4$

② $(-5)+(+11)=+16$

③ $\left(-\dfrac{3}{2}\right)+\left(+\dfrac{7}{2}\right)=+2$

④ $\left(+\dfrac{5}{3}\right)+\left(+\dfrac{1}{6}\right)=+2$

⑤ $(-2.7)+(-1.3)=-1.4$

7

다음 계산 과정에서 (가)~(마)에 알맞지 <u>않은</u> 것은?

$\left(+\dfrac{1}{6}\right)+\left(+\dfrac{2}{3}\right)+\left(-\dfrac{7}{6}\right)$

$= \left(+\dfrac{1}{6}\right)+\left(\boxed{\text{(나)}}\right)+\left(+\dfrac{2}{3}\right)$ ← 덧셈의 $\boxed{\text{(가)}}$ 법칙

$= \left\{\left(+\dfrac{1}{6}\right)+\left(\boxed{\text{(나)}}\right)\right\}+\left(+\dfrac{2}{3}\right)$ ← 덧셈의 $\boxed{\text{(다)}}$ 법칙

$= (\boxed{\text{(라)}})+\left(+\dfrac{2}{3}\right)=\boxed{\text{(마)}}$

① (가) 교환　　② (나) $-\dfrac{7}{6}$　　③ (다) 결합

④ (라) -1　　⑤ (마) $+\dfrac{1}{3}$

8

다음을 덧셈의 계산 법칙을 이용하여 계산하시오.

$$\left(+\dfrac{6}{7}\right)+\left(-\dfrac{11}{3}\right)+\left(+\dfrac{8}{7}\right)+\left(+\dfrac{7}{3}\right)$$

1

다음을 계산하시오.

(1) $(+9)-(+6)$

(2) $(+7)-(+12)$

(3) $(-8)-(+3)$

(4) $(-10)-(+5)$

(5) $\left(+\dfrac{11}{6}\right)-\left(+\dfrac{7}{6}\right)$

(6) $\left(-\dfrac{1}{2}\right)-\left(+\dfrac{3}{5}\right)$

(7) $(+1.4)-(+0.3)$

(8) $(-3.8)-(+1.7)$

2

다음을 계산하시오.

(1) $(+3)-(-6)$

(2) $(+2)-(-8)$

(3) $(-11)-(-5)$

(4) $(-9)-(-14)$

(5) $\left(+\dfrac{1}{4}\right)-\left(-\dfrac{3}{4}\right)$

(6) $\left(-\dfrac{1}{3}\right)-\left(-\dfrac{7}{8}\right)$

(7) $(+2.7)-(-0.6)$

(8) $(-1.8)-(-1.5)$

3

다음을 계산하시오.

(1) $(-2)-(-9)+(+3)$

(2) $(+3)-(-10)+(+5)-(+1)$

(3) $\left(-\dfrac{2}{7}\right)-\left(-\dfrac{3}{7}\right)+\left(-\dfrac{4}{7}\right)$

(4) $\left(-\dfrac{1}{3}\right)+\left(+\dfrac{5}{6}\right)-\left(-\dfrac{4}{3}\right)+\left(+\dfrac{1}{6}\right)$

4

다음을 |보기|와 같이 계산하시오.

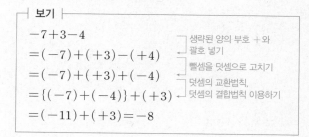

| 보기 |

$-7+3-4$
$=(-7)+(+3)-(+4)$　생략된 양의 부호 $+$와 괄호 넣기
$=(-7)+(+3)+(-4)$　뺄셈을 덧셈으로 고치기
$=\{(-7)+(-4)\}+(+3)$　덧셈의 교환법칙, 덧셈의 결합법칙 이용하기
$=(-11)+(+3)=-8$

(1) $-12+16+4$

(2) $5-10+8$

(3) $-8-11+5-16$

(4) $-\dfrac{9}{5}+\dfrac{2}{5}+\dfrac{4}{5}$

(5) $-4+5-\dfrac{1}{3}+\dfrac{1}{6}$

(6) $-5.2+4-0.5-1.3$

대표 예제 **한번 더!**

5

다음 |보기| 중 계산 결과가 -6인 것을 모두 고르시오.

| 보기 |

ㄱ. $(-3)-(-3)$

ㄴ. $\left(+\dfrac{3}{2}\right)-\left(+\dfrac{15}{2}\right)$

ㄷ. $(+10.1)-(-4.1)$

ㄹ. $(-5)-(+1)$

6

$\dfrac{1}{3}$보다 $-\dfrac{3}{2}$만큼 큰 수를 a, $-\dfrac{1}{4}$보다 $\dfrac{1}{6}$만큼 작은 수를 b라 할 때, $a+b$의 값을 구하시오.

7

다음 중 계산 결과가 옳지 않은 것은?

① $(+5)-(-5)+(+1)=11$

② $\left(-\dfrac{1}{3}\right)-(-2)+\left(-\dfrac{1}{2}\right)=\dfrac{7}{6}$

③ $\left(-\dfrac{1}{2}\right)-\left(+\dfrac{5}{4}\right)+\left(-\dfrac{3}{2}\right)=-\dfrac{3}{4}$

④ $3-7+1=-3$

⑤ $-\dfrac{8}{5}-\dfrac{4}{5}+\dfrac{1}{2}=-\dfrac{19}{10}$

8

다음 세 수 A, B, C 중 가장 큰 수를 고르시오.

$$A=-5.4+2.1-1.6$$
$$B=-\dfrac{1}{2}+1.8+\dfrac{1}{5}$$
$$C=\dfrac{2}{5}-\dfrac{5}{3}+1+\dfrac{2}{3}$$

1

다음을 계산하시오.

(1) $(-4) \times (-7)$

(2) $\left(+\dfrac{2}{7}\right) \times \left(+\dfrac{3}{4}\right)$

(3) $(-0.6) \times (-5)$

(4) $(+4) \times (+0.9)$

(5) $(+0.5) \times \left(+\dfrac{4}{3}\right)$

(6) $\left(-\dfrac{5}{8}\right) \times (-0.4)$

2

다음을 계산하시오.

(1) $(+8) \times (-2)$

(2) $\left(-\dfrac{2}{3}\right) \times \left(+\dfrac{9}{10}\right)$

(3) $\left(+\dfrac{14}{5}\right) \times \left(-\dfrac{5}{7}\right)$

(4) $(-0.8) \times (+3)$

(5) $\left(+\dfrac{3}{2}\right) \times (-0.2)$

(6) $\left(-\dfrac{5}{3}\right) \times (+1.2)$

대표 예제 한번 더!

3

다음 중 계산 결과가 가장 작은 것은?

① $(-6) \times \left(+\dfrac{4}{9}\right)$

② $\left(+\dfrac{1}{6}\right) \times (-0.6)$

③ $\left(+\dfrac{7}{3}\right) \times \left(-\dfrac{3}{8}\right)$

④ $\left(-\dfrac{2}{3}\right) \times \left(-\dfrac{6}{5}\right)$

⑤ $(-1.5) \times (+4)$

4

$a = \left(-\dfrac{7}{10}\right) \times \left(+\dfrac{2}{5}\right)$, $b = \left(-\dfrac{3}{4}\right) \times \left(-\dfrac{4}{7}\right)$일 때,
$a \times b$의 값을 구하시오.

1

다음 계산 과정에서 (가), (나)에 이용된 곱셈의 계산 법칙을 각각 말하시오.

$$\left(+\frac{4}{3}\right)\times(-5)\times\left(+\frac{3}{5}\right)$$
$$=\left(+\frac{4}{3}\right)\times\left(+\frac{3}{5}\right)\times(-5) \quad \text{(가)}$$
$$=\left\{\left(+\frac{4}{3}\right)\times\left(+\frac{3}{5}\right)\right\}\times(-5) \quad \text{(나)}$$
$$=\left(+\frac{4}{5}\right)\times(-5)$$
$$=-4$$

2

다음 □ 안에 알맞은 것을 쓰시오.

(1) $(-3)\times(+2)\times(-4)$

$=(-3)\times(\boxed{})\times(+2) \quad \leftarrow$ 곱셈의 $\boxed{}$ 법칙

$=\{(-3)\times(\boxed{})\}\times(+2) \quad \leftarrow$ 곱셈의 $\boxed{}$ 법칙

$=(\boxed{})\times(+2)$

$=\boxed{}$

(2) $(+6)\times\left(-\frac{5}{8}\right)\times\left(+\frac{2}{3}\right)$

$=\left(-\frac{5}{8}\right)\times(\boxed{})\times\left(+\frac{2}{3}\right) \quad \leftarrow$ 곱셈의 $\boxed{}$ 법칙

$=\left(-\frac{5}{8}\right)\times\left\{(\boxed{})\times\left(+\frac{2}{3}\right)\right\} \quad \leftarrow$ 곱셈의 $\boxed{}$ 법칙

$=\left(-\frac{5}{8}\right)\times(\boxed{})$

$=\boxed{}$

3

다음을 계산하시오.

(1) $(-2)\times(-5)\times(+7)$

(2) $(-2)\times(+4)\times(-2.5)\times(-3)$

(3) $(+9)\times\left(-\frac{8}{15}\right)\times\left(+\frac{5}{4}\right)$

(4) $\left(-\frac{3}{10}\right)\times\left(-\frac{4}{9}\right)\times(+15)\times\left(-\frac{3}{2}\right)$

대표 예제 한번 더!

4

다음을 곱셈의 계산 법칙을 이용하여 계산하시오.

$$\left(-\frac{5}{11}\right)\times(+0.2)\times(-121)$$

5

다음 |보기| 중 계산 결과가 가장 큰 것을 고르시오.

| 보기 |

ㄱ. $\left(-\frac{5}{7}\right)\times\left(-\frac{8}{11}\right)\times\left(-\frac{7}{10}\right)$

ㄴ. $\left(-\frac{3}{7}\right)\times\left(+\frac{21}{8}\right)\times\left(-\frac{4}{3}\right)$

ㄷ. $(+6)\times\left(-\frac{1}{2}\right)\times\left(+\frac{2}{3}\right)$

ㄹ. $\left(-\frac{3}{11}\right)\times|-22|\times(-2)\times\left(+\frac{1}{6}\right)$

개념 16 거듭제곱의 계산 / 분배법칙

1

다음을 계산하시오.

(1) $(-4)^3$

(2) -4^3

(3) $(-5)^2$

(4) -5^2

(5) $(-1)^{100}$

(6) $(-1)^{101}$

(7) $\left(-\dfrac{2}{3}\right)^3$

(8) $-\left(\dfrac{1}{3}\right)^2$

2

다음을 계산하시오.

(1) $(-2)^3 \times (-6)$

(2) $-2^3 \times (+3)^2$

(3) $(-3)^2 \times (-1)^7 \times (-2)$

(4) $(+2) \times (-1)^2 \times (-3)^3$

(5) $\left(-\dfrac{1}{2}\right)^2 \times (-4)$

(6) $\left(-\dfrac{3}{2}\right)^3 \times (+6)$

(7) $\left(-\dfrac{2}{5}\right)^2 \times (-1)^3 \times (+2)$

(8) $-3^2 \times \left(-\dfrac{1}{4}\right)^2 \times \left(+\dfrac{2}{3}\right)^2$

3

다음 ☐ 안에 알맞은 수를 쓰시오.

(1) $25 \times (100+1) = 25 \times \boxed{} + 25 \times \boxed{}$

$= \boxed{}$

(2) $(20-2) \times 34 = \boxed{} \times 34 - \boxed{} \times 34$

$= \boxed{}$

(3) $14 \times 64 + 14 \times 36 = \boxed{} \times (64+36)$

$= \boxed{}$

(4) $99 \times 135 - 98 \times 135 = (99-98) \times \boxed{}$

$= \boxed{}$

4

다음을 분배법칙을 이용하여 계산하시오.

(1) $45 \times (100+5)$

(2) $28 \times (50-2)$

(3) $10 \times \left(\dfrac{9}{10} + \dfrac{6}{5} \right)$

(4) $\left(\dfrac{5}{6} - \dfrac{2}{5} \right) \times 30$

(5) $\left(-\dfrac{1}{3} + \dfrac{5}{12} \right) \times (-9)$

5

다음을 분배법칙을 이용하여 계산하시오.

(1) $128 \times 99 - 128 \times 98$

(2) $(-11) \times 26 + (-11) \times 74$

(3) $102 \times 2.97 - 2 \times 2.97$

(4) $2 \times \left(-\dfrac{4}{5} \right) + 8 \times \left(-\dfrac{4}{5} \right)$

(5) $\dfrac{3}{2} \times 1.7 + \dfrac{1}{2} \times 1.7$

대표 예제 **한번더!**

6

다음 중 계산 결과가 옳지 <u>않은</u> 것은?

① $(-2)^5 = -32$

② $(-4)^2 = 16$

③ $-6^2 = 36$

④ $-\dfrac{2}{5^2} = -\dfrac{2}{25}$

⑤ $-(-3)^3 = 27$

7

다음은 분배법칙을 이용하여 73×101을 계산하는 과정이다. 자연수 a, b, c에 대하여 $a+b+c$의 값을 구하시오.

$$
\begin{aligned}
73 \times 101 &= 73 \times (100+a) \\
&= 73 \times 100 + 73 \times a \\
&= 7300 + b \\
&= c
\end{aligned}
$$

8

세 수 a, b, c에 대하여 $a \times b = 7$, $a \times c = 13$일 때, 다음 식의 값을 구하시오.

(1) $a \times (b+c)$

(2) $a \times (b-c)$

개념 **17** 정수와 유리수의 나눗셈 / 혼합 계산

1
다음을 계산하시오.

(1) $(+63) \div (+7)$

(2) $(-48) \div (-6)$

(3) $(+60) \div (-12)$

(4) $(-35) \div (+5)$

2
다음 수의 역수를 구하시오.

(1) 5

(2) -1

(3) $\dfrac{3}{4}$

(4) $-\dfrac{4}{7}$

(5) $1\dfrac{1}{3}$

(6) 2.5

3
다음을 계산하시오.

(1) $(+8) \div \left(-\dfrac{4}{9}\right)$

(2) $\left(-\dfrac{2}{5}\right) \div \left(+\dfrac{2}{3}\right)$

(3) $(+1.2) \div (+0.4)$

(4) $(-3.5) \div \left(-\dfrac{1}{5}\right)$

4
다음을 계산하시오.

(1) $(-24) \div 6 \times \dfrac{1}{4}$

(2) $(-8) \div (-4) \div \dfrac{1}{2}$

(3) $\left(-\dfrac{8}{15}\right) \div \left(-\dfrac{9}{4}\right) \div \left(-\dfrac{2}{5}\right)$

(4) $\dfrac{1}{3} \times (-0.9) \div \left(-\dfrac{3}{8}\right)$

(5) $\left(-\dfrac{3}{10}\right) \times (-2)^3 \div \dfrac{9}{4}$

(6) $\left(-\dfrac{1}{3}\right)^2 \div \left(-\dfrac{2}{5}\right) \times \left(-\dfrac{3}{10}\right)$

5

다음을 계산하시오.

(1) $(-3) \times (-9) + 5$

(2) $\dfrac{1}{2} - \left(-\dfrac{1}{8}\right) \div \dfrac{5}{12}$

(3) $-\dfrac{3}{2} \times 4 + \dfrac{1}{3} \div \dfrac{1}{12}$

(4) $-3 \times (1 - 2^2) \div \left(-\dfrac{3}{2}\right)$

6

다음 식의 계산 순서를 차례로 나열하고, 계산 결과를 구하시오.

(1) $28 - \{6 + \underset{\uparrow}{(-3)^2} \times 4 - 11\}$
   $\quad\quad\;\; \underset{㉠}{\uparrow} \;\; \underset{㉡}{\uparrow} \;\; \underset{㉢}{\uparrow} \;\; \underset{㉣}{\uparrow} \;\; \underset{㉤}{\uparrow}$

계산 순서: _____

계산 결과: _____

(2) $2 \times \left[\dfrac{1}{2} - \left\{\dfrac{3}{5} \div \left(-\dfrac{3}{10}\right) + 1\right\}\right] - 8$
   $\quad\quad\;\; \underset{㉠}{\uparrow} \quad\; \underset{㉡}{\uparrow} \quad\; \underset{㉢}{\uparrow} \quad\quad\;\; \underset{㉣}{\uparrow} \quad\; \underset{㉤}{\uparrow}$

계산 순서: _____

계산 결과: _____

7

다음 두 수가 서로 역수가 <u>아닌</u> 것은?

① $-\dfrac{3}{2}$, $-\dfrac{2}{3}$ ② $\dfrac{1}{9}$, 9 ③ -0.2, -5

④ 1, 1 ⑤ 3.5, $-\dfrac{2}{7}$

8

다음 중 계산 결과가 옳지 <u>않은</u> 것을 모두 고르면?

(정답 2개)

① $(-20) \div (-4) = +5$

② $(-144) \div (+12) = +12$

③ $(+14) \div \left(-\dfrac{7}{3}\right) = -6$

④ $\left(+\dfrac{3}{10}\right) \div \left(+\dfrac{3}{2}\right) = +\dfrac{1}{5}$

⑤ $\left(-\dfrac{3}{5}\right) \div (+15) = -9$

9

다음 두 수 A, B에 대하여 $A \times B$의 값을 구하시오.

$$A = \left(-\dfrac{8}{9}\right) \div (-0.5) \times \left(-\dfrac{3}{2}\right)^4$$
$$B = \left(-\dfrac{3}{10}\right)^2 \div (-3)^3 \div \dfrac{6}{25}$$

10

$3 + \left[\left\{\left(-\dfrac{3}{5}\right)^2 - 1\right\} \times \dfrac{5}{8} + (-2)\right] \times (-10)$을 계산하시오.

개념 18 문자의 사용

1
다음 식을 곱셈 기호 ×를 생략하여 나타내시오.

(1) $6 \times a$

(2) $y \times (-2) \times x$

(3) $a \times h \times 0.1$

(4) $(x+y) \times 7$

(5) $(-1) \times a + b \times 5$

(6) $z \times z \times z - 4 \times (x-y)$

2
다음 식을 나눗셈 기호 ÷를 생략하여 나타내시오.

(1) $(-7) \div x$

(2) $2b \div 9$

(3) $x \div (-3) \div y$

(4) $x \div y \div 7 \div z$

(5) $(a-3) \div b \div \dfrac{1}{9}$

(6) $a \div 7 - c \div b$

3
다음 식을 곱셈 기호 ×와 나눗셈 기호 ÷를 생략하여 나타내시오.

(1) $a \div 5 \times b$

(2) $a \times (-3) \div b$

(3) $x \div (1+y) \times z$

(4) $x \div y + x \times (-2)$

(5) $a \times a - b \div 2$

4
다음을 문자를 사용한 식으로 나타내시오.

(1) 한 자루에 500원인 색연필 a자루의 가격
$\Rightarrow \qquad 500 \times a \qquad = $ _____

(2) 한 개에 x원인 오이 5개를 사고 3000원을 냈을 때의 거스름돈
$\Rightarrow$ _____ $=$ _____

(3) 귤 10개의 가격이 x원일 때의 귤 한 개의 가격
$\Rightarrow$ _____ $=$ _____

(4) 1개에 2점인 수학 문제 x개를 맞혔을 때의 수학 점수
$\Rightarrow$ _____ $=$ _____

(5) 개 x마리와 닭 y마리의 다리의 개수의 합
$\Rightarrow$ _____ $=$ _____

(6) 현재 아버지의 나이는 현재 y세인 아들의 나이의 3배
일 때, 5년 후의 아버지의 나이

⇨ _____ = _____

(7) a를 3배한 것에서 b를 2배한 것을 뺀 수

⇨ _____ = _____

(8) 십의 자리의 숫자가 a, 일의 자리의 숫자가 8인 두
자리의 자연수

⇨ _____ = _____

(9) 가로의 길이가 x cm, 세로의 길이가 y cm인 직사각
형의 둘레의 길이

⇨ _____ = _____

(10) 한 변의 길이가 x cm인 정육면체의 부피

⇨ _____ = _____

(11) 시속 y km로 달리는 자동차가 2시간 동안 이동한
거리

⇨ _____ = _____

(12) 15 km의 거리를 시속 a km로 달렸을 때, 걸린 시간

⇨ _____ = _____

(13) 소 x마리의 7 %

⇨ _____ = _____

(14) 정가가 4000원인 물건을 a % 할인한 가격

⇨ _____ = _____

대표 예제 **한번 더!**

5

다음 중 옳은 것을 모두 고르면? (정답 2개)

① $(-2) \times (a+b) = -2(a-b)$

② $0.1 \times a \times c \times b \times a = 0.1a^2bc$

③ $2 \times (x+y) \div 3 = \dfrac{2x+y}{3}$

④ $4x \div \dfrac{3}{5} y = \dfrac{20xy}{3}$

⑤ $x \times x \times (-1) \div y = -\dfrac{x^2}{y}$

6

다음 중 문자를 사용하여 나타낸 식으로 옳은 것을 모두
고르면? (정답 2개)

① 십의 자리의 숫자가 a, 일의 자리의 숫자가 b인 두
자리의 자연수보다 12만큼 작은 수
⇨ $ab-12$

② 길이가 x cm인 끈을 10 mm 사용하고 남은 끈의
길이 ⇨ $(x-10)$ cm

③ 세 과목의 점수가 x점, y점, z점일 때, 세 과목의 평
균 점수 ⇨ $\dfrac{x+y+z}{3}$점

④ 밑면은 한 변의 길이가 $5a$ cm인 정사각형이고, 높이
가 h cm인 직육면체의 부피 ⇨ $5a^2h$ cm³

⑤ 원가가 x원인 물건에 10 % 이익을 붙인 정가
⇨ $\dfrac{11}{10}x$원

개념19 대입과 식의 값

1

a의 값이 다음과 같을 때, $7-2a$의 값을 구하려고 한다. □ 안에 알맞은 수를 쓰시오.

(1) $a=0$일 때, $7-2a=7-2\times\boxed{}=\boxed{}$

(2) $a=3$일 때, $7-2a=7-2\times\boxed{}=\boxed{}$

(3) $a=\dfrac{1}{2}$일 때, $7-2a=7-2\times\boxed{}=\boxed{}$

(4) $a=-4$일 때, $7-2a=7-2\times(\boxed{})=\boxed{}$

2

다음을 구하시오.

(1) $x=2$일 때, $3x+1$의 값

(2) $a=-3$일 때, $-3a+5$의 값

(3) $x=\dfrac{1}{2}$일 때, $-\dfrac{1}{2}x+\dfrac{1}{4}$의 값

(4) $x=4$일 때, $x-\dfrac{7}{x}$의 값

(5) $a=-4$일 때, a^2+5a의 값

(6) $a=2$, $b=-1$일 때, $2a+b$의 값

(7) $x=-4$, $y=-\dfrac{1}{6}$일 때, $\dfrac{3}{4}xy$의 값

(8) $x=-1$, $y=\dfrac{1}{3}$일 때, $-x-3y$의 값

(9) $a=3$, $b=-2$일 때, $ab+b^2$의 값

(10) $x=-1$, $y=5$일 때, $-\dfrac{1}{2}x^2+\dfrac{1}{5}y^2$의 값

3

$a=\dfrac{1}{2}$, $b=-\dfrac{1}{3}$일 때, 다음 식의 값을 구하시오.

(1) $\dfrac{1}{a}+\dfrac{1}{b}$

(2) $\dfrac{2}{a}-\dfrac{3}{b}$

(3) $4a^2-24ab$

(4) $12(a+b)$

4

어느 도서 대여점에서 책을 a권 빌리려면 $(2000+1000a)$원을 내야 한다. 다음은 이 도서 대여점에서 책을 5권 빌릴 때 내야 하는 금액을 구하는 과정이다. □ 안에 알맞은 수를 쓰시오.

> $2000+1000a$에 $a=$□를 대입하면
> $2000+1000a=2000+1000\times$□
> $\qquad\qquad=$□ (원)
> 따라서 책을 5권 빌릴 때 내야 하는 금액은
> □ 원이다.

대표 예제 한번 더!

5

$a=-3$일 때, 다음 중 식의 값이 가장 작은 것은?

① $2a+1$　　　　② $5-a$
③ $-a+7$　　　　④ $-a^2$
⑤ $\dfrac{a-2}{3}$

6

다음은 $x=-4$일 때, $-6x^2$의 값을 구하는 과정이다. 이 과정에서 처음으로 틀린 부분을 찾고, 바르게 계산한 식의 값을 구하시오.

$$-6x^2=\underset{㉠}{-6}\underset{㉡}{\times}\underset{}{(-4^2)}=\underset{㉢}{-6}\underset{㉣}{\times}(-16)=\underset{㉤}{96}$$

7

$x=1,\ y=-\dfrac{1}{3}$일 때, $6xy-9y^2$의 값은?

① -4　　　② -3　　　③ -2
④ 3　　　⑤ 4

8

키가 h cm인 사람의 표준 몸무게는 $0.9(h-100)$ kg이라 한다. 키가 170 cm인 사람의 표준 몸무게는?

① 63 kg　　② 65 kg　　③ 68 kg
④ 70 kg　　⑤ 72 kg

1

다음 중 단항식을 모두 고르시오.

(1)

$$\frac{y-1}{2}, \quad -7, \quad 5-x, \quad x^2, \quad xy$$

(2)

$$0.5x-1, \quad \frac{ab}{2}, \quad b^2+a, \quad 0, \quad x+y-1$$

2

다음 표를 완성하시오.

(1)

다항식	$7a-3b+\frac{4}{3}$	$-5a+9b$
항		
상수항		
a의 계수		
b의 계수		

(2)

다항식	$4x^2+2x-3$	$10x^2+\frac{1}{2}$
항		
상수항		
x^2의 계수		
x의 계수		

3

다음 표를 완성하시오.

다항식	$\frac{x}{8}-6$	$-2x^2+3x+5$
차수	$\frac{x}{8}$의 차수:	$-2x^2$의 차수: $3x$의 차수:
다항식의 차수		
일차식이면 ○, 아니면 ×		

대표 예제 한번 더!

4

다음 중 다항식 $\frac{x^2}{3}+2x-5$에 대한 설명으로 옳지 <u>않은</u> 것은?

① 항의 개수는 3개이다.
② 상수항은 -5이다.
③ $2x$의 차수는 2이다.
④ x^2의 계수는 $\frac{1}{3}$이다.
⑤ 다항식의 차수는 2이다.

5

다음 중 일차식을 모두 고르면? (정답 2개)

① $0.2x+\frac{1}{4}$ ② $-x^2+2x$ ③ $3x$

④ $\frac{6}{x}-1$ ⑤ 7

1

다음 식을 간단히 하시오.

(1) $12 \times \dfrac{5}{4}x$

(2) $(-4) \times 5x$

(3) $6a \times (-2)$

(4) $(-0.5a) \times (-6)$

(5) $24x \div 4$

(6) $(-32y) \div 8$

(7) $7b \div \left(-\dfrac{1}{9}\right)$

(8) $\left(-\dfrac{2}{5}a\right) \div \left(-\dfrac{2}{15}\right)$

(5) $(5-10x) \div 15$

(6) $(6a+9) \div (-3)$

(7) $\left(y+\dfrac{1}{4}\right) \div \dfrac{1}{4}$

(8) $\left(-14b+\dfrac{5}{6}\right) \div \dfrac{10}{3}$

대표 예제 한번 더!

3

다음 중 옳은 것을 모두 고르면? (정답 2개)

① $(-14) \times (-y) = -14y$

② $(-8x) \times \left(-\dfrac{1}{2}\right) = 4x$

③ $18x \div (-3) = -48x$

④ $12x \div \left(-\dfrac{1}{4}\right) = 48x$

⑤ $\left(-\dfrac{9}{2}y\right) \div \dfrac{3}{4} = -6y$

2

다음 식을 간단히 하시오.

(1) $2(3x+10)$

(2) $-5(2x-9)$

(3) $(7a+3) \times 3$

(4) $(-3+2b) \times (-5)$

4

$(49x-4) \times \dfrac{1}{7} = ax+b$일 때, 상수 a, b에 대하여 ab의 값은?

① -7 ② -4 ③ $-\dfrac{4}{49}$

④ $\dfrac{4}{49}$ ⑤ $\dfrac{1}{4}$

1

다음 다항식에서 동류항을 모두 찾으시오.

(1) $2x - 1 + 3x + 4$

(2) $-5x + y + x$

(3) $x^2 + \dfrac{1}{3}y + x - y$

(4) $\dfrac{3}{4}a - \dfrac{3}{4} + 3b + a - \dfrac{1}{b} + 9$

2

다음 □ 안에 알맞은 것을 쓰시오.

(1) $3x + 8x = (3 + \boxed{})x = \boxed{}$

(2) $-9a + 8a = (\boxed{} + 8)a = \boxed{}$

(3) $7y - 2y = (\boxed{} - \boxed{})y = \boxed{}$

(4) $2b - 10b + 5b = (\boxed{} - \boxed{} + \boxed{})b = \boxed{}$

3

다음 식을 간단히 하시오.

(1) $4a + 13a$

(2) $-x - 6x$

(3) $11b - (-7b) - 20b$

(4) $\dfrac{2}{3}y - \dfrac{1}{2}y - \dfrac{1}{6}y$

(5) $a - 2 - 3a - 4$

(6) $5x - y + 7x - 13y$

대표 예제 **한번 더!**

4

다음 |보기|의 다항식 중 $-3x$와 동류항이 있는 것을 모두 고르시오.

┌ 보기 ├─────────────
ㄱ. $x - 3$ ㄴ. $12y - 3$
ㄷ. $y - 3x^2$ ㄹ. $y + 5x$
ㅁ. $x^2 - x$ ㅂ. $8 - x^3$

5

다음 중 옳은 것은?

① $2a + 5 = 7a$ ② $x + x = x^2$

③ $3a - 4a = -1$ ④ $\dfrac{1}{2}x + \dfrac{1}{3}x = 5x$

⑤ $5x - 3 - x = 4x - 3$

1

다음 식을 계산하시오.

(1) $11x+(-5x-20)$

(2) $(7a+5)+(4a+8)$

(3) $(2y+1)+(y-3)$

(4) $(5a+9)-(6a-3)$

(5) $(7x+2)-(5x+6)$

(6) $(-2b+5)-(-4b-1)$

(7) $\left(\dfrac{2}{7}x+\dfrac{3}{5}\right)+\left(\dfrac{5}{7}x+\dfrac{7}{5}\right)$

(8) $\left(\dfrac{5}{3}a-\dfrac{3}{4}\right)-\left(-\dfrac{1}{3}a+\dfrac{5}{4}\right)$

2

다음 식을 계산하시오.

(1) $2(x+4)+(4x-3)$

(2) $3(2a-5)+2(a+1)$

(3) $(b+2)-3(b-7)$

(4) $-(10a+7)+2(5a+1)$

(5) $3(-2x+9)-4(-3x-2)$

(6) $\dfrac{1}{2}(4a-3)+\dfrac{1}{3}(6-9a)$

(7) $-5(-x+1)-\dfrac{1}{2}(-6x+2)$

(8) $2\left(\dfrac{3}{2}x-\dfrac{5}{8}\right)-3\left(\dfrac{2}{9}x-\dfrac{7}{12}\right)$

3

다음 □ 안에 알맞은 식을 구하시오.

(1) $\boxed{} + (x-2) = -5x+8$

(2) $(-4x+1) + (\boxed{}) = x-7$

(3) $\boxed{} + 5(x-3) = 11x-4$

(4) $\boxed{} - (2x+1) = -x+1$

(5) $3x+4 - (\boxed{}) = -6x-9$

(6) $\boxed{} - \dfrac{2}{3}(3x+2) = -x - \dfrac{1}{3}$

4

어떤 다항식에 $3x-2$를 더해야 할 것을 잘못하여 뺐더니 $-4x+9$가 되었다. 다음 물음에 답하시오.

(1) 다음 ○ 안에 $+$, $-$ 중 알맞은 것을 쓰시오.

$$\text{(어떤 다항식)} \bigcirc (3x-2) = -4x+9$$

(2) (1)의 식을 이용하여 어떤 다항식을 구하시오.

(3) 바르게 계산한 식을 구하시오.

5

어떤 다항식에서 $4x-6$을 빼야 할 것을 잘못하여 더했더니 $15x-1$이 되었다. 다음 물음에 답하시오.

(1) 다음 ○ 안에 $+$, $-$ 중 알맞은 것을 쓰시오.

$$\text{(어떤 다항식)} \bigcirc (4x-6) = 15x-1$$

(2) (1)의 식을 이용하여 어떤 다항식을 구하시오.

(3) 바르게 계산한 식을 구하시오.

대표 예제 한번 더! 👆

6

$\dfrac{3}{4}(4x-8) + (6x-4) \times \left(-\dfrac{5}{2}\right)$ 를 계산했을 때, x의 계수와 상수항의 합을 구하시오.

7

$3x+4$에서 어떤 다항식을 빼야 할 것을 잘못하여 더했더니 $x+7$이 되었다. 이때 바르게 계산한 식을 구하시오.

1

다음 □ 안에 알맞은 것을 쓰고, 주어진 식을 계산하시오.

(1) $\dfrac{5x-2}{7}+\dfrac{2x+1}{2}$

$=\dfrac{5}{7}x-\dfrac{2}{7}+\boxed{}+\dfrac{1}{2}$

$=\dfrac{5}{7}x+\dfrac{\boxed{}}{7}x-\dfrac{\boxed{}}{14}+\dfrac{7}{14}$

$=\boxed{}x+\dfrac{3}{14}$

(2) $\dfrac{3a-1}{2}+\dfrac{a+5}{3}$

(3) $\dfrac{2x-3}{5}-\dfrac{3x-2}{3}$

(4) $\dfrac{3y+4}{12}-\dfrac{5y+3}{6}$

2

다음 □ 안에 알맞은 것을 쓰고, 주어진 식을 계산하시오.

(1) $-2x-\{3x-5-2(x+6)\}$

$=-2x-(3x-5-\boxed{}-12)$

$=-2x-(\boxed{}-17)$

$=-2x-\boxed{}+17$

$=\boxed{}+17$

(2) $a+\{2-3(a-1)\}$

(3) $3(x+1)-\{2x+(1-4x)\}$

(4) $-5[y+2(y-2)-\{3+4(y-4)\}]$

대표 예제 **한번 더!**

3

다음은 $\dfrac{3x+5}{8}+\dfrac{7}{6}x-\dfrac{2(3x-2)}{3}$ 를 계산하는 과정이다. 물음에 답하시오.

$$\dfrac{3x+5}{8}+\dfrac{7}{6}x-\dfrac{2(3x-2)}{3}$$

$$=\dfrac{3(3x+5)}{24}+\dfrac{28}{24}x-\dfrac{16(3x-2)}{24} \quad \text{㉠}$$

$$=\dfrac{9x+15+28x-48x-32}{24} \quad \text{㉡}$$

$$=\dfrac{-11x-17}{24} \quad \text{㉢}$$

$$=-\dfrac{11}{24}x-\dfrac{17}{24} \quad \text{㉣}$$

(1) ㉠~㉣ 중 처음으로 틀린 곳을 찾으시오.

(2) $\dfrac{3x+5}{8}+\dfrac{7}{6}x-\dfrac{2(3x-2)}{3}$ 를 계산하시오.

4

다음 식을 계산하여 $ax+b$의 꼴로 나타낼 때, 상수 a, b에 대하여 ab의 값을 구하시오.

$$5x-[4x-2-\{3x-(5x+1)\}]$$

1

다음 문장을 등식으로 나타내시오.

(1) 어떤 수 x의 2배에 5를 더하면 7과 같다.

(2) 선생님의 나이 x세에서 수아의 나이 13세를 빼면 21세이다.

(3) 한 권에 850원인 공책 x권과 한 자루에 500원인 볼펜 5자루를 사고 지불한 금액은 5900원이다.

(4) 가로의 길이가 6 cm, 세로의 길이가 x cm인 직사각형의 넓이는 42 cm²이다.

(5) 시속 60 km로 x시간 동안 이동한 거리는 240 km이다.

2

x의 값이 −1, 0, 1일 때, 주어진 방정식의 해를 구하려고 한다. 다음 표를 완성하고, 방정식의 해를 구하시오.

(1) $4x-1=-5$

x의 값	$4x-1$의 값	-5	참 / 거짓
-1	$4\times(-1)-1=-5$	-5	참
0		-5	
1		-5	

⇨ 해: _____

(2) $5x-2=3x$

x의 값	$5x-2$의 값	$3x$의 값	참 / 거짓
-1			
0			
1			

⇨ 해: _____

3

다음 [ ] 안의 수가 주어진 방정식의 해인 것은 ○표, 해가 <u>아닌</u> 것은 ×표를 ( ) 안에 쓰시오.

(1) $x+1=0$ [-1] ( )

(2) $3x=2x+1$ [0] ( )

(3) $-(x+1)=2$ [-3] ( )

(4) $7x-8=9x-10$ [-2] ( )

4

x의 값이 0, 1, 2, 3일 때, 다음 등식에 대하여 표를 완성하고 주어진 등식이 항등식인 것은 ○표, 항등식이 <u>아닌</u> 것은 ×표를 ( ) 안에 쓰시오.

(1) $x-3=3-x$ ( )

x의 값	$x-3$의 값	$3-x$의 값	참 / 거짓
0	$0-3=-3$	$3-0=3$	거짓
1			
2			
3			

(2) $4x=6x-2x$ ( )

x의 값	$4x$의 값	$6x-2x$의 값	참 / 거짓
0			
1			
2			
3			

5

다음 중 항등식인 것은 ○표, 항등식이 <u>아닌</u> 것은 ×표를 ( ) 안에 쓰시오.

(1) $3x=6$ (   )

(2) $x+2=2+x$ (   )

(3) $5x+3x=8x$ (   )

(4) $4(x-1)=16$ (   )

(5) $2(x+1)=2x+2$ (   )

대표 예제 한번 더! 👆

6

다음 중 문장을 등식으로 나타낸 것으로 옳지 <u>않은</u> 것을 모두 고르면? (정답 2개)

① 9에서 어떤 수 x를 뺀 값은 x의 3배와 같다.
   ⇨ $9-x=3x$
② 밑변의 길이가 x, 높이가 y인 삼각형의 넓이는 6이다.
   ⇨ $2xy=6$
③ 2000원짜리 볼펜 2개와 500원짜리 지우개 x개의 가격은 5500원이다. ⇨ $4000+500x=5500$
④ 젤리 17개를 x명의 학생에게 3개씩 나누어 주었더니 2개가 남았다. ⇨ $3x+2=17$
⑤ 시속 x km로 4시간 동안 달린 거리는 30 km이다.
   ⇨ $\dfrac{x}{4}=30$

7

다음 중 [   ] 안의 수가 주어진 방정식의 해인 것은?

① $3(x+2)=0$ [2]
② $x-3=-4$ [1]
③ $5-2x=7$ [-1]
④ $\dfrac{1}{3}x-1=1$ [0]
⑤ $2x-3=6-x$ [-3]

8

다음 중 항등식인 것은?

① $5x-3=3-5x$ ② $3x-7=0$
③ $6x+1=3(2x+1)$ ④ $2x=0$
⑤ $x-1=2x-(x+1)$

9

다음 등식이 x에 대한 항등식이 되도록 하는 상수 a, b 의 값을 각각 구하시오.

(1) $2x+b=ax+1$

(2) $ax-3=5x+b$

(3) $1-ax=x+b$

1

$a=b$일 때, 다음 □ 안에 알맞은 수를 쓰시오.

(1) $a+\boxed{}=b+2$

(2) $a-4=b-\boxed{}$

(3) $5a=\boxed{}b$

(4) $a\div 3=b\div\boxed{}$

(5) $\dfrac{a}{2}=\dfrac{b}{\boxed{}}$

2

$2a=b$일 때, 다음 □ 안에 알맞은 수를 쓰시오.

(1) $2a+\boxed{}=b+7$

(2) $2a-3=b-\boxed{}$

(3) $\dfrac{a}{2}=\dfrac{b}{\boxed{}}$

(4) $-2a+3=-b+\boxed{}$

(5) $6a-9=\boxed{}b-9$

3

다음 중 옳은 것은 ○표, 옳지 <u>않은</u> 것은 ×표를 ( ) 안에 쓰시오.

(1) $a=b$이면 $a+3=b-3$이다. ( )

(2) $a=b$이면 $-a+3=-b+3$이다. ( )

(3) $a-11=b-11$이면 $a=b$이다. ( )

(4) $3a=3b$이면 $a=b$이다. ( )

(5) $\dfrac{a}{3}=\dfrac{b}{5}$이면 $3a=5b$이다. ( )

(6) $a+5=3b+5$이면 $a=3b$이다. ( )

(7) $a=-b$이면 $3a+2=3b-2$이다. ( )

(8) $a=2b$이면 $a-2=2(b-1)$이다. ( )

4

다음은 등식의 성질을 이용하여 방정식을 푸는 과정이다. □ 안에 알맞은 수를 쓰시오.

(1) $x-2=1$

⇨ $x-2=1$의 양변에 $\boxed{}$를 더하면

$x-2+\boxed{}=1+\boxed{}$

∴ $x=\boxed{}$

(2) $\dfrac{x}{4}=12$

⇨ $\dfrac{x}{4}=12$의 양변에 $\boxed{}$를 곱하면

$\dfrac{x}{4}\times\boxed{}=12\times\boxed{}$

∴ $x=\boxed{}$

(3) $5x=20$

　⇨ $5x=20$의 양변을 $\square$로 나누면

　　$\dfrac{5x}{\square}=\dfrac{20}{\square}$

　　∴ $x=\square$

(4) $2x-1=3$

　⇨ $2x-1=3$의 양변에 $\square$을 더하면

　　$2x-1+\square=3+1$

　　$2x=\square$의 양변을 $\square$로 나누면

　　$\dfrac{2x}{2}=\dfrac{\square}{2}$

　　∴ $x=\square$

(5) $3x+5=-7$

　⇨ $3x+5=-7$의 양변에서 $\square$를 빼면

　　$3x+5-\square=-7-5$

　　$3x=\square$의 양변을 $\square$으로 나누면

　　$\dfrac{3x}{3}=\dfrac{\square}{3}$

　　∴ $x=\square$

5

다음 방정식을 등식의 성질을 이용하여 푸시오.

(1) $-3x=9$

(2) $x+4=-2$

(3) $-5x-4=6$

(4) $\dfrac{3}{4}x-6=6$

대표 예제 한번 더!

6

다음 중 옳은 것을 모두 고르면? (정답 2개)

① $a=b$이면 $4+a=4-b$이다.

② $a=-b$이면 $a-3=-b+3$이다.

③ $a=3b$이면 $a-3=3(b-1)$이다.

④ $a=2b$이면 $\dfrac{3}{2}a=3b$이다.

⑤ $2a-1=-2b+1$이면 $a=-b$이다.

7

방정식 $\dfrac{2x+3}{9}=\dfrac{5}{3}$를 오른쪽과 같이 등식의 성질을 이용하여 풀었다. ㈎~㈐에서 이용한 등식의 성질을 각각 다음 |보기|에서 고르시오.

(단, c는 자연수)

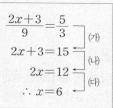

$$\dfrac{2x+3}{9}=\dfrac{5}{3}$$ ㈎
$$2x+3=15$$ ㈏
$$2x=12$$ ㈐
$$∴ x=6$$

| 보기 |

ㄱ. $a=b$이면 $a+c=b+c$이다.

ㄴ. $a=b$이면 $a-c=b-c$이다.

ㄷ. $a=b$이면 $ac=bc$이다.

ㄹ. $a=b$이면 $\dfrac{a}{c}=\dfrac{b}{c}$이다.

1

다음 등식에서 밑줄 친 항을 이항하시오.

(1) $x\underline{+2}=6$

(2) $2x\underline{-6}=-7$

(3) $x=12\underline{-3x}$

(4) $2x=\underline{3x}+4$

(5) $3x\underline{+1}=\underline{2x}+3$

(6) $5x\underline{-2}=\underline{x}+6$

(7) $5x\underline{+4}=\underline{-x}+3$

(8) $6x\underline{-8}=\underline{-4x}+5$

2

다음 중 일차방정식인 것은 ○표, 일차방정식이 아닌 것은 ×표를 ( ) 안에 쓰시오.

(1) $3x-4=2x$ ( )

(2) $7x-1$ ( )

(3) $2x+5=2+5x$ ( )

(4) $4(x+2)=4x+2$ ( )

(5) $x^2+2x+1=0$ ( )

(6) $x^2-3x+1=x^2$ ( )

대표 예제 한번 더!

3

다음 중 밑줄 친 항을 바르게 이항한 것은?

① $x\underline{-2}=-7 \Rightarrow x=-7-2$
② $-3x=\underline{5x}-16 \Rightarrow -3x+5x=-16$
③ $2x\underline{-1}=3 \Rightarrow 2x=3-1$
④ $3x\underline{-6}=\underline{2x}-6 \Rightarrow 3x-2x=-6-6$
⑤ $6x\underline{+9}=\underline{5x}+2 \Rightarrow 6x-5x=2-9$

4

다음 |보기| 중 일차방정식을 모두 고르시오.

| 보기 |

ㄱ. $-2x+5=6+2x$
ㄴ. $2x^2+3x=1+2(x^2-1)$
ㄷ. $x^2-3x=8-x^2$

5

등식 $4x-3=2-ax$가 x에 대한 일차방정식이 되도록 하는 상수 a의 조건을 구하시오.

• 정답 및 해설 86쪽

1

다음 일차방정식을 푸시오.

(1) $3x - 4 = 8$

(2) $-2x - 1 = -5$

(3) $x = 12 + 5x$

(4) $-8x = -2x - 6$

2

다음 일차방정식을 푸시오.

(1) $x - 6 = 2x + 12$

(2) $7x - 2 = 4x - 11$

(3) $3x + 1 = 11 - x$

(4) $5 - 10x = 19 - 3x$

(5) $-x + 4 = 3x - 12$

(6) $-6x + 15 = -8x - 7$

3

다음 일차방정식을 푸시오.

(1) $4(2x - 1) = 20$

(2) $5(x + 2) = 7x$

(3) $-(9 + 7x) = -4x$

(4) $5x + 6 = 2(x - 3)$

(5) $5 - 2(2x + 3) = 2x - 7$

대표 예제 한번 더!

4

다음 일차방정식 중 해가 나머지 넷과 다른 하나는?

① $x - 8 = -x$
② $-3x + 2 = -10x + 30$
③ $4(2x + 3) = 3x - 8$
④ $x - 19 = 3(x - 9)$
⑤ $3(x + 2) = 2(2x + 1)$

5

다음 x에 대한 두 일차방정식의 해가 같을 때, 물음에 답하시오.

$$3(1 - 2x) = 8 - 7x, \quad ax + 5 = 2(x + a) + 1$$

(1) 방정식 $3(1 - 2x) = 8 - 7x$의 해를 구하시오.

(2) (1)에서 구한 해를 이용하여 방정식
$ax + 5 = 2(x + a) + 1$에서 상수 a의 값을 구하시오.

1

다음 일차방정식을 푸시오.

(1) $0.3x + 1 = 0.4$

(2) $0.1x - 0.2 = -2.4x + 4.8$

(3) $0.07x - 0.1 = 0.05x + 0.12$

(4) $1.1x + 2.7 = 0.3(3x + 8)$

2

다음 일차방정식을 푸시오.

(1) $\dfrac{2x-1}{2} = \dfrac{x+1}{4}$

(2) $\dfrac{2-x}{3} = \dfrac{3x+9}{6}$

(3) $\dfrac{2}{7}x - 1 = \dfrac{1}{6}x$

(4) $\dfrac{2}{5}x = \dfrac{7}{10}x - \dfrac{3}{4}$

3

다음 일차방정식을 푸시오.

(1) $0.2x - \dfrac{1}{5} = 0.4$

(2) $\dfrac{2x+4}{3} - 1.5 = 0.5x$

(3) $0.8x - \dfrac{3}{4} = \dfrac{2}{5}x + 0.45$

대표 예제 한번 더!

4

일차방정식 $0.6x - 0.14 = 0.2(x-2)$를 풀면?

① $x = -\dfrac{27}{10}$　② $x = -\dfrac{13}{20}$　③ $x = \dfrac{1}{4}$

④ $x = \dfrac{13}{20}$　⑤ $x = \dfrac{27}{10}$

5

다음 일차방정식을 푸시오.

$$0.3(x-2) = \dfrac{3x+1}{5}$$

• 정답 및 해설 87쪽

1

다음 문장을 방정식으로 나타낸 후 방정식의 해를 구하시오.

(1) 어떤 수 x에 8을 더한 수는 어떤 수 x의 3배와 같다.

　⇨ 방정식: _____

　　해: _____

(2) 어떤 수 x에서 4를 뺀 수의 2배는 어떤 수 x의 5배보다 1만큼 크다.

　⇨ 방정식: _____

　　해: _____

2

연속하는 세 자연수의 합이 30일 때, 세 자연수를 구하려고 한다. 다음 물음에 답하시오.

(1) 연속하는 세 자연수 중 가운데 수를 x라 할 때, 나머지 두 수를 각각 x를 사용하여 나타내시오.

(2) 연속하는 세 자연수의 합이 30임을 이용하여 일차방정식을 세우시오.

(3) (2)에서 세운 일차방정식을 푸시오.

(4) 연속하는 세 자연수를 구하시오.

3

일의 자리의 숫자가 8인 두 자리의 자연수가 있다. 이 자연수가 각 자리 숫자의 합의 4배보다 6만큼 크다고 할 때, 이 자연수를 구하려고 한다. 다음 물음에 답하시오.

(1) 이 자연수의 십의 자리의 숫자를 x라 할 때, 이 자연수를 x를 사용하여 나타내시오.

(2) 이 자연수가 각 자리 숫자의 합의 4배보다 6만큼 큰 수와 같음을 이용하여 일차방정식을 세우시오.

(3) (2)에서 세운 일차방정식을 푸시오.

(4) 이 자연수를 구하시오.

4

나이 차가 9세인 언니와 동생의 나이의 합이 19세일 때, 언니와 동생의 나이를 각각 구하려고 한다. 다음 물음에 답하시오.

(1) 동생의 나이를 x세라 할 때, 언니의 나이를 x를 사용하여 나타내시오.

(2) 언니와 동생의 나이의 합이 19세임을 이용하여 일차방정식을 세우시오.

(3) (2)에서 세운 일차방정식을 푸시오.

(4) 언니와 동생의 나이를 각각 구하시오.

5

1개에 300원 하는 사탕과 1개에 1200원 하는 과자를 합하여 10개 사고 6600원을 지불하였다. 이때 사탕과 과자를 각각 몇 개씩 샀는지 구하려고 한다. 다음 물음에 답하시오.

(1) 사탕을 x개 샀다고 할 때, 과자는 몇 개를 샀는지 x를 사용하여 나타내시오.

(2) 사탕과 과자를 사고 지불한 금액이 6600원임을 이용하여 일차방정식을 세우시오.

(3) (2)에서 세운 일차방정식을 푸시오.

(4) 사탕과 과자를 각각 몇 개씩 샀는지 구하시오.

6

현재 형의 저금통에는 5000원, 동생의 저금통에는 6800원이 들어 있다. 내일부터 형은 800원씩, 동생은 500원씩 매일 저금통에 넣을 때, 형과 동생의 저금통에 들어 있는 금액이 같아지는 것은 며칠 후인지 구하려고 한다. 다음 물음에 답하시오.

(1) x일 후에 형과 동생의 저금통에 들어 있는 금액을 각각 x를 사용하여 나타내시오.

(2) x일 후에 형과 동생의 저금통에 들어 있는 금액이 같아짐을 이용하여 일차방정식을 세우시오.

(3) (2)에서 세운 일차방정식을 푸시오.

(4) 며칠 후에 형과 동생의 저금통에 들어 있는 금액이 같아지는지 구하시오.

7

가로의 길이가 세로의 길이보다 4 cm만큼 더 짧은 직사각형의 둘레의 길이가 44 cm일 때, 가로의 길이를 구하려고 한다. 다음 물음에 답하시오.

(1) 직사각형의 가로의 길이를 x cm라 할 때, 세로의 길이를 x를 사용하여 나타내시오.

(2) 직사각형의 둘레의 길이가 44 cm임을 이용하여 일차방정식을 세우시오.

(3) (2)에서 세운 일차방정식을 푸시오.

(4) 직사각형의 가로의 길이를 구하시오.

8

다음 그림과 같이 아랫변의 길이가 윗변의 길이보다 6 cm만큼 더 길고, 높이가 5 cm인 사다리꼴의 넓이가 60 cm²일 때, 아랫변의 길이를 구하려고 한다. 물음에 답하시오.

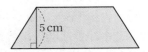

(1) 사다리꼴의 아랫변의 길이를 x cm라 할 때, 윗변의 길이를 x를 사용하여 나타내시오.

(2) 사다리꼴의 넓이가 60 cm²임을 이용하여 일차방정식을 세우시오.

(3) (2)에서 세운 일차방정식을 푸시오.

(4) 사다리꼴의 아랫변의 길이를 구하시오.

9

학생들에게 음료수를 나누어 주는데 6개씩 나누어 주면 10개가 남고, 8개씩 나누어 주면 4개가 부족할 때, 학생 수와 음료수의 개수를 각각 구하려고 한다. 다음 물음에 답하시오.

⑴ 학생 수를 x명이라 할 때, 음료수를 6개씩 나누어 주는 경우의 음료수의 개수와 음료수를 8개씩 나누어 주는 경우의 음료수의 개수를 차례로 x를 사용하여 나타내시오.

⑵ 나누어 주는 방법에 관계없이 음료수의 개수가 같음을 이용하여 일차방정식을 세우시오.

⑶ ⑵에서 세운 일차방정식을 푸시오.

⑷ 학생 수와 음료수의 개수를 차례로 구하시오.

10

어떤 일을 완성하는 데 미주가 혼자 하면 15일, 찬우가 혼자 하면 10일이 걸린다고 한다. 이 일을 미주와 찬우가 같이 완성하려면 며칠이 걸리는지 구하려고 한다. 다음 물음에 답하시오.

⑴ 전체 일의 양을 1이라 할 때, 미주와 찬우가 하루에 하는 일의 양을 각각 구하시오.

⑵ 미주와 찬우가 같이 이 일을 완성하기 위해 일한 날 수를 x일이라 할 때, 일차방정식을 세우시오.

⑶ ⑵에서 세운 일차방정식을 푸시오.

⑷ 미주와 찬우가 같이 이 일을 완성하려면 며칠이 걸리는지 구하시오.

대표 예제 한번 더!

11

연속하는 세 홀수의 합이 99일 때, 세 홀수 중 가장 큰 수를 구하시오.

12

일의 자리의 숫자가 7인 두 자리의 자연수가 있다. 이 자연수의 십의 자리의 숫자와 일의 자리의 숫자를 바꾼 수는 처음 수보다 36만큼 크다고 할 때, 처음 자연수를 구하시오.

13

어떤 농장에 소와 닭이 모두 25마리가 있다. 소와 닭의 모든 다리의 수의 합이 62개일 때, 닭은 몇 마리가 있는지 구하시오.

14

가로의 길이가 8 cm, 세로의 길이가 14 cm인 직사각형에서 가로의 길이를 x cm만큼 늘이고, 세로의 길이를 5 cm만큼 줄여 직사각형을 새로 만들었다. 새로 만든 직사각형의 넓이가 처음 직사각형의 넓이보다 4 cm²만큼 줄었을 때, 다음 물음에 답하시오.

⑴ x의 값을 구하시오.

⑵ 새로 만든 직사각형의 가로의 길이를 구하시오.

15

수연이가 가지고 있는 돈으로 같은 종류의 아이스크림을 6개 사면 800원이 남고, 8개 사면 400원이 부족하다. 이 아이스크림 한 개의 가격을 구하시오.

16

어떤 일을 완성하는 데 유나는 16시간, 유빈이는 8시간이 걸린다. 처음에 유나가 혼자 4시간을 일한 후, 둘이 같이 이 일을 완성했을 때, 유나는 총 몇 시간 동안 일을 했는지 구하시오.

1

지훈이가 등산을 하는데 올라갈 때는 시속 2 km로 걷고, 내려올 때는 같은 길을 시속 3 km로 걸었더니 총 5시간이 걸렸을 때, 지훈이가 올라간 거리를 구하려고 한다. 다음 물음에 답하시오.

⑴ 지훈이가 올라간 거리를 x km라 할 때, 다음 표를 완성하시오.

	올라갈 때	내려올 때
거리	x km	
속력	시속 2 km	
시간		

⑵ 올라갈 때 걸린 시간과 내려올 때 걸린 시간의 합이 5시간임을 이용하여 일차방정식을 세우시오.

⑶ ⑵에서 세운 일차방정식을 푸시오.

⑷ 지훈이가 올라간 거리를 구하시오.

2

민서가 자전거를 타고 집에서 공원까지 가는데 시속 8 km로 가다가 도중에 시속 6 km로 가서 총 2시간 40분이 걸렸다고 한다. 시속 6 km로 간 길이 시속 8 km로 간 길보다 2 km만큼 더 길 때, 시속 8 km로 간 거리와 시속 6 km로 간 거리를 각각 구하려고 한다. 다음 물음에 답하시오.

⑴ 민서가 시속 8 km로 간 거리를 x km라 할 때, 다음 표를 완성하시오.

	시속 8 km로 갈 때	시속 6 km로 갈 때
거리	x km	
속력	시속 8 km	
시간		

⑵ 시속 8 km로 간 시간과 시속 6 km로 간 시간의 합이 2시간 40분임을 이용하여 일차방정식을 세우시오.

⑶ ⑵에서 세운 일차방정식을 푸시오.

⑷ 민서가 시속 8 km로 간 거리와 시속 6 km로 간 거리를 차례로 구하시오.

대표 예제 한번 더!

3

정현이는 소설책을 구매하려고 서점에 다녀왔다. 집에서 서점까지 갈 때는 시속 3 km로 걷고, 서점에서 15분 동안 소설책을 구매한 다음 집에 올 때는 같은 길을 시속 4 km로 걸어서 총 2시간이 걸렸다고 한다. 집과 서점 사이의 거리를 구하시오.

4

두 지점 A, B 사이를 자동차로 왕복하는데 갈 때는 시속 40 km로 달리고, 올 때는 같은 길을 시속 60 km로 달렸다. 올 때는 갈 때보다 30분이 덜 걸렸을 때, 두 지점 A, B 사이의 거리를 구하시오.

개념 32 순서쌍과 좌표

1

다음 수직선 위의 네 점 A, B, C, D의 좌표를 각각 기호로 나타내시오.

(1)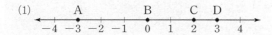

(2)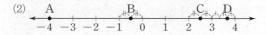

2

다음 점을 각각 수직선 위에 나타내시오.

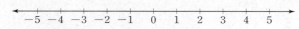

(1) $A(-2)$

(2) $B(4)$

(3) $C\left(\dfrac{3}{2}\right)$

(4) $D(0)$

(5) $E\left(-\dfrac{7}{2}\right)$

(6) $F\left(\dfrac{13}{3}\right)$

3

다음 각 점의 좌표를 기호로 나타내시오.

(1) 원점 O

(2) x좌표가 3, y좌표가 -2인 점 A

(3) x축 위에 있고, x좌표가 4인 점 B

(4) y축 위에 있고, y좌표가 1인 점 C

4

다음 좌표평면 위의 네 점 A, B, C, D의 좌표를 각각 기호로 나타내시오.

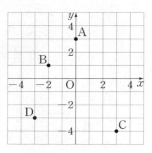

5

네 점 $A(-2, 0)$, $B(3, 2)$, $C(-4, -4)$, $D(4, -1)$을 각각 다음 좌표평면 위에 나타내시오.

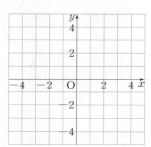

6

다음 세 점 A, B, C를 꼭짓점으로 하는 삼각형 ABC를 좌표평면 위에 그리고, 삼각형 ABC의 넓이를 구하시오.

(1) $A(3, 2)$, $B(-3, -2)$, $C(3, -2)$

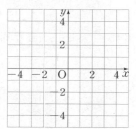

• 정답 및 해설 90쪽

(2) A(0, 0), B(−4, −3), C(4, −3)

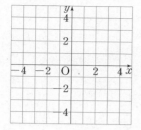

(3) A(−3, 3), B(−3, −4), C(2, 2)

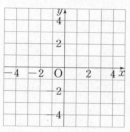

7

다음 네 점 A, B, C, D를 꼭짓점으로 하는 사각형 ABCD를 좌표평면 위에 그리고, 사각형 ABCD의 넓이를 구하시오.

(1) A(1, 3), B(1, −4), C(3, −4), D(3, 3)

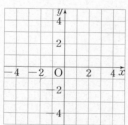

(2) A(−3, 3), B(−3, −3), C(3, −3), D(3, 3)

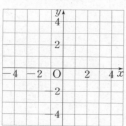

(3) A(−2, 2), B(−3, −2), C(2, −2), D(3, 2)

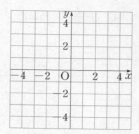

대표 예제 한번 더!

8

두 순서쌍 $\left(\dfrac{1}{2}a, 3\right)$, $(−5, 4b−1)$이 서로 같을 때, ab의 값을 구하시오.

9

점 $(5a+4, a−6)$은 x축 위의 점이고
점 $(1−3b, 2b+1)$은 y축 위의 점일 때, a, b의 값을 각각 구하시오.

10

네 점 A(−2, 3), B(−3, −3), C(3, −3), D(2, 3)을 꼭짓점으로 하는 사각형 ABCD의 넓이를 구하시오.

1

다음 점을 좌표평면 위에 나타내고, 표를 완성하시오.

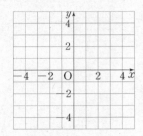

점의 좌표	x좌표의 부호	y좌표의 부호	사분면
A$(-1, 4)$	$-$	$+$	제2사분면
B$(2, 2)$			
C$(3, -4)$			
D$(-2, -3)$			
E$(-3, 2)$			

2

다음 | 보기 | 의 점에 대하여 물음에 답하시오.

┤ 보기 ├
A$(-2, -4)$ B$(0, -3)$
C$(-5, 3)$ D$\left(\dfrac{3}{2}, 5\right)$
E$(-8, -7)$ F$(4, -1)$
G$\left(\dfrac{7}{2}, -8\right)$ H$(1, 0)$
I$(0, 0)$ J$\left(-5, \dfrac{1}{5}\right)$

(1) 제1사분면 위의 점을 모두 고르시오.

(2) 제2사분면 위의 점을 모두 고르시오.

(3) 제3사분면 위의 점을 모두 고르시오.

(4) 제4사분면 위의 점을 모두 고르시오.

(5) 어느 사분면에도 속하지 않는 점을 모두 고르시오.

3

$a<0$, $b>0$일 때, 다음 ○ 안에 $+$, $-$ 중 알맞은 것을 쓰고, 주어진 점은 제몇 사분면 위의 점인지 말하시오.

(1) (a, b) ⇨ $(\bigcirc, \bigcirc)$

(2) (b, a) ⇨ $(\bigcirc, \bigcirc)$

(3) $(a, -b)$ ⇨ $(\bigcirc, \bigcirc)$

(4) $(-a, b)$ ⇨ $(\bigcirc, \bigcirc)$

(5) $(-a, -b)$ ⇨ $(\bigcirc, \bigcirc)$

4

점 (a, b)가 제3사분면 위의 점일 때, 다음 ○ 안에 $+$, $-$ 중 알맞은 것을 쓰고, 주어진 점은 제몇 사분면 위의 점인지 말하시오.

(1) (b, a) ⇨ (○, ○)

(2) $(a, -b)$ ⇨ (○, ○)

(3) $(-a, b)$ ⇨ (○, ○)

(4) $(-a, -b)$ ⇨ (○, ○)

5

$ab<0$, $a>b$일 때, 다음 점은 제몇 사분면 위의 점인지 말하시오.

(1) (a, b)

(2) (b, a)

(3) $(a, -b)$

(4) $(-a, b)$

대표 예제 한번 더!

6

다음 |보기| 중 점 $(4, -3)$과 같은 사분면 위의 점을 모두 고르시오.

| 보기 |

ㄱ. $(2, 1)$ ㄴ. $(-5, -4)$

ㄷ. $(-1, 2)$ ㄹ. $(0, -5)$

ㅁ. $(-4, -3)$ ㅂ. $\left(\dfrac{1}{3}, -8\right)$

ㅅ. $(0, 0)$ ㅇ. $(5, 1)$

ㅈ. $(2, -4)$ ㅊ. $(-3, 0)$

7

$a<0$, $b<0$일 때, 다음 중 제1사분면 위의 점은?

① (b, a) ② (a, ab)

③ $(-b, a)$ ④ $(-a, -b)$

⑤ $(a+b, b)$

8

점 (a, b)가 제2사분면 위의 점일 때, 점 $(-a, ab)$는 제몇 사분면 위의 점인지 말하시오.

1

다음 |보기|의 그래프는 집에서 떨어진 거리를 시간에 따라 나타낸 것이다. 상황에 알맞은 그래프를 |보기|에서 고르시오.

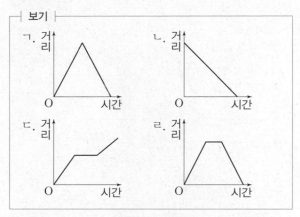

(1) 상희는 집에서 자전거를 타고 마트에 가다가 지갑이 없어 다시 집으로 돌아왔다.

(2) 성한이는 집에서 자전거를 타고 공원에 가서 쉬다가 집으로 돌아왔다.

(3) 지윤이는 집에서 할머니 댁까지 자전거를 타고 가다가 중간에 바퀴가 고장이 나서 잠시 쉬었다. 그 후 걸어서 할머니 댁까지 갔다.

(4) 기은이는 도서관에서 집으로 곧바로 갔다.

2

다음 |보기|의 그래프는 용기에 일정한 속력으로 물을 채울 때, 물의 높이를 시간에 따라 나타낸 것이다. 상황에 알맞은 그래프를 |보기|에서 고르시오.

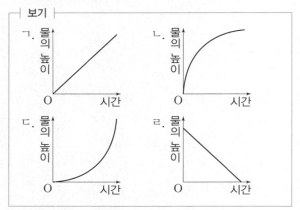

(1) 용기의 폭이 일정할 때, 물의 높이는 일정하게 증가한다.

(2) 용기의 폭이 위로 갈수록 좁아지면 물의 높이는 점점 빠르게 증가한다.

(3) 용기의 폭이 위로 갈수록 넓어지면 물의 높이는 점점 느리게 증가한다.

3

다음 그래프는 민우가 집에서 출발하여 문구점까지 걸어갔다가 같은 길을 걸어서 집으로 돌아올 때까지 집에서 떨어진 거리를 시간에 따라 나타낸 것이다. 물음에 답하시오.

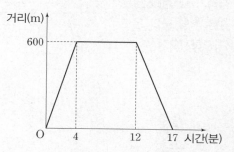

(1) 문구점은 민우네 집에서 몇 m 떨어진 곳에 있는지 구하시오.

(2) 민우는 집에서 출발한 지 몇 분 후에 문구점에 도착했는지 구하시오.

(3) 민우가 문구점에 머문 시간을 구하시오.

(4) 민우가 문구점에서 출발하여 집으로 돌아오는 데 걸린 시간을 구하시오.

4

다음 그래프는 윤아가 집에서 출발한 후 x분 동안 이동한 거리를 y km라 할 때, x와 y 사이의 관계를 나타낸 것이다. 물음에 답하시오.

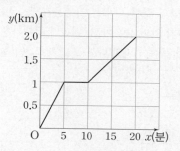

(1) 윤아가 집에서 출발한 후 5분 동안 이동한 거리는 몇 km인지 구하시오.

(2) 윤아가 이동한 거리가 1.5 km일 때는 집에서 출발한 지 몇 분 후인지 구하시오.

(3) 윤아가 집에서 출발한 후 처음 멈췄을 때, 집에서 떨어진 거리를 구하시오.

(4) 윤아가 집에서 출발한 후 멈춰 있다가 다시 이동하기 시작한 것은 집에서 출발한 지 몇 분 후인지 구하시오.

대표 예제 한번 더!

5

다음 상황에 알맞은 그래프는?

> 일정한 양의 물이 나오는 가축용 자동 급수기가 있다. 급수기 안의 물통이 빌 때까지 급수기를 계속 사용하다가 물통이 비면 다시 물을 채워 사용한다.

①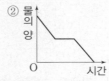

② 물의 양 / 시간

③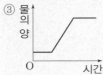

④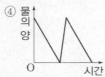

⑤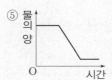

6

다음과 같은 물통에 매분 일정한 속력으로 물을 채울 때, 각 물통과 그 물통의 물의 높이를 시간에 따라 나타낸 그래프로 알맞은 것을 연결하시오.

(1) •

(가) 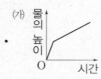 •

(2) •

(나) •

(3) •

(다) 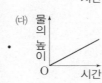 •

7

물을 끓이기 시작한 지 x분 후의 물의 온도를 y °C라 할 때, x와 y 사이의 관계는 오른쪽 그래프와 같다. 물을 끓이기 시작한 지 4분 후와 8분 후의 물의 온도의 차를 구하시오.

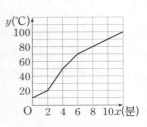

8

해준이는 주말에 공원에서 연을 날렸다. 다음 그래프는 해준이가 날린 연의 지면으로부터의 높이를 시간에 따라 나타낸 것이다. 이 그래프에 대한 설명으로 옳지 않은 것을 모두 고르면? (정답 2개)

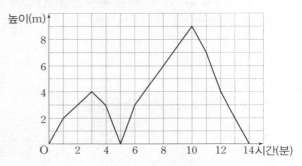

① 해준이가 연을 날린 시간은 총 14분이다.

② 연이 지면에 닿았다가 바로 다시 떠오른 것은 연을 날리기 시작한 지 5분 후이다.

③ 연의 지면으로부터의 높이가 4 m가 되는 경우는 총 4번이다.

④ 연의 지면으로부터의 높이가 처음으로 6 m가 되는 것은 연을 날리기 시작한 지 7분 후이다.

⑤ 연이 가장 높게 날았을 때의 지면으로부터의 높이는 9 m이다.

1

매분 50 L씩 물을 넣어 수영장을 채우려고 한다. x분 후에 채워진 물의 양을 y L라 할 때, 다음 물음에 답하시오.

(1) 다음 표를 완성하시오.

x	1	2	3	4	...
y					...

(2) y가 x에 정비례하는지 말하시오.

(3) x와 y 사이의 관계식을 구하시오.

2

다음 중 y가 x에 정비례하는 것은 ○표, 정비례하지 <u>않는</u> 것은 ×표를 (   ) 안에 쓰시오.

(1) $y=6x$ (   )

(2) $y=\dfrac{2}{x}$ (   )

(3) $\dfrac{y}{x}=5$ (   )

(4) $xy=-4$ (   )

(5) $y=x-1$ (   )

(6) $y=\dfrac{x}{5}$ (   )

3

다음을 x와 y 사이의 관계식으로 나타내고, y가 x에 정비례하는지 정비례하지 않는지 ○표 하시오.

(1) 시속 x km로 2시간 동안 이동한 거리 y km
⇨ 관계식: _____
y가 x에 (정비례한다, 정비례하지 않는다).

(2) 전체 쪽수가 100쪽인 책을 하루에 10쪽씩 x일 동안 읽고 남은 쪽수 y쪽
⇨ 관계식: _____
y가 x에 (정비례한다, 정비례하지 않는다).

(3) 넓이가 30 cm²인 직사각형의 가로의 길이 x cm와 세로의 길이 y cm
⇨ 관계식: _____
y가 x에 (정비례한다, 정비례하지 않는다).

(4) 1 m의 무게가 20 g인 철사 x m의 무게 y g
⇨ 관계식: _____
y가 x에 (정비례한다, 정비례하지 않는다).

대표 예제 한번 더!

4

다음 중 y가 x에 정비례하는 것은?

① $y=2x-1$ ② $xy=2$ ③ $y=\dfrac{3}{x}$

④ $y=-\dfrac{1}{3}x$ ⑤ $y=-\dfrac{1}{x}$

5

y가 x에 정비례하고, $x=3$일 때 $y=6$이다. $x=-2$일 때, y의 값을 구하시오.

1

x의 값의 범위가 다음과 같을 때, 정비례 관계 $y=2x$의 그래프를 좌표평면 위에 그리시오.

(1) x의 값의 범위가 -2, -1, 0, 1, 2일 때

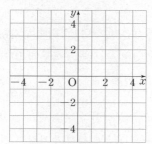

(2) x의 값의 범위가 -2, $-\dfrac{3}{2}$, -1, $-\dfrac{1}{2}$, 0, $\dfrac{1}{2}$, 1, $\dfrac{3}{2}$, 2일 때

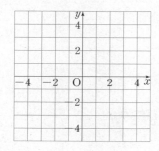

(3) x의 값의 범위가 수 전체일 때

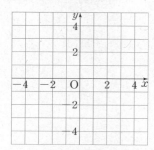

2

x의 값의 범위가 수 전체일 때, 다음 ☐ 안에 알맞은 것을 쓰고, 정비례 관계의 그래프를 좌표평면 위에 그리시오.

(1) $y=-3x$

⇨ 두 점 $(0, \boxed{})$, $(1, \boxed{})$을 지나는 직선이다.

⇨ 제☐사분면과 제☐사분면을 지난다.

⇨ 오른쪽 ☐로 향하는 직선이다.

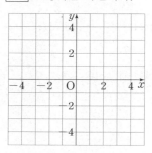

(2) $y=\dfrac{1}{4}x$

⇨ 두 점 $(0, \boxed{})$, $(4, \boxed{})$을 지나는 직선이다.

⇨ 제☐사분면과 제☐사분면을 지난다.

⇨ 오른쪽 ☐로 향하는 직선이다.

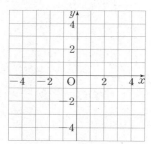

(3) $y=-\dfrac{3}{2}x$

⇨ 두 점 $(0, \boxed{})$, $(-2, \boxed{})$을 지나는 직선이다.

⇨ 제☐사분면과 제☐사분면을 지난다.

⇨ 오른쪽 ☐로 향하는 직선이다.

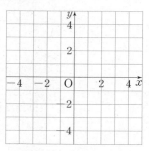

•정답 및 해설 93쪽

3

다음 점이 정비례 관계 $y=-4x$의 그래프 위에 있으면 ○표, 그래프 위에 있지 <u>않으면</u> ×표를 ( ) 안에 쓰시오.

(1) $(-3, -12)$　　　　　　　　　　(　)

(2) $\left(-\dfrac{1}{2}, 2\right)$　　　　　　　　　　(　)

(3) $(0, -4)$　　　　　　　　　　(　)

(4) $\left(\dfrac{3}{2}, -6\right)$　　　　　　　　　　(　)

4

다음 그래프가 나타내는 x와 y 사이의 관계식을 구하시오.

(1)
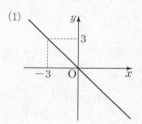

(2)
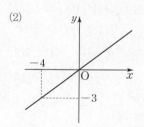

(3)
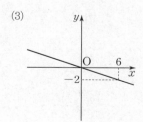

5

지선이가 자전거를 타고 분속 600 m로 공원에 가려고 한다. x분 동안 간 거리를 y m라 할 때, 다음 물음에 답하시오.

(1) x와 y 사이의 관계식을 구하시오.

(2) 지선이가 자전거를 타고 5분 동안 간 거리는 몇 km인지 구하시오.

6

높이가 84 cm인 원기둥 모양의 빈 물통에 물을 넣을 때, 물의 높이는 매분 3 cm씩 일정하게 증가한다고 한다. 물을 넣기 시작한 지 x분 후의 물의 높이를 y cm라 할 때, 다음 물음에 답하시오.

(1) x와 y 사이의 관계식을 구하시오.

(2) 물을 넣기 시작한 지 12분 후의 물의 높이는 몇 cm 인지 구하시오.

7

1 L의 휘발유로 12 km를 달리는 자동차가 x L의 휘발유로 달릴 수 있는 거리를 y km라 할 때, 다음 물음에 답하시오.

(1) x와 y 사이의 관계식을 구하시오.

(2) 이 자동차가 108 km를 가는 데 필요한 휘발유의 양은 몇 L인지 구하시오.

대표 예제 한번 더!

8

다음 중 정비례 관계 $y=2x$의 그래프에 대한 설명으로 옳은 것을 모두 고르면? (정답 2개)

① 원점을 지나지 않는다.
② 점 $(-1, 2)$를 지난다.
③ 오른쪽 아래로 향하는 직선이다.
④ 제1사분면과 제3사분면을 지난다.
⑤ x의 값이 증가하면 y의 값도 증가한다.

9

다음 정비례 관계의 그래프 중 지나는 사분면이 나머지 넷과 다른 하나는?

① $y=\dfrac{1}{2}x$ ② $y=-\dfrac{2}{5}x$ ③ $y=7x$

④ $y=x$ ⑤ $y=\dfrac{12}{11}x$

10

정비례 관계 $y=\dfrac{4}{3}x$의 그래프가 점 $(-6, a)$를 지날 때, a의 값을 구하시오.

11

다음 중 오른쪽 그래프가 지나는 점이 아닌 것은?

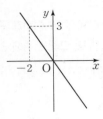

① $(-4, 6)$ ② $\left(-1, \dfrac{3}{2}\right)$

③ $\left(-\dfrac{1}{3}, \dfrac{1}{2}\right)$ ④ $(2, -3)$

⑤ $(6, -6)$

12

반지름의 길이가 x cm인 원의 둘레의 길이를 y cm라 할 때, 다음 중 옳지 않은 것은?
(단, 원주율은 3.14로 계산한다.)

① y는 x에 정비례한다.
② x의 값이 3배가 되면 y의 값도 3배가 된다.
③ $\dfrac{y}{x}$의 값은 6.28로 항상 일정하다.
④ x와 y 사이의 관계를 식으로 나타내면 $y=3.14x$ 이다.
⑤ 원의 반지름의 길이가 2 cm일 때, 원의 둘레의 길이 는 12.56 cm이다.

1

빵 36개를 x명에게 똑같이 나누어 주려고 한다. 한 명이 받는 빵의 개수를 y개라 할 때, 다음 물음에 답하시오.

(1) 다음 표를 완성하시오.

x	1	2	3	4	$\cdots$	36
y					$\cdots$	

(2) y가 x에 반비례하는지 말하시오.

(3) x와 y 사이의 관계식을 구하시오.

2

다음 중 y가 x에 반비례하는 것은 ○표, 반비례하지 <u>않는</u> 것은 ×표를 ( ) 안에 쓰시오.

(1) $y=\dfrac{x}{3}$　　　　　　　　　　(　)

(2) $xy=5$　　　　　　　　　　(　)

(3) $y=\dfrac{2}{x}$　　　　　　　　　　(　)

(4) $\dfrac{y}{x}=7$　　　　　　　　　　(　)

(5) $y=-\dfrac{1}{x}+1$　　　　　　　(　)

(6) $y=-\dfrac{9}{x}$　　　　　　　　　(　)

3

다음을 x와 y 사이의 관계식으로 나타내고, y가 x에 반비례하는지 반비례하지 않는지 ○표 하시오.

(1) 길이가 50 cm인 끈을 x명이 똑같은 길이로 나누어 가질 때, 한 명이 갖게 되는 끈의 길이 y cm
　⇨ 관계식: ＿＿＿＿＿＿＿＿＿＿
　　y가 x에 (반비례한다, 반비례하지 않는다).

(2) 밑변의 길이가 x cm이고 높이가 6 cm인 삼각형의 넓이 y cm²
　⇨ 관계식: ＿＿＿＿＿＿＿＿＿＿
　　y가 x에 (반비례한다, 반비례하지 않는다).

(3) 넓이가 40 cm²인 평행사변형의 밑변의 길이 x cm와 높이 y cm
　⇨ 관계식: ＿＿＿＿＿＿＿＿＿＿
　　y가 x에 (반비례한다, 반비례하지 않는다).

(4) 시속 x km로 16 km를 이동하는 데 걸린 시간 y시간
　⇨ 관계식: ＿＿＿＿＿＿＿＿＿＿
　　y가 x에 (반비례한다, 반비례하지 않는다).

대표 예제 **한번 더!**

4

다음 중 y가 x에 반비례하는 것은?

① $y=2x$　　② $y=\dfrac{1}{x}+3$　　③ $y=5$

④ $xy=3$　　⑤ $x+y=3$

5

y가 x에 반비례하고, $x=\dfrac{1}{2}$일 때 $y=-16$이다. 다음 중 옳은 것을 모두 고르면? (정답 2개)

① $y=\dfrac{1}{2}$일 때, $x=-4$이다.

② $x=2$일 때, $y=-4$이다.

③ xy의 값은 -8로 항상 일정하다.

④ x의 값이 2배가 되면 y의 값도 2배가 된다.

⑤ x와 y 사이의 관계를 식으로 나타내면 $y=-8x$이다.

반비례 관계의 그래프와 활용

1

x의 값의 범위가 다음과 같을 때, 반비례 관계 $y=\dfrac{4}{x}$의 그래프를 좌표평면 위에 그리시오.

(1) x의 값의 범위가 -4, -2, -1, 1, 2, 4일 때

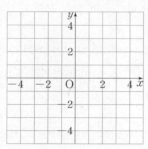

(2) x의 값의 범위가 -4, -3, -2, $-\dfrac{3}{2}$, -1, 1, $\dfrac{3}{2}$, 2, 3, 4일 때

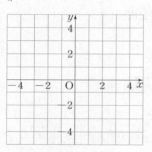

(3) x의 값의 범위가 0이 아닌 수 전체일 때

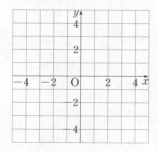

2

x의 값의 범위가 0이 아닌 수 전체일 때, 다음 ☐ 안에 알맞은 수를 쓰고, 반비례 관계의 그래프를 좌표평면 위에 그리시오.

(1) $y=-\dfrac{4}{x}$

⇨ 네 점 $(-4,\ \boxed{})$, $(-1,\ \boxed{})$, $(1,\ \boxed{})$, $(4,\ \boxed{})$ 을 지나는 한 쌍의 매끄러운 곡선이다.

⇨ 제☐사분면과 제☐사분면을 지난다.

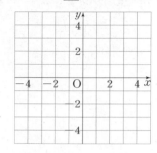

(2) $y=\dfrac{8}{x}$

⇨ 네 점 $(-4,\ \boxed{})$, $(-2,\ \boxed{})$, $(2,\ \boxed{})$, $(4,\ \boxed{})$ 를 지나는 한 쌍의 매끄러운 곡선이다.

⇨ 제☐사분면과 제☐사분면을 지난다.

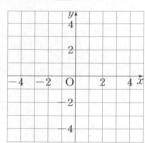

(3) $y=-\dfrac{12}{x}$

⇨ 네 점 $(-4,\ \boxed{})$, $(-3,\ \boxed{})$, $(3,\ \boxed{})$, $(4,\ \boxed{})$ 을 지나는 한 쌍의 매끄러운 곡선이다.

⇨ 제☐사분면과 제☐사분면을 지난다.

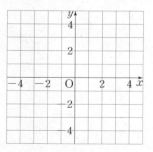

• 정답 및 해설 95쪽

3

다음 점이 반비례 관계 $y=\dfrac{6}{x}$의 그래프 위에 있으면 ○표, 그래프 위에 있지 <u>않으면</u> ×표를 (   ) 안에 쓰시오.

(1) $(-3,\ 2)$ (   )

(2) $\left(-1,\ -\dfrac{1}{6}\right)$ (   )

(3) $(1,\ 6)$ (   )

(4) $(2,\ 3)$ (   )

4

다음 그래프가 나타내는 x와 y 사이의 관계식을 구하시오.

(1)

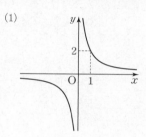

(2)

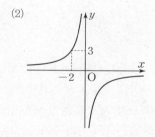

(3)

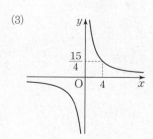

5

피자 12조각을 x명이 똑같이 나누어 먹으면 한 명당 y조각씩 먹을 수 있다고 할 때, 다음 물음에 답하시오.

(1) x와 y 사이의 관계식을 구하시오.

(2) 4명이 똑같이 나누어 먹으면 한 명당 몇 조각씩 먹을 수 있는지 구하시오.

6

넓이가 $20\,\text{cm}^2$인 직사각형의 가로의 길이가 $x\,\text{cm}$이고 세로의 길이가 $y\,\text{cm}$일 때, 다음 물음에 답하시오.

(1) x와 y 사이의 관계식을 구하시오.

(2) 직사각형의 가로의 길이가 $6\,\text{cm}$일 때, 세로의 길이는 몇 cm인지 구하시오.

7

$240\,\text{km}$만큼 떨어져 있는 두 지점 A, B가 있다. 자동차를 타고 지점 A에서 출발하여 지점 B까지 시속 $x\,\text{km}$로 갈 때, 걸린 시간을 y시간이라 한다. 다음 물음에 답하시오.

(1) x와 y 사이의 관계식을 구하시오.

(2) 지점 A에서 지점 B까지 가는 데 4시간이 걸렸다면 자동차는 시속 몇 km로 달렸는지 구하시오.

대표 예제 한번 더!

8

다음 중 반비례 관계 $y=-\dfrac{4}{x}$의 그래프에 대한 설명으로 옳지 <u>않은</u> 것을 모두 고르면? (정답 2개)

① 원점을 지나지 않는다.

② 점 $(4, 1)$을 지난다.

③ 한 쌍의 매끄러운 곡선이다.

④ 제2사분면과 제4사분면을 지난다.

⑤ $x<0$일 때, x의 값이 증가하면 y의 값은 감소한다.

9

다음 |보기|의 정비례 또는 반비례 관계의 그래프 중 제4사분면을 지나는 것은 모두 몇 개인지 구하시오.

┌ 보기 ┐

$$y=-\frac{6}{x}, \quad y=\frac{1}{12}x, \quad y=\frac{3}{x},$$

$$y=-\frac{x}{7}, \quad y=5x, \quad y=-\frac{15}{x},$$

$$y=-\frac{3}{4}x, \quad y=\frac{9}{x}, \quad y=\frac{x}{5}$$

10

다음 중 반비례 관계 $y=-\dfrac{10}{x}$의 그래프가 지나는 점이 <u>아닌</u> 것은?

① $(-10, 1)$　　② $(-5, -2)$　　③ $(-1, 10)$

④ $(2, -5)$　　⑤ $(10, -1)$

11

오른쪽 그림과 같은 그래프가 점 $(-2, a)$를 지날 때, a의 값을 구하시오.

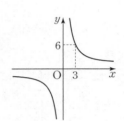

12

크기가 같은 정사각형 모양의 색종이 120장을 빈틈없이 붙여서 직사각형 모양의 모자이크 작품을 만들려고 한다. 가로에 붙인 색종이의 수를 x장, 세로에 붙인 색종이의 수를 y장이라 하자. 세로에 붙인 색종이의 수가 15장일 때, 가로에 붙인 색종이의 수를 구하시오.

"수학이 쉬워지는 완벽한 솔루션"

완쓸 개념

메가스터디BOOKS

내용 문의 02-6984-6901 | 구입 문의 02-6984-6868,9 | www.megastudybooks.com

메가스터디북스 중등 시리즈

수능까지 이어지는 중학 국어 독해 기본서

메가스터디 중학 국어 독해 예비 중1~예비 고1

사회·과학 개념 독해	하루 2지문, 20일 완성! 중등 사회·과학 개념을 활용한 지문 독해 연습
비문학 독해	하루 2지문, 3주 완성! 범교과 지문·어휘 특화 코너로 비문학 마스터
문학 필수개념 독해	하루 2개념, 18일 완성! 101개 문학 필수개념 집중 학습

사회·과학 개념 　　 1~3권 　　 1~3권

수학 숙제만 제대로 해도 성적이 오른다!

수학숙제 예비 중1~중3

- 어떤 교재, 교과서와도 병행 사용이 가능한 만능 교재
- 중~중하위권 학생들도 혼공 가능한 부담제로 난이도·분량
- 단원별, 서술형 테스트 문제로 학교 내신 완벽 대비

전 학년 1, 2학기(6종)

하루 1장, 10주에 완성하는 기초 영문법과 구문

메가스터디 중학영어 1일 1문법 예비 중1~중1
메가스터디 고등영어 1일 1구문 중3~예비 고1

- 1권으로 완성하는 중학 기초 영문법과 고교 필수 구문
- <개념 Preview → 요일별 개념 학습 → Weekly Test → 개념 Review>의 단계로 빈틈없는 개념 학습
- 하루 1장씩, 10주 완성이 가능한 가벼운 학습 분량

문법, 구문 (2종)

엠베스트 장풍쌤이 알려주는 과학 백점 비법

백신 과학 학기별/영역별 통합 기본서 예비 중1~중3

| 학기별 | - 학교 시험 빈출 대표 유형 선별 & 실전 문제로 중등 과학 내신 완벽 대비 |
| 영역별 | - 단기간에 중 1, 2, 3 과학 전 과정을 영역별로 완벽 마스터 |

엠베스트 장풍 선생님 집필·강의

전 학년 1, 2학기(6종) 　　 물리학, 화학, 생명과학, 지구과학 (4종)

"수학이 쉬워지는 완벽한 솔루션"

완쓸 개념

진짜 공부 챌린지 내!/가/스/터/디

공부는 스스로 해야 실력이 됩니다. 아무리 뛰어난 스타강사도, 아무리 좋은 참고서도 학습자의 실력을 바로 높여 줄 수는 없습니다.
내가 무엇을 공부하고 있는지, 아는 것과 모르는 것은 무엇인지 스스로 인지하고 학습할 때 진짜 실력이 만들어집니다.
메가스터디북스는 스스로 하는 공부, 내가스터디를 응원합니다.
메가스터디북스는 여러분의 내가스터디를 돕는 좋은 책을 만듭니다.

메가스터디BOOKS

내용 문의 02-6984-6901 | **구입 문의** 02-6984-6868,9 | www.megastudybooks.com

53410

9 791129 710925
ISBN 979-11-297-1092-5

값 17,500원

 KC마크는 이 제품이 공통안전기준에 적합
하였음을 의미합니다.

완쏠 개념

"수학이 쉬워지는 완벽한 솔루션"

개념

중등수학

1-1

정답 및 해설

메가스터디BOOKS

"수학이 쉬워지는 완벽한 솔루션"

완쓸 개념

중등수학

1-1

정답 및 해설

1 소인수분해

개념 01 소수와 합성수
·8~9쪽

개념 확인하기

1 2, 3, 5, 7, 11, 13, 17, 19, 23, 29, 31, 37, 41, 43, 47
2 풀이 참조

대표 예제로 개념 익히기

예제1 소수: 37, 71, 113, 합성수: 9, 21, 46, 100
1-1 ③, ⑤
1-2 2, 3, 5, 7, 11, 13, 17, 19
예제2 (1) × (2) ○ (3) × (4) × (5) × (6) ○ (7) ○
2-1 ㄴ, ㄷ, ㅂ

개념 02 거듭제곱
·10~11쪽

개념 확인하기

1 풀이 참조

2 (1) 5^4 (2) $3^2 \times 7^3$ (3) $2^2 \times 5^3 \times 11$ (4) $\left(\dfrac{1}{4}\right)^3$
(5) $\left(\dfrac{1}{3}\right)^3 \times \left(\dfrac{1}{8}\right)^2$ (6) $\dfrac{1}{2 \times 3^2 \times 7^3}$

3 (1) 2^5 (2) 3^3 (3) 5^3 (4) 10^4 (5) $\left(\dfrac{1}{2}\right)^4$ (6) $\left(\dfrac{1}{7}\right)^2$

대표 예제로 개념 익히기

예제1 ⑤
1-1 ④　　　　**1-2** ④, ⑤
예제2 ④
2-1 12　　　　**2-2** 6

개념 03 소인수분해
·13~15쪽

개념 확인하기

1 풀이 참조
2 (1) 3^2, 소인수: 3 (2) $2^3 \times 3$, 소인수: 2, 3
(3) $2^3 \times 7$, 소인수: 2, 7 (4) $2 \times 3^2 \times 5$, 소인수: 2, 3, 5
3 (1) × (2) ○ (3) × (4) ○
4 풀이 참조
5 (1) 8개 (2) 6개 (3) 6개 (4) 9개

대표 예제로 개념 익히기

예제1 ③　　　　**1-1** ①, ⑤
예제2 5　　　　**2-1** 11
예제3 ⑤　　　　**3-1** ⑤
예제4 ①　　　　**4-1** (1) $3^2 \times 5$ (2) 5 (3) 15
예제5 ⑤　　　　**5-1** ㄱ, ㄷ, ㅂ
예제6 ③
6-1 ⑤　　　　**6-2** 2

개념 04 공약수와 최대공약수
·16~17쪽

개념 확인하기

1 풀이 참조
2 (1) 1, 2, 4 (2) 1, 2, 4, 5, 10, 20
(3) 1, 2, 4, 7, 14, 28 (4) 1, 2, 4, 8, 16, 32
3 (1) ○ (2) × (3) × (4) ○

대표 예제로 개념 익히기

예제1 ⑤　　　　**1-1** ①, ③　　　　**1-2** 8개
예제2 ③　　　　**2-1** ㄱ, ㄴ, ㅁ　　　**2-2** ④

개념 05 최대공약수 구하기
·18~19쪽

개념 확인하기

1 풀이 참조

대표 예제로 개념 익히기

예제1 ②　　　　**1-1** 2×3　　　**1-2** 2×3^2
예제2 ⑤　　　　**2-1** ⑤　　　　**2-2** 8개

개념 06 공배수와 최소공배수
·20~21쪽

개념 확인하기

1 풀이 참조　　　　**2** 풀이 참조
3 (1) 16, 32, 48 (2) 35, 70, 105 (3) 54, 108, 162

대표 예제로 개념 익히기

예제1 18, 36, 63, 27
1-1 28, 56, 84　　**1-2** ④
예제2 3개
2-1 2개　　　　**2-2** ④

개념 07 최소공배수 구하기
·22~23쪽

개념 확인하기

1 풀이 참조

대표 예제로 개념 익히기

예제1 $2^2 \times 3^2 \times 5^2$　　**1-1** ⑤
예제2 ②　　　　**2-1** ④
예제3 5　　　　**3-1** 7

실전 문제로 단원 마무리하기
·24~26쪽

1 6	**2** ①, ④	**3** ⑤	**4** 8	**5** ⑤
6 ②	**7** ④	**8** ④	**9** 12개	**10** ③, ⑤
11 6개	**12** 4	**13** ②	**14** ②	**15** ①, ④
16 144	**17** ④	**18** 7	**19** 720	**20** 8
21 63				

❶ ✕　❷ ✕　❸ ○　❹ ✕　❺ ✕　❻ ✕　❼ ○　❽ ✕

❾ ○

2 정수와 유리수

개념 08 양수와 음수　　　　　　·30~31쪽

개념 확인하기

1 (1) −12명　(2) +3000원　(3) −7위　(4) +2시간

　(5) −140 m　(6) +17 ℃

2 (1) +7　(2) −3　(3) +0.2　(4) $-\dfrac{1}{2}$

3 (1) +12, +4　(2) −1, −5, −100

대표 예제로 개념 익히기

예제1 ④　　　　　　　　1-1 ④

예제2 (1) +9, 양수　(2) −7, 음수

　　　(3) $+\dfrac{3}{5}$, 양수　(4) −1.5, 음수

2-1 5　　　　　　　　2-2 ㄴ, ㄹ

개념 09 정수와 유리수　　　　　　·32~33쪽

개념 확인하기

1 (1) +3, $\dfrac{10}{2}$　(2) −7　(3) −7, +3, 0, $\dfrac{10}{2}$

　(4) +3, $\dfrac{10}{2}$, $\dfrac{8}{3}$　(5) −7, −1.4, $-\dfrac{3}{4}$

　(6) −1.4, $-\dfrac{3}{4}$, $\dfrac{8}{3}$

2 (1) ○　(2) ○　(3) ✕　(4) ○

대표 예제로 개념 익히기

예제1 0.6, $-\dfrac{4}{3}$　　　　1-1 ④

예제2 ㄱ, ㄹ　　　　　　2-1 ④

개념 10 수직선 / 절댓값　　　　　·34~36쪽

개념 확인하기

1 (1) −4　(2) $-\dfrac{1}{2}$　(3) $+\dfrac{1}{4}$　(4) $+\dfrac{4}{3}$

2 (1) 5　(2) 1　(3) 0　(4) 1.5　(5) $\dfrac{2}{5}$　(6) $\dfrac{1}{3}$

3 (1) +10, −10　(2) 0　(3) −4.2

대표 예제로 개념 익히기

예제1 ④

1-1 ①, ④　　　　　　1-2 ④

예제2 $\dfrac{25}{6}$

2-1 $\dfrac{13}{2}$　　　　　　2-2 6, 0

예제3 ②, ④　　　　　　3-1 ㄱ, ㄹ

예제4 6, −6

4-1 ③　　　　　　　　4-2 8

개념 11 수의 대소 관계　　　　　·37~38쪽

개념 확인하기

1 (1) >　(2) <　(3) >　(4) <

　(5) $+\dfrac{27}{36}$, $+\dfrac{28}{36}$, <　(6) 15, 8, <

2 (1) ≥　(2) <, ≤　(3) ≤, <　(4) ≤, ≤

대표 예제로 개념 익히기

예제1 ③, ⑤

1-1 ⑤　　　　　　　　1-2 $-\dfrac{8}{3}$, −1, 0, $\dfrac{1}{4}$, +1.5

예제2 ③

2-1 ㄱ, ㄷ　　　　　　2-2 6개

개념 12 정수와 유리수의 덧셈　　　·39~40쪽

개념 확인하기

1 (1) +9　(2) −6　(3) $-\dfrac{6}{5}$　(4) $+\dfrac{1}{10}$

　(5) −0.4　(6) −5.8

2 (1) ㈎ 덧셈의 교환법칙, ㈏ 덧셈의 결합법칙

　(2) ㈎ 덧셈의 교환법칙, ㈏ 덧셈의 결합법칙

대표 예제로 개념 익히기

예제1 ④, ⑤

1-1 ②　　　　　　　　1-2 $-\dfrac{17}{12}$

예제2 풀이 참조　　　　2-1 ④

개념 13 정수와 유리수의 뺄셈　　　·41~43쪽

개념 확인하기

1 (1) +5　(2) −9　(3) −1.6　(4) $+\dfrac{11}{15}$

2 풀이 참조

대표 예제로 개념 익히기

예제1 ②

1-1 ②　　　　　　　　1-2 ㄴ, ㄷ

예제2 (1) −6　(2) $+\dfrac{7}{2}$　(3) $-\dfrac{23}{4}$

2-1 ㄴ, ㄷ, ㄱ　　　　2-2 $a=+3$, $b=+\dfrac{3}{2}$

예제3 ⑤

3-1 (1) -6 (2) $-\dfrac{3}{4}$ (3) 0 (4) 0

예제4 ④

4-1 (1) -8 (2) -2.5 (3) $\dfrac{19}{12}$ (4) $-\dfrac{1}{6}$

4-2 $\dfrac{21}{10}$

개념 14 정수와 유리수의 곱셈　•44~45쪽

개념 확인하기

1 (1) $+$, $+$, 24 (2) $+$, $+$, 24

　(3) $-$, $-$, 24 (4) $-$, $-$, 24

2 (1) $+12$ (2) $+50$ (3) $+\dfrac{3}{2}$ (4) $+\dfrac{2}{3}$

　(5) $+1$ (6) $+\dfrac{1}{4}$

3 (1) -28 (2) -18 (3) $-\dfrac{1}{2}$ (4) $-\dfrac{5}{3}$

　(5) -6.5 (6) $-\dfrac{1}{15}$

대표 예제로 개념 익히기

예제1 ③

1-1 ②, ⑤　　　　　　**1-2** ㄹ, ㅁ

예제2 ①

2-1 $-\dfrac{23}{6}$　　　　**2-2** $-\dfrac{35}{12}$

개념 15 곱셈의 계산 법칙 / 세 수 이상의 곱셈　•46~47쪽

개념 확인하기

1 ㈎ 곱셈의 교환법칙, ㈏ 곱셈의 결합법칙

2 (1) $+140$ (2) -30 (3) -810 (4) $+192$

　(5) $-\dfrac{16}{3}$ (6) $+\dfrac{1}{3}$

대표 예제로 개념 익히기

예제1 -3, -3, $-\dfrac{4}{3}$, $+\dfrac{4}{15}$ /

　　㈎ 곱셈의 교환법칙, ㈏ 곱셈의 결합법칙

1-1 ②　　　　　　**1-2** $-\dfrac{4}{9}$

예제2 ⑤

2-1 $-\dfrac{12}{5}$　　　　**2-2** $-\dfrac{1}{6}$

개념 16 거듭제곱의 계산 / 분배법칙　•48~49쪽

개념 확인하기

1 (1) $+81$ (2) -81 (3) $+36$ (4) -36

　(5) -1 (6) $+1$ (7) $-\dfrac{1}{8}$ (8) $+\dfrac{1}{16}$

---

2 (1) 100, 4, 1248 (2) 100, 1, 1616

　(3) 37, 3700 (4) -7, -700

대표 예제로 개념 익히기

예제1 ⑤

1-1 ⑤　　　　　　**1-2** 30

예제2 6, 6, 90, 1590

2-1 (1) -465 (2) 11 (3) -416 (4) 9.2

2-2 90

개념 17 정수와 유리수의 나눗셈 / 혼합 계산　•51~53쪽

개념 확인하기

1 (1) $+$, $+$, 5 (2) $-$, $-$, 4 (3) $+$, $+$, 5 (4) $-$, $-$, 6

2 (1) $\dfrac{1}{3}$ (2) $-\dfrac{1}{2}$ (3) 2 (4) $-\dfrac{3}{4}$ (5) $\dfrac{10}{9}$ (6) $\dfrac{5}{7}$

3 (1) $+2$ (2) $+5$ (3) -2 (4) -7 (5) $+10$ (6) $-\dfrac{1}{6}$

　(7) $+\dfrac{4}{7}$ (8) $-\dfrac{2}{15}$

4 (1) 4 (2) -6 (3) 16 (4) 3

5 (1) $\dfrac{13}{6}$ (2) 6

대표 예제로 개념 익히기

예제1 ⑤

1-1 ㄴ, ㄷ　　　　　　**1-2** $-\dfrac{2}{3}$

예제2 ⑤

2-1 ②　　　　　　**2-2** ⑤

예제3 ⑤

3-1 (1) ㉠ (2) 36　　　　**3-2** 48

예제4 (1) ㉢, ㉡, ㉣, ㉤, ㉠ (2) 22

4-1 (1) 14 (2) -45　　　**4-2** -4

실전 문제로 단원 마무리하기　•54~56쪽

1 ㉡, ㉣　**2** 11　**3** ③　**4** ③　**5** ④

6 ①, ③　**7** 미술관　**8** 4　**9** $-\dfrac{19}{6}$　**10** ②

11 대전, 제주　　　**12** A　**13** $+\dfrac{5}{8}$

14 (1) $+30$ (2) -3　**15** ④　　**16** 25　　**17** -3

18 ⑤　　**19** 2　　**20** (1) $-\dfrac{4}{5}$ (2) $-\dfrac{37}{15}$

OX 문제로 개념 점검!　•57쪽

❶ ○　❷ ✕　❸ ○　❹ ✕　❺ ○　❻ ○　❼ ✕　❽ ○

❾ ✕

3 문자의 사용과 식

개념18 문자의 사용 ·60~61쪽

개념 확인하기

1 (1) $3ab$ (2) $0.1xy$ (3) x^3y^2 (4) $-5(a+b)$ (5) $-\dfrac{2}{a}$

(6) $\dfrac{x}{yz}$ (7) $\dfrac{a}{b+c}$ (8) $\dfrac{x}{3}+\dfrac{7}{y}$ (9) $\dfrac{3a}{x}$ (10) $-\dfrac{2x}{y}$

2 (1) $1500a$원 (2) $4a+3b$ (3) $\dfrac{a+b}{2}$점

(4) $3x\,\mathrm{cm}$ (5) $80x\,\mathrm{km}$

대표 예제로 개념 익히기

예제1 ㄱ, ㄴ, ㅁ   1-1 ②, ⑤

예제2 ⑤   2-1 ㄱ, ㄷ

개념19 대입과 식의 값 ·62~63쪽

개념 확인하기

1 (1) 0, 1 (2) 2, 11 (3) 4, 21 (4) $\dfrac{1}{5}$, 2

(5) -1, -4 (6) -3, -14

2 (1) 1 (2) -37 (3) 3 (4) 1 (5) 13 (6) 21

3 (1) $\dfrac{1}{2}$, 2, 2 (2) -5

대표 예제로 개념 익히기

예제1 (1) 3 (2) $\dfrac{10}{3}$ (3) 0 (4) -3

1-1 ㅁ

예제2 ④   2-1 (1) 9 (2) -4

예제3 초속 $343\,\mathrm{m}$ 3-1 $40\,\mathrm{m}$

개념20 다항식 / 일차식 ·64~65쪽

개념 확인하기

1 풀이 참조   **2** 풀이 참조

대표 예제로 개념 익히기

예제1 ①, ④

1-1 ④   1-2 ㄱ, ㄷ, ㅁ

예제2 ③

2-1 ③, ⑤   2-2 $a=-3$, $b\neq2$

개념21 일차식과 수의 곱셈, 나눗셈 ·66~67쪽

개념 확인하기

1 (1) $12a$ (2) $-42x$ (3) $10a$ (4) $-\dfrac{5}{3}x$

(5) $4x$ (6) $-2a$ (7) $5a$ (8) $-12x$

2 (1) $3x+12$ (2) $-10a+2$ (3) $4a+8$ (4) $-15+35b$

(5) $7-3a$ (6) $-3x-2$ (7) $4y+14$ (8) $-\dfrac{12}{5}a+15$

대표 예제로 개념 익히기

예제1 ④   1-1 ④   1-2 ⑤

예제2 ③

2-1 (1) $-6a+2$ (2) $-4b+6$

(3) $3x-\dfrac{9}{2}$ (4) $10y-\dfrac{5}{2}$

2-2 -12

개념22 동류항의 계산 ·68~69쪽

개념 확인하기

1 (1) × (2) ○ (3) × (4) ○

2 (1) 7, 2, 9 (2) 7, 2, 5

3 (1) 3, 5 (2) $6x$ (3) $2a$ (4) $4x$

(5) $-2x-3$ (6) $-a-b$

대표 예제로 개념 익히기

예제1 y와 $-\dfrac{1}{3}y$, 6과 -10

1-1 ④   1-2 $-2x$, $\dfrac{1}{5}x$

예제2 ②, ④   2-1 ⑤

개념23 일차식의 덧셈과 뺄셈 ·70~71쪽

개념 확인하기

1 (1) $3x-4$ (2) $a+1$ (3) $-x+1$ (4) $3a+5$

2 (1) $-a-11$ (2) $17x+6$ (3) $-4a+13$

(4) $12a-7$ (5) $-2x+3$ (6) $5x+6$

3 (1) $8x+1$ (2) $-9a+3$

4 (1) $-$ (2) $5x-10$ (3) $8x-16$

대표 예제로 개념 익히기

예제1 ②

1-1 ③   1-2 1

예제2 (1) $6a+5$ (2) $x+8$ (3) $x-5$

2-1 ④

2-2 (1) $-2x+8$ (2) $-6x+11$

개념24 복잡한 일차식의 덧셈과 뺄셈 ·72~73쪽

개념 확인하기

1 (1) x, 3, 14, $\dfrac{1}{3}$ (2) $\dfrac{6}{5}a-\dfrac{7}{10}$ (3) $-\dfrac{17}{12}x-\dfrac{19}{12}$

2 (1) $3x$, $-2x$, $2x$, $7x$ (2) $3x-3$ (3) $2a-3$

대표 예제로 개념 익히기

예제1 $\dfrac{5}{3}a+\dfrac{8}{3}$

1-1 (1) ㉠, 이유는 풀이 참조 (2) $\dfrac{1}{6}x+\dfrac{13}{6}$

예제2 ④   2-1 $5x-7$ 2-2 19

1 ②, ③ **2** ④　　**3** ③, ④ **4** $(4000-300x)$ m

5 ③　　**6** ⑤　　**7** 148회 **8** ㄴ, ㄷ **9** 3개

10 12　　**11** ③　　**12** ④　　**13** A: 1개, B: 2개

14 0　　**15** $-14x-1$　　**16** $-2a+12$

17 $A=10x-4$, $B=-2x$　　**18** -8 **19** 30

20 (1) $\dfrac{(a+b)h}{2}$ cm² (2) 22 cm²　　**21** $\dfrac{5}{2}$

OX 문제로 개념 점검! ·77쪽

❶× ❷○ ❸○ ❹× ❺○ ❻○ ❼○ ❽×

4 일차방정식

개념 25 방정식과 그 해 ·80~81쪽

개념 확인하기

1 (1) 6, 14, $x+6=14$ (2) $5-x=-12$
(3) $5x=10000$ (4) $3x=21$ (5) $500x+1500=7000$

2 풀이 참조

3 (1) × (2) × (3) ○ (4) ○

대표 예제로 개념 익히기

예제**1** ④　　　　　　　1-1 ⑤

예제**2** ⑤　　　　　　　2-1 ④

예제**3** ④　　　　　　　3-1 ①, ③

개념 26 등식의 성질 ·82~83쪽

개념 확인하기

1 (1) 1 (2) 4 (3) 2 (4) 3

2 (1) ○ (2) × (3) ○ (4) ○ (5) × (6) ○

3 (1) 2, 2, 8, 8, 2 (2) 3, 3, -4, -2, -2, 8

대표 예제로 개념 익히기

예제**1** ④　　　　　　　1-1 ㄴ, ㄹ

예제**2** (가) ㄴ, (나) ㄹ

2-1 ㄱ　　　　　　　2-2 (1) $x=-2$ (2) $x=5$

개념 27 이항 / 일차방정식 ·84~85쪽

개념 확인하기

1 (1) $x=6-1$ (2) $5x=12+3$ (3) $x-8x=7$
(4) $x+2x=9$ (5) $x+3x=3-2$ (6) $4x-2x=4+6$

2 (1) × (2) ○ (3) ○ (4) × (5) × (6) ×

대표 예제로 개념 익히기

예제**1** ⑤　　　　　　　1-1 ②

1-2 (1) $2x+8=0$ (2) $5x-5=0$

예제**2** ①, ③

2-1 ㄱ, ㄴ, ㄷ　　　　2-2 ④

개념 28 일차방정식의 풀이 ·86~87쪽

개념 확인하기

1 (1) 풀이 참조 (2) $x=3$ (3) $x=-2$ (4) $x=-14$

2 (1) 풀이 참조 (2) $x=11$ (3) $x=-2$ (4) $x=-\dfrac{1}{2}$

대표 예제로 개념 익히기

예제**1** ③

1-1 ④　　　　　　　1-2 ②

예제**2** ②　　　　　　　2-1 $x=-14$

개념 29 복잡한 일차방정식의 풀이 ·88~89쪽

개념 확인하기

1 (1) 풀이 참조 (2) $x=5$ (3) $x=\dfrac{1}{2}$

2 (1) 풀이 참조 (2) $x=-\dfrac{13}{7}$ (3) $x=\dfrac{3}{2}$

3 (1) $x=15$ (2) $x=20$

대표 예제로 개념 익히기

예제**1** ③

1-1 $x=12$　　　　　1-2 -2

예제**2** (1) ㉠ (2) $x=2$

2-1 ①　　　　　　　2-2 $x=4$

개념 30 일차방정식의 활용 (1) ·91~94쪽

개념 확인하기

1 (1) 2, 5, 5 (2) $3(x+8)=7x$, $x=6$

2 $x+2$, 16, 16, 18, 34

3 $x-3$, $x-3$, 22, 22, 19, 41

4 $x+3$, $x+3$, 4, 4, 7, 22

대표 예제로 개념 익히기

예제**1** 36, 37, 38　　　　1-1 ④

예제**2** (1) $10x+5$, $x+5$, $10x+5=5(x+5)$
(2) $x=4$ (3) 45

2-1 36　　　　　　　2-2 34

예제**3** 300원　　　　　　3-1 ①

예제**4** 2　　　4-1 3　　　4-2 5 m

예제**5** (1) $5x-2$, $4x+5=5x-2$ (2) $x=7$ (3) 7명

5-1 (1) 30명 (2) 80개

예제6 서연: $\dfrac{1}{3}$, 세호: $\dfrac{1}{6}$ (2) 2일

6-1 9일

개념 31 일차방정식의 활용(2) ·95~96쪽

개념 확인하기

1 (1) 풀이 참조   (2) $x=240$ (3) 240 km

2 (1) 풀이 참조   (2) $x=2$
  (3) 올라간 거리: 2 km, 내려온 거리: 6 km

대표 예제로 개념 익히기

예제1 $\dfrac{12}{7}$ km   1-1 $\dfrac{21}{5}$ km

예제2 (1) $\dfrac{x}{90}$ 시간, $\dfrac{x}{70}$ 시간   (2) 105 km

2-1 180 km   2-2 30분 후

실전 문제로 단원 마무리하기 ·97~100쪽

1 ③, ⑤	2 ②	3 ③	4 ㄴ, ㅁ	5 −4
6 ①, ④	7 ④	8 ㉢	9 ⑤	10 ⑤
11 ③	12 14	13 16	14 ④	15 ⑤
16 92	17 과자: 7개, 사탕: 8개			
18 192 cm²	19 35명	20 ③	21 −3	
22 $x=-2$	23 6년 후	24 50 km		

OX 문제로 개념 점검! ·101쪽

❶ ○ ❷ × ❸ ○ ❹ × ❺ × ❻ ○ ❼ ○ ❽ ○

---

5 좌표와 그래프

개념 32 순서쌍과 좌표 ·104~105쪽

개념 확인하기

1 A$\left(-\dfrac{5}{2}\right)$, B$\left(\dfrac{2}{3}\right)$, C$(3)$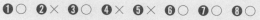

2 풀이 참조

3 A$(-3, 1)$, B$(-2, -3)$, C$(4, -4)$, D$(0, 2)$

4 풀이 참조

대표 예제로 개념 익히기

예제1 $a=-6$, $b=2$ 1-1 -1

예제2 ③   2-1 ②

2-2 (1) A$(2, -1)$ (2) B$(5, 0)$ (3) C$(0, -4)$

2-3 그림은 풀이 참조, 14

개념 33 사분면 ·106~107쪽

개념 확인하기

1 풀이 참조

2 (1) 제3사분면   (2) 제4사분면
  (3) 어느 사분면에도 속하지 않는다.
  (4) 제1사분면   (5) 제2사분면
  (6) 어느 사분면에도 속하지 않는다.

3 (1) 제4사분면   (2) −, −, 제3사분면
  (3) +, +, 제1사분면   (4) −, +, 제2사분면

대표 예제로 개념 익히기

예제1 ③

1-1 ③, ④

1-2 ㄷ, ㄹ

예제2 (1) 제1사분면   (2) 제4사분면
  (3) 제3사분면   (4) 제2사분면

2-1 ⑤

2-2 제3사분면

개념 34 그래프와 그 해석 ·109~111쪽

개념 확인하기

1 (1) ㄴ   (2) ㄹ   (3) ㄷ   (4) ㄱ

2 (1) ㄴ   (2) ㄷ   (3) ㄱ

3 (1) 4 km   (2) 7 km   (3) 20분

대표 예제로 개념 익히기

예제1 (1) A, B   (2) C   (3) B

1-1 ㄴ

1-2 A−㉢, B−㉡, C−㉠

예제2 (1) 초속 30 m   (2) 5초   (3) 4초

2-1 (1) 0 ℃   (2) 14분 후

2-2 ㈎: 4, ㈏: 6, ㈐: 2, ㈑: 16

실전 문제로 단원 마무리하기 ·112~114쪽

1 ④	2 ⑤	3 ⑤	4 25	5 ④
6 윤아: 제4사분면, 준호: 제2사분면			7 $-\dfrac{1}{3}$	
8 ④	9 제4사분면		10 ㄷ	
11 (1) A, B (2) A, C		12 ④		13 ㄱ, ㄴ
14 (1) 자전거로 갈 때: 40분, 뛰어갈 때: 60분 (2) 20분				
15 6	16 (1) 4 km (2) 60분			

OX 문제로 개념 점검! ·115쪽

❶ ○ ❷ × ❸ × ❹ ○ ❺ × ❻ ○ ❼ ○

6 정비례와 반비례

개념 35 정비례 관계
• 118~119쪽

개념 확인하기

1 (1) 풀이 참조 (2) 정비례한다. (3) $y=500x$

2 (1) ◯ (2) × (3) ◯ (4) ◯ (5) × (6) ×

3 (1) $y=x+4$, 정비례하지 않는다.

    (2) $y=40x$, 정비례한다.

    (3) $y=1800x$, 정비례한다.

    (4) $y=24-x$, 정비례하지 않는다.

대표 예제로 개념 익히기

예제1 ③, ⑤

1-1 ②   **1-2** ㄴ, ㄷ

예제2 -4

2-1 -2

개념 36 정비례 관계의 그래프와 활용
• 120~122쪽

개념 확인하기

1 (1) 0, 1, 1, 3 / 그래프는 풀이 참조

    (2) 0, -2, 2, 4 / 그래프는 풀이 참조

2 (1) $y=5x$ (2) 70 L

대표 예제로 개념 익히기

예제1 ②

1-1 ④, ⑤   **1-2** ①

예제2 ⑤

2-1 ②, ④   **2-2** -2

예제3 $y=-\dfrac{5}{2}x$

3-1 $y=\dfrac{2}{3}x$ **3-2** 1

예제4 (1) $y=80x$ (2) 5시간

4-1 (1) $y=0.5x$ (2) 8 cm

4-2 $y=3x$, 6 cm

개념 37 반비례 관계
• 123~124쪽

개념 확인하기

1 (1) 풀이 참조 (2) 반비례한다. (3) $y=\dfrac{48}{x}$

2 (1) ◯ (2) × (3) ◯ (4) ◯ (5) × (6) ×

3 (1) $y=50-x$, 반비례하지 않는다.

    (2) $y=\dfrac{28}{x}$, 반비례한다.

    (3) $y=\dfrac{8000}{x}$, 반비례한다.

    (4) $y=\dfrac{x}{10}$, 반비례하지 않는다.

대표 예제로 개념 익히기

예제1 ①, ③

1-1 ⑤   **1-2** ㄷ, ㄹ, ㅁ

예제2 4

2-1 9

개념 38 반비례 관계의 그래프와 활용
• 125~127쪽

개념 확인하기

1 (1) -1, -3, 3, 1, 1, 3 / 그래프는 풀이 참조

    (2) 2, 3, -3, -2, 2, 4 / 그래프는 풀이 참조

2 (1) $y=\dfrac{360}{x}$ (2) 20일 후

대표 예제로 개념 익히기

예제1 ①, ③

1-1 ④   **1-2** ㄷ, ㄹ

예제2 ④

2-1 ①, ⑤   **2-2** -3

예제3 $y=\dfrac{15}{x}$

3-1 $y=-\dfrac{4}{x}$ **3-2** -3

예제4 (1) $y=\dfrac{36}{x}$ (2) 9개

4-1 (1) $y=\dfrac{12}{x}$ (2) 1 mL

4-2 $y=\dfrac{100}{x}$, 5 L

실전 문제로 단원 마무리하기
• 128~131쪽

1 ①, ④	**2** ③	**3** ②		
4 (1) ㄹ (2) ㄱ (3) ㄷ (4) ㄴ		**5** 3		**6** ④
7 20바퀴		**8** ④, ⑤		
9 반비례한다., $y=\dfrac{4}{x}$			**10** ㄷ	**11** ①
12 3개	**13** ④	**14** ②, ③	**15** ①	**16** ㄴ, ㄷ
17 -2	**18** -6	**19** -6		
20 (1) $y=\dfrac{300}{x}$ (2) 6 m				

OX 문제로 개념 점검!
• 132쪽

❶ ◯   ❷ ×   ❸ ×   ❹ ◯   ❺ ×   ❻ ◯

1 소인수분해

개념 01 소수와 합성수 ·3쪽

1 (1) 소 (2) 합 (3) 합 (4) 소 (5) 소
(6) 합 (7) 합 (8) 소 (9) 소 (10) 합
2 (1) × (2) × (3) ○ (4) × (5) ○ (6) ×
3 1　　　　　　　　　**4** ④

개념 02 거듭제곱 ·4쪽

1 (1) 5, 4　(2) 2, 7　(3) $\dfrac{2}{5}$, 8

2 (1) 10^3　(2) $2^2 \times 7^2$　(3) $3^2 \times 5^2 \times 11$　(4) $\left(\dfrac{1}{2}\right)^4$

　 (5) $\left(\dfrac{1}{5}\right)^3 \times \left(\dfrac{1}{7}\right)^2$　(6) $\dfrac{1}{2 \times 3^2 \times 5^2}$

3 (1) 2^4　(2) 7^2　(3) 11^2　(4) $\left(\dfrac{1}{3}\right)^3$　(5) $\left(\dfrac{1}{2}\right)^6$　(6) $\left(\dfrac{1}{10}\right)^4$

4 (1) 3　(2) 3　(3) 5　(4) 2
5 ⑤　　　　　　　　　**6** ④

개념 03 소인수분해 ·5~7쪽

1 풀이 참조
2 (1) 5^2, 소인수: 5　(2) $2 \times 3 \times 7$, 소인수: 2, 3, 7
　 (3) 5×11, 소인수: 5, 11　(4) $2^3 \times 3^2$, 소인수: 2, 3
　 (5) $3^2 \times 17$, 소인수: 3, 17　(6) $2^2 \times 3^2 \times 5$, 소인수: 2, 3, 5
3 (1) ○ (2) × (3) × (4) ○ (5) ×
4 (1) 3　(2) 7　(3) 6　　**5** (1) 2　(2) 2　(3) 10
6 풀이 참조
7 (1) 3개　(2) 12개　(3) 6개　(4) 12개　(5) 8개　(6) 3개
8 ④　　　　　　　　　**9** 3
10 24, 72　　　　　　　**11** ②, ④
12 ㄷ, ㄹ, ㅁ　　　　　**13** ④

개념 04 공약수와 최대공약수 ·8쪽

1 (1) ① 1, 2, 4　② 1, 2, 3, 6　③ 1, 2　④ 2
　　 ⇨ 2, 약수
　 (2) ① 1, 2, 3, 6, 9, 18　② 1, 3, 9, 27　③ 1, 3, 9
　　 ④ 9
　　 ⇨ 9, 약수
2 (1) 1, 3, 13, 39　(2) 1, 3, 7, 9, 21, 63
　 (3) 1, 2, 7, 14, 49, 98　(4) 1, 2, 5, 10, 11, 22, 55, 110
3 (1) ○ (2) × (3) × (4) ○
4 ④　　　　　　　　　**5** ②, ④

개념 05 최대공약수 구하기 ·9쪽

1 풀이 참조　　**2** $2^2 \times 3$　　**3** ⑤

개념 06 공배수와 최소공배수 ·10쪽

1 (1) ① 9, 18, 27, 36, 45, …　② 12, 24, 36, 48, 60, …
　　 ③ 36, 72, …　④ 36
　　 ⇨ 36, 배수
　 (2) ① 2, 4, 6, 8, 10, …　② 3, 6, 9, 12, 15, …
　　 ③ 6, 12, …　④ 6
　　 ⇨ 6, 배수
　　 ⇨ 6, 곱
2 (1) 8, 16, 24　(2) 13, 26, 39
　 (3) 20, 40, 60　(4) 45, 90, 135
3 (1) 15, 30, 45, 60, 75, 90　(2) 24, 48, 72, 96
　 (3) 32, 64, 96　(4) 40, 80
4 ④　　　　　　　　　**5** 196

개념 07 최소공배수 구하기 ·11쪽

1 풀이 참조　　　　　**2** ⑤
3 ①　　　　　　　　　**4** $a=1$, $b=3$, $c=5$

2 정수와 유리수

개념 08 양수와 음수 ·12쪽

1 (1) −2점　(2) +5000원　(3) −4년
　 (4) +5 kg　(5) +20 %
2 (1) +3, +1, +1.6　(2) −7, $-\dfrac{3}{2}$, −11
3 (1) +3, 양수　(2) −5, 음수
　 (3) $+\dfrac{2}{5}$, 양수　(4) −1.7, 음수
4 ④　　　　　　　　　**5** ④, ⑤

개념 09 정수와 유리수 ·13쪽

1 (1) $+\dfrac{9}{3}$, $\dfrac{4}{2}$, 6　(2) −3, −10

　 (3) −3, $+\dfrac{9}{3}$, −10, $\dfrac{4}{2}$, 0, 6

　 (4) 1.2, $+\dfrac{9}{3}$, $\dfrac{4}{2}$, +0.7, 6

　 (5) −3, $-\dfrac{5}{8}$, −2.3, −10

　 (6) 1.2, $-\dfrac{5}{8}$, −2.3, +0.7
2 (1) ○ (2) × (3) × (4) ○ (5) × (6) ×
3 2　　　　　　　　　**4** ③, ④
5 ④

·14~15쪽

개념 10 수직선 / 절댓값

1 (1) A: -2, B: 0 (2) A: -1, B: $+3$

(3) A: $-\dfrac{5}{2}$, B: $+\dfrac{1}{2}$ (4) A: $-\dfrac{4}{3}$, B: $+\dfrac{4}{3}$

(5) A: $-\dfrac{3}{4}$, B: $+\dfrac{3}{2}$

2 풀이 참조 **3** (1) 3 (2) 8 (3) 1.7 (4) $\dfrac{2}{9}$

4 (1) 4 (2) 0 (3) $\dfrac{11}{3}$ (4) 2.4

5 (1) $+5$, -5 (2) $+1.6$, -1.6 (3) $+\dfrac{8}{5}$, $-\dfrac{8}{5}$

(4) 0 (5) $+4$ (6) $-\dfrac{4}{7}$

6 ② **7** $a=\dfrac{3}{8}$, $b=-7$, $c=+\dfrac{5}{2}$

8 ②, ④ **9** ②

개념 11 수의 대소 관계
·16~17쪽

1 (1) $<$ (2) $>$ (3) $>$ (4) $<$ (5) $>$

2 (1) $>$ (2) $<$ (3) $+\dfrac{8}{28}$, $+\dfrac{7}{28}$, $>$ (4) 24, 18, $>$

3 (1) $<$ (2) $>$ (3) $-\dfrac{35}{55}$, $-\dfrac{44}{55}$, $>$ (4) 16, 25, $>$

4 (1) $\geq$ (2) $<$, $\leq$ (3) $<$, $\leq$ (4) $<$, $<$

5 (1) $x<-5$ (2) $x\leq 7$ (3) $x\geq -1$ (4) $x\leq -\dfrac{3}{2}$

(5) $x>\dfrac{7}{5}$ (6) $x\leq -3$ (7) $-2\leq x\leq 3$

(8) $-5\leq x\leq 4$ (9) $-\dfrac{5}{2}\leq x<1$ (10) $0<x\leq \dfrac{9}{4}$

6 ④ **7** ⑤ **8** ①, ②

개념 12 정수와 유리수의 덧셈
·18~19쪽

1 (1) $+9$ (2) $+21$ (3) -12 (4) -30

(5) $-\dfrac{13}{7}$ (6) $+\dfrac{11}{4}$ (7) $+2.3$ (8) -3.8

2 (1) $+4$ (2) $+5$ (3) -12 (4) -2

(5) $+\dfrac{4}{5}$ (6) $+\dfrac{1}{12}$ (7) -0.3 (8) -0.6

3 (1) ㈎ 덧셈의 교환법칙, ㈏ 덧셈의 결합법칙

(2) ㈎ 덧셈의 교환법칙, ㈏ 덧셈의 결합법칙

4 풀이 참조 **5** (1) $+8$ (2) $+5$ (3) -4

6 ③ **7** ⑤ **8** $+\dfrac{2}{3}$

개념 13 정수와 유리수의 뺄셈
·20~21쪽

1 (1) $+3$ (2) -5 (3) -11 (4) -15

(5) $+\dfrac{2}{3}$ (6) $-\dfrac{11}{10}$ (7) $+1.1$ (8) -5.5

2 (1) $+9$ (2) $+10$ (3) -6 (4) $+5$

(5) $+1$ (6) $+\dfrac{13}{24}$ (7) $+3.3$ (8) -0.3

3 (1) 10 (2) 17 (3) $-\dfrac{3}{7}$ (4) 2

4 (1) 8 (2) 3 (3) -30 (4) $-\dfrac{3}{5}$ (5) $\dfrac{5}{6}$ (6) -3

5 ㄴ, ㄹ **6** $-\dfrac{19}{12}$

7 ③ **8** B

개념 14 정수와 유리수의 곱셈
·22쪽

1 (1) $+28$ (2) $+\dfrac{3}{14}$ (3) $+3$

(4) $+3.6$ (5) $+\dfrac{2}{3}$ (6) $+\dfrac{1}{4}$

2 (1) -16 (2) $-\dfrac{3}{5}$ (3) -2

(4) -2.4 (5) $-\dfrac{3}{10}$ (6) -2

3 ⑤ **4** $-\dfrac{3}{25}$

개념 15 곱셈의 계산 법칙 / 세 수 이상의 곱셈
·23쪽

1 ㈎ 곱셈의 교환법칙, ㈏ 곱셈의 결합법칙

2 풀이 참조

3 (1) $+70$ (2) -60 (3) -6 (4) -3

4 $+11$ **5** ㄹ

개념 16 거듭제곱의 계산 / 분배법칙
·24~25쪽

1 (1) -64 (2) -64 (3) $+25$ (4) -25

(5) $+1$ (6) -1 (7) $-\dfrac{8}{27}$ (8) $-\dfrac{1}{9}$

2 (1) $+48$ (2) -72 (3) $+18$ (4) -54

(5) -1 (6) $-\dfrac{81}{4}$ (7) $-\dfrac{8}{25}$ (8) $-\dfrac{1}{4}$

3 (1) 100, 1, 2525 (2) 20, 2, 612

(3) 14, 1400 (4) 135, 135

4 (1) 4725 (2) 1344 (3) 21 (4) 13 (5) $-\dfrac{3}{4}$

5 (1) 128 (2) -1100 (3) 297 (4) -8 (5) 3.4

6 ③ **7** 7447

8 (1) 20 (2) -6

개념 17 정수와 유리수의 나눗셈 / 혼합 계산
·26~27쪽

1 (1) $+9$ (2) $+8$ (3) -5 (4) -7

2 (1) $\dfrac{1}{5}$ (2) -1 (3) $\dfrac{4}{3}$ (4) $-\dfrac{7}{4}$ (5) $\dfrac{3}{4}$ (6) $\dfrac{2}{5}$

3 (1) -18 (2) $-\dfrac{3}{5}$ (3) $+3$ (4) $+\dfrac{35}{2}$

4 (1) -1 (2) 4 (3) $-\dfrac{16}{27}$ (4) $\dfrac{4}{5}$ (5) $\dfrac{16}{15}$ (6) $\dfrac{1}{12}$

5 (1) 32 (2) $\dfrac{4}{5}$ (3) -2 (4) -6

6 (1) 계산 순서: ㉢, ㉣, ㉡, ㉤, ㉠ (또는 ㉢, ㉣, ㉤, ㉡, ㉠)

　　계산 결과: -3

　 (2) 계산 순서: ㉢, ㉣, ㉡, ㉠, ㉤

　　계산 결과: -5

7 ⑤　　　　　　　　　**8** ②, ⑤

9 $-\dfrac{1}{8}$　　　　　　**10** 27

3 문자의 사용과 식

개념 18 문자의 사용　　　　·28~29쪽

1 (1) $6a$ (2) $-2xy$ (3) $0.1ah$ (4) $7(x+y)$

　 (5) $-a+5b$ (6) $z^3-4(x-y)$

2 (1) $-\dfrac{7}{x}$ (2) $\dfrac{2b}{9}$ (3) $-\dfrac{x}{3y}$ (4) $\dfrac{x}{7yz}$

　 (5) $\dfrac{9(a-3)}{b}$ (6) $\dfrac{a}{7}-\dfrac{c}{b}$

3 (1) $\dfrac{ab}{5}$ (2) $-\dfrac{3a}{b}$ (3) $\dfrac{xz}{1+y}$ (4) $\dfrac{x}{y}-2x$ (5) $a^2-\dfrac{b}{2}$

4 (1) $500a$원 (2) $3000-x\times5$, $(3000-5x)$원

　 (3) $x\div10$, $\dfrac{x}{10}$원 (4) $2\times x$, $2x$점

　 (5) $x\times4+y\times2$, $(4x+2y)$개 (6) $y\times3+5$, $(3y+5)$세

　 (7) $a\times3-b\times2$, $3a-2b$ (8) $10\times a+8$, $10a+8$

　 (9) $2\times(x+y)$, $2(x+y)$cm (10) $x\times x\times x$, $x^3\,\text{cm}^3$

　 (11) $y\times2$, $2y$ km (12) $15\div a$, $\dfrac{15}{a}$시간

　 (13) $x\times\dfrac{7}{100}$, $\dfrac{7}{100}x$마리

　 (14) $4000-4000\times\dfrac{a}{100}$, $(4000-40a)$원

5 ②, ⑤　　　　　　　**6** ③, ⑤

개념 19 대입과 식의 값　　　　·30~31쪽

1 (1) 0, 7 (2) 3, 1 (3) $\dfrac{1}{2}$, 6 (4) -4, 15

2 (1) 7 (2) 14 (3) 0 (4) $\dfrac{9}{4}$ (5) -4

　 (6) 3 (7) $\dfrac{1}{2}$ (8) 0 (9) -2 (10) $\dfrac{9}{2}$

3 (1) -1 (2) 13 (3) 5 (4) 2

4 5, 5, 7000, 7000　　**5** ④

6 ㉡, -96　　　　　　**7** ②

8 ①

개념 20 다항식 / 일차식　　　　·32쪽

1 (1) -7, x^2, xy (2) $\dfrac{ab}{2}$, 0

2 풀이 참조　　　　　　**3** 풀이 참조

4 ③　　　　　　　　　**5** ①, ③

개념 21 일차식과 수의 곱셈, 나눗셈　　　　·33쪽

1 (1) $15x$ (2) $-20x$ (3) $-12a$ (4) $3a$

　 (5) $6x$ (6) $-4y$ (7) $-63b$ (8) $3a$

2 (1) $6x+20$ (2) $-10x+45$ (3) $21a+9$

　 (4) $15-10b$ (5) $\dfrac{1}{3}-\dfrac{2}{3}x$ (6) $-2a-3$

　 (7) $4y+1$ (8) $-\dfrac{21}{5}b+\dfrac{1}{4}$

3 ②, ⑤　　　　　　　**4** ②

개념 22 동류항의 계산　　　　·34쪽

1 (1) $2x$와 $3x$, -1과 4 (2) $-5x$와 x

　 (3) $\dfrac{1}{3}y$와 $-y$ (4) $\dfrac{3}{4}a$와 a, $-\dfrac{3}{4}$과 9

2 (1) 8, $11x$ (2) -9, $-a$ (3) 7, 2, $5y$

　 (4) 2, 10, 5, $-3b$

3 (1) $17a$ (2) $-7x$ (3) $-2b$ (4) 0

　 (5) $-2a-6$ (6) $12x-14y$

4 ㄱ, ㄹ, ㅁ　　　　　**5** ⑤

개념 23 일차식의 덧셈과 뺄셈　　　　·35~36쪽

1 (1) $6x-20$ (2) $11a+13$ (3) $3y-2$ (4) $-a+12$

　 (5) $2x-4$ (6) $2b+6$ (7) $x+2$ (8) $2a-2$

2 (1) $6x+5$ (2) $8a-13$ (3) $-2b+23$ (4) -5

　 (5) $6x+35$ (6) $-a+\dfrac{1}{2}$ (7) $8x-6$ (8) $\dfrac{7}{3}x+\dfrac{1}{2}$

3 (1) $-6x+10$ (2) $5x-8$ (3) $6x+11$

　 (4) $x+2$ (5) $9x+13$ (6) $x+1$

4 (1) $-$ (2) $-x+7$ (3) $2x+5$

5 (1) $+$ (2) $11x+5$ (3) $7x+11$

6 -8　　　　　　　　**7** $5x+1$

개념 24 복잡한 일차식의 덧셈과 뺄셈　　　　·37쪽

1 (1) x, 7, 4, $\dfrac{12}{7}$ (2) $\dfrac{11}{6}a+\dfrac{7}{6}$

　 (3) $-\dfrac{3}{5}x+\dfrac{1}{15}$ (4) $-\dfrac{7}{12}y-\dfrac{1}{6}$

2 (1) $2x$, x, x, $-3x$ (2) $-2a+5$

　 (3) $5x+2$ (4) $5y-45$

3 (1) ㉡ (2) $-\dfrac{11}{24}x+\dfrac{47}{24}$　　**4** -1

4 일차방정식

개념 25 **방정식과 그 해** ·38~39쪽

1 (1) $2x+5=7$ (2) $x-13=21$ (3) $850x+2500=5900$
(4) $6x=42$ (5) $60x=240$

2 풀이 참조

3 (1) ◯ (2) ✕ (3) ◯ (4) ✕

4 (1) 표는 풀이 참조, ✕ (2) 표는 풀이 참조, ◯

5 (1) ✕ (2) ◯ (3) ◯ (4) ✕ (5) ◯

6 ②, ⑤   **7** ③   **8** ⑤

9 (1) $a=2$, $b=1$ (2) $a=5$, $b=-3$ (3) $a=-1$, $b=1$

개념 26 **등식의 성질** ·40~41쪽

1 (1) 2 (2) 4 (3) 5 (4) 3 (5) 2

2 (1) 7 (2) 3 (3) 4 (4) 3 (5) 3

3 (1) ✕ (2) ◯ (3) ◯ (4) ◯
(5) ✕ (6) ◯ (7) ✕ (8) ◯

4 (1) 2, 2, 2, 3 (2) 4, 4, 4, 48 (3) 5, 5, 5, 4
(4) 1, 1, 4, 2, 4, 2 (5) 5, 5, -12, 3, -12, -4

5 (1) $x=-3$ (2) $x=-6$ (3) $x=-2$ (4) $x=16$

6 ③, ④   **7** ㈎ ㄷ, ㈏ ㄴ, ㈐ ㄹ

개념 27 **이항 / 일차방정식** ·42쪽

1 (1) $x=6-2$ (2) $2x=-7+6$ (3) $x+3x=12$
(4) $2x-3x=4$ (5) $3x-2x=3-1$ (6) $5x-x=6+2$
(7) $5x+x=3-4$ (8) $6x+4x=5+8$

2 (1) ◯ (2) ✕ (3) ◯ (4) ✕ (5) ✕ (6) ◯

3 ⑤   **4** ㄱ, ㄴ   **5** $a\ne-4$

개념 28 **일차방정식의 풀이** ·43쪽

1 (1) $x=4$ (2) $x=2$ (3) $x=-3$ (4) $x=1$

2 (1) $x=-18$ (2) $x=-3$ (3) $x=\dfrac{5}{2}$
(4) $x=-2$ (5) $x=4$ (6) $x=-11$

3 (1) $x=3$ (2) $x=5$ (3) $x=-3$ (4) $x=-4$ (5) $x=1$

4 ③   **5** (1) $x=5$ (2) 2

개념 29 **복잡한 일차방정식의 풀이** ·44쪽

1 (1) $x=-2$ (2) $x=2$ (3) $x=11$ (4) $x=-\dfrac{3}{2}$

2 (1) $x=1$ (2) $x=-1$ (3) $x=\dfrac{42}{5}$ (4) $x=\dfrac{5}{2}$

---

3 (1) $x=3$ (2) $x=1$ (3) $x=3$

4 ②   **5** $x=-\dfrac{8}{3}$

개념 30 **일차방정식의 활용(1)** ·45~48쪽

1 (1) $x+8=3x$, $x=4$
(2) $2(x-4)=5x+1$, $x=-3$

2 (1) $x-1$, $x+1$ (2) $(x-1)+x+(x+1)=30$
(3) $x=10$ (4) 9, 10, 11

3 (1) $10x+8$ (2) $10x+8=4(x+8)+6$
(3) $x=5$ (4) 58

4 (1) $(x+9)$세 (2) $(x+9)+x=19$
(3) $x=5$ (4) 언니: 14세, 동생: 5세

5 (1) $(10-x)$개 (2) $300x+1200(10-x)=6600$
(3) $x=6$ (4) 사탕: 6개, 과자: 4개

6 (1) 형: $(5000+800x)$원, 동생: $(6800+500x)$원
(2) $5000+800x=6800+500x$ (3) $x=6$ (4) 6일 후

7 (1) $(x+4)$ cm (2) $2\{x+(x+4)\}=44$
(3) $x=9$ (4) 9 cm

8 (1) $(x-6)$ cm (2) $\dfrac{1}{2}\times\{(x-6)+x\}\times5=60$
(3) $x=15$ (4) 15 cm

9 (1) $(6x+10)$개, $(8x-4)$개 (2) $6x+10=8x-4$
(3) $x=7$ (4) 7명, 52개

10 (1) 미주: $\dfrac{1}{15}$, 찬우: $\dfrac{1}{10}$ (2) $\left(\dfrac{1}{15}+\dfrac{1}{10}\right)x=1$
(3) $x=6$ (4) 6일

11 35   **12** 37
13 19마리   **14** (1) 4 (2) 12 cm
15 600원   **16** 8시간

개념 31 **일차방정식의 활용(2)** ·49쪽

1 (1) 풀이 참조 (2) $\dfrac{x}{2}+\dfrac{x}{3}=5$ (3) $x=6$ (4) 6 km

2 (1) 풀이 참조 (2) $\dfrac{x}{8}+\dfrac{x+2}{6}=\dfrac{8}{3}$
(3) $x=8$ (4) 8 km, 10 km

3 3 km   **4** 60 km

---

5 좌표와 그래프

개념 32 **순서쌍과 좌표** ·50~51쪽

1 (1) $A(-3)$, $B(0)$, $C(2)$, $D(3)$
(2) $A(-4)$, $B\left(-\dfrac{1}{2}\right)$, $C\left(\dfrac{5}{2}\right)$, $D\left(\dfrac{11}{3}\right)$

2 풀이 참조

3 (1) O(0, 0) (2) A(3, −2) (3) B(4, 0) (4) C(0, 1)

4 A(0, 3), B(−2, 1), C(3, −4), D(−3, −3)

5 풀이 참조

6 (1) 그림은 풀이 참조, 12 (2) 그림은 풀이 참조, 12

   (3) 그림은 풀이 참조, $\dfrac{35}{2}$

7 (1) 그림은 풀이 참조, 14 (2) 그림은 풀이 참조, 36

   (3) 그림은 풀이 참조, 20

8 −10   **9** $a=6$, $b=\dfrac{1}{3}$

10 30

개념 33 사분면   ·52~53쪽

1 풀이 참조

2 (1) 점 D (2) 점 C, 점 J (3) 점 A, 점 E

   (4) 점 F, 점 G (5) 점 B, 점 H, 점 I

3 (1) −, +, 제2사분면 (2) +, −, 제4사분면

   (3) −, −, 제3사분면 (4) +, +, 제1사분면

   (5) +, −, 제4사분면

4 (1) −, −, 제3사분면 (2) −, +, 제2사분면

   (3) +, −, 제4사분면 (4) +, +, 제1사분면

5 (1) 제4사분면 (2) 제2사분면

   (3) 제1사분면 (4) 제3사분면

6 ㅂ, ㅈ   **7** ④

8 제4사분면

개념 34 그래프와 그 해석   ·54~56쪽

1 (1) ㄱ (2) ㄹ (3) ㄷ (4) ㄴ

2 (1) ㄱ (2) ㄷ (3) ㄴ

3 (1) 600 m (2) 4분 후 (3) 8분 (4) 5분

4 (1) 1 km (2) 15분 후 (3) 1 km (4) 10분 후

5 ④

6 (1) −(가) (2) −(다) (3) −(나)

7 30 ℃   **8** ③, ④

---

6 정비례와 반비례

개념 35 정비례 관계   ·57쪽

1 (1) 50, 100, 150, 200 (2) 정비례한다. (3) $y=50x$

2 (1) ○ (2) ✕ (3) ○ (4) ✕ (5) ✕ (6) ○

3 (1) $y=2x$, 정비례한다

   (2) $y=100-10x$, 정비례하지 않는다

   (3) $y=\dfrac{30}{x}$, 정비례하지 않는다

   (4) $y=20x$, 정비례한다

4 ④   **5** −4

개념 36 정비례 관계의 그래프와 활용   ·58~60쪽

1 풀이 참조

2 (1) 0, −3, 2, 4, 아래 / 그래프는 풀이 참조

   (2) 0, 1, 1, 3, 위 / 그래프는 풀이 참조

   (3) 0, 3, 2, 4, 아래 / 그래프는 풀이 참조

3 (1) ✕ (2) ○ (3) ✕ (4) ○

4 (1) $y=-x$ (2) $y=\dfrac{3}{4}x$ (3) $y=-\dfrac{1}{3}x$

5 (1) $y=600x$ (2) 3 km   **6** (1) $y=3x$ (2) 36 cm

7 (1) $y=12x$ (2) 9 L   **8** ④, ⑤

9 ②   **10** −8

11 ⑤   **12** ④

개념 37 반비례 관계   ·61쪽

1 (1) 36, 18, 12, 9, 1 (2) 반비례한다. (3) $y=\dfrac{36}{x}$

2 (1) ✕ (2) ○ (3) ○ (4) ✕ (5) ✕ (6) ○

3 (1) $y=\dfrac{50}{x}$, 반비례한다 (2) $y=3x$, 반비례하지 않는다

   (3) $y=\dfrac{40}{x}$, 반비례한다 (4) $y=\dfrac{16}{x}$, 반비례한다

4 ④   **5** ②, ③

개념 38 반비례 관계의 그래프와 활용   ·62~64쪽

1 풀이 참조

2 (1) 1, 4, −4, −1, 2, 4 / 그래프는 풀이 참조

   (2) −2, −4, 4, 2, 1, 3 / 그래프는 풀이 참조

   (3) 3, 4, −4, −3, 2, 4 / 그래프는 풀이 참조

3 (1) ✕ (2) ✕ (3) ○ (4) ○

4 (1) $y=\dfrac{2}{x}$ (2) $y=-\dfrac{6}{x}$ (3) $y=\dfrac{15}{x}$

5 (1) $y=\dfrac{12}{x}$ (2) 3조각   **6** (1) $y=\dfrac{20}{x}$ (2) $\dfrac{10}{3}$ cm

7 (1) $y=\dfrac{240}{x}$ (2) 시속 60 km

8 ②, ⑤   **9** 4개

10 ②   **11** −9

12 8장

정답 및 해설

1 소인수분해

개념01 소수와 합성수
·8~9쪽

·개념 확인하기

1 답 2, 3, 5, 7, 11, 13, 17, 19, 23, 29, 31, 37, 41, 43, 47
주어진 방법으로 표의 수를 지우면 다음과 같다.

1̸	2	3	4̸	5	6̸	7	8̸	9̸	1̸0̸
11	1̸2̸	13	1̸4̸	1̸5̸	1̸6̸	17	1̸8̸	19	2̸0̸
2̸1̸	2̸2̸	23	2̸4̸	2̸5̸	2̸6̸	2̸7̸	2̸8̸	29	3̸0̸
31	3̸2̸	3̸3̸	3̸4̸	3̸5̸	3̸6̸	37	3̸8̸	3̸9̸	4̸0̸
41	4̸2̸	43	4̸4̸	4̸5̸	4̸6̸	47	4̸8̸	4̸9̸	5̸0̸

⇨ 소수: 2, 3, 5, 7, 11, 13, 17, 19, 23, 29, 31, 37, 41, 43, 47

2 답 풀이 참조

자연수	약수	소수 / 합성수
5	1, 5	소수
13	1, 13	소수
18	1, 2, 3, 6, 9, 18	합성수
32	1, 2, 4, 8, 16, 32	합성수
47	1, 47	소수
54	1, 2, 3, 6, 9, 18, 27, 54	합성수
67	1, 67	소수
87	1, 3, 29, 87	합성수

(대표 예제로 개념 익히기)

예제1 답 소수: 37, 71, 113, 합성수: 9, 21, 46, 100
1은 소수도 아니고 합성수도 아니다.

1-1 답 ③, ⑤
27의 약수는 1, 3, 9, 27이고, 51의 약수는 1, 3, 17, 51이므로
합성수이다. 즉, 27, 51은 소수가 아니다.

1-2 답 2, 3, 5, 7, 11, 13, 17, 19
약수가 2개인 수는 소수이므로 20 이하의 자연수 중에서 소수는
2, 3, 5, 7, 11, 13, 17, 19이다.

예제2 답 (1) × (2) ○ (3) × (4) × (5) × (6) ○ (7) ○
(1) 1은 소수도 아니고 합성수도 아니다.
(3) 가장 작은 합성수는 4이다.

(4) 2는 짝수인 소수이다.
(5) 자연수는 1, 소수, 합성수로 이루어져 있으므로 소수가 아닌
자연수는 1 또는 합성수이다.

2-1 답 ㄴ, ㄷ, ㅂ
ㄱ. 33의 약수는 1, 3, 11, 33이므로 33은 합성수이다.
ㄴ. 5의 배수는 5, 10, 15, 20, …이므로 5의 배수 중 소수는 5의
1개뿐이다.
ㄷ. 10 이하의 자연수 중 소수는 2, 3, 5, 7의 4개이다.
ㄹ. 9는 홀수이지만 합성수이다.
ㅁ. 자연수는 1, 소수, 합성수로 이루어져 있다.
ㅂ. 모든 소수는 약수가 2개이다.
따라서 옳은 것은 ㄴ, ㄷ, ㅂ이다.

개념02 거듭제곱
·10~11쪽

·개념 확인하기

1 답 풀이 참조

수	밑	지수
3^2	3	2
7^3	7	3
$\left(\dfrac{1}{2}\right)^6$	$\dfrac{1}{2}$	6
$\left(\dfrac{3}{5}\right)^{10}$	$\dfrac{3}{5}$	10

2 답 (1) 5^4 (2) $3^2 \times 7^3$ (3) $2^2 \times 5^3 \times 11$ (4) $\left(\dfrac{1}{4}\right)^3$
(5) $\left(\dfrac{1}{3}\right)^3 \times \left(\dfrac{1}{8}\right)^2$ (6) $\dfrac{1}{2 \times 3^2 \times 7^3}$

3 답 (1) 2^5 (2) 3^3 (3) 5^3 (4) 10^4 (5) $\left(\dfrac{1}{2}\right)^4$ (6) $\left(\dfrac{1}{7}\right)^2$
(1) $32 = 2 \times 2 \times 2 \times 2 \times 2 = 2^5$
(2) $27 = 3 \times 3 \times 3 = 3^3$
(3) $125 = 5 \times 5 \times 5 = 5^3$
(4) $10000 = 10 \times 10 \times 10 \times 10 = 10^4$
(5) $\dfrac{1}{16} = \dfrac{1}{2} \times \dfrac{1}{2} \times \dfrac{1}{2} \times \dfrac{1}{2} = \left(\dfrac{1}{2}\right)^4$
(6) $\dfrac{1}{49} = \dfrac{1}{7} \times \dfrac{1}{7} = \left(\dfrac{1}{7}\right)^2$

(대표 예제로 개념 익히기)

예제1 답 ⑤
① $2 \times 2 \times 2 = 2^3$
② $\dfrac{1}{5} \times \dfrac{1}{5} \times \dfrac{1}{5} = \left(\dfrac{1}{5}\right)^3$ ← $\dfrac{1}{5^3}$로 나타내도 된다.

③ $3+3+3+3=3\times4$

④ $7\times7\times7\times7=7^4$

따라서 옳은 것은 ⑤이다.

1-1 답 ④

① $3+3+3+3+3=3\times5$

② $5+5+5=5\times3$

④ $5\times5\times5=5^3$

⑤ $3\times3\times3\times3\times3=3^5$

따라서 5^3과 같은 것은 ④이다.

1-2 답 ④, ⑤

① $10+10+10=10\times3$

② $2\times3\times3\times5=2\times3^2\times5$

③ $4\times4\times4\times4\times4=4^5$

따라서 옳은 것은 ④, ⑤이다.

예제2 답 ④

$2^3=2\times2\times2=8$이므로 $a=8$

$343=7\times7\times7=7^3$이므로 $b=3$

$\therefore a+b=8+3=11$

2-1 답 12

$\dfrac{1}{2^4}=\dfrac{1}{16}$, $3^4=81$이므로 $a=16$, $b=4$

$\therefore a-b=16-4=12$

◁오개념 바로잡기▷

$\dfrac{1}{2^4}=\dfrac{1}{a}$에서 a의 값 구하기

$\xrightarrow{(\times)}$ $\dfrac{1}{2^4}=\dfrac{1}{2\times4}=\dfrac{1}{8}$이므로 $a=8$

$\xrightarrow{(\bigcirc)}$ $\dfrac{1}{2^4}=\dfrac{1}{2\times2\times2\times2}=\dfrac{1}{16}$이므로 $a=16$

➡ a^n은 $a\times n$이 아니라 a를 n번 곱한 거야.

같은 수를 여러 번 곱하는 것과 여러 번 더하는 것을 혼동하지 않도록 해!

2-2 답 6

$16=2\times2\times2\times2=2^4$, $25=5\times5=5^2$이므로

$16\times25=2^4\times5^2=2^a\times5^b$에서 $a=4$, $b=2$

$\therefore a+b=4+2=6$

개념03 소인수분해 •13~15쪽

• 개념 확인하기

1 답 풀이 참조

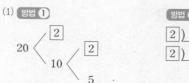

20의 소인수분해 결과 ⇨ $20=2^{\boxed{2}}\times5$

54의 소인수분해 결과 ⇨ $54=\boxed{2}\times3^{\boxed{3}}$

2 답 (1) 3^2, 소인수: 3 　(2) $2^3\times3$, 소인수: 2, 3
　　　 (3) $2^3\times7$, 소인수: 2, 7 　(4) $2\times3^2\times5$, 소인수: 2, 3, 5

(1) $9=3^2$, 소인수: 3

(2) $24=2^3\times3$, 소인수: 2, 3

(3) $56=2^3\times7$, 소인수: 2, 7

(4) $90=2\times3^2\times5$, 소인수: 2, 3, 5

3 답 (1) × 　(2) ○ 　(3) × 　(4) ○

(1) 3의 지수가 홀수이므로 $2^2\times3^3$은 어떤 자연수의 제곱인 수가 아니다.

(2) $5^4=625=25^2$이므로 5^4은 25의 제곱인 수이다.

(3) 2의 지수가 홀수이므로 $2^3\times7^2$은 어떤 자연수의 제곱인 수가 아니다.

(4) $2^2\times3^2\times5^2=900=30^2$이므로 $2^2\times3^2\times5^2$은 30의 제곱인 수이다.

4 답 풀이 참조

(1)

×	1	7
1	1	7
2	2	14
2^2	4	28

⇨ $2^2\times7$의 약수: 1, 2, 4, 7, 14, 28

(2) $225=3^2\times5^2$

×	1	5	5^2
1	1	5	25
3	3	15	75
3^2	9	45	225

⇨ 225의 약수: 1, 3, 5, 9, 15, 25, 45, 75, 225

5 답 (1) 8개 　(2) 6개 　(3) 6개 　(4) 9개

(1) 5^7의 약수의 개수는 $7+1=8$(개)

(2) $3^2\times7$의 약수의 개수는 $(2+1)\times(1+1)=6$(개)

(3) $68=2^2\times17$의 약수의 개수는 $(2+1)\times(1+1)=6$(개)

(4) $100=2^2\times5^2$의 약수의 개수는 $(2+1)\times(2+1)=9$(개)

예제 1 답 ③

③ $30=2 \times 3 \times 5$

1-1 답 ①, ⑤

② $70=2 \times 5 \times 7$

③ $64=2^6$

④ $96=2^5 \times 3$

따라서 소인수분해를 바르게 한 것은 ①, ⑤이다.

예제 2 답 5

$80=2^4 \times 5$이므로

$2^4 \times 5=2^a \times 5^b$에서 $a=4$, $b=1$

$\therefore a+b=4+1=5$

2-1 답 11

$252=2^2 \times 3^2 \times 7$이므로

$2^2 \times 3^2 \times 7=2^a \times 3^b \times c$에서 $a=2$, $b=2$, $c=7$

$\therefore a+b+c=2+2+7=11$

예제 3 답 ⑤

$462=2 \times 3 \times 7 \times 11$이므로 462의 소인수는 2, 3, 7, 11이다.

따라서 462의 소인수가 아닌 것은 ⑤이다.

3-1 답 ⑤

① $12=2^2 \times 3$이므로 12의 소인수는 2, 3이다.

② $36=2^2 \times 3^2$이므로 36의 소인수는 2, 3이다.

③ $54=2 \times 3^3$이므로 54의 소인수는 2, 3이다.

④ $72=2^3 \times 3^2$이므로 72의 소인수는 2, 3이다.

⑤ $126=2 \times 3^2 \times 7$이므로 126의 소인수는 2, 3, 7이다.

따라서 소인수가 나머지 넷과 다른 하나는 ⑤이다.

예제 4 답 ①

$2^3 \times \square$가 어떤 자연수의 제곱이 되려면 $\square=2 \times (\text{자연수})^2$의 꼴이
어야 한다.

따라서 $\square$ 안에 들어갈 수 있는 가장 작은 자연수는 $2 \times 1^2=2$이다.

4-1 답 (1) $3^2 \times 5$ (2) 5 (3) 15

(1) $45=3^2 \times 5$

(2) 5의 지수가 짝수가 되어야 하므로 곱할 수 있는 가장 작은 자
연수는 5이다.

(3) $45 \times 5=3^2 \times 5 \times 5=3 \times 3 \times 5 \times 5$
$=(3 \times 5) \times (3 \times 5)=(3 \times 5)^2=15^2$
이므로 15의 제곱이 된다.

예제 5 답 ⑤

$2^4 \times 3^2$의 약수는 $(2^4$의 약수$) \times (3^2$의 약수$)$의 꼴이다.

⑤ $2^4 \times 3^3$에서 3^3은 3^2의 약수가 아니다.

5-1 답 ㄱ, ㄷ, ㅂ

$110=2 \times 5 \times 11$이므로 110의 약수는

$(2$의 약수$) \times (5$의 약수$) \times (11$의 약수$)$의 꼴이다.

ㄴ. $9=3^2$은 2의 약수 또는 5의 약수 또는 11의 약수가 아니다.

ㄷ. $22=2 \times 11$이므로 110의 약수이다.

ㄹ. 2^4은 2의 약수가 아니다.

ㅁ. $2^2 \times 5$에서 2^2은 2의 약수가 아니다.

따라서 110의 약수인 것은 ㄱ, ㄷ, ㅂ이다.

예제 6 답 ③

① $(2+1) \times (7+1)=24$(개)

② $(1+1) \times (11+1)=24$(개)

③ $(4+1) \times (6+1)=35$(개)

④ $(1+1) \times (5+1) \times (1+1)=24$(개)

⑤ $(1+1) \times (2+1) \times (3+1)=24$(개)

따라서 약수의 개수가 나머지 넷과 다른 하나는 ③이다.

6-1 답 ⑤

① $90=2 \times 3^2 \times 5$이므로 약수의 개수는
$(1+1) \times (2+1) \times (1+1)=2 \times 3 \times 2=12$(개)

② $125=5^3$이므로 약수의 개수는 $3+1=4$(개)

③ $175=5^2 \times 7$이므로 약수의 개수는
$(2+1) \times (1+1)=3 \times 2=6$(개)

④ $2^2 \times 6=2^3 \times 3$이므로 약수의 개수는
$(3+1) \times (1+1)=4 \times 2=8$(개)

⑤ $4^2 \times 3^2=2^4 \times 3^2$이므로 약수의 개수는
$(4+1) \times (2+1)=5 \times 3=15$(개)

따라서 약수의 개수가 가장 많은 것은 ⑤이다.

오개념 바로잡기

④ $2^2 \times 6$과 ⑤ $4^2 \times 3^2$의 약수의 개수 구하기

(×) → ④ $2^2 \times 6$의 약수의 개수는
$(2+1) \times (1+1)=3 \times 2=6$(개)
⑤ $4^2 \times 3^2$의 약수의 개수는
$(2+1) \times (2+1)=3 \times 3=9$(개)

(○) → ④ $2^2 \times 6$을 소인수분해하면 $2^3 \times 3$이므로 약수의 개수는
$(3+1) \times (1+1)=4 \times 2=8$(개)
⑤ $4^2 \times 3^2$을 소인수분해하면 $2^4 \times 3^2$이므로 약수의 개수는
$(4+1) \times (2+1)=5 \times 3=15$(개)

➡ $a^m \times b^n$의 약수의 개수를 구할 때는 a, b가 소수인지 꼭 확인
해야 해!

6-2 답 2

$2^3 \times 5^\square$의 약수의 개수가 12개이므로

$(3+1) \times (\square+1)=12$에서

$4 \times (\square+1)=4 \times 3$

$\square+1=3$ $\therefore \square=2$

개념 04 공약수와 최대공약수 ·16~17쪽

· 개념 확인하기

1 답 풀이 참조
(1) 18의 약수: 1, 2, 3, 6, 9, 18
(2) 42의 약수: 1, 2, 3, 6, 7, 14, 21, 42
(3) 18과 42의 공약수: 1, 2, 3, 6
(4) 18과 42의 최대공약수: 6
⇨ 18과 42의 공약수는 두 수의 최대공약수인 6 의 약수 이다.

2 답 (1) 1, 2, 4
(2) 1, 2, 4, 5, 10, 20
(3) 1, 2, 4, 7, 14, 28
(4) 1, 2, 4, 8, 16, 32
어떤 두 자연수의 공약수는 그 두 수의 최대공약수의 약수이므로
(1) 구하는 공약수는 4의 약수인 1, 2, 4이다.
(2) 구하는 공약수는 20의 약수인 1, 2, 4, 5, 10, 20이다.
(3) 구하는 공약수는 28의 약수인 1, 2, 4, 7, 14, 28이다.
(4) 구하는 공약수는 32의 약수인 1, 2, 4, 8, 16, 32이다.

3 답 (1) ○ (2) × (3) × (4) ○
(1) 4의 약수는 1, 2, 4이고, 15의 약수는 1, 3, 5, 15이다.
　 따라서 4와 15의 최대공약수는 1이므로 서로소이다.
(2) 9의 약수는 1, 3, 9이고, 21의 약수는 1, 3, 7, 21이다.
　 따라서 9와 21의 최대공약수는 3이므로 서로소가 아니다.
(3) 16의 약수는 1, 2, 4, 8, 16이고, 24의 약수는 1, 2, 3, 4, 6, 8, 12, 24이다.
　 따라서 16과 24의 최대공약수는 8이므로 서로소가 아니다.
(4) 27의 약수는 1, 3, 9, 27이고, 49의 약수는 1, 7, 49이다.
　 따라서 27과 49의 최대공약수는 1이므로 서로소이다.

(대표 예제로 **개념 익히기**)

예제 1 답 ⑤
두 자연수의 공약수는 두 수의 최대공약수인 30의 약수이므로
1, 2, 3, 5, 6, 10, 15, 30
따라서 두 자연수의 공약수가 아닌 것은 ⑤이다.

1-1 답 ①, ③
두 자연수 A, B의 공약수는 두 수의 최대공약수인 45의 약수이므로
1, 3, 5, 9, 15, 45
따라서 A, B의 공약수인 것은 ①, ③이다.

1-2 답 8개
두 자연수의 공약수는 두 수의 최대공약수인 24의 약수이므로
1, 2, 3, 4, 6, 8, 12, 24
따라서 두 자연수의 공약수는 8개이다.

(다른 풀이)
$24=2^3 \times 3$이고, 두 수의 공약수의 개수는 두 수의 최대공약수인 24의 약수의 개수와 같으므로
$(3+1) \times (1+1) = 8$(개)

예제 2 답 ③
③ 7, 14의 최대공약수가 7이므로 7, 14는 서로소가 아니다.

2-1 답 ㄱ, ㄴ, ㅁ
ㄷ. 15와 18의 최대공약수는 3이므로 서로소가 아니다.
ㄹ. 20과 38의 최대공약수는 2이므로 서로소가 아니다.
ㅂ. 33과 55의 최대공약수는 11이므로 서로소가 아니다.
따라서 서로소인 두 자연수로 짝 지어진 것은 두 자연수의 최대공약수가 1인 ㄱ, ㄴ, ㅁ이다.

2-2 답 ④
서로소인 두 자연수는 최대공약수가 1이다.
① 14와 2의 최대공약수는 2이다.
② 14와 6의 최대공약수는 2이다.
③ 14와 12의 최대공약수는 2이다.
④ 14와 15의 최대공약수는 1이다.
⑤ 14와 21의 최대공약수는 7이다.
따라서 14와 서로소인 자연수는 ④이다.

개념 05 최대공약수 구하기 ·18~19쪽

· 개념 확인하기

1 답 풀이 참조
(1) **방법 ①**
　 8의 소인수분해: $\boxed{2}^3$
　 12의 소인수분해: $\boxed{2}^2 \times \boxed{3}$
　 (최대공약수) $= \boxed{2}^{\boxed{2}} = 4$
　 방법 ②
```
2 ) 8  12
2 ) 4   6
    2   3    ∴ (최대공약수)=2×2=4
```
(2) **방법 ①**
　 30의 소인수분해: $2 \times 3 \times 5$
　 75의 소인수분해: $\quad\quad 3 \times 5^2$
　 (최대공약수) $= \quad 3 \times 5 = 15$

방법 ②

$$3 \,) \, \underline{30 \quad 75}$$
$$5 \,) \, \underline{10 \quad 25}$$
$$\quad\quad 2 \quad 5 \qquad \therefore (\text{최대공약수}) = 3 \times 5 = 15$$

(3) **방법 ①**

24의 소인수분해: $2^3 \times 3$
42의 소인수분해: $2 \times 3 \quad\quad \times 7$
60의 소인수분해: $2^2 \times 3 \times 5$
_____
$(\text{최대공약수}) = 2 \times 3 \quad\quad = 6$

방법 ②

$$2 \,) \, \underline{24 \quad 42 \quad 60}$$
$$3 \,) \, \underline{12 \quad 21 \quad 30}$$
$$\quad\quad 4 \quad 7 \quad 10 \qquad \therefore (\text{최대공약수}) = 2 \times 3 = 6$$

《 대표 예제로 **개념 익히기** 》

예제 1 답 ②

$$2^3 \quad\quad\quad \times 7^2$$
$$2^2 \quad\quad \times 5 \times 7$$
$$2^2 \times 3^2 \quad\quad \times 7$$
_____
$(\text{최대공약수}) = 2^2 \quad\quad\quad \times 7$

1-1 답 2×3

$78 = 2 \times 3 \times 13$, $102 = 2 \times 3 \times 17$이므로

$$2 \times 3 \times 13$$
$$2 \times 3 \quad\quad \times 17$$
_____
$(\text{최대공약수}) = 2 \times 3$

1-2 답 2×3^2

$396 = 2^2 \times 3^2 \times 11$이므로

$$2 \times 3^4$$
$$2^2 \times 3^2 \times 5$$
$$2^2 \times 3^2 \quad\quad \times 11$$
_____
$(\text{최대공약수}) = 2 \times 3^2$

✏️오개념 바로잡기

세 수 2×3^4, $2^2 \times 3^2 \times 5$, 396의 **최대공약수 구하기**

(×) 공통이 아닌 소인수까지 모두 곱한 경우
$\Rightarrow$ 최대공약수: $2 \times 3^2 \times 5 \times 11$

(×) 지수를 큰 것을 택한 경우
$\Rightarrow$ 최대공약수: $2^2 \times 3^4$

(○) 최대공약수: 2×3^2

➡️ 최대공약수를 구할 때는 공통인 소인수를 곱하고 지수는 작거나 같은 것을 택해야 해!

예제 2 답 ⑤

$$2^2 \times 3^2 \times 5^2$$
$$2^3 \times 3 \times 5$$
_____
$(\text{최대공약수}) = 2^2 \times 3 \times 5$

즉, 두 수 $2^2 \times 3^2 \times 5^2$, $2^3 \times 3 \times 5$의 공약수는
$(2^2\text{의 약수}) \times (3\text{의 약수}) \times (5\text{의 약수})$의 꼴이다.
⑤ $2^2 \times 3^2$에서 3^2은 3의 약수가 아니다.
따라서 두 수의 공약수가 아닌 것은 ⑤이다.

2-1 답 ⑤

$$2^2 \times 3^2$$
$$2 \times 3^2 \times 7^2$$
$$2 \times 3^3 \times 7$$
_____
$(\text{최대공약수}) = 2 \times 3^2$

즉, 세 수 $2^2 \times 3^2$, $2 \times 3^2 \times 7^2$, $2 \times 3^3 \times 7$의 공약수는
$(2\text{의 약수}) \times (3^2\text{의 약수})$의 꼴이다.
② $6 = 2 \times 3$
④ $18 = 2 \times 3^2$
따라서 세 수의 공약수가 아닌 것은 ⑤이다.

2-2 답 8개

$72 = 2^3 \times 3^2$, $96 = 2^5 \times 3$이므로

$$2^3 \times 3^2$$
$$2^5 \times 3$$
_____
$(\text{최대공약수}) = 2^3 \times 3$

이때 두 수의 공약수의 개수는 두 수의 최대공약수인 $2^3 \times 3$의 약수의 개수와 같으므로
$(3+1) \times (1+1) = 8(\text{개})$

개념 06 공배수와 최소공배수
•20~21쪽

•개념 확인하기

1 답 풀이 참조
(1) 4의 배수: 4, 8, 12, 16, 20, …
(2) 10의 배수: 10, 20, 30, 40, …
(3) 4와 10의 공배수: 20, 40, 60, …
(4) 4와 10의 최소공배수: 20
$\Rightarrow$ 4와 10의 공배수는 두 수의 최소공배수인 $\boxed{20}$의 $\boxed{\text{배수}}$이다.

2 답 풀이 참조
(1) 5의 배수: 5, 10, 15, 20, 25, 30, 35, 40, …
(2) 8의 배수: 8, 16, 24, 32, 40, …
(3) 5와 8의 공배수: 40, 80, 120, …
(4) 5와 8의 최소공배수: 40
$\Rightarrow$ 5와 8의 공배수는 두 수의 최소공배수인 $\boxed{40}$의 $\boxed{\text{배수}}$이다.
$\Rightarrow$ 5와 8의 최소공배수인 $\boxed{40}$은 서로소인 두 수 5와 8의 $\boxed{\text{곱}}$과 같다.

3 답 (1) 16, 32, 48 (2) 35, 70, 105 (3) 54, 108, 162

(1) 두 자연수의 공배수는 두 수의 최소공배수인 16의 배수이므로 가장 작은 것부터 차례로 3개를 구하면
  16, 32, 48

(2) 두 자연수의 공배수는 두 수의 최소공배수인 35의 배수이므로 가장 작은 것부터 차례로 3개를 구하면
  35, 70, 105

(3) 두 자연수의 공배수는 두 수의 최소공배수인 54의 배수이므로 가장 작은 것부터 차례로 3개를 구하면
  54, 108, 162

(대표 예제로 개념 익히기)

예제 1 답 18, 36, 63, 27

두 자연수의 공배수는 두 수의 최소공배수인 9의 배수이므로 두 수의 공배수인 것을 모두 고르면
18, 36, 63, 27이다.

1-1 답 28, 56, 84

두 자연수의 공배수는 두 수의 최소공배수인 28의 배수이므로 두 수의 공배수인 것을 모두 고르면
28, 56, 84이다.

1-2 답 ④

두 자연수의 공배수는 두 수의 최소공배수인 11의 배수이다.
① $22=2\times11$
② $66=2\times3\times11$
③ $99=3^2\times11$
④ $111=3\times37$
⑤ $121=11^2$
따라서 두 자연수의 공배수가 아닌 것은 11의 배수가 아닌 ④이다.

예제 2 답 3개

두 자연수의 공배수는 두 수의 최소공배수인 30의 배수이므로 두 수의 공배수 중 두 자리의 자연수는 30, 60, 90의 3개이다.

2-1 답 2개

3과 7의 공배수는 3과 7의 최소공배수인 $3\times7=21$의 배수이다.
따라서 50 이하의 자연수 중에서 21의 배수는 21, 42이므로 3과 7의 공배수는 2개이다.

2-2 답 ④

세 자연수의 공배수는 세 수의 최소공배수인 16의 배수이므로 16, 32, 48, 64, 80, 96, 112, …에서 100에 가장 가까운 수는 96이다.

개념 07 최소공배수 구하기 ·22~23쪽

· 개념 확인하기

1 답 풀이 참조

(1) **방법 1**
8의 소인수분해: $2^{\boxed{3}}$
12의 소인수분해: $2^{\boxed{2}}\times\boxed{3}$
(최소공배수)$=2^{\boxed{3}}\times\boxed{3}=\boxed{24}$

방법 2
$\begin{array}{r} 2\,)\underline{\,8\quad12\,} \\ 2\,)\underline{\,4\quad6\,} \\ 2\quad3 \end{array}$ ∴ (최소공배수)$=2\times2\times2\times3=24$

(2) **방법 1**
16의 소인수분해: 2^4
20의 소인수분해: $2^2\times5$
(최소공배수)$=2^4\times5=80$

방법 2
$\begin{array}{r} 2\,)\underline{\,16\quad20\,} \\ 2\,)\underline{\,8\quad10\,} \\ 4\quad5 \end{array}$ ∴ (최소공배수)$=2\times2\times4\times5=80$

(3) **방법 1**
12의 소인수분해: $2^2\times3$
15의 소인수분해: 3×5
30의 소인수분해: $2\times3\times5$
(최소공배수)$=2^2\times3\times5=60$

방법 2
$\begin{array}{r} 3\,)\underline{\,12\quad15\quad30\,} \\ 5\,)\underline{\,4\quad5\quad10\,} \\ 2\,)\underline{\,4\quad1\quad2\,} \\ 2\quad1\quad1 \end{array}$ ∴ (최소공배수)$=3\times5\times2\times2\times1\times1$
  $=60$

(대표 예제로 개념 익히기)

예제 1 답 $2^2\times3^2\times5^2$

$\begin{array}{r} 2^2\times3^2 \\ 3\times5^2 \\ 2\times3^2\times5 \\ \hline \end{array}$
(최소공배수)$=2^2\times3^2\times5^2$

1-1 답 ⑤

$42=2\times3\times7$이므로
$\begin{array}{r} 2\times3^2\times5 \\ 2\times3\quad\times7 \\ \hline \end{array}$
(최소공배수)$=2\times3^2\times5\times7$

두 수 $2\times3^2\times5$, 42의 최소공배수 구하기

(×) 공통이 아닌 소인수를 곱하지 않은 경우
 ⇨ 최소공배수: 2×3^2

(×) 지수를 작은 것을 택한 경우
 ⇨ 최소공배수: $2\times3\times5\times7$

(○) 최소공배수: $2\times3^2\times5\times7$

➡ 최소공배수를 구할 때는 공통인 소인수와 공통이 아닌 소인수를 모두 곱하고 지수는 크거나 같은 것을 택해야 해!

예제 2 답 ②

$$2\times3^2\times5^2$$
$$2^2\times3^3\quad\times7$$
(최소공배수)$=2^2\times3^3\times5^2\times7$

즉, 두 수의 공배수는 $2^2\times3^3\times5^2\times7$의 배수이다.
② $2^2\times3^4\times5\times7^2$은 $2^2\times3^3\times5^2\times7$의 배수가 아니다.
따라서 두 수의 공배수가 아닌 것은 ②이다.

2-1 답 ④

$28=2^2\times7$, $63=3^2\times7$, $84=2^2\times3\times7$이므로
$$2^2\quad\times7$$
$$3^2\times7$$
$$2^2\times3\times7$$
(최소공배수)$=2^2\times3^2\times7$

즉, 세 수의 공배수는 $2^2\times3^2\times7$의 배수이다.
따라서 세 수의 공배수인 것은 ④이다.

예제 3 답 5

$$2^a\times3^2$$
$$2^3\times3^b\times7$$
(최대공약수)$=2^3\times3$

최대공약수의 소인수 3의 지수가 1이므로
3^2, 3^b의 지수 2, b 중 작은 것이 1이다. ∴ $b=1$
$$2^a\times3^2$$
$$2^3\times3^b\times7$$
(최소공배수)$=2^4\times3^2\times7$

최소공배수의 소인수 2의 지수가 4이므로
2^a, 2^3의 지수 a, 3 중 큰 것이 4이다. ∴ $a=4$
∴ $a+b=4+1=5$

3-1 답 7

$$2^3\times3^a\times5^2$$
$$2^b\times3^4\quad\times7^c$$
(최대공약수)$=2^2\times3^4$

최대공약수의 소인수 2의 지수가 2이므로
2^3, 2^b의 지수 3, b 중 작은 것이 2이다. ∴ $b=2$

$$2^3\times3^a\times5^2$$
$$2^b\times3^4\quad\times7^c$$
(최소공배수)$=2^3\times3^4\times5^2\times7$

최대공약수와 최소공배수의 소인수 3의 지수가 4이므로 $a=4$
최소공배수의 소인수 7의 지수가 1이므로 $c=1$
∴ $a+b+c=4+2+1=7$

실전 문제로 단원 마무리하기 •24~26쪽

1 6	2 ①, ④	3 ⑤	4 8	5 ⑤
6 ②	7 ④	8 ④	9 12개	10 ③, ⑤
11 6개	12 4	13 ②	14 ②	15 ①, ④
16 144	17 ④	18 7	19 720	
서술형				
20 8	21 63			

1 답 6

유진: 소수는 약수가 ⃞2 개인 자연수이고, 합성수는 약수가 ⃞3 개 이상인 자연수야.
서호: ⃞1 은 약수가 1개뿐이니까 소수도 아니고 합성수도 아니라고 할 수 있어.
따라서 ⃞ 안에 알맞은 수들의 합은
$2+3+1=6$

2 답 ①, ④

① 47의 약수는 1, 47이므로 47은 소수이다.
② 가장 작은 소수는 2이다.
③ 9는 홀수이지만 소수가 아니다.
⑤ 합성수는 약수가 3개 이상인 수이다.
따라서 옳은 것은 ①, ④이다.

3 답 ⑤

① $2\times2\times2=2^3$ ② $2\times3\times2=2^2\times3$
③ $3\times3\times5\times5\times5=3^2\times5^3$ ④ $\frac12\times\frac12\times\frac12=\left(\frac12\right)^3$

따라서 옳은 것은 ⑤이다.

4 답 8

$2^8=256$이므로 $a=8$

5 답 ⑤

① $9=3^2$ ∴ ⃞$=2$
② $20=2^2\times5$ ∴ ⃞$=2$
③ $36=2^2\times3^2$ ∴ ⃞$=2$
④ $84=2^2\times3\times7$ ∴ ⃞$=2$
⑤ $135=3^3\times5$ ∴ ⃞$=3$
따라서 ⃞ 안에 들어갈 수가 나머지 넷과 다른 하나는 ⑤이다.

6 답 ②

ㄱ. $18=2\times3^2$이므로 소인수는 2, 3

ㄴ. $42=2\times3\times7$이므로 소인수는 2, 3, 7

ㄷ. $96=2^5\times3$이므로 소인수는 2, 3

ㄹ. $140=2^2\times5\times7$이므로 소인수는 2, 5, 7

따라서 소인수가 같은 것끼리 짝 지어진 것은 ㄱ, ㄷ이다.

7 답 ④

$200=2^3\times5^2$이므로 x의 값은 200의 약수이면서 $2\times($자연수$)^2$의 꼴이어야 한다.

① $4=2^2$　　　　　② $20=2^2\times5$

③ $40=2^3\times5$　　　④ $50=2\times5^2$

⑤ $100=2^2\times5^2$

따라서 x의 값이 될 수 있는 것은 ④이다.

8 답 ④

$315=3^2\times5\times7$이므로 315의 약수는

$(3^2$의 약수$)\times(5$의 약수$)\times(7$의 약수$)$의 꼴이다.

④ 3×5^2에서 5^2은 5의 약수가 아니다.

9 답 12개

두 자연수의 공약수의 개수는 두 수의 최대공약수인 $2^3\times5^2$의 약수의 개수와 같으므로

$(3+1)\times(2+1)=12($개$)$

10 답 ③, ⑤

③ 서로소인 두 자연수의 공약수는 1의 1개뿐이다.

⑤ 두 홀수 3, 9는 최대공약수가 3이므로 서로소가 아니다.

11 답 6개

최대공약수가 1인 두 자연수는 서로소이므로 서로소인 수끼리 선분으로 연결하면 오른쪽 그림과 같다.

따라서 구하는 선분의 개수는 6개이다.

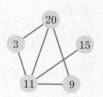

12 답 4

$360=2^3\times3^2\times5$, $540=2^2\times3^3\times5$이므로

$$
\begin{array}{r}
2\times3^2\times5^3 \\
2^3\times3^2\times5 \\
2^2\times3^3\times5 \\
\hline
(최대공약수)=2\times3^2\times5
\end{array}
$$

따라서 $a=1$, $b=2$, $c=1$이므로

$a+b+c=1+2+1=4$

13 답 ②

$$
\begin{array}{r}
2^2\times3^3\times5^2\times7 \\
2^2\times3^2\times5 \\
\hline
(최대공약수)=2^2\times3^2\times5
\end{array}
$$

즉, 두 수 $2^2\times3^3\times5^2\times7$, $2^2\times3^2\times5$의 공약수는

$(2^2$의 약수$)\times(3^2$의 약수$)\times(5$의 약수$)$의 꼴이다.

따라서 두 수의 공약수인 것은 ㄱ, ㄴ, ㅂ이다.

14 답 ②

$30=2\times3\times5$, $42=2\times3\times7$, $60=2^2\times3\times5$이므로

$$
\begin{array}{r}
2\times3\times5 \\
2\times3\times7 \\
2^2\times3\times5 \\
\hline
(최대공약수)=2\times3
\end{array}
$$

이때 세 수의 공약수의 개수는 세 수의 최대공약수인 2×3의 약수의 개수와 같으므로

$(1+1)\times(1+1)=4($개$)$

15 답 ①, ④

두 자연수 A, B의 공배수는 두 수의 최소공배수인 $2^2\times5$의 배수이다.

① 2×5^2은 $2^2\times5$의 배수가 아니다.

④ $2\times5^2\times7$은 $2^2\times5$의 배수가 아니다.

따라서 두 자연수 A, B의 공배수가 아닌 것은 ①, ④이다.

16 답 144

두 자연수 A, B의 공배수는 두 수의 최소공배수인 48의 배수이다.

이때 $48\times1(=48)$, $48\times2(=96)$, $48\times3(=144)$, $\cdots$이므로 두 수의 공배수 중 가장 작은 세 자리의 자연수는 144이다.

17 답 ④

$$
\begin{array}{r}
2^2\times3 \\
2^3\times3^2\times5 \\
2^2\times3^3\times7 \\
\hline
(최대공약수)=2^2\times3 \\
(최소공배수)=2^3\times3^3\times5\times7
\end{array}
$$

18 답 7

$210=2\times3\times5\times7$이므로

$$
\begin{array}{r}
2^3\times3^2\times5^2 \\
2\times3\times5\times7 \\
\hline
(최소공배수)=2^3\times3^2\times5^2\times7
\end{array}
$$

따라서 $a=3$, $b=2$, $c=2$이므로

$a+b+c=3+2+2=7$

19 답 720

$6=2\times3$, $20=2^2\times5$, $24=2^3\times3$이므로

$$
\begin{array}{r}
2\times3 \\
2^2\times5 \\
2^3\times3 \\
\hline
(최소공배수)=2^3\times3\times5
\end{array}
$$

$2^3\times3\times5=120$이므로 세 수의 공배수는 120의 배수이다.

이때 $120 \times 5 = 600$, $120 \times 6 = 720$이므로 세 수의 공배수 중 700에 가장 가까운 수는 720이다.

20 답 8

$1 \times 2 \times 3 \times 4 \times 5 \times 6 \times 7 \times 8 \times 9 \times 10$
$= 2 \times 3 \times (2 \times 2) \times 5 \times (2 \times 3) \times 7 \times (2 \times 2 \times 2) \times (3 \times 3)$
$\qquad\qquad\qquad\qquad\qquad\qquad\qquad\qquad\qquad \times (2 \times 5)$
$= 2^8 \times 3^4 \times 5^2 \times 7$ ··· (i)
따라서 2의 지수는 8이다. ··· (ii)

채점 기준	배점
(i) 소인수분해한 결과를 거듭제곱을 사용하여 나타내기	60 %
(ii) 2의 지수 구하기	40 %

21 답 63

$$\begin{array}{r} 2^a \times 3 \times \boxed{b} \times 11^2 \\ 2^4 \times 3^2 \times 7 \\ 2^4 \times 3^3 \times 7 \\ \hline (최대공약수) = \boxed{2^3} \times 3 \times \boxed{7} \end{array}$$

최대공약수의 소인수 2의 지수가 3이므로 2^a, 2^4, 2^4의 지수 a, 4, 4 중 작은 것이 3이다. $\therefore a = 3$ ··· (i)
최대공약수의 공통인 소인수가 7이므로 $b = 7$ ··· (ii)

$$\begin{array}{r} 2^a \times \boxed{3} \times b \times 11^2 \\ 2^4 \times 3^2 \times 7 \\ 2^4 \times 3^3 \times 7 \\ \hline (최소공배수) = 2^4 \times \boxed{3^c} \times 7 \times 11^2 \end{array}$$

세 수의 공통인 소인수 3의 지수 중 가장 큰 것이 3이므로
$c = 3$ ··· (iii)
$\therefore a \times b \times c = 3 \times 7 \times 3 = 63$ ··· (iv)

채점 기준	배점
(i) a의 값 구하기	30 %
(ii) b의 값 구하기	30 %
(iii) c의 값 구하기	30 %
(iv) $a \times b \times c$의 값 구하기	10 %

OX 문제로 개념 점검! ·27쪽

❶ × ❷ × ❸ ○ ❹ × ❺ × ❻ × ❼ ○ ❽ ×
❾ ○

❶ 가장 작은 합성수는 4이다.
❷ 2는 짝수인 소수이다.
❹ 자연수는 1, 소수, 합성수로 이루어져 있다.
❺ $3^3 = 3 \times 3 \times 3 = 27$이다.
❻ 48을 소인수분해하면 $2^4 \times 3$이다.
❽ 두 수 $2^3 \times 3 \times 5$와 $2^2 \times 5^2 \times 7$의 최대공약수는 $2^2 \times 5$이다.

---

2 정수와 유리수

개념 08 양수와 음수 ·30~31쪽

·개념 확인하기

1 답 (1) -12명 (2) $+3000$원 (3) -7위 (4) $+2$시간
　　(5) $-140\,\mathrm{m}$ (6) $+17\,℃$

2 답 (1) $+7$ (2) -3 (3) $+0.2$ (4) $-\dfrac{1}{2}$

3 답 (1) $+12$, $+4$ (2) -1, -5, -100

대표 예제로 개념 익히기

예제 1 답 ④
① 지하 2층 ⇨ -2층
② 수입 4000원 ⇨ $+4000$원
③ 5 m 하강 ⇨ -5 m
⑤ 10 % 할인 ⇨ -10 %
따라서 옳은 것은 ④이다.

1-1 답 ④
④ 물가 상승률이 1.2 %이다. ⇨ $+1.2$ %

예제 2 답 (1) $+9$, 양수 (2) -7, 음수
　　　　(3) $+\dfrac{3}{5}$, 양수 (4) -1.5, 음수

2-1 답 5
양수는 $+\dfrac{1}{2}$, $+3.6$, $+13$의 3개이므로 $a = 3$
음수는 -1, $-\dfrac{4}{5}$의 2개이므로 $b = 2$
$\therefore a + b = 3 + 2 = 5$

2-2 답 ㄴ, ㄹ
ㄱ. $+1$년　　　　　　　　ㄴ. -3점
ㄷ. $+4$위　　　　　　　　ㄹ. -5000원
따라서 음수인 것은 ㄴ, ㄹ이다.

개념 09 정수와 유리수 ·32~33쪽

·개념 확인하기

1 답 (1) $+3$, $\dfrac{10}{2}$ (2) -7 (3) -7, $+3$, 0, $\dfrac{10}{2}$

$(4) +3, \dfrac{10}{2}, \dfrac{8}{3}$ $(5) -7, -1.4, -\dfrac{3}{4}$

$(6) -1.4, -\dfrac{3}{4}, \dfrac{8}{3}$

2 답 $(1)\bigcirc$ $(2)\bigcirc$ $(3)\times$ $(4)\bigcirc$

(2) 모든 정수는 분수로 나타낼 수 있으므로 유리수이다.

(3) 0은 정수이다.

대표 예제로 개념 익히기

예제 1 답 $0.6, -\dfrac{4}{3}$

⑺에 해당하는 수는 정수가 아닌 유리수이다.

$-3, \dfrac{12}{4}(=3), 2$는 정수이고, $0.6, -\dfrac{4}{3}$는 정수가 아닌 유리수이다.

✎ 오개념 바로잡기

$\dfrac{12}{4}$가 정수인지 아닌지 판단하기

$\overset{(\times)}{\longrightarrow}\dfrac{12}{4}$는 분수이므로 정수가 아니다.

$\overset{(\bigcirc)}{\longrightarrow}\dfrac{12}{4}=3$이므로 정수이다.

➡ 분수 꼴로 주어진 수 중에는 정수도 있으므로 기약분수로 고쳐서 정수인지 아닌지 판단해야 해!

1-1 답 ④

① 정수는 $+4, -\dfrac{16}{2}(=-8), 0, -6$의 4개이다.

② 모두 유리수이므로 6개이다.

③ 자연수는 $+4$의 1개이다.

④ 양의 유리수는 $+4, \dfrac{9}{8}$의 2개이다.

⑤ 정수가 아닌 유리수는 $-3.7, \dfrac{9}{8}$의 2개이다.

따라서 옳은 것은 ④이다.

예제 2 답 ㄱ, ㄹ

ㄴ. 양의 유리수 중 1보다 작은 수는 무수히 많다.

ㄷ. $-\dfrac{1}{2}$은 음의 유리수이지만 음의 정수는 아니다.

따라서 옳은 것은 ㄱ, ㄹ이다.

2-1 답 ④

① 모든 정수는 유리수이다.

② 양의 정수가 아닌 정수는 0 또는 음의 정수이다.

③ 유리수는 양의 유리수, 0, 음의 유리수로 이루어져 있다.

⑤ 0과 1 사이에는 정수가 없다.

따라서 옳은 것은 ④이다.

개념 **10** **수직선 / 절댓값**   ·34~36쪽

·개념 확인하기

1 답 $(1) -4$ $(2) -\dfrac{1}{2}$ $(3) +\dfrac{1}{4}$ $(4) +\dfrac{4}{3}$

2 답 $(1) 5$ $(2) 1$ $(3) 0$ $(4) 1.5$ $(5) \dfrac{2}{5}$ $(6) \dfrac{1}{3}$

3 답 $(1) +10, -10$ $(2) 0$ $(3) -4.2$

대표 예제로 개념 익히기

예제 1 답 ④

① A: -3 ② B: $-\dfrac{5}{3}$ ③ C: $-\dfrac{1}{3}$ ⑤ E: $\dfrac{5}{2}$

따라서 옳은 것은 ④이다.

1-1 답 ①, ④

① A: $-\dfrac{7}{3}$ ④ D: $\dfrac{3}{4}$

1-2 답 ④

주어진 수를 수직선 위의 점에 대응시키면

따라서 가장 오른쪽에 있는 수는 $+\dfrac{9}{4}$이다.

예제 2 답 $\dfrac{25}{6}$

$a=|-4|=4, b=\left|+\dfrac{1}{6}\right|=\dfrac{1}{6}$이므로

$a+b=4+\dfrac{1}{6}=\dfrac{25}{6}$

2-1 답 $\dfrac{13}{2}$

$a=\left|-\dfrac{3}{2}\right|=\dfrac{3}{2}$

절댓값이 5인 수는 $5, -5$이고, $b>0$이므로 $b=5$

$\therefore a+b=\dfrac{3}{2}+5=\dfrac{13}{2}$

2-2 답 6, 0

주어진 수의 절댓값의 대소를 비교하면

$|0|<|-0.8|<|1.7|<\left|-\dfrac{15}{4}\right|<|6|$

따라서 절댓값이 가장 큰 수는 6, 절댓값이 가장 작은 수는 0이다.

예제 3 답 ②, ④

② 0의 절댓값은 0이므로 유리수에서 절댓값은 0 또는 양수이다.

④ 절댓값이 0인 수는 0의 한 개뿐이고, 0 이외의 수는 모두 절댓값이 같은 수가 2개이다.

3-1 답 ㄱ, ㄹ

ㄴ. 음수의 절댓값은 양수이다.

ㄷ. 0의 절댓값이 0이므로 절댓값이 가장 작은 정수는 0이다.

ㄹ. $\left|\dfrac{1}{7}\right| = \left|-\dfrac{1}{7}\right| = \dfrac{1}{7}$

ㅁ. 절댓값이 2인 수는 $+2$, -2이다.

ㅂ. 수직선에서 원점에 가까울수록 절댓값이 작아진다.

따라서 옳은 것은 ㄱ, ㄹ이다.

예제 4 답 6, −6

절댓값이 같고 부호가 반대인 두 수에 대응하는 두 점 사이의 거리가 12이므로 두 점은 원점으로부터 각각 $12 \times \dfrac{1}{2} (=6)$만큼 떨어진 점이다.

따라서 구하는 두 수는 절댓값이 6이므로 6, −6이다.

4-1 답 ③

절댓값이 4인 두 수는 4와 −4이므로 두 수에 대응하는 두 점 사이의 거리는 8이다.

4-2 답 8

두 수의 차가 16이므로 두 수를 수직선 위에 나타내면 두 수에 대응하는 두 점 사이의 거리가 16이다.

이때 두 수는 원점으로부터 각각 $16 \times \dfrac{1}{2} (=8)$만큼 떨어진 점에 대응하는 수이므로 8, −8이고, 이 중 큰 수는 8이다.

개념 11 수의 대소 관계 ·37~38쪽

• 개념 확인하기

1 답 (1) > (2) < (3) > (4) <

　(5) $+\dfrac{27}{36}$, $+\dfrac{28}{36}$, < 　(6) 15, 8, <

(음수)<0<(양수)이고, 양수는 절댓값이 큰 수가 크고 음수는 절댓값이 큰 수가 작다.

(3) $|+3.3| = 3.3$, $|+2.8| = 2.8$이므로 $+3.3 \gt +2.8$

(4) $\left|-\dfrac{3}{7}\right| = \dfrac{3}{7}$, $\left|-\dfrac{1}{7}\right| = \dfrac{1}{7}$이므로 $-\dfrac{3}{7} \lt -\dfrac{1}{7}$

(5) $+\dfrac{3}{4} = \boxed{+\dfrac{27}{36}}$, $+\dfrac{7}{9} = \boxed{+\dfrac{28}{36}}$이므로

$\left|+\dfrac{3}{4}\right| = \dfrac{27}{36}$, $\left|+\dfrac{7}{9}\right| = \dfrac{28}{36}$ ∴ $+\dfrac{3}{4} \lt +\dfrac{7}{9}$

(6) $-\dfrac{3}{4} = -\dfrac{\boxed{15}}{20}$, $-0.4 = -\dfrac{4}{10} = -\dfrac{\boxed{8}}{20}$이므로

$\left|-\dfrac{3}{4}\right| = \dfrac{15}{20}$, $|-0.4| = \dfrac{8}{20}$ ∴ $-\dfrac{3}{4} \lt -0.4$

2 답 (1) ≥ (2) <, ≤ (3) ≤, < (4) ≤, ≤

(대표 예제로 개념 익히기)

예제 1 답 ③, ⑤

③ $\left|-\dfrac{3}{4}\right| = \left|-\dfrac{9}{12}\right| = \dfrac{9}{12}$, $\left|-\dfrac{4}{3}\right| = \left|-\dfrac{16}{12}\right| = \dfrac{16}{12}$이므로

$-\dfrac{3}{4} \gt -\dfrac{4}{3}$

⑤ $|-4| = 4$이므로

$-4 \lt |-4|$

오개념 바로잡기

③ 두 음수 $-\dfrac{3}{4}$, $-\dfrac{4}{3}$의 대소 비교하기

(×) → $\left|-\dfrac{3}{4}\right| \lt \left|-\dfrac{4}{3}\right|$이므로 $-\dfrac{3}{4} \lt -\dfrac{4}{3}$

(○) → $\left|-\dfrac{3}{4}\right| \lt \left|-\dfrac{4}{3}\right|$이므로 $-\dfrac{3}{4} \gt -\dfrac{4}{3}$

➡ 두 음수끼리는 절댓값이 큰 수가 작아. 두 음수의 대소 관계는 두 양수의 대소 관계와 비교하여 알아 두자!

1-1 답 ⑤

① $+\dfrac{3}{5} = +0.6$이므로 $+0.3 \lt +\dfrac{3}{5}$

② (양수)>(음수)이므로 $+\dfrac{1}{2} \gt -\dfrac{6}{7}$

③ $+1.2 \lt +1.8$

④ $-0.5 \gt -1.2$

⑤ $\left|-\dfrac{6}{5}\right| = \left|-\dfrac{12}{10}\right| = \dfrac{12}{10}$, $\left|-\dfrac{1}{2}\right| = \left|-\dfrac{5}{10}\right| = \dfrac{5}{10}$이므로

$-\dfrac{6}{5} \lt -\dfrac{1}{2}$

따라서 옳은 것은 ⑤이다.

1-2 답 $-\dfrac{8}{3}$, −1, 0, $\dfrac{1}{4}$, +1.5

$|+1.5| = 1.5$이므로 $\dfrac{1}{4} \lt +1.5$

$\left|-\dfrac{8}{3}\right| = \dfrac{8}{3}$, $|-1| = 1$이므로 $-\dfrac{8}{3} \lt -1$

따라서 작은 수부터 차례로 나열하면

$-\dfrac{8}{3}$, −1, 0, $\dfrac{1}{4}$, +1.5

예제 2 답 ③

③ $-5 \leq x \lt 2$

2-1 답 ㄱ, ㄷ

ㄱ. $-3 \leq x < 1$　　　　　ㄴ. $-3 < x \leq 1$

ㄷ. $-3 \leq x < 1$　　　　　ㄹ. $-3 \leq x \leq 1$

2-2 답 6개

$-2 < a \leq 4$를 만족시키는 정수 a는 -1, 0, 1, 2, 3, 4의 6개이다.

개념 **12** 정수와 유리수의 덧셈　·39~40쪽

·개념 확인하기

1 답 (1) $+9$　(2) -6　(3) $-\dfrac{6}{5}$　(4) $+\dfrac{1}{10}$

　　　(5) -0.4　(6) -5.8

(1) $(+6)+(+3)=+(6+3)=+9$

(2) $(+4)+(-10)=-(10-4)=-6$

(3) $\left(-\dfrac{2}{5}\right)+\left(-\dfrac{4}{5}\right)=-\left(\dfrac{2}{5}+\dfrac{4}{5}\right)=-\dfrac{6}{5}$

(4) $\left(-\dfrac{1}{2}\right)+\left(+\dfrac{3}{5}\right)=\left(-\dfrac{5}{10}\right)+\left(+\dfrac{6}{10}\right)$

　　　　　　　　$=+\left(\dfrac{6}{10}-\dfrac{5}{10}\right)=+\dfrac{1}{10}$

(5) $(+0.4)+(-0.8)=-(0.8-0.4)=-0.4$

(6) $(-3.2)+(-2.6)=-(3.2+2.6)=-5.8$

2 답 (1) ㈎ 덧셈의 교환법칙, ㈏ 덧셈의 결합법칙

　　　(2) ㈎ 덧셈의 교환법칙, ㈏ 덧셈의 결합법칙

대표 예제로 **개념 익히기**

예제 1 답 ④, ⑤

① $0+(-3)=-3$

② $(-4)+(+6)=+(6-4)=+2$

③ $\left(+\dfrac{1}{2}\right)+(-2)=\left(+\dfrac{1}{2}\right)+\left(-\dfrac{4}{2}\right)=-\left(\dfrac{4}{2}-\dfrac{1}{2}\right)=-\dfrac{3}{2}$

④ $(-0.7)+(-1.4)=-(0.7+1.4)=-2.1$

⑤ $\left(+\dfrac{5}{6}\right)+\left(-\dfrac{1}{6}\right)=+\left(\dfrac{5}{6}-\dfrac{1}{6}\right)=+\dfrac{4}{6}=+\dfrac{2}{3}$

따라서 옳은 것은 ④, ⑤이다.

1-1 답 ②

① $(+2)+(-10)=-(10-2)=-8$

② $(-8)+(+3)=-(8-3)=-5$

③ $(-7)+(-2)=-(7+2)=-9$

④ $(-8.5)+(+2.7)=-(8.5-2.7)=-5.8$

⑤ $(+6.9)+(-15)=-(15-6.9)=-8.1$

따라서 계산 결과가 가장 큰 것은 ②이다.

1-2 답 $-\dfrac{17}{12}$

$a=(-0.5)+\left(+\dfrac{3}{2}\right)=\left(-\dfrac{1}{2}\right)+\left(+\dfrac{3}{2}\right)$

　$=+\left(\dfrac{3}{2}-\dfrac{1}{2}\right)=+1$

$b=\left(-\dfrac{7}{4}\right)+\left(-\dfrac{2}{3}\right)=\left(-\dfrac{21}{12}\right)+\left(-\dfrac{8}{12}\right)$

　$=-\left(\dfrac{21}{12}+\dfrac{8}{12}\right)=-\dfrac{29}{12}$

$\therefore a+b=(+1)+\left(-\dfrac{29}{12}\right)=\left(+\dfrac{12}{12}\right)+\left(-\dfrac{29}{12}\right)$

　　　　$=-\left(\dfrac{29}{12}-\dfrac{12}{12}\right)=-\dfrac{17}{12}$

예제 2 답 풀이 참조

$(+6.2)+(-7)+(-3.2)$

$=(-7)+(\boxed{+6.2})+(-3.2)$　—　덧셈의 $\boxed{교환}$ 법칙

$=(-7)+\{(\boxed{+6.2})+(-3.2)\}$　—　덧셈의 결합법칙

$=(-7)+(\boxed{+3})$

$=\boxed{-4}$

2-1 답 ④

㉠ 덧셈의 결합법칙, ㉡ 0, ㉢ $+9$

개념 **13** 정수와 유리수의 뺄셈　·41~43쪽

·개념 확인하기

1 답 (1) $+5$　(2) -9　(3) -1.6　(4) $+\dfrac{11}{15}$

(1) $(+7)-(+2)=(+7)+(-2)$

　　　　　　　$=+(7-2)=+5$

(2) $(-1)-(+8)=(-1)+(-8)$

　　　　　　　$=-(1+8)=-9$

(3) $(-2.2)-(-0.6)=(-2.2)+(+0.6)$

　　　　　　　　$=-(2.2-0.6)=-1.6$

(4) $\left(+\dfrac{1}{3}\right)-\left(-\dfrac{2}{5}\right)=\left(+\dfrac{1}{3}\right)+\left(+\dfrac{2}{5}\right)=\left(+\dfrac{5}{15}\right)+\left(+\dfrac{6}{15}\right)$

　　　　　　　　$=+\left(\dfrac{5}{15}+\dfrac{6}{15}\right)=+\dfrac{11}{15}$

2 답 풀이 참조

(1) $(-12)-(-7)+(-4)$

$=(-12)+(\oplus\boxed{7})+(-4)$

$=\{(-12)+(-4)\}+(\oplus\boxed{7})$

$=(-16)+(\oplus\boxed{7})$

$=\ominus\boxed{9}$

(2) $1-5+9=(+1)-(\boxed{+}5)+(\boxed{+}\boxed{9})$
$=(+1)+(\boxed{-}5)+(\boxed{+}\boxed{9})$
$=\{(+1)+(\boxed{+}\boxed{9})\}+(\boxed{-}5)$
$=(\boxed{+}\boxed{10})+(\boxed{-}5)$
$=\boxed{5}$

대표 예제로 개념 익히기

예제 1 답 ②

① $(+10)-(+6)=(+10)+(-6)=+(10-6)=+4$
② $(-3)-(-7)=(-3)+(+7)=+(7-3)=+4$
③ $(-3.7)-(+8)=(-3.7)+(-8)=-(3.7+8)$
$\qquad =-11.7$
④ $\left(+\dfrac{1}{6}\right)-\left(-\dfrac{5}{3}\right)=\left(+\dfrac{1}{6}\right)+\left(+\dfrac{5}{3}\right)=\left(+\dfrac{1}{6}\right)+\left(+\dfrac{10}{6}\right)$
$\qquad =+\left(\dfrac{1}{6}+\dfrac{10}{6}\right)=+\dfrac{11}{6}$
⑤ $\left(-\dfrac{3}{5}\right)-\left(+\dfrac{3}{5}\right)=\left(-\dfrac{3}{5}\right)+\left(-\dfrac{3}{5}\right)=-\left(\dfrac{3}{5}+\dfrac{3}{5}\right)=-\dfrac{6}{5}$
따라서 계산 결과가 옳은 것은 ②이다.

1-1 답 ②
② $(+2)-(+6)=(+2)+(-6)$

1-2 답 ㄴ, ㄷ
ㄱ. $(+5)-(-2)=(+5)+(+2)=+(5+2)=+7$
ㄴ. $(+6)-(+9)=(+6)+(-9)=-(9-6)=-3$
ㄷ. $\left(-\dfrac{6}{7}\right)-\left(+\dfrac{15}{7}\right)=\left(-\dfrac{6}{7}\right)+\left(-\dfrac{15}{7}\right)=-3$
ㄹ. $(+3.8)-(-0.8)=(+3.8)+(+0.8)=+4.6$
따라서 계산 결과가 -3인 것은 ㄴ, ㄷ이다.

예제 2 답 (1) -6 (2) $+\dfrac{7}{2}$ (3) $-\dfrac{23}{4}$

(1) $(-1)+(-5)=-(1+5)=-6$
(2) $(+3)-\left(-\dfrac{1}{2}\right)=(+3)+\left(+\dfrac{1}{2}\right)=\left(+\dfrac{6}{2}\right)+\left(+\dfrac{1}{2}\right)$
$\qquad =+\left(\dfrac{6}{2}+\dfrac{1}{2}\right)=+\dfrac{7}{2}$
(3) $(-5)-\left(+\dfrac{3}{4}\right)=(-5)+\left(-\dfrac{3}{4}\right)=\left(-\dfrac{20}{4}\right)+\left(-\dfrac{3}{4}\right)$
$\qquad =-\left(\dfrac{20}{4}+\dfrac{3}{4}\right)=-\dfrac{23}{4}$

2-1 답 ㄴ, ㄷ, ㄱ
ㄱ. $(+6)+(+1)=+(6+1)=+7$
ㄴ. $(+3)+(-7)=-(7-3)=-4$
ㄷ. $(-5)-(-3)=(-5)+(+3)=-(5-3)=-2$
따라서 계산 결과가 작은 것부터 차례로 나열하면 ㄴ, ㄷ, ㄱ이다.

2-2 답 $a=+3$, $b=+\dfrac{3}{2}$
$a=(-2)+(+5)=+(5-2)=+3$
$b=\left(+\dfrac{1}{2}\right)-(-1)=\left(+\dfrac{1}{2}\right)+(+1)$
$\quad =\left(+\dfrac{1}{2}\right)+\left(+\dfrac{2}{2}\right)=+\left(\dfrac{1}{2}+\dfrac{2}{2}\right)=+\dfrac{3}{2}$

예제 3 답 ⑤
① $(+7)+(-1)-(+2)=(+7)+(-1)+(-2)$
$\qquad =(+7)+\{(-1)+(-2)\}$
$\qquad =(+7)+(-3)=+4$
② $(-3)-(-8)+(-1)=(-3)+(+8)+(-1)$
$\qquad =\{(-3)+(-1)\}+(+8)$
$\qquad =(-4)+(+8)=+4$
③ $(+5)-(-2)+(-3)=(+5)+(+2)+(-3)$
$\qquad =\{(+5)+(+2)\}+(-3)$
$\qquad =(+7)+(-3)=+4$
④ $(-4.5)+(+1.5)-(-7)=(-4.5)+(+1.5)+(+7)$
$\qquad =\{(-4.5)+(+1.5)\}+(+7)$
$\qquad =(-3)+(+7)=+4$
⑤ $\left(+\dfrac{7}{2}\right)-\left(-\dfrac{5}{2}\right)+(-3)=\left(+\dfrac{7}{2}\right)+\left(+\dfrac{5}{2}\right)+(-3)$
$\qquad =\left\{\left(+\dfrac{7}{2}\right)+\left(+\dfrac{5}{2}\right)\right\}+(-3)$
$\qquad =(+6)+(-3)=+3$
따라서 계산 결과가 나머지 넷과 다른 하나는 ⑤이다.

3-1 답 (1) -6 (2) $-\dfrac{3}{4}$ (3) 0 (4) 0
(1) $(+5)+(-14)-(-3)=(+5)+(-14)+(+3)$
$\qquad =\{(+5)+(+3)\}+(-14)$
$\qquad =(+8)+(-14)=-6$
(2) $\left(-\dfrac{2}{3}\right)-\left(+\dfrac{1}{2}\right)+\left(+\dfrac{5}{12}\right)$
$\quad =\left(-\dfrac{2}{3}\right)+\left(-\dfrac{1}{2}\right)+\left(+\dfrac{5}{12}\right)$
$\quad =\left\{\left(-\dfrac{4}{6}\right)+\left(-\dfrac{3}{6}\right)\right\}+\left(+\dfrac{5}{12}\right)$
$\quad =\left(-\dfrac{7}{6}\right)+\left(+\dfrac{5}{12}\right)=\left(-\dfrac{14}{12}\right)+\left(+\dfrac{5}{12}\right)=-\dfrac{3}{4}$
(3) $(-2.3)-(-4.5)+(-2.2)$
$\quad =(-2.3)+(+4.5)+(-2.2)$
$\quad =\{(-2.3)+(-2.2)\}+(+4.5)$
$\quad =(-4.5)+(+4.5)=0$
(4) $\left(-\dfrac{1}{2}\right)+\left(-\dfrac{4}{5}\right)-\left(-\dfrac{3}{2}\right)-\left(+\dfrac{1}{5}\right)$
$\quad =\left(-\dfrac{1}{2}\right)+\left(-\dfrac{4}{5}\right)+\left(+\dfrac{3}{2}\right)+\left(-\dfrac{1}{5}\right)$
$\quad =\left\{\left(-\dfrac{1}{2}\right)+\left(+\dfrac{3}{2}\right)\right\}+\left\{\left(-\dfrac{4}{5}\right)+\left(-\dfrac{1}{5}\right)\right\}$
분모가 같은 수를 모아서 계산하면 편리하다.
$\quad =(+1)+(-1)=0$

예제 4 답 ④

① $5-7+3=(+5)-(+7)+(+3)$
$\qquad =(+5)+(-7)+(+3)$
$\qquad =\{(+5)+(+3)\}+(-7)$
$\qquad =(+8)+(-7)=1$

② $7-3-6=(+7)-(+3)-(+6)$
$\qquad =(+7)+(-3)+(-6)$
$\qquad =(+7)+\{(-3)+(-6)\}$
$\qquad =(+7)+(-9)=-2$

③ $-7-2+5=(-7)-(+2)+(+5)$
$\qquad =(-7)+(-2)+(+5)$
$\qquad =\{(-7)+(-2)\}+(+5)$
$\qquad =(-9)+(+5)=-4$

④ $-9-7+3=(-9)-(+7)+(+3)$
$\qquad =(-9)+(-7)+(+3)$
$\qquad =\{(-9)+(-7)\}+(+3)$
$\qquad =(-16)+(+3)=-13$

⑤ $-10+5-3=(-10)+(+5)-(+3)$
$\qquad =(-10)+(+5)+(-3)$
$\qquad =\{(-10)+(-3)\}+(+5)$
$\qquad =(-13)+(+5)=-8$

따라서 계산 결과가 가장 작은 것은 ④이다.

4-1 답 (1) -8 (2) -2.5 (3) $\dfrac{19}{12}$ (4) $-\dfrac{1}{6}$

(1) $-4-6+11-9=(-4)-(+6)+(+11)-(+9)$
$\qquad =(-4)+(-6)+(+11)+(-9)$
$\qquad =\{(-4)+(-6)\}+(-9)+(+11)$
$\qquad =(-10)+(-9)+(+11)$
$\qquad =\{(-10)+(-9)\}+(+11)$
$\qquad =(-19)+(+11)$
$\qquad =-8$

(2) $-5.7+6.1-2.9=(-5.7)+(+6.1)-(+2.9)$
$\qquad =(-5.7)+(+6.1)+(-2.9)$
$\qquad =\{(-5.7)+(-2.9)\}+(+6.1)$
$\qquad =(-8.6)+(+6.1)$
$\qquad =-2.5$

(3) $\dfrac{1}{2}-\dfrac{2}{3}+\dfrac{7}{4}=\left(+\dfrac{1}{2}\right)-\left(+\dfrac{2}{3}\right)+\left(+\dfrac{7}{4}\right)$
$\qquad =\left(+\dfrac{1}{2}\right)+\left(-\dfrac{2}{3}\right)+\left(+\dfrac{7}{4}\right)$
$\qquad =\left\{\left(+\dfrac{2}{4}\right)+\left(+\dfrac{7}{4}\right)\right\}+\left(-\dfrac{2}{3}\right)$
$\qquad =\left(+\dfrac{9}{4}\right)+\left(-\dfrac{2}{3}\right)$
$\qquad =\left(+\dfrac{27}{12}\right)+\left(-\dfrac{8}{12}\right)$
$\qquad =\dfrac{19}{12}$

(4) $\dfrac{3}{4}-1-\dfrac{1}{4}+\dfrac{1}{3}=\left(+\dfrac{3}{4}\right)-(+1)-\left(+\dfrac{1}{4}\right)+\left(+\dfrac{1}{3}\right)$
$\qquad =\left(+\dfrac{3}{4}\right)+(-1)+\left(-\dfrac{1}{4}\right)+\left(+\dfrac{1}{3}\right)$
$\qquad =\left\{\left(+\dfrac{3}{4}\right)+\left(-\dfrac{1}{4}\right)\right\}+\left\{\left(-\dfrac{3}{3}\right)+\left(+\dfrac{1}{3}\right)\right\}$
$\qquad =\left(+\dfrac{1}{2}\right)+\left(-\dfrac{2}{3}\right)$
$\qquad =\left(+\dfrac{3}{6}\right)+\left(-\dfrac{4}{6}\right)=-\dfrac{1}{6}$

✎ 오개념 바로잡기

(2) $-5.7+6.1-2.9$를 계산하기

$\xrightarrow{(\times)}$ $-5.7+6.1-2.9=-(5.7+6.1-2.9)=-8.9$

$\xrightarrow{(\bigcirc)}$ $+$ 부호와 괄호가 있는 식으로 바꾸면
$\qquad -5.7+6.1-2.9=(-5.7)+(+6.1)-(+2.9)$
$\qquad\qquad =(-5.7)+(+6.1)+(-2.9)$
$\qquad\qquad =-2.5$

➡ 부호가 생략된 수의 덧셈과 뺄셈에서 양수는 $+$ 부호와 괄호가 생략되어 있고, 맨 앞에 나오는 음수는 괄호가 생략되어 있음을 기억해!

4-2 답 $\dfrac{21}{10}$

$A=3-0.4-\dfrac{1}{2}$
$\quad =(+3)-(+0.4)-\left(+\dfrac{1}{2}\right)$
$\quad =(+3)+\left(-\dfrac{2}{5}\right)+\left(-\dfrac{1}{2}\right)$
$\quad =(+3)+\left\{\left(-\dfrac{4}{10}\right)+\left(-\dfrac{5}{10}\right)\right\}$
$\quad =(+3)+\left(-\dfrac{9}{10}\right)=\left(+\dfrac{30}{10}\right)+\left(-\dfrac{9}{10}\right)=\dfrac{21}{10}$

$B=\dfrac{5}{6}-\dfrac{1}{2}+\dfrac{2}{3}-1$
$\quad =\left(+\dfrac{5}{6}\right)-\left(+\dfrac{1}{2}\right)+\left(+\dfrac{2}{3}\right)-(+1)$
$\quad =\left(+\dfrac{5}{6}\right)+\left(-\dfrac{1}{2}\right)+\left(+\dfrac{2}{3}\right)+(-1)$
$\quad =\left\{\left(+\dfrac{5}{6}\right)+\left(+\dfrac{4}{6}\right)\right\}+\left\{\left(-\dfrac{1}{2}\right)+\left(-\dfrac{2}{2}\right)\right\}$
$\quad =\left(+\dfrac{3}{2}\right)+\left(-\dfrac{3}{2}\right)=0$

$\therefore A+B=\dfrac{21}{10}+0=\dfrac{21}{10}$

개념 14 **정수와 유리수의 곱셈** • 44~45쪽

• 개념 확인하기

1 답 (1) $+$, $+$, 24 (2) $+$, $+$, 24
(3) $-$, $-$, 24 (4) $-$, $-$, 24

(1) $(+3) \times (+8) = \boxed{+}(3 \times 8) = \boxed{+}\boxed{24}$

(2) $(-3) \times (-8) = \boxed{+}(3 \times 8) = \boxed{+}\boxed{24}$

(3) $(+3) \times (-8) = \boxed{-}(3 \times 8) = \boxed{-}\boxed{24}$

(4) $(-3) \times (+8) = \boxed{-}(3 \times 8) = \boxed{-}\boxed{24}$

2 답 (1) $+12$ (2) $+50$ (3) $+\dfrac{3}{2}$ (4) $+\dfrac{2}{3}$

(5) $+1$ (6) $+\dfrac{1}{4}$

(1) $(+3) \times (+4) = +(3 \times 4) = +12$

(2) $(-5) \times (-10) = +(5 \times 10) = +50$

(3) $\left(+\dfrac{2}{3}\right) \times \left(+\dfrac{9}{4}\right) = +\left(\dfrac{2}{3} \times \dfrac{9}{4}\right) = +\dfrac{3}{2}$

(4) $\left(-\dfrac{1}{4}\right) \times \left(-\dfrac{8}{3}\right) = +\left(\dfrac{1}{4} \times \dfrac{8}{3}\right) = +\dfrac{2}{3}$

(5) $(+0.2) \times (+5) = +(0.2 \times 5) = +1$

(6) $\left(-\dfrac{5}{6}\right) \times (-0.3) = +\left(\dfrac{5}{6} \times 0.3\right)$
$= +\left(\dfrac{5}{6} \times \dfrac{3}{10}\right) = +\dfrac{1}{4}$

3 답 (1) -28 (2) -18 (3) $-\dfrac{1}{2}$ (4) $-\dfrac{5}{3}$

(5) -6.5 (6) $-\dfrac{1}{15}$

(1) $(+4) \times (-7) = -(4 \times 7) = -28$

(2) $(-6) \times (+3) = -(6 \times 3) = -18$

(3) $\left(+\dfrac{7}{5}\right) \times \left(-\dfrac{5}{14}\right) = -\left(\dfrac{7}{5} \times \dfrac{5}{14}\right) = -\dfrac{1}{2}$

(4) $\left(-\dfrac{3}{2}\right) \times \left(+\dfrac{10}{9}\right) = -\left(\dfrac{3}{2} \times \dfrac{10}{9}\right) = -\dfrac{5}{3}$

(5) $(+1.3) \times (-5) = -(1.3 \times 5) = -6.5$

(6) $\left(-\dfrac{1}{6}\right) \times (+0.4) = -\left(\dfrac{1}{6} \times 0.4\right)$
$= -\left(\dfrac{1}{6} \times \dfrac{2}{5}\right) = -\dfrac{1}{15}$

대표 예제로 **개념 익히기**

예제 1 답 ③

③ $(+5) \times (-5) = -(5 \times 5) = -25$

1-1 답 ②, ⑤

① $(-8) \times (-4) = +(8 \times 4) = +32$

② $\left(+\dfrac{1}{3}\right) \times \left(+\dfrac{9}{5}\right) = +\left(\dfrac{1}{3} \times \dfrac{9}{5}\right) = +\dfrac{3}{5}$

③ $\left(-\dfrac{5}{7}\right) \times (+14) = -\left(\dfrac{5}{7} \times 14\right) = -10$

④ $0 \times (-6) = 0$

⑤ $(+0.5) \times (-4) = -(0.5 \times 4) = -2$

따라서 계산 결과가 옳은 것은 ②, ⑤이다.

1-2 답 ㄹ, ㅁ

ㄱ. $(+4) \times \left(+\dfrac{1}{8}\right) = +\left(4 \times \dfrac{1}{8}\right) = +\dfrac{1}{2}$

ㄴ. $\left(-\dfrac{1}{15}\right) \times (-3) = +\left(\dfrac{1}{15} \times 3\right) = +\dfrac{1}{5}$

ㄷ. $\left(+\dfrac{3}{2}\right) \times \left(-\dfrac{4}{9}\right) = -\left(\dfrac{3}{2} \times \dfrac{4}{9}\right) = -\dfrac{2}{3}$

ㄹ. $\left(-\dfrac{21}{2}\right) \times \left(+\dfrac{8}{15}\right) = -\left(\dfrac{21}{2} \times \dfrac{8}{15}\right) = -\dfrac{28}{5}$

ㅁ. $\left(-\dfrac{5}{6}\right) \times \left(-\dfrac{2}{3}\right) = +\left(\dfrac{5}{6} \times \dfrac{2}{3}\right) = +\dfrac{5}{9}$

따라서 계산 결과가 가장 작은 것은 ㄹ, 가장 큰 것은 ㅁ이다.

✎ 오개념 바로잡기

ㄴ. $\left(-\dfrac{1}{15}\right) \times (-3)$을 계산하기

$\xrightarrow{(\times)}$ $\left(-\dfrac{1}{15}\right) \times (-3) = -\left(\dfrac{1}{15} \times 3\right) = -\dfrac{1}{5}$

$\xrightarrow{(\bigcirc)}$ $\left(-\dfrac{1}{15}\right) \times (-3) = +\left(\dfrac{1}{15} \times 3\right) = +\dfrac{1}{5}$

ㄷ. $\left(+\dfrac{3}{2}\right) \times \left(-\dfrac{4}{9}\right)$를 계산하기

$\xrightarrow{(\times)}$ $\left(+\dfrac{3}{2}\right) \times \left(-\dfrac{4}{9}\right) = +\left(\dfrac{3}{2} \times \dfrac{4}{9}\right) = +\dfrac{2}{3}$

$\xrightarrow{(\bigcirc)}$ $\left(+\dfrac{3}{2}\right) \times \left(-\dfrac{4}{9}\right) = -\left(\dfrac{3}{2} \times \dfrac{4}{9}\right) = -\dfrac{2}{3}$

➡ 부호가 같은 두 수의 곱셈은 양의 부호 +를, 부호가 다른 두 수의 곱셈은 음의 부호 −를 붙여야 해. 두 수의 덧셈에서의 부호와 헷갈리면 안 돼!

예제 2 답 ①

$a = (+2) \times (-12) = -(2 \times 12) = -24$

$b = \left(-\dfrac{1}{4}\right) \times \left(-\dfrac{2}{3}\right) = +\left(\dfrac{1}{4} \times \dfrac{2}{3}\right) = +\dfrac{1}{6}$

$\therefore a \times b = (-24) \times \left(+\dfrac{1}{6}\right) = -\left(24 \times \dfrac{1}{6}\right) = -4$

2-1 답 $-\dfrac{23}{6}$

$a = \left(-\dfrac{15}{4}\right) \times \left(+\dfrac{2}{3}\right) = -\left(\dfrac{15}{4} \times \dfrac{2}{3}\right) = -\dfrac{5}{2}$

$b = \left(+\dfrac{3}{7}\right) \times \left(-\dfrac{28}{9}\right) = -\left(\dfrac{3}{7} \times \dfrac{28}{9}\right) = -\dfrac{4}{3}$

$\therefore a + b = \left(-\dfrac{5}{2}\right) + \left(-\dfrac{4}{3}\right) = \left(-\dfrac{15}{6}\right) + \left(-\dfrac{8}{6}\right)$

$= -\left(\dfrac{15}{6} + \dfrac{8}{6}\right) = -\dfrac{23}{6}$

2-2 답 $-\dfrac{35}{12}$

$a = (-2) - \left(-\dfrac{1}{3}\right) = \left(-\dfrac{6}{3}\right) + \left(+\dfrac{1}{3}\right) = -\dfrac{5}{3}$

절댓값이 $\dfrac{7}{4}$인 수는 $+\dfrac{7}{4}$, $-\dfrac{7}{4}$이고,

이 중 큰 수는 $+\dfrac{7}{4}$이므로 $b = +\dfrac{7}{4}$

$\therefore a \times b = \left(-\dfrac{5}{3}\right) \times \left(+\dfrac{7}{4}\right) = -\left(\dfrac{5}{3} \times \dfrac{7}{4}\right) = -\dfrac{35}{12}$

• **개념 확인하기**

1 답 ㈎ 곱셈의 교환법칙, ㈏ 곱셈의 결합법칙

2 답 (1) $+140$ (2) -30 (3) -810 (4) $+192$

(5) $-\dfrac{16}{3}$ (6) $+\dfrac{1}{3}$

(1) $(-4)\times(+7)\times(-5)=+(4\times7\times5)=+140$

(2) $(+3)\times(+5)\times(-2)=-(3\times5\times2)=-30$

(3) $(-6)\times(-9)\times(-15)=-(6\times9\times15)=-810$

(4) $(-8)\times(+3)\times(-4)\times(+2)=+(8\times3\times4\times2)$
$$=+192$$

(5) $(+8)\times\left(-\dfrac{3}{2}\right)\times\left(+\dfrac{4}{9}\right)=-\left(8\times\dfrac{3}{2}\times\dfrac{4}{9}\right)=-\dfrac{16}{3}$

(6) $\left(+\dfrac{7}{15}\right)\times(+30)\times\left(-\dfrac{5}{21}\right)\times\left(-\dfrac{1}{10}\right)$

$\quad=+\left(\dfrac{7}{15}\times30\times\dfrac{5}{21}\times\dfrac{1}{10}\right)$

$\quad=+\dfrac{1}{3}$

⟮ 대표 예제로 개념 익히기 ⟯

예제 1 답 $-3,\ -3,\ -\dfrac{4}{3},\ +\dfrac{4}{15}$ /

㈎ 곱셈의 교환법칙, ㈏ 곱셈의 결합법칙

1-1 답 ②

1-2 답 $-\dfrac{4}{9}$

$(-0.5)\times\left(-\dfrac{4}{9}\right)\times(-2)=\left(-\dfrac{1}{2}\right)\times\left(-\dfrac{4}{9}\right)\times(-2)$

$\quad=\left(-\dfrac{1}{2}\right)\times(-2)\times\left(-\dfrac{4}{9}\right)$

$\quad=\left\{\left(-\dfrac{1}{2}\right)\times(-2)\right\}\times\left(-\dfrac{4}{9}\right)$

$\quad=(+1)\times\left(-\dfrac{4}{9}\right)$

$\quad=-\dfrac{4}{9}$

예제 2 답 ⑤

① $(+3)\times(-3)\times(+2)=-(3\times3\times2)=-18$

② $(+2)\times(-4)\times(-7)=+(2\times4\times7)=+56$

③ $(+4)\times\left(-\dfrac{3}{2}\right)\times(+5)=-\left(4\times\dfrac{3}{2}\times5\right)=-30$

④ $(-1)\times\left(+\dfrac{5}{3}\right)\times(-8)\times(+6)=+\left(1\times\dfrac{5}{3}\times8\times6\right)$
$$=+80$$

⑤ $\left(-\dfrac{7}{5}\right)\times(-15)\times\left(-\dfrac{1}{2}\right)\times(-8)=+\left(\dfrac{7}{5}\times15\times\dfrac{1}{2}\times8\right)$
$$=+84$$

따라서 계산 결과가 가장 큰 것은 ⑤이다.

2-1 답 $-\dfrac{12}{5}$

$a=\left(-\dfrac{2}{3}\right)\times\left(+\dfrac{6}{5}\right)=-\left(\dfrac{2}{3}\times\dfrac{6}{5}\right)=-\dfrac{4}{5}$

$b=\left(+\dfrac{1}{2}\right)\times\left(-\dfrac{5}{2}\right)\times\left(-\dfrac{12}{5}\right)=+\left(\dfrac{1}{2}\times\dfrac{5}{2}\times\dfrac{12}{5}\right)=+3$

$\therefore a\times b=\left(-\dfrac{4}{5}\right)\times(+3)=-\left(\dfrac{4}{5}\times3\right)=-\dfrac{12}{5}$

2-2 답 $-\dfrac{1}{6}$

$\left(-\dfrac{1}{2}\right)\times\left(-\dfrac{2}{3}\right)\times\left(-\dfrac{3}{4}\right)\times\left(-\dfrac{4}{5}\right)\times\left(-\dfrac{5}{6}\right)$

$=-\left(\dfrac{1}{2}\times\dfrac{2}{3}\times\dfrac{3}{4}\times\dfrac{4}{5}\times\dfrac{5}{6}\right)$

$=-\dfrac{1}{6}$

개념 **16** **거듭제곱의 계산 / 분배법칙** ·48~49쪽

• **개념 확인하기**

1 답 (1) $+81$ (2) -81 (3) $+36$ (4) -36

(5) -1 (6) $+1$ (7) $-\dfrac{1}{8}$ (8) $+\dfrac{1}{16}$

(3) $(-6)^2=(-6)\times(-6)$
$$=+(6\times6)=+36$$

(4) $-6^2=-(6\times6)=-36$

(5) $(-1)^9=(-1)\times(-1)\times\cdots\times(-1)$ ← -1이 9개(홀수 개)
$$=-(1\times1\times1\times\cdots\times1)=-1$$

(6) $(-1)^{10}=(-1)\times(-1)\times\cdots\times(-1)$ ← -1이 10개(짝수 개)
$$=+(1\times1\times1\times\cdots\times1)=+1$$

(7) $\left(-\dfrac{1}{2}\right)^3=\left(-\dfrac{1}{2}\right)\times\left(-\dfrac{1}{2}\right)\times\left(-\dfrac{1}{2}\right)$

$\quad=-\left(\dfrac{1}{2}\times\dfrac{1}{2}\times\dfrac{1}{2}\right)=-\dfrac{1}{8}$

(8) $\left(-\dfrac{1}{2}\right)^4=\left(-\dfrac{1}{2}\right)\times\left(-\dfrac{1}{2}\right)\times\left(-\dfrac{1}{2}\right)\times\left(-\dfrac{1}{2}\right)$

$\quad=+\left(\dfrac{1}{2}\times\dfrac{1}{2}\times\dfrac{1}{2}\times\dfrac{1}{2}\right)=+\dfrac{1}{16}$

2 답 (1) 100, 4, 1248 (2) 100, 1, 1616

(3) 37, 3700 (4) -7, -700

(1) $12\times(100+4)=12\times\boxed{100}+12\times\boxed{4}=\boxed{1248}$

(2) $(100+1)\times16=\boxed{100}\times16+\boxed{1}\times16=\boxed{1616}$

(3) $37\times98+37\times2=\boxed{37}\times(98+2)=\boxed{3700}$

(4) $19\times(-7)+81\times(-7)=(19+81)\times(\boxed{-7})=\boxed{-700}$

예제 1 답 ⑤

① $(-1)^5 = -1$

② $-7^2 = -49$

③ $(-4)^3 = -64$

④ $\left(-\dfrac{1}{2}\right)^5 = -\dfrac{1}{32}$

따라서 옳은 것은 ⑤이다.

오개념 바로잡기

② -7^2을 계산하기

$\xrightarrow{(\times)} -7^2 = (-7)^2 = (-7)\times(-7) = 49$

$\xrightarrow{(\bigcirc)} -7^2 = -(7\times7) = -49$

➡ $(-a)^2 = a^2$이므로 $(-a)^2$과 $-a^2$은 다르다는 것에 주의해야 해!

1-1 답 ⑤

① $(+2)^3 = +8$

② $-1^4 = -1$

③ $\left(-\dfrac{3}{2}\right)^2 = +\dfrac{9}{4}$

④ $-\left(-\dfrac{1}{3}\right)^2 = -\dfrac{1}{9}$

⑤ $-4^3 = -64$

따라서 계산 결과가 가장 작은 수는 ⑤이다.

1-2 답 30

$(-5^2)\times(-6)\times\left(+\dfrac{4}{5}\right)\times\left(-\dfrac{1}{2}\right)^2$

$=(-25)\times(-6)\times\left(+\dfrac{4}{5}\right)\times\left(+\dfrac{1}{4}\right)$

$=+\left(25\times6\times\dfrac{4}{5}\times\dfrac{1}{4}\right)=30$

예제 2 답 6, 6, 90, 1590

$15\times106 = 15\times(100+\boxed{6})$

$= 15\times100 + 15\times\boxed{6}$

$= 1500 + \boxed{90}$

$= \boxed{1590}$

2-1 답 (1) -465 (2) 11 (3) -416 (4) 9.2

(1) $(-5)\times(100-7) = (-5)\times100 - (-5)\times7$

$= -500 - (-35)$

$= -500 + (+35) = -465$

(2) $\left(\dfrac{3}{4}-\dfrac{1}{5}\right)\times20 = \dfrac{3}{4}\times20 - \dfrac{1}{5}\times20 = 15-4 = 11$

(3) $(-4.16)\times35 + (-4.16)\times65 = (-4.16)\times(35+65)$

$= (-4.16)\times100 = -416$

(4) $\dfrac{1}{4}\times9.2 + \dfrac{3}{4}\times9.2 = \left(\dfrac{1}{4}+\dfrac{3}{4}\right)\times9.2 = 1\times9.2 = 9.2$

2-2 답 90

$2.2\times(-8) + 7.8\times(-8) = (2.2+7.8)\times(-8)$

$= 10\times(-8) = -80$

따라서 $A=10$, $B=-80$이므로

$A-B = 10 - (-80) = 10 + (+80) = 90$

개념 17 정수와 유리수의 나눗셈 / 혼합 계산 ·51~53쪽

· 개념 확인하기

1 답 (1) $+$, $+$, 5 (2) $-$, $-$, 4 (3) $+$, $+$, 5 (4) $-$, $-$, 6

(1) $(+15)\div(+3) = \oplus(15\div3) = \oplus\boxed{5}$

(2) $(-20)\div(+5) = \ominus(20\div5) = \ominus\boxed{4}$

(3) $(-35)\div(-7) = \oplus(35\div7) = \oplus\boxed{5}$

(4) $(+18)\div(-3) = \ominus(18\div3) = \ominus\boxed{6}$

2 답 (1) $\dfrac{1}{3}$ (2) $-\dfrac{1}{2}$ (3) 2 (4) $-\dfrac{3}{4}$ (5) $\dfrac{10}{9}$ (6) $\dfrac{5}{7}$

(5) $0.9\left(=\dfrac{9}{10}\right)$의 역수는 $\dfrac{10}{9}$이다.

(6) $1\dfrac{2}{5}\left(=\dfrac{7}{5}\right)$의 역수는 $\dfrac{5}{7}$이다.

3 답 (1) $+2$ (2) $+5$ (3) -2 (4) -7 (5) $+10$ (6) $-\dfrac{1}{6}$ (7) $+\dfrac{4}{7}$ (8) $-\dfrac{2}{15}$

(1) $(+6)\div(+3) = +(6\div3) = +2$

(2) $(-25)\div(-5) = +(25\div5) = +5$

(3) $(+18)\div(-9) = -(18\div9) = -2$

(4) $(-21)\div(+3) = -(21\div3) = -7$

(5) $(+4)\div\left(+\dfrac{2}{5}\right) = (+4)\times\left(+\dfrac{5}{2}\right) = +10$

(6) $\left(+\dfrac{1}{3}\right)\div(-2) = \left(+\dfrac{1}{3}\right)\times\left(-\dfrac{1}{2}\right) = -\dfrac{1}{6}$

(7) $\left(-\dfrac{2}{5}\right)\div\left(-\dfrac{7}{10}\right) = \left(-\dfrac{2}{5}\right)\times\left(-\dfrac{10}{7}\right) = +\dfrac{4}{7}$

(8) $(-0.3)\div\left(+\dfrac{9}{4}\right) = \left(-\dfrac{3}{10}\right)\times\left(+\dfrac{4}{9}\right) = -\dfrac{2}{15}$

4 답 (1) 4 (2) -6 (3) 16 (4) 3

(1) $10\div(-5)\times(-2) = 10\times\left(-\dfrac{1}{5}\right)\times(-2)$

$= +\left(10\times\dfrac{1}{5}\times2\right) = 4$

(2) $(-3)^2\times4\div(-6) = 9\times4\times\left(-\dfrac{1}{6}\right)$

$= -\left(9\times4\times\dfrac{1}{6}\right) = -6$

(3) $\dfrac{4}{7} \div \left(-\dfrac{1}{14}\right) \times (-2) = \dfrac{4}{7} \times (-14) \times (-2)$
$= +\left(\dfrac{4}{7} \times 14 \times 2\right) = 16$

(4) $(-0.2) \div \dfrac{3}{5} \times (-9) = \left(-\dfrac{1}{5}\right) \times \dfrac{5}{3} \times (-9)$
$= +\left(\dfrac{1}{5} \times \dfrac{5}{3} \times 9\right) = 3$

5 답 (1) $\dfrac{13}{6}$ (2) 6

(1) $\left(-\dfrac{4}{5}\right) \times (-10) \div 6 - \left(-\dfrac{5}{6}\right) = 8 \div 6 - \left(-\dfrac{5}{6}\right)$ ←①
$= 8 \times \dfrac{1}{6} - \left(-\dfrac{5}{6}\right)$
$= \dfrac{8}{6} + \dfrac{5}{6}$ ←②
$= \dfrac{13}{6}$ ←③

(2) $-1 + \left\{\dfrac{1}{9} \times (-3)^2 + \dfrac{2}{5}\right\} \div \dfrac{1}{5}$
$= -1 + \left(\dfrac{1}{9} \times 9 + \dfrac{2}{5}\right) \div \dfrac{1}{5}$ ←①
$= -1 + \left(1 + \dfrac{2}{5}\right) \div \dfrac{1}{5}$ ←②
$= -1 + \dfrac{7}{5} \times 5$ ←③
$= -1 + 7$ ←④
$= 6$ ←⑤

대표 예제로 개념 익히기

예제 1 답 ⑤

③ $4.5 \left(= \dfrac{9}{2}\right)$의 역수는 $\dfrac{2}{9}$이다.
⑤ -1의 역수는 -1이고, 1의 역수는 1이다.
따라서 두 수가 서로 역수가 아닌 것은 ⑤이다.

1-1 답 ㄴ, ㄷ

ㄱ. $\dfrac{10}{7}$의 역수는 $\dfrac{7}{10}$이고, $-\dfrac{7}{10}$의 역수는 $-\dfrac{10}{7}$이다.
ㄹ. $1\dfrac{1}{4} \left(= \dfrac{5}{4}\right)$의 역수는 $\dfrac{4}{5}$이고, 4의 역수는 $\dfrac{1}{4}$이다.
따라서 두 수가 서로 역수인 것은 ㄴ, ㄷ이다.

1-2 답 $-\dfrac{2}{3}$

$-\dfrac{6}{5}$의 역수는 $-\dfrac{5}{6}$이므로 $a = -\dfrac{5}{6}$
6의 역수는 $\dfrac{1}{6}$이므로 $b = \dfrac{1}{6}$
$\therefore a + b = -\dfrac{5}{6} + \dfrac{1}{6} = -\dfrac{2}{3}$

예제 2 답 ⑤

① $(-12) \div (+3) = -(12 \div 3) = -4$
② $(+36) \div (-9) = -(36 \div 9) = -4$
③ $\left(-\dfrac{3}{2}\right) \div \left(+\dfrac{3}{8}\right) = \left(-\dfrac{3}{2}\right) \times \left(+\dfrac{8}{3}\right) = -4$
④ $\left(-\dfrac{3}{5}\right) \div \left(+\dfrac{3}{20}\right) = \left(-\dfrac{3}{5}\right) \times \left(+\dfrac{20}{3}\right) = -4$
⑤ $\left(+\dfrac{8}{5}\right) \div \left(-\dfrac{5}{2}\right) = \left(+\dfrac{8}{5}\right) \times \left(-\dfrac{2}{5}\right) = -\dfrac{16}{25}$
따라서 계산 결과가 나머지 넷과 다른 하나는 ⑤이다.

2-1 답 ②

② $(-24) \div (-3) = +(24 \div 3) = +8$

2-2 답 ⑤

$\left(+\dfrac{9}{5}\right) \div \left(-\dfrac{3}{4}\right) = \left(+\dfrac{9}{5}\right) \times \left(-\dfrac{4}{3}\right) = -\dfrac{12}{5}$
① $(+3) \div (-5) = (+3) \times \left(-\dfrac{1}{5}\right) = -\dfrac{3}{5}$
② $\left(-\dfrac{8}{3}\right) \div (+4) = \left(-\dfrac{8}{3}\right) \times \left(+\dfrac{1}{4}\right) = -\dfrac{2}{3}$
③ $\left(-\dfrac{6}{5}\right) \div (+3) = \left(-\dfrac{6}{5}\right) \times \left(+\dfrac{1}{3}\right) = -\dfrac{2}{5}$
④ $(+1.5) \div (-2) = \left(+\dfrac{3}{2}\right) \times \left(-\dfrac{1}{2}\right) = -\dfrac{3}{4}$
⑤ $\left(-\dfrac{3}{2}\right) \div \left(+\dfrac{5}{8}\right) = \left(-\dfrac{3}{2}\right) \times \left(+\dfrac{8}{5}\right) = -\dfrac{12}{5}$
따라서 주어진 식과 계산 결과가 같은 것은 ⑤이다.

예제 3 답 ⑤

① $(-9) \div (+1.5) \times \left(-\dfrac{4}{9}\right) = (-9) \times \left(+\dfrac{10}{15}\right) \times \left(-\dfrac{4}{9}\right)$
$= +\left(9 \times \dfrac{10}{15} \times \dfrac{4}{9}\right) = \dfrac{8}{3}$
② $(-3)^2 \times \left(-\dfrac{3}{2}\right) \div \left(-\dfrac{5}{2}\right) = (+9) \times \left(-\dfrac{3}{2}\right) \times \left(-\dfrac{2}{5}\right)$
$= +\left(9 \times \dfrac{3}{2} \times \dfrac{2}{5}\right) = \dfrac{27}{5}$
③ $(-5) \div (+2) \times \left(+\dfrac{2}{5}\right) = (-5) \times \left(+\dfrac{1}{2}\right) \times \left(+\dfrac{2}{5}\right)$
$= -\left(5 \times \dfrac{1}{2} \times \dfrac{2}{5}\right) = -1$
④ $(-2)^2 \times (-3) \div (+12) = (+4) \times (-3) \times \left(+\dfrac{1}{12}\right)$
$= -\left(4 \times 3 \times \dfrac{1}{12}\right) = -1$
⑤ $(+4.5) \div (-3)^2 \times (-10) = \left(+\dfrac{45}{10}\right) \times \left(+\dfrac{1}{9}\right) \times (-10)$
$= -\left(\dfrac{45}{10} \times \dfrac{1}{9} \times 10\right) = -5$
따라서 계산 결과가 가장 작은 것은 ⑤이다.

3-1 답 (1) ㉠ (2) 36

(1) 곱셈과 나눗셈이 섞여 있는 식에서는 결합법칙이 성립되지 않으므로 처음으로 틀린 곳은 ㉠이다.

(2) $18 \div \dfrac{1}{6} \times \dfrac{1}{3} = 18 \times 6 \times \dfrac{1}{3} = 36$

3-2 답 48

$$(-12) \times (-2)^3 \div \left(-\frac{3}{2}\right) \times \left(-\frac{3}{4}\right)$$
$$= (-12) \times (-8) \times \left(-\frac{2}{3}\right) \times \left(-\frac{3}{4}\right)$$
$$= + \left(12 \times 8 \times \frac{2}{3} \times \frac{3}{4}\right) = 48$$

✏️오개념 바로잡기

$(-12) \times (-2)^3 \div \left(-\frac{3}{2}\right) \times \left(-\frac{3}{4}\right)$을 계산하기

$\xrightarrow{(\times)}$ $(-12) \times (-2)^3 \div \left(-\frac{3}{2}\right) \times \left(-\frac{3}{4}\right)$
$= (-12) \times (-8) \div \left\{\left(-\frac{3}{2}\right) \times \left(-\frac{3}{4}\right)\right\}$

$\xrightarrow{(\bigcirc)}$ $(-12) \times (-2)^3 \div \left(-\frac{3}{2}\right) \times \left(-\frac{3}{4}\right)$
$= (-12) \times (-8) \times \left(-\frac{2}{3}\right) \times \left(-\frac{3}{4}\right)$

➡️ 곱셈과 나눗셈이 섞여 있는 식에서는 결합법칙이 성립하지 않으므로 역수를 이용하여 나눗셈을 모두 곱셈으로 고쳐서 계산해야 해!

예제 4 답 (1) ㉢, ㉡, ㉣, ㉤, ㉠ (2) 22

(2) $4 - \{3 \times (-4)^2 + 6\} \div (-3) = 4 - (3 \times 16 + 6) \div (-3)$
$= 4 - (48 + 6) \div (-3)$
$= 4 - 54 \times \left(-\frac{1}{3}\right)$
$= 4 - (-18)$
$= 4 + 18 = 22$

4-1 답 (1) 14 (2) -45

(1) $\{7 - 2 \times (5 - 6)\} \times 3 - 13 = \{7 - 2 \times (-1)\} \times 3 - 13$
$= (7 + 2) \times 3 - 13$
$= 9 \times 3 - 13$
$= 27 - 13 = 14$

(2) $(-3)^3 - \{(-2) \times (-4)\} \div \frac{4}{9} = -27 - 8 \div \frac{4}{9}$
$= -27 - 8 \times \frac{9}{4}$
$= -27 - 18 = -45$

4-2 답 -4

$2 \times \left[-\frac{4}{3} + \left\{1 - \left(-\frac{5}{2}\right)^2 \div \frac{15}{4}\right\}\right]$
$= 2 \times \left\{-\frac{4}{3} + \left(1 - \frac{25}{4} \div \frac{15}{4}\right)\right\}$
$= 2 \times \left\{-\frac{4}{3} + \left(1 - \frac{25}{4} \times \frac{4}{15}\right)\right\}$
$= 2 \times \left\{-\frac{4}{3} + \left(1 - \frac{5}{3}\right)\right\}$
$= 2 \times \left\{-\frac{4}{3} + \left(-\frac{2}{3}\right)\right\}$
$= 2 \times (-2) = -4$

실전 문제로 단원 마무리하기 • 54~56쪽

1 ㉡, ㉣	2 11	3 ③	4 ③	5 ④
6 ①, ③	7 미술관	8 4	9 $-\frac{19}{6}$	10 ②
11 대전, 제주		12 A	13 $+\frac{5}{8}$	
14 (1) $+30$ (2) -3		15 ④	16 25	17 -3
18 ⑤				

서술형

19 2   20 (1) $-\frac{4}{5}$ (2) $-\frac{37}{15}$

1 답 ㉡, ㉣

㉠ 영상 7 ℃ ⇨ $+7$ ℃
㉡ 영하 2 ℃ ⇨ -2 ℃
㉢ 5000점을 적립 ⇨ $+5000$점
㉣ 3000점을 사용 ⇨ -3000점
따라서 음의 부호 $-$를 사용하여 나타낼 수 있는 것은 ㉡, ㉣이다.

2 답 11

양의 유리수는 $+2$, $+\frac{1}{4}$, $\frac{9}{3}$, 0.6의 4개이므로 $a = 4$

음수는 -5.3, $-\frac{7}{2}$, -8의 3개이므로 $b = 3$

정수가 아닌 유리수는 -5.3, $+\frac{1}{4}$, $-\frac{7}{2}$, 0.6의 4개이므로
$c = 4$
$\therefore a + b + c = 4 + 3 + 4 = 11$

3 답 ③

① 양의 정수만 자연수이다.
② 0과 1 사이에는 $\frac{1}{2}$, $\frac{1}{3}$과 같이 무수히 많은 유리수가 있다.
④ 유리수는 $\dfrac{(정수)}{(0이\ 아닌\ 정수)}$의 꼴로 나타낼 수 있다.
⑤ 정수는 양의 정수, 0, 음의 정수로 이루어져 있다.
따라서 옳은 것은 ③이다.

4 답 ③

5 답 ④

절댓값이 3보다 작은 수는 $\frac{8}{5}$, -1, $\frac{4}{2}$, -1.7, $2\frac{2}{3}$의 5개이다.

6 답 ①, ③

① 0의 절댓값은 0이므로 절댓값은 항상 0보다 크거나 같다.
② 절댓값이 가장 작은 정수는 0의 1개이다.
③ 음수의 절댓값은 0보다 크다.
따라서 옳지 않은 것은 ①, ③이다.

7 답 미술관

첫 번째 갈림길에서 $-5<4$이므로 4가 있는 길을 따라간다.

두 번째 갈림길에서 $\left|-\dfrac{9}{4}\right|=\dfrac{9}{4}$, $|-3.5|=3.5$,

$\left|-\dfrac{5}{3}\right|=\dfrac{5}{3}$이므로

$-3.5<-\dfrac{9}{4}<-\dfrac{5}{3}$

즉, $-\dfrac{5}{3}$가 있는 길을 따라간다.

따라서 하준이가 도착하는 장소는 미술관이다.

8 답 4

x는 -4 초과이고 $\dfrac{13}{3}$보다 크지 않다. $\Rightarrow -4<x\le\dfrac{13}{3}$

$\dfrac{13}{3}=4\dfrac{1}{3}$이므로 $-4<x\le\dfrac{13}{3}$을 만족시키는 정수 x의 값은

$-3,\ -2,\ -1,\ 0,\ 1,\ 2,\ 3,\ 4$

따라서 구하는 합은

$(-3)+(-2)+(-1)+0+1+2+3+4=4$

9 답 $-\dfrac{19}{6}$

$-\dfrac{11}{2}<-1<+\dfrac{9}{4}\left(=+\dfrac{27}{12}\right)<+\dfrac{7}{3}\left(=+\dfrac{28}{12}\right)$이므로

가장 큰 수는 $+\dfrac{7}{3}$, 가장 작은 수는 $-\dfrac{11}{2}$이다.

$\therefore \left(+\dfrac{7}{3}\right)+\left(-\dfrac{11}{2}\right)=\left(+\dfrac{14}{6}\right)+\left(-\dfrac{33}{6}\right)=-\dfrac{19}{6}$

10 답 ②

덧셈의 교환법칙: ㉡

덧셈의 결합법칙: ㉢

따라서 덧셈의 교환법칙과 덧셈의 결합법칙이 이용된 곳을 차례로 나열하면 ㉡, ㉢이다.

11 답 대전, 제주

각 지역의 일교차는 다음과 같다.

서울: $(+9.4)-(-1.4)=(+9.4)+(+1.4)=+10.8(℃)$

부산: $(+10.8)-(+3.1)=(+10.8)+(-3.1)=+7.7(℃)$

울산: $(+11.1)-(+2.5)=(+11.1)+(-2.5)=+8.6(℃)$

대전: $(+8.7)-(-2.7)=(+8.7)+(+2.7)=+11.4(℃)$

제주: $(+12.7)-(+5.4)=(+12.7)+(-5.4)=+7.3(℃)$

따라서 일교차가 가장 큰 지역은 대전, 일교차가 가장 작은 지역은 제주이다.

12 답 A

$A=-3.6+1.4-2.3$

$\quad=(-3.6)+(+1.4)-(+2.3)$

$\quad=(-3.6)+(+1.4)+(-2.3)$

$\quad=\{(-3.6)+(-2.3)\}+(+1.4)$

$\quad=(-5.9)+(+1.4)=-4.5$

$B=\dfrac{1}{2}-\dfrac{2}{3}+\dfrac{5}{6}$

$\quad=\left(+\dfrac{1}{2}\right)-\left(+\dfrac{2}{3}\right)+\left(+\dfrac{5}{6}\right)$

$\quad=\left(+\dfrac{1}{2}\right)+\left(-\dfrac{2}{3}\right)+\left(+\dfrac{5}{6}\right)$

$\quad=\left\{\left(+\dfrac{3}{6}\right)+\left(+\dfrac{5}{6}\right)\right\}+\left(-\dfrac{2}{3}\right)$

$\quad=\left(+\dfrac{4}{3}\right)+\left(-\dfrac{2}{3}\right)=\dfrac{2}{3}$

$C=\dfrac{4}{5}-1+\dfrac{1}{3}-\dfrac{1}{5}$

$\quad=\left(+\dfrac{4}{5}\right)-(+1)+\left(+\dfrac{1}{3}\right)-\left(+\dfrac{1}{5}\right)$

$\quad=\left(+\dfrac{4}{5}\right)+(-1)+\left(+\dfrac{1}{3}\right)+\left(-\dfrac{1}{5}\right)$

$\quad=\left\{\left(+\dfrac{4}{5}\right)+\left(-\dfrac{1}{5}\right)\right\}+\left\{\left(-\dfrac{3}{3}\right)+\left(+\dfrac{1}{3}\right)\right\}$

$\quad=\left(+\dfrac{3}{5}\right)+\left(-\dfrac{2}{3}\right)=\left(+\dfrac{9}{15}\right)+\left(-\dfrac{10}{15}\right)$

$\quad=-\dfrac{1}{15}$

따라서 가장 작은 수는 A이다.

13 답 $+\dfrac{5}{8}$

$a=(-3)+\left(+\dfrac{3}{2}\right)=\left(-\dfrac{6}{2}\right)+\left(+\dfrac{3}{2}\right)=-\dfrac{3}{2}$

$b=\left(-\dfrac{2}{3}\right)-\left(-\dfrac{1}{4}\right)=\left(-\dfrac{8}{12}\right)+\left(+\dfrac{3}{12}\right)=-\dfrac{5}{12}$

$\therefore a\times b=\left(-\dfrac{3}{2}\right)\times\left(-\dfrac{5}{12}\right)=+\dfrac{5}{8}$

14 답 (1) $+30$ (2) -3

(1) -6, $+2$, $-\dfrac{5}{2}$, $+\dfrac{1}{4}$ 중에서 서로 다른 세 수를 뽑아 곱한

값이 가장 크려면 그 결과가 양수가 되어야 하므로

(양수)×(음수)×(음수)의 꼴이어야 한다.

이때 양수는 절댓값이 가장 큰 수이어야 하므로

$(+2)\times(-6)\times\left(-\dfrac{5}{2}\right)=+\left(2\times6\times\dfrac{5}{2}\right)$

$\qquad\qquad\qquad\qquad\qquad\quad =+30$

(2) -6, $+2$, $-\dfrac{5}{2}$, $+\dfrac{1}{4}$ 중에서 서로 다른 세 수를 뽑아 곱한

값이 가장 작으려면 그 결과가 음수가 되어야 하므로

(양수)×(양수)×(음수)의 꼴이어야 한다.

이때 음수는 절댓값이 가장 큰 수이어야 하므로

$(+2)\times\left(+\dfrac{1}{4}\right)\times(-6)=-\left(2\times\dfrac{1}{4}\times6\right)$

$\qquad\qquad\qquad\qquad\qquad\quad =-3$

15 답 ④

①, ②, ③, ⑤ 81

④ -81

따라서 계산 결과가 나머지 넷과 다른 하나는 ④이다.

16 답 25

$a\times(b+c)=a\times b+a\times c$이므로

$12=-13+a\times c$

$\therefore a\times c=12-(-13)=12+(+13)=25$

17 답 -3

마주 보는 면에 적힌 두 수의 곱이 1이므로 마주 보는 면에 적힌 두 수는 서로 역수이다.

$-\dfrac{2}{3}$와 마주 보는 면에 적힌 수는

$-\dfrac{2}{3}$의 역수인 $-\dfrac{3}{2}$

3.5와 마주 보는 면에 적힌 수는

$3.5\left(=\dfrac{7}{2}\right)$의 역수인 $\dfrac{2}{7}$

$\dfrac{1}{7}$과 마주 보는 면에 적힌 수는

$\dfrac{1}{7}$의 역수인 7

따라서 보이지 않는 세 면에 적힌 수의 곱은

$\left(-\dfrac{3}{2}\right)\times\dfrac{2}{7}\times7=-\left(\dfrac{3}{2}\times\dfrac{2}{7}\times7\right)=-3$

18 답 ⑤

① $\dfrac{4}{15}\times(-24)\times\dfrac{8}{21}=-\left(\dfrac{4}{15}\times24\times\dfrac{8}{21}\right)$

$\qquad\qquad =-\dfrac{256}{105}$

② $2-\left\{(-3)^2-6+\dfrac{3}{2}+1\right\}=2-\left(9-6+\dfrac{3}{2}+1\right)$

$\qquad\qquad =2-\dfrac{11}{2}$

$\qquad\qquad =-\dfrac{7}{2}$

③ $(-24)\div\dfrac{8}{3}\div\left(-\dfrac{1}{2}\right)^2=(-24)\div\dfrac{8}{3}\div\dfrac{1}{4}$

$\qquad\qquad =(-24)\times\dfrac{3}{8}\times4$

$\qquad\qquad =-36$

④ $6-[3-\{2-(5-8)+1\}]=6-[3-\{2-(-3)+1\}]$

$\qquad\qquad =6-(3-6)$

$\qquad\qquad =6-(-3)$

$\qquad\qquad =6+3=9$

⑤ $(-2)\times\left\{(-2)^3\div\dfrac{2}{3}+\dfrac{7}{2}\right\}-2$

$\quad =(-2)\times\left\{(-8)\times\dfrac{3}{2}+\dfrac{7}{2}\right\}-2$

$\quad =(-2)\times\left(-12+\dfrac{7}{2}\right)-2$

$\quad =(-2)\times\left(-\dfrac{17}{2}\right)-2$

$\quad =17-2=15$

따라서 계산 결과가 옳은 것은 ⑤이다.

19 답 2

두 수 $-\dfrac{1}{3}$, $\dfrac{12}{5}$에 대응하는 점을 각각 수직선 위에 나타내면 다음 그림과 같다.

$\qquad\qquad\qquad\qquad\qquad\qquad\qquad$ … (i)

따라서 $-\dfrac{1}{3}$에 가장 가까운 정수는 0이고, $\dfrac{12}{5}$에 가장 가까운 정수는 2이므로

$a=0,\ b=2$ $\qquad\qquad$ … (ii)

$\therefore a+b=0+2=2$ $\qquad\qquad$ … (iii)

채점 기준	배점
(i) $-\dfrac{1}{3}$과 $\dfrac{12}{5}$에 대응하는 점을 수직선 위에 나타내기	40 %
(ii) a, b의 값 구하기	40 %
(iii) $a+b$의 값 구하기	20 %

20 답 (1) $-\dfrac{4}{5}$ (2) $-\dfrac{37}{15}$

(1) 어떤 수를 □라 하면

$\square-\left(-\dfrac{5}{3}\right)=+\dfrac{13}{15}$이므로

$\square=\left(+\dfrac{13}{15}\right)+\left(-\dfrac{5}{3}\right)$

$\quad =\left(+\dfrac{13}{15}\right)+\left(-\dfrac{25}{15}\right)$

$\quad =-\dfrac{12}{15}=-\dfrac{4}{5}$ $\qquad$ … (i)

(2) 바르게 계산하면

$\left(-\dfrac{4}{5}\right)+\left(-\dfrac{5}{3}\right)=\left(-\dfrac{12}{15}\right)+\left(-\dfrac{25}{15}\right)$

$\qquad\qquad\qquad =-\dfrac{37}{15}$ $\qquad$ … (ii)

채점 기준	배점
(i) 어떤 수 구하기	60 %
(ii) 바르게 계산한 답 구하기	40 %

OX 문제로 개념 점검! •57쪽

❶ ○ ❷ × ❸ ○ ❹ × ❺ ○ ❻ ○ ❼ × ❽ ○

❾ ×

❷ 두 양수끼리는 절댓값이 큰 수가 크고, 두 음수끼리는 절댓값이 큰 수가 작다.

❹ $(+3)-(+4)=(+3)+(-4)=-1$과 같이 음수인 경우도 있다.

❼ $(-1)^{100}=1$이다.

❾ 괄호가 있으면 소괄호, 중괄호, 대괄호의 순서로 계산한다.

3 문자의 사용과 식

개념18 문자의 사용

·60~61쪽

·개념 확인하기

1 답 (1) $3ab$ (2) $0.1xy$ (3) x^3y^2 (4) $-5(a+b)$ (5) $-\dfrac{2}{a}$

(6) $\dfrac{x}{yz}$ (7) $\dfrac{a}{b+c}$ (8) $\dfrac{x}{3}+\dfrac{7}{y}$ (9) $\dfrac{3a}{x}$ (10) $-\dfrac{2x}{y}$

(6) $x \div y \div z = x \times \dfrac{1}{y} \times \dfrac{1}{z} = \dfrac{x}{yz}$

(7) $a \div (b+c) = a \times \dfrac{1}{b+c} = \dfrac{a}{b+c}$

(8) $x \div 3 + 7 \div y = x \times \dfrac{1}{3} + 7 \times \dfrac{1}{y} = \dfrac{x}{3} + \dfrac{7}{y}$

(9) $a \div x \times 3 = a \times \dfrac{1}{x} \times 3 = \dfrac{3a}{x}$

(10) $x \times (-2) \div y = x \times (-2) \times \dfrac{1}{y} = -\dfrac{2x}{y}$

2 답 (1) $1500a$원 (2) $4a+3b$ (3) $\dfrac{a+b}{2}$점

(4) $3x\,\mathrm{cm}$ (5) $80x\,\mathrm{km}$

(4) (정삼각형의 둘레의 길이)$=$(정삼각형의 한 변의 길이)$\times 3$
$$=x \times 3 = 3x\,(\mathrm{cm})$$

(5) (거리)$=$(속력)$\times$(시간)$=80 \times x = 80x\,(\mathrm{km})$

대표 예제로 개념 익히기

예제 1 답 ㄱ, ㄴ, ㅁ

ㄷ. $3 + x \div y = 3 + x \times \dfrac{1}{y} = 3 + \dfrac{x}{y}$

ㄹ. $(a-b) \div \dfrac{1}{3} = (a-b) \times 3 = 3(a-b)$

ㅁ. $x \times 5 \div (y+2) = x \times 5 \times \dfrac{1}{y+2} = \dfrac{5x}{y+2}$

따라서 옳은 것은 ㄱ, ㄴ, ㅁ이다.

1-1 답 ②, ⑤

② $0.1 \times x \times a = 0.1ax$

④ $x \div 4 - 1 \times (-y) = x \times \dfrac{1}{4} + y = \dfrac{x}{4} + y$

⑤ $x \div 8 \times a = x \times \dfrac{1}{8} \times a = \dfrac{ax}{8}$

따라서 옳지 않은 것은 ②, ⑤이다.

오개념 바로잡기

① $y \times (-3) \times x$에서 곱셈 기호 $\times$ 생략하기

$\xrightarrow{(\times)} y \times (-3) \times x = y-3x$

$\xrightarrow{(\bigcirc)} y \times (-3) \times x = -3xy$

➡ 수와 문자의 곱에서는 수를 문자 앞에 쓰고 곱셈 기호를 생략해야 해!

② $0.1 \times x \times a$에서 곱셈 기호 $\times$ 생략하기

$\xrightarrow{(\times)} 0.1 \times x \times a = 0.ax$

$\xrightarrow{(\bigcirc)} 0.1 \times x \times a = 0.1ax$

➡ 1 또는 -1과 문자의 곱에서는 1을 생략할 수 있지만 0.1과 문자의 곱에서는 1을 생략할 수 없어!

⑤ $x \div 8 \times a$에서 곱셈 기호 $\times$와 나눗셈 기호 $\div$ 생략하기

$\xrightarrow{(\times)} x \div 8 \times a = x \div 8a = x \times \dfrac{1}{8a} = \dfrac{x}{8a}$

$\xrightarrow{(\bigcirc)} x \div 8 \times a = x \times \dfrac{1}{8} \times a = \dfrac{ax}{8}$

➡ 곱셈 기호와 나눗셈 기호가 섞여 있는 식에서는 나눗셈을 역수의 곱셈으로 바꾸고 앞에서부터 차례로 곱셈 기호를 생략해야 해!

예제 2 답 ⑤

② (정사각형의 넓이)$=$(한 변의 길이)$\times$(한 변의 길이)
$$=x \times x = x^2\,(\mathrm{cm}^2)$$

⑤ (시간)$=\dfrac{(거리)}{(속력)}$이므로 걸린 시간은 $\dfrac{x}{4}$시간이다.

따라서 옳지 않은 것은 ⑤이다.

2-1 답 ㄱ, ㄷ

ㄴ. (거스름돈)$=$(지불한 금액)$-$(물건의 가격)이므로 한 개에 2000원인 사과 x개를 사고 10000원을 냈을 때의 거스름돈은 $(10000-2000x)$원이다.

ㄷ. (삼각형의 넓이)$=\dfrac{1}{2} \times$(밑변의 길이)$\times$(높이)
$$=\dfrac{1}{2} \times x \times y = \dfrac{xy}{2}\,(\mathrm{cm}^2)$$

ㄹ. 5로 나누었을 때 몫이 x이고 나머지가 2인 수는 $5x+2$이다.

ㅁ. 40%는 $\dfrac{40}{100} = \dfrac{2}{5}$이므로 $x\,\mathrm{g}$의 40%인 무게는

$x \times \dfrac{2}{5} = \dfrac{2}{5}x\,(\mathrm{g})$

$\left($또는 40%는 $\dfrac{40}{100} = 0.4$이므로 $x \times 0.4 = 0.4x\,(\mathrm{g})\right)$

따라서 옳은 것은 ㄱ, ㄷ이다.

개념19 대입과 식의 값

·62~63쪽

·개념 확인하기

1 답 (1) 0, 1 (2) 2, 11 (3) 4, 21 (4) $\dfrac{1}{5}$, 2

(5) -1, -4 (6) -3, -14

2 답 (1) 1 (2) -37 (3) 3 (4) 1 (5) 13 (6) 21

(1) $8a-3 = 8 \times \dfrac{1}{2} - 3 = 4-3 = 1$

(2) $9x-1 = 9 \times (-4) - 1 = -36-1 = -37$

(3) $\dfrac{5}{x}+4=\dfrac{5}{-5}+4=-1+4=3$

(4) $2a+b=2\times2+(-3)=4-3=1$

(5) $10+6ab=10+6\times(-1)\times\left(-\dfrac{1}{2}\right)=10+3=13$

(6) $3x^2+y^2=3\times2^2+(-3)^2=3\times4+9=12+9=21$

3 답 (1) $\dfrac{1}{2}$, 2, 2 (2) -5

(2) $1-\dfrac{3}{a}=1-3\div a=1-3\div\dfrac{1}{2}$

$\qquad=1-3\times2=1-6=-5$

대표 예제로 개념 익히기

예제 1 답 (1) 3 (2) $\dfrac{10}{3}$ (3) 0 (4) -3

(1) $1-2a=1-2\times(-1)=1+2=3$

(2) $\dfrac{1}{6}a+3=\dfrac{1}{6}\times2+3=\dfrac{1}{3}+3=\dfrac{10}{3}$

(3) $9a^2-1=9\times\left(\dfrac{1}{3}\right)^2-1=9\times\dfrac{1}{9}-1=1-1=0$

(4) $\dfrac{4}{a}+5=4\div a+5=4\div\left(-\dfrac{1}{2}\right)+5$

$\qquad=4\times(-2)+5=-8+5=-3$

1-1 답 ㅁ

ㄱ. $x+2=-2+2=0$

ㄴ. $2x=2\times(-2)=-4$

ㄷ. $\dfrac{2}{x}=\dfrac{2}{-2}=-1$

ㄹ. $-x=-(-2)=2$

ㅁ. $x^2=(-2)^2=4$

ㅂ. $-(-x)^3+1=-\{-(-2)\}^3+1=-2^3+1$

$\qquad\qquad\qquad=-8+1=-7$

따라서 식의 값이 가장 큰 것은 ㅁ이다.

예제 2 답 ④

① $-3(x+y)=-3\times\left(-1+\dfrac{1}{3}\right)=-3\times\left(-\dfrac{2}{3}\right)=2$

② $-6xy=-6\times(-1)\times\dfrac{1}{3}=2$

③ $-x^2+\dfrac{1}{y}=-x^2+1\div y=-(-1)^2+1\div\dfrac{1}{3}$

$\qquad\qquad=-1+1\times3=-1+3=2$

④ $\dfrac{2}{x}+9y=\dfrac{2}{-1}+9\times\dfrac{1}{3}=-2+3=1$

⑤ $\dfrac{4}{x}+\dfrac{2}{y}=4\div x+2\div y=4\div(-1)+2\div\dfrac{1}{3}$

$\qquad\qquad=-4+2\times3=-4+6=2$

따라서 나머지 넷과 다른 하나는 ④이다.

2-1 답 (1) 9 (2) -4

(1) $\dfrac{3}{x}+2y=3\div x+2y$

$\qquad=3\div\dfrac{1}{5}+2\times(-3)$

$\qquad=3\times5-6=15-6=9$

(2) $y-25x^2=-3-25\times\left(\dfrac{1}{5}\right)^2$

$\qquad\qquad=-3-25\times\dfrac{1}{25}$

$\qquad\qquad=-3-1=-4$

예제 3 답 초속 343 m

$331+0.6x$에 $x=20$을 대입하면

$331+0.6\times20=331+12=343$

따라서 기온이 20 ℃일 때, 공기 중에서 소리의 속력은

초속 343 m이다.

3-1 답 40 m

$30t-5t^2$에 $t=2$를 대입하면

$30\times2-5\times2^2=60-5\times4=60-20=40$

따라서 이 물체의 2초 후의 높이는 40 m이다.

개념 20 다항식 / 일차식 ·64~65쪽

개념 확인하기

1 답

	항	상수항	계수	단항식이면 ○, 아니면 ×
(1)	$6a$, $5b$	0	a의 계수: 6 b의 계수: 5	×
(2)	$-2b$, -1	-1	b의 계수: -2	×
(3)	$-7x$	0	x의 계수: -7	○
(4)	$\dfrac{3}{4}x$, $-y$, 6	6	x의 계수: $\dfrac{3}{4}$ y의 계수: -1	×

2 답

	차수	다항식의 차수	일차식이면 ○, 아니면 ×
(1)	$3a$의 차수: 1	1	○
(2)	$-\dfrac{b}{4}$의 차수: 1	1	○
(3)	$\dfrac{1}{2}x^2$의 차수: 2 x의 차수: 1	2	×
(4)	$5y^3$의 차수: 3 $-4y^2$의 차수: 2	3	×

예제 1 답 ①, ④

① 항은 $3x^2$, $-\dfrac{x}{2}$, -5이다.

④ 상수항은 -5이다.

> ✏️ 오개념 바로잡기
>
> ① 다항식 $3x^2-\dfrac{x}{2}-5$에서 항 구하기
>
> $\xrightarrow{(\times)}$ 항: $3x^2$, $\dfrac{x}{2}$, 5
>
> $\xrightarrow{(\bigcirc)}$ $3x^2-\dfrac{x}{2}-5=3x^2+\left(-\dfrac{x}{2}\right)+(-5)$이므로
>
> 항: $3x^2$, $-\dfrac{x}{2}$, -5
>
> ➡ 다항식에서 항을 구할 때는 계수의 부호를 빠뜨리지 않도록 해!

1-1 답 ④

① $\dfrac{1}{3}x+4y$에서 y의 차수는 1이다.

② $5x-1$에서 상수항은 -1이다.

③ $x-2y+7$에서 y의 계수는 -2이다.

⑤ $\dfrac{1}{2}x^2-3y+6$에서 항은 $\dfrac{1}{2}x^2$, $-3y$, 6이다.

따라서 옳은 것은 ④이다.

1-2 답 ㄱ, ㄷ, ㅁ

ㅂ. $\dfrac{y+1}{3}=\dfrac{y}{3}+\dfrac{1}{3}$이므로 다항식이다.

따라서 단항식은 ㄱ, ㄷ, ㅁ이다.

예제 2 답 ③

ㄱ. x^2+2x에서 차수가 가장 큰 항은 x^2이고, 이 항의 차수가 2
이므로 일차식이 아니다.

ㄹ. $3\div b=\dfrac{3}{b}$, ㅂ. $\dfrac{1}{x+1}$은 분모에 문자가 있는 항이 있으므로
다항식이 아니다.

즉, 일차식이 아니다.

따라서 일차식은 ㄴ, ㄷ, ㅁ의 3개이다.

2-1 답 ③, ⑤

① $0\times a+1=1$이므로 일차식이 아니다.

② 다항식의 차수가 2이므로 일차식이 아니다.

④ 분모에 문자가 있는 항이 있으므로 다항식이 아니다.

즉, 일차식이 아니다.

따라서 일차식은 ③, ⑤이다.

2-2 답 $a=-3$, $b\neq 2$

주어진 다항식이 x에 대한 일차식이 되려면

$3+a=0$, $b-2\neq 0$이어야 하므로 $a=-3$, $b\neq 2$

$\underset{\llcorner\ x^2\text{의 계수가 0이어야 한다.}}{}$

개념 21 **일차식과 수의 곱셈, 나눗셈** ·66~67쪽

· 개념 확인하기

1 답 (1) $12a$ (2) $-42x$ (3) $10a$ (4) $-\dfrac{5}{3}x$

(5) $4x$ (6) $-2a$ (7) $5a$ (8) $-12x$

(1) $4\times 3a=4\times 3\times a=(4\times 3)\times a=12a$

(2) $(-7)\times 6x=(-7)\times 6\times x=\{(-7)\times 6\}\times x=-42x$

(3) $(-2a)\times(-5)=(-2)\times a\times(-5)$
$\qquad\qquad\qquad=\{(-2)\times(-5)\}\times a=10a$

(4) $2x\times\left(-\dfrac{5}{6}\right)=2\times x\times\left(-\dfrac{5}{6}\right)$
$\qquad\qquad\qquad=\left\{2\times\left(-\dfrac{5}{6}\right)\right\}\times x=-\dfrac{5}{3}x$

(5) $32x\div 8=32x\times\dfrac{1}{8}=32\times x\times\dfrac{1}{8}=\left(32\times\dfrac{1}{8}\right)\times x=4x$

(6) $(-6a)\div 3=(-6a)\times\dfrac{1}{3}=(-6)\times a\times\dfrac{1}{3}$
$\qquad\qquad\qquad=\left\{(-6)\times\dfrac{1}{3}\right\}\times a=-2a$

(7) $(-20a)\div(-4)=(-20a)\times\left(-\dfrac{1}{4}\right)$
$\qquad\qquad\qquad=(-20)\times a\times\left(-\dfrac{1}{4}\right)$
$\qquad\qquad\qquad=\left\{(-20)\times\left(-\dfrac{1}{4}\right)\right\}\times a=5a$

(8) $(-8x)\div\dfrac{2}{3}=(-8x)\times\dfrac{3}{2}=(-8)\times x\times\dfrac{3}{2}$
$\qquad\qquad\qquad=\left\{(-8)\times\dfrac{3}{2}\right\}\times x=-12x$

2 답 (1) $3x+12$ (2) $-10a+2$ (3) $4a+8$ (4) $-15+35b$

(5) $7-3a$ (6) $-3x-2$ (7) $4y+14$ (8) $-\dfrac{12}{5}a+15$

(1) $3(x+4)=3\times x+3\times 4=3x+12$

(2) $-2(5a-1)=-2\times 5a-2\times(-1)=-10a+2$

(3) $(a+2)\times 4=a\times 4+2\times 4=4a+8$

(4) $(3-7b)\times(-5)=3\times(-5)-7b\times(-5)=-15+35b$

(5) $(14-6a)\div 2=(14-6a)\times\dfrac{1}{2}=14\times\dfrac{1}{2}-6a\times\dfrac{1}{2}$
$\qquad\qquad\qquad=7-3a$

(6) $(12x+8)\div(-4)=(12x+8)\times\left(-\dfrac{1}{4}\right)$
$\qquad\qquad\qquad=12x\times\left(-\dfrac{1}{4}\right)+8\times\left(-\dfrac{1}{4}\right)$
$\qquad\qquad\qquad=-3x-2$

(7) $(2y+7)\div\dfrac{1}{2}=(2y+7)\times 2=2y\times 2+7\times 2=4y+14$

(8) $\left(\dfrac{12}{25}a-3\right)\div\left(-\dfrac{1}{5}\right)=\left(\dfrac{12}{25}a-3\right)\times(-5)$
$\qquad\qquad\qquad=\dfrac{12}{25}a\times(-5)-3\times(-5)$
$\qquad\qquad\qquad=-\dfrac{12}{5}a+15$

예제 1 답 ④

① $3 \times 6x = 18x$

② $(-x) \times 5 = -5x$

③ $\dfrac{x}{2} \times 4 = 2x$

④ $3y \div (-4) = 3y \times \left(-\dfrac{1}{4}\right) = -\dfrac{3}{4}y$

⑤ $\left(-\dfrac{2}{5}x\right) \div \left(-\dfrac{1}{4}\right) = \left(-\dfrac{2}{5}x\right) \times (-4) = \dfrac{8}{5}x$

따라서 옳은 것은 ④이다.

1-1 답 ④

④ $12a \div \left(-\dfrac{1}{3}\right) = 12a \times (-3) = -36a$

⑤ $\left(-\dfrac{6}{7}a\right) \div (-3) = \left(-\dfrac{6}{7}a\right) \times \left(-\dfrac{1}{3}\right) = \dfrac{2}{7}a$

따라서 옳지 않은 것은 ④이다.

1-2 답 ⑤

$\left(-\dfrac{3}{2}x\right) \div \left(-\dfrac{1}{6}\right) = \left(-\dfrac{3}{2}x\right) \times (-6) = 9x$

① $2 \times 2x = 4x$

② $4 \div \dfrac{x}{16} = 4 \times \dfrac{16}{x} = \dfrac{64}{x}$

③ $9x \div 3 = 9x \times \dfrac{1}{3} = 3x$

④ $3x \times \dfrac{1}{3} = x$

⑤ $3x \div \dfrac{1}{3} = 3x \times 3 = 9x$

따라서 식을 간단히 한 결과가 $\left(-\dfrac{3}{2}x\right) \div \left(-\dfrac{1}{6}\right)$과 같은 것은 ⑤이다.

예제 2 답 ③

ㄱ. $6(2x-1) = 6 \times 2x + 6 \times (-1) = 12x - 6$

ㄴ. $(3x-2) \times (-2) = 3x \times (-2) - 2 \times (-2)$
$= -6x + 4$

ㄷ. $\left(x + \dfrac{1}{2}\right) \times 4 = x \times 4 + \dfrac{1}{2} \times 4 = 4x + 2$

ㄹ. $(4-10x) \div (-5) = (4-10x) \times \left(-\dfrac{1}{5}\right)$
$= 4 \times \left(-\dfrac{1}{5}\right) - 10x \times \left(-\dfrac{1}{5}\right)$
$= -\dfrac{4}{5} + 2x$

ㅁ. $(6x-10) \div 3 = (6x-10) \times \dfrac{1}{3}$
$= 6x \times \dfrac{1}{3} - 10 \times \dfrac{1}{3}$
$= 2x - \dfrac{10}{3}$

따라서 옳지 않은 것은 ㄴ, ㄹ이다.

2-1 답 (1) $-6a+2$　(2) $-4b+6$
(3) $3x - \dfrac{9}{2}$　(4) $10y - \dfrac{5}{2}$

(1) $-2(3a-1) = -2 \times 3a - 2 \times (-1) = -6a + 2$

(2) $8\left(-\dfrac{1}{2}b + \dfrac{3}{4}\right) = 8 \times \left(-\dfrac{1}{2}b\right) + 8 \times \dfrac{3}{4} = -4b + 6$

(3) $(2x-3) \div \dfrac{2}{3} = (2x-3) \times \dfrac{3}{2} = 2x \times \dfrac{3}{2} - 3 \times \dfrac{3}{2}$
$= 3x - \dfrac{9}{2}$

(4) $(-8y+2) \div \left(-\dfrac{4}{5}\right) = (-8y+2) \times \left(-\dfrac{5}{4}\right)$
$= -8y \times \left(-\dfrac{5}{4}\right) + 2 \times \left(-\dfrac{5}{4}\right)$
$= 10y - \dfrac{5}{2}$

2-2 답 -12

$(9x-12) \times \dfrac{1}{3} = 9x \times \dfrac{1}{3} - 12 \times \dfrac{1}{3} = 3x - 4$

따라서 x의 계수는 3, 상수항은 -4이므로
$3 \times (-4) = -12$

개념 22　동류항의 계산 ·68~69쪽

·개념 확인하기

1 답 (1) ✕　(2) ○　(3) ✕　(4) ○

(1) 차수는 같지만 문자가 다르므로 동류항이 아니다.
(2) 문자와 차수가 각각 같으므로 동류항이다.
(3) 문자는 같지만 차수가 다르므로 동류항이 아니다.
(4) 상수항끼리는 모두 동류항이다.

2 답 (1) 7, 2, 9　(2) 7, 2, 5

3 답 (1) 3, 5　(2) $6x$　(3) $2a$　(4) $4x$
(5) $-2x-3$　(6) $-a-b$

(2) $9x - 3x = (9-3)x = 6x$

(3) $3a - 2a + a = (3-2+1)a = 2a$

(4) $2x + 7x - 5x = (2+7-5)x = 4x$

(5) $8x + 4 - 10x - 7 = 8x - 10x + 4 - 7$
$= (8-10)x + (4-7)$
$= -2x - 3$

(6) $\dfrac{1}{2}a + 6b - \dfrac{3}{2}a - 7b = \dfrac{1}{2}a - \dfrac{3}{2}a + 6b - 7b$
$= \left(\dfrac{1}{2} - \dfrac{3}{2}\right)a + (6-7)b$
$= -a - b$

대표 예제로 **개념 익히기**

예제 1 답 y와 $-\dfrac{1}{3}y$, 6과 -10

1-1 답 ④

① 문자는 같지만 차수가 다르므로 동류항이 아니다.
② 차수는 같지만 문자가 다르므로 동류항이 아니다.
③ 문자는 같지만 차수가 다르므로 동류항이 아니다.
⑤ 차수는 같지만 문자가 다르므로 동류항이 아니다.
따라서 동류항끼리 짝 지어진 것은 ④이다.

1-2 답 $-2x$, $\dfrac{1}{5}x$

$3x$와 <u>문자</u>와 <u>차수</u>가 각각 같은 항은 $-2x$, $\dfrac{1}{5}x$이다.
　　　x　　　1

예제 2 답 ②, ④

① $4x-7x=(4-7)x=-3x$
② 5와 $4x$는 동류항이 아니므로 더 이상 계산할 수 없다.
③ $3a-5-9a=3a-9a-5=(3-9)a-5=-6a-5$
④ $\dfrac{x}{2}+\dfrac{x}{3}=\left(\dfrac{3}{6}+\dfrac{2}{6}\right)x=\dfrac{5}{6}x$
⑤ $2x-\dfrac{4}{5}+6x+3=2x+6x-\dfrac{4}{5}+3$
$$=(2+6)x+\left(-\dfrac{4}{5}+\dfrac{15}{5}\right)$$
$$=8x+\dfrac{11}{5}$$
따라서 옳지 않은 것은 ②, ④이다.

오개념 바로잡기

③ $3a-5-9a$를 간단히 하기

$\overset{(\times)}{\longrightarrow}$ $3a-5-9a=(3-5-9)a=-11a$

$\overset{(\bigcirc)}{\longrightarrow}$ $3a$와 $-9a$가 동류항이므로
$$3a-5-9a=3a-9a-5$$
$$=(3-9)a-5=-6a-5$$

➡ 식을 간단히 할 때는 문자와 차수가 각각 같은 동류항끼리 계산해야 해!

2-1 답 ⑤

① $2a-8a=(2-8)a=-6a$
② $y-3y+4y=(1-3+4)y=2y$
③ $a+2+\dfrac{1}{3}a=\left(1+\dfrac{1}{3}\right)a+2=\dfrac{4}{3}a+2$
④ $-x+2+6x-3=-x+6x+2-3$
$$=(-1+6)x+(2-3)=5x-1$$
⑤ $3x-\dfrac{1}{2}+4x+1=3x+4x-\dfrac{1}{2}+1$
$$=(3+4)x+\left(-\dfrac{1}{2}+1\right)=7x+\dfrac{1}{2}$$
따라서 옳은 것은 ⑤이다.

개념 23 일차식의 덧셈과 뺄셈 ·70~71쪽

개념 확인하기

1 답 (1) $3x-4$ (2) $a+1$ (3) $-x+1$ (4) $3a+5$

(1) $(x-3)+(2x-1)=x-3+2x-1$
$$=x+2x-3-1=3x-4$$
(2) $(3a+4)+(-2a-3)=3a+4-2a-3$
$$=3a-2a+4-3=a+1$$
(3) $(4x+3)-(5x+2)=4x+3-5x-2$
$$=4x-5x+3-2=-x+1$$
(4) $(10a-3)-(7a-8)=10a-3-7a+8$
$$=10a-7a-3+8=3a+5$$

2 답 (1) $-a-11$ (2) $17x+6$ (3) $-4a+13$
　　　(4) $12a-7$ (5) $-2x+3$ (6) $5x+6$

(1) $2(2a-7)+(-5a+3)=4a-14-5a+3$
$$=4a-5a-14+3=-a-11$$
(2) $7(2x+3)+3(x-5)=14x+21+3x-15$
$$=14x+3x+21-15=17x+6$$
(3) $(a+3)-5(a-2)=a+3-5a+10$
$$=a-5a+3+10=-4a+13$$
(4) $3(-1+2a)-2(-3a+2)=-3+6a+6a-4$
$$=6a+6a-3-4=12a-7$$
(5) $(6-3x)+\dfrac{1}{3}(3x-9)=6-3x+x-3$
$$=-3x+x+6-3=-2x+3$$
(6) $8\left(\dfrac{3}{4}x+\dfrac{1}{2}\right)-4\left(\dfrac{1}{4}x-\dfrac{1}{2}\right)=6x+4-x+2$
$$=6x-x+4+2=5x+6$$

3 답 (1) $8x+1$ (2) $-9a+3$

(1) $\boxed{}=3x+2+(5x-1)$
$$=3x+2+5x-1$$
$$=8x+1$$
(2) $\boxed{}=-7a+1-(2a-2)$
$$=-7a+1-2a+2$$
$$=-9a+3$$

4 답 (1) $-$ (2) $5x-10$ (3) $8x-16$

(1), (2) (어떤 다항식)$-(3x-6)=2x-4$이므로
(어떤 다항식)$=2x-4+(3x-6)$
$$=2x-4+3x-6$$
$$=5x-10$$
(3) 바르게 계산한 식은
$(5x-10)+(3x-6)=5x-10+3x-6$
$$=8x-16$$

대표 예제로 개념 익히기

예제 1 답 ②

$$\frac{3}{2}(4x-8)-3(x-1)=6x-12-3x+3=3x-9$$

1-1 답 ③

$$5(-2x+1)-(6x+1)=-10x+5-6x-1=-16x+4$$

오개념 바로잡기

$5(-2x+1)-(6x+1)$을 계산하기

(×) $5(-2x+1)-(6x+1)=-10x+1-6x+1$
$\qquad\qquad\qquad\qquad =-16x+2$

(○) $5(-2x+1)-(6x+1)=-10x+5-6x-1$
$\qquad\qquad\qquad\qquad =-16x+4$

➡ 괄호가 있는 일차식의 덧셈과 뺄셈에서 분배법칙을 이용할 때는 괄호 앞에 곱해진 수를 괄호 안의 각 항에 모두 곱해야 해. 이때 괄호 앞에 −가 있으면 괄호 안의 각 항의 부호가 모두 바뀌는 것에 주의하자!

1-2 답 1

$$\left(\frac{4}{3}x-5\right)+2\left(\frac{1}{3}x+2\right)=\frac{4}{3}x-5+\frac{2}{3}x+4=2x-1$$

따라서 x의 계수는 2, 상수항은 -1이므로
$a=2$, $b=-1$
$\therefore a+b=2+(-1)=1$

예제 2 답 (1) $6a+5$ (2) $x+8$ (3) $x-5$

(1) $\boxed{}=10a+2-(4a-3)$
$\qquad\quad =10a+2-4a+3=6a+5$

(2) $\boxed{}=2x+3+(-x+5)$
$\qquad\quad =2x+3-x+5=x+8$

(3) $\boxed{}=2(3x-4)-(5x-3)$
$\qquad\quad =6x-8-5x+3=x-5$

2-1 답 ④

어떤 다항식을 $\square$라 하면
$(12x-9)-(\square)=-3x-5$
$\therefore \square=(12x-9)-(-3x-5)$
$\qquad =12x-9+3x+5=15x-4$

2-2 답 (1) $-2x+8$ (2) $-6x+11$

(1) 어떤 다항식을 $\square$라 하면
$\qquad \square+(4x-3)=2x+5$
$\qquad \therefore \square=2x+5-(4x-3)$
$\qquad\qquad =2x+5-4x+3=-2x+8$

(2) 바르게 계산한 식은
$\quad (-2x+8)-(4x-3)=-2x+8-4x+3$
$\qquad\qquad\qquad\qquad\quad =-6x+11$

·개념 확인하기

1 답 (1) x, 3, 14, $\frac{1}{3}$ (2) $\frac{6}{5}a-\frac{7}{10}$ (3) $-\frac{17}{12}x-\frac{19}{12}$

(2) $\dfrac{a+4}{5}+\dfrac{2a-3}{2}=\dfrac{1}{5}a+\dfrac{4}{5}+a-\dfrac{3}{2}$
$\qquad\qquad\qquad\quad =\dfrac{1}{5}a+\dfrac{5}{5}a+\dfrac{8}{10}-\dfrac{15}{10}$
$\qquad\qquad\qquad\quad =\dfrac{6}{5}a-\dfrac{7}{10}$

(3) $\dfrac{x-1}{4}-\dfrac{5x+4}{3}=\dfrac{1}{4}x-\dfrac{1}{4}-\dfrac{5}{3}x-\dfrac{4}{3}$
$\qquad\qquad\qquad\quad =\dfrac{3}{12}x-\dfrac{20}{12}x-\dfrac{3}{12}-\dfrac{16}{12}$
$\qquad\qquad\qquad\quad =-\dfrac{17}{12}x-\dfrac{19}{12}$

2 답 (1) $3x$, $-2x$, $2x$, $7x$ (2) $3x-3$ (3) $2a-3$

(2) $x-2-\{3x-(5x-1)\}=x-2-(3x-5x+1)$
$\qquad\qquad\qquad\qquad =x-2-(-2x+1)$
$\qquad\qquad\qquad\qquad =x-2+2x-1$
$\qquad\qquad\qquad\qquad =3x-3$

(3) $7a-[a+\{5-(2-4a)\}]=7a-\{a+(5-2+4a)\}$
$\qquad\qquad\qquad\qquad\qquad =7a-\{a+(4a+3)\}$
$\qquad\qquad\qquad\qquad\qquad =7a-(a+4a+3)$
$\qquad\qquad\qquad\qquad\qquad =7a-(5a+3)$
$\qquad\qquad\qquad\qquad\qquad =7a-5a-3$
$\qquad\qquad\qquad\qquad\qquad =2a-3$

대표 예제로 개념 익히기

예제 1 답 $\dfrac{5}{3}a+\dfrac{8}{3}$

$$\frac{3a+7}{2}+\frac{a-5}{6}=\frac{3}{2}a+\frac{7}{2}+\frac{1}{6}a-\frac{5}{6}$$
$$=\frac{9}{6}a+\frac{1}{6}a+\frac{21}{6}-\frac{5}{6}$$
$$=\frac{5}{3}a+\frac{8}{3}$$

1-1 답 (1) ㉠, 이유는 풀이 참조 (2) $\dfrac{1}{6}x+\dfrac{13}{6}$

(1) 분자를 분모로 나눌 때, 분자의 각 항을 모두 나누지 않았으므로 처음으로 틀린 곳은 ㉠이다.

(2) $\dfrac{x+3}{2}-\dfrac{x-2}{3}=\dfrac{1}{2}x+\dfrac{3}{2}-\dfrac{1}{3}x+\dfrac{2}{3}$
$\qquad\qquad\qquad =\dfrac{3}{6}x-\dfrac{2}{6}x+\dfrac{9}{6}+\dfrac{4}{6}$
$\qquad\qquad\qquad =\dfrac{1}{6}x+\dfrac{13}{6}$

예제 2 답 ④

$$-2a-[-5a-\{3-(a+6)\}]$$
$$=-2a-\{-5a-(3-a-6)\}$$
$$=-2a-\{-5a-(-a-3)\}$$
$$=-2a-(-5a+a+3)$$
$$=-2a-(-4a+3)$$
$$=-2a+4a-3$$
$$=2a-3$$

2-1 답 $5x-7$

$$3x-1-\{x-3(x-2)\}=3x-1-(x-3x+6)$$
$$=3x-1-(-2x+6)$$
$$=3x-1+2x-6$$
$$=5x-7$$

2-2 답 19

$$2x-[x+3\{4x-(7x-3)\}]=2x-\{x+3(4x-7x+3)\}$$
$$=2x-\{x+3(-3x+3)\}$$
$$=2x-(x-9x+9)$$
$$=2x-(-8x+9)$$
$$=2x+8x-9$$
$$=10x-9$$

따라서 x의 계수는 10, 상수항은 -9이므로
$a=10$, $b=-9$
$\therefore a-b=10-(-9)=10+9=19$

실전 문제로 단원 마무리하기 ·74~76쪽

1 ②, ③	**2** ④	**3** ③, ④	**4** $(4000-300x)\,\mathrm{m}$
5 ③	**6** ⑤	**7** 148회	**8** ㄴ, ㄷ **9** 3개
10 12	**11** ③	**12** ④	**13** A: 1개, B: 2개
14 0	**15** $-14x-1$		**16** $-2a+12$
17 $A=10x-4$, $B=-2x$		**18** -8	**19** 30

서술형

20 (1) $\dfrac{(a+b)h}{2}\,\mathrm{cm}^2$ (2) $22\,\mathrm{cm}^2$ **21** $\dfrac{5}{2}$

---

1 답 ②, ③

② $a\times b\times 0.1\times b\times c=0.1ab^2c$

③ $a+2b\div 3=a+2b\times\dfrac{1}{3}=a+\dfrac{2b}{3}$

④ $x\div y\div z\times 4=x\times\dfrac{1}{y}\times\dfrac{1}{z}\times 4=\dfrac{4x}{yz}$

⑤ $a\div b-x\times y=a\times\dfrac{1}{b}-xy=\dfrac{a}{b}-xy$

따라서 옳지 않은 것은 ②, ③이다.

---

2 답 ④

① $a\times\dfrac{1}{b}\times\dfrac{1}{c}=\dfrac{a}{bc}$

② $a\div b\div c=a\times\dfrac{1}{b}\times\dfrac{1}{c}=\dfrac{a}{bc}$

③ $a\div(b\times c)=a\div bc=a\times\dfrac{1}{bc}=\dfrac{a}{bc}$

④ $a\div(b\div c)=a\div\left(b\times\dfrac{1}{c}\right)=a\div\dfrac{b}{c}=a\times\dfrac{c}{b}=\dfrac{ac}{b}$

⑤ $(a\div b)\div c=\left(a\times\dfrac{1}{b}\right)\div c=\dfrac{a}{b}\times\dfrac{1}{c}=\dfrac{a}{bc}$

따라서 나머지 넷과 다른 하나는 ④이다.

참고 곱셈, 나눗셈 기호가 섞여 있는 경우에는 앞쪽부터 차례로 기호를 생략하여 나타낸다.
단, 괄호가 있을 때는 괄호 안의 기호를 먼저 생략하여 나타낸다.

---

3 답 ③, ④

② (정사각형의 둘레의 길이)$=4\times$(한 변의 길이)$=4a(\mathrm{cm})$

③ $\dfrac{x}{4}\,\mathrm{cm}$

④ $(4a-b)$원

⑤ (시간)$=\dfrac{(거리)}{(속력)}=\dfrac{90}{x}$(시간)

따라서 옳지 않은 것은 ③, ④이다.

---

4 답 $(4000-300x)\,\mathrm{m}$

하영이가 자전거를 타고 지점 A에서 출발하여 분속 $300\,\mathrm{m}$로 x분 동안 달렸을 때의 이동 거리는
$300\times x=300x(\mathrm{m})$
이때 $1\,\mathrm{km}$는 $1000\,\mathrm{m}$이므로 지점 A에서 지점 B까지의 거리는
$4\times 1000=4000(\mathrm{m})$
따라서 x분 동안 달렸을 때, 지점 B까지 남은 거리는
$(4000-300x)\,\mathrm{m}$

---

5 답 ③

① $-a^2=-2^2=-4$

② $a-4=2-4=-2$

③ $-a^3=-2^3=-8$

④ $a^2-5a=2^2-5\times 2=4-10=-6$

⑤ $(-a)^4=(-2)^4=16$

따라서 식의 값이 가장 작은 것은 ③이다.

---

6 답 ⑤

$-2xy+y^2=-2\times(-2)\times 3+3^2=12+9=21$

---

7 답 148회

$\dfrac{36}{5}x-32$에 $x=25$를 대입하면
$\dfrac{36}{5}\times 25-32=180-32=148$

따라서 흰나무귀뚜라미가 1분 동안 우는 횟수는 148회이다.

8 답 ㄴ, ㄷ

ㄱ. $3x+5$에서 항은 $3x$, 5의 2개이다.

ㄹ. 분모에 문자가 있는 항이 있으므로 다항식이 아니다.

따라서 옳은 것은 ㄴ, ㄷ이다.

9 답 3개

ㄷ. a^2+a-5는 차수가 2이므로 일차식이 아니다.

ㄹ. $\dfrac{2}{x}-1$, ㅁ. $1\div y=\dfrac{1}{y}$은 분모에 문자가 있는 항이 있으므로 다항식이 아니다.

　　즉, 일차식이 아니다.

따라서 일차식인 것은 ㄱ, ㄴ, ㅁ의 3개이다.

10 답 12

$ax^2+3x-5-2x^2-4x+b=(a-2)x^2-x+(-5+b)$

이 식이 x에 대한 일차식이므로

$\underline{a-2=0}\quad\therefore a=2$ → x^2의 계수가 0이어야 한다.

상수항이 1이므로

$-5+b=1\quad\therefore b=6$

$\therefore ab=2\times 6=12$

11 답 ③

$-(3x+1)=-3x-1$

① $(-6x+2)\times\dfrac{1}{2}=-6x\times\dfrac{1}{2}+2\times\dfrac{1}{2}=-3x+1$

② $(9x-3)\div(-3)=(9x-3)\times\left(-\dfrac{1}{3}\right)$

　　　　　　　　　$=9x\times\left(-\dfrac{1}{3}\right)-3\times\left(-\dfrac{1}{3}\right)$

　　　　　　　　　$=-3x+1$

③ $(3x+1)\div(-1)^5=(3x+1)\div(-1)=(3x+1)\times(-1)$

　　　　　　　　　$=3x\times(-1)+1\times(-1)$

　　　　　　　　　$=-3x-1$

④ $-\dfrac{3}{5}\left(-5x+\dfrac{5}{3}\right)=-\dfrac{3}{5}\times(-5x)-\dfrac{3}{5}\times\dfrac{5}{3}=3x-1$

⑤ $(-12x-4)\div\dfrac{1}{4}=(-12x-4)\times 4$

　　　　　　　　　$=-12x\times 4-4\times 4$

　　　　　　　　　$=-48x-16$

따라서 식을 간단히 한 결과가 $-(3x+1)$과 같은 것은 ③이다.

12 답 ④

① 5는 상수항이고, 상수항끼리 동류항이다.

② 문자는 같지만 차수가 다르므로 동류항이 아니다.

③, ⑤ 차수는 같지만 문자가 다르므로 동류항이 아니다.

따라서 동류항끼리 짝 지어진 것은 ④이다.

13 답 A: 1개, B: 2개

A가 적힌 면과 마주 보는 면에 적힌 것은 8이므로 A가 될 수 있는 것은 -2의 1개이다.

B가 적힌 면과 마주 보는 면에 적힌 것은 $2x^2$이므로 B가 될 수 있는 것은 $-x^2$, $4x^2$의 2개이다.

14 답 0

$(6x-9)-\dfrac{1}{2}(2x-8)=6x-9-x+4=5x-5$

따라서 x의 계수는 5, 상수항은 -5이므로

$a=5,\ b=-5$

$\therefore a+b=5+(-5)=0$

15 답 $-14x-1$

$2B-3(A+B)=2B-3A-3B=-3A-B$

　　　　　　　$=-3(5x-1)-(-x+4)$

　　　　　　　$=-15x+3+x-4=-14x-1$

16 답 $-2a+12$

$\boxed{}=4a-9-3(2a-7)$

　　　　　$=4a-9-6a+21=-2a+12$

17 답 $A=10x-4$, $B=-2x$

가로에 놓인 세 식의 합은

$-6+(4x-2)+(8x+2)=-6+4x-2+8x+2$

　　　　　　　　　　$=12x-6$

세로에 놓인 세 식의 합도 $12x-6$이므로

$A+(-6)+(2x+4)=12x-6$

$\therefore A=12x-6-(-6)-(2x+4)$

　　　$=12x-6+6-2x-4=10x-4$

또 대각선에 놓인 세 식의 합도 $12x-6$이므로

$A+(4x-2)+B=12x-6$에서

$(10x-4)+(4x-2)+B=12x-6$

$\therefore B=12x-6-(10x-4)-(4x-2)$

　　　$=12x-6-10x+4-4x+2=-2x$

18 답 -8

어떤 다항식을 □라 하면

□$+(6x+3)=12x-2$

$\therefore$ □$=12x-2-(6x+3)$

　　　$=12x-2-6x-3=6x-5$

따라서 바르게 계산한 식은

$(6x-5)-(6x+3)=6x-5-6x-3=-8$

19 답 30

$2(x-3)-\{6-(-25x+10)\div 5\}$

$=2x-6-\left\{6-(-25x+10)\times\dfrac{1}{5}\right\}$

$=2x-6-\{6-(-5x+2)\}$

$=2x-6-(6+5x-2)$

$=2x-6-(5x+4)$

$=2x-6-5x-4=-3x-10$

따라서 x의 계수는 -3, 상수항은 -10이므로

$a=-3$, $b=-10$

$\therefore ab=-3\times(-10)=30$

20 답 (1) $\dfrac{(a+b)h}{2}$ cm² (2) 22 cm²

(1) (사다리꼴의 넓이)

$\quad=\dfrac{1}{2}\times\{(\text{윗변의 길이})+(\text{아랫변의 길이})\}\times(\text{높이})$

$\quad=\dfrac{1}{2}\times(a+b)\times h=\dfrac{(a+b)h}{2}\,(\text{cm}^2)$ ···(i)

(2) $\dfrac{(a+b)h}{2}$에 $a=4$, $b=7$, $h=4$를 대입하면

$\quad\dfrac{(4+7)\times4}{2}=\dfrac{11\times4}{2}=22(\text{cm}^2)$ ···(ii)

채점 기준	배점
(i) 사다리꼴의 넓이를 a, b, h를 사용한 식으로 나타내기	50 %
(ii) 사다리꼴의 넓이 구하기	50 %

21 답 $\dfrac{5}{2}$

$\dfrac{2x-4}{3}-\dfrac{x+3}{4}=\dfrac{2}{3}x-\dfrac{4}{3}-\dfrac{1}{4}x-\dfrac{3}{4}$

$\qquad=\dfrac{8}{12}x-\dfrac{3}{12}x-\dfrac{16}{12}-\dfrac{9}{12}$

$\qquad=\dfrac{5}{12}x-\dfrac{25}{12}$ ···(i)

따라서 $a=\dfrac{5}{12}$, $b=-\dfrac{25}{12}$이므로 ···(ii)

$a-b=\dfrac{5}{12}-\left(-\dfrac{25}{12}\right)=\dfrac{30}{12}=\dfrac{5}{2}$ ···(iii)

채점 기준	배점
(i) $\dfrac{2x-4}{3}-\dfrac{x+3}{4}$을 계산하기	60 %
(ii) a, b의 값 구하기	20 %
(iii) $a-b$의 값 구하기	20 %

OX 문제로 개념 점검! •77쪽

❶ ✕ ❷ ○ ❸ ○ ❹ ✕ ❺ ○ ❻ ○ ❼ ○ ❽ ✕

❶ $0.01\times a$에서 곱셈 기호 $\times$를 생략하여 나타내면 $0.01a$이다.

❹ 다항식 $4x+5y-3$에서 항을 모두 구하면 $4x$, $5y$, -3이다.

❽ $2(2x-3)-(5x+1)=4x-6-5x-1=-x-7$

개념 25 방정식과 그 해 •80~81쪽

•개념 확인하기

1 답 (1) 6, 14, $x+6=14$ (2) $5-x=-12$

(3) $5x=10000$ (4) $3x=21$ (5) $500x+1500=7000$

(2) $\underset{5-x}{\underline{5에서\ 어떤\ 수\ x를\ 뺀\ 값은}}\ /\ \underset{-12}{\underline{-12이다.}}$

$\Rightarrow 5-x=-12$

(3) $\underset{5x}{\underline{미술관의\ 학생\ 1명당\ 입장료가\ x원일\ 때,\ 학생\ 5명의\ 입장료는}}$

$\underset{10000}{\underline{/\ 10000원이다.}}$

$\Rightarrow 5x=10000$

(4) $\underset{3x}{\underline{한\ 변의\ 길이가\ x\,cm인\ 정삼각형의\ 둘레의\ 길이는}}\ /\ \underset{21}{\underline{21\,cm}}$

이다.

$\Rightarrow 3x=21$

(5) $\underset{500x+1500}{\underline{한\ 자루에\ 500원인\ 연필\ x자루와\ 한\ 개에\ 300원인\ 지우개\ 5개}}$

$\underset{7000}{\underline{를\ 사고\ /\ 7000원을\ 지불했다.}}$

$\Rightarrow 500x+1500=7000$

2 답 풀이 참조

(1)

x의 값	$2x-3$의 값	-1	참 / 거짓
-1	$2\times(-1)-3=-5$	-1	거짓
0	$2\times0-3=-3$	-1	거짓
1	$2\times1-3=-1$	-1	참

$\Rightarrow$ 해: $x=1$

(2)

x의 값	$4x$의 값	$x+6$의 값	참 / 거짓
1	$4\times1=4$	$1+6=7$	거짓
2	$4\times2=8$	$2+6=8$	참
3	$4\times3=12$	$3+6=9$	거짓

$\Rightarrow$ 해: $x=2$

3 답 (1) ✕ (2) ✕ (3) ○ (4) ○

(1) (좌변)$\neq$(우변)이므로 항등식이 아니다.

(2) (좌변)$\neq$(우변)이므로 항등식이 아니다.

(3) (좌변)$=3x-x=2x$

따라서 (좌변)$=$(우변)이므로 항등식이다.

(4) (우변)$=2(x-1)+2$

$\qquad=2x-2+2=2x$

따라서 (좌변)$=$(우변)이므로 항등식이다.

예제 1 답 ④

어떤 수 x의 2배에 5를 더한 값은 / 어떤 수 x의 3배에서 2를 뺀
$\underbrace{2x+5}$ $=$ $\underbrace{3x-2}$

값과 같다.
$\Rightarrow 2x+5=3x-2$

1-1 답 ⑤

⑤ 볼펜 37개를 x명의 학생들에게 5개씩 나누어 주었더니 / 2개
$\underbrace{37-5x}$ $=$ $\underbrace{2}$

가 남았다.
$\Rightarrow 37-5x=2$

예제 2 답 ⑤

주어진 방정식에 $x=3$을 각각 대입하면

① $3-7 \neq 4$ ② $4 \times 3 \neq -12$ ③ $\frac{3}{3} \neq 9$

④ $3-3 \neq -2 \times 3$ ⑤ $4 \times (3-2)=4$

따라서 해가 $x=3$인 것은 ⑤이다.

2-1 답 ④

주어진 방정식에 [ ] 안의 수를 각각 대입하면
① $-3-1 \neq -2$
② $3-2 \neq 5$
③ $-5 \times 1 \neq 1+6$
④ $3 \times (1-2)=-3$
⑤ $4 \times (-2)+8 \neq 8 \times (-2)$
따라서 [ ] 안의 수가 주어진 방정식의 해인 것은 ④이다.

예제 3 답 ④

① (좌변)$\neq$(우변)이므로 항등식이 아니다.
② (좌변)$\neq$(우변)이므로 항등식이 아니다.
③ (좌변)$\neq$(우변)이므로 항등식이 아니다.
④ (우변)$=2(3x+2)=6x+4$
　　즉, (좌변)$=$(우변)이므로 항등식이다.
⑤ (좌변)$=x-1+3x=4x-1$
　　즉, (좌변)$\neq$(우변)이므로 항등식이 아니다.
따라서 항등식인 것은 ④이다.

3-1 답 ①, ③

x의 값에 관계없이 항상 참이 되는 등식은 항등식이다.
① (우변)$=2(2x-5)=4x-10$
　　즉, (좌변)$=$(우변)이므로 항등식이다.
② (좌변)$\neq$(우변)이므로 항등식이 아니다.
③ (우변)$=2x+1-x=x+1$
　　즉, (좌변)$=$(우변)이므로 항등식이다.
④ (우변)$=5(x+1)=5x+5$
　　즉, (좌변)$\neq$(우변)이므로 항등식이 아니다.

⑤ (좌변)$\neq$(우변)이므로 항등식이 아니다.
따라서 항등식인 것은 ①, ③이다.

✏️ **오개념 바로잡기**

② $x-3=7$과 ⑤ $3x+4=-2$가 항등식인지 아닌지 판별하기

$\underset{(\times)}{\Rightarrow}$ ② $x=10$일 때 $x-3=10-3=7$이므로 항등식이다.
　　⑤ $x=-2$일 때 $3x+4=3 \times (-2)+4=-2$이므로 항
　　등식이다.

$\underset{(\bigcirc)}{\Rightarrow}$ ②, ⑤는 좌변과 우변이 서로 같지 않으므로 항등식이 아
　　니다.

➡ 항등식은 미지수에 어떤 값을 대입하여도 항상 참이 되는 등
　식이야. 이때 모든 수를 대입할 수 없으므로 좌변과 우변을
　각각 간단히 정리했을 때 서로 같은지를 확인하면 돼!

개념 26 **등식의 성질** ·82~83쪽

· **개념 확인하기**

1 답 (1) 1 (2) 4 (3) 2 (4) 3

(1) $a=2b$의 양변에 1을 더하면 $a+1=2b+\boxed{1}$

(2) $a=2b$의 양변에 2를 곱하면 $2a=\boxed{4}b$

(3) $a=2b$의 양변을 4로 나누면 $\frac{a}{4}=\frac{2b}{4}$ ∴ $\frac{a}{4}=\frac{b}{\boxed{2}}$

(4) $a=2b$의 양변에 3을 곱하면 $3a=6b$
　　$3a=6b$의 양변에서 3을 빼면 $3a-3=6b-\boxed{3}$

2 답 (1) ○ (2) × (3) ○ (4) ○ (5) × (6) ○

(1) $a=b$의 양변에서 1을 빼면 $a-1=b-1$
(2) $a=b$의 양변에 3을 더하면 $a+3=b+3$
(3) $a=b$의 양변에 -4를 곱하면 $-4a=-4b$
(4) $a=b$의 양변을 2로 나누면 $\frac{a}{2}=\frac{b}{2}$
(5) $\frac{a}{3}=\frac{b}{2}$의 양변에 6을 곱하면 $\frac{a}{3} \times 6=\frac{b}{2} \times 6$ ∴ $2a=3b$
(6) $2a+5=2b+5$의 양변에서 5를 빼면
　　$2a+5-5=2b+5-5$ ∴ $2a=2b$
　　$2a=2b$의 양변을 2로 나누면 $\frac{2a}{2}=\frac{2b}{2}$ ∴ $a=b$

3 답 풀이 참조

(1) $4x-2=6 \Rightarrow 4x-2+\boxed{2}=6+\boxed{2}$

$4x=\boxed{8}$

$\frac{4x}{4}=\frac{\boxed{8}}{4}$

∴ $x=\boxed{2}$

(2) $-\dfrac{1}{2}x+3=-1 \Rightarrow -\dfrac{1}{2}x+3-\boxed{3}=-1-\boxed{3}$

$\qquad\qquad\qquad\qquad -\dfrac{1}{2}x=\boxed{-4}$

$\qquad\qquad\qquad\qquad -\dfrac{1}{2}x\times(\boxed{-2})=-4\times(\boxed{-2})$

$\qquad\qquad\qquad\qquad \therefore x=\boxed{8}$

(대표 예제로 개념 익히기)

예제 1 답 ④

④ $c=0$일 때는 성립하지 않는다.

예를 들어 $a=2$, $b=3$, $c=0$이면

$2\times0=3\times0$으로 $ac=bc$이지만 $2\neq3$이므로 $a\neq b$이다.

1-1 답 ㄴ, ㄹ

ㄱ. $a=b$의 양변을 4로 나누면 $\dfrac{a}{4}=\dfrac{b}{4}$

ㄴ. $-7a=-7b$의 양변을 -7로 나누면 $a=b$

ㄷ. $\dfrac{a}{3}=\dfrac{b}{4}$의 양변에 12를 곱하면 $4a=3b$

ㄹ. $a=b$의 양변에 3을 곱하면 $3a=3b$

$\qquad$ $3a=3b$의 양변에서 1을 빼면 $3a-1=3b-1$

ㅁ. $3a=b$의 양변에 3을 더하면 $3a+3=b+3$

$\qquad \therefore 3(a+1)=b+3$

따라서 옳은 것은 ㄴ, ㄹ이다.

예제 2 답 ⑷ ㄴ, ⑷ ㄹ

$2x+3=11$의 양변에서 3을 빼면

$2x+3-3=11-3 \quad \therefore 2x=8$

즉, ⑷에서 이용한 등식의 성질은 ㄴ이다.

$2x=8$의 양변을 2로 나누면

$\dfrac{2x}{2}=\dfrac{8}{2} \quad \therefore x=4$

즉, ⑷에서 이용한 등식의 성질은 ㄹ이다.

2-1 답 ㄱ

$4a-9=7$의 양변에 9를 더하면 $4a=16$

따라서 ⑷에서 이용한 등식의 성질은 ㄱ이다.

2-2 답 (1) $x=-2$ (2) $x=5$

(1) $-6x-7=5$의 양변에 7을 더하면

$\quad -6x-7+7=5+7, \ -6x=12$

$\quad -6x=12$의 양변을 -6으로 나누면

$\quad \dfrac{-6x}{-6}=\dfrac{12}{-6} \quad \therefore x=-2$

(2) $\dfrac{x+3}{4}=2$의 양변에 4를 곱하면

$\quad \dfrac{x+3}{4}\times4=2\times4, \ x+3=8$

$\quad x+3=8$의 양변에서 3을 빼면

$\quad x+3-3=8-3 \quad \therefore x=5$

•개념 확인하기

1 답 (1) $x=6-1$ (2) $5x=12+3$ (3) $x-8x=7$

$\qquad$ (4) $x+2x=9$ (5) $x+3x=3-2$ (6) $4x-2x=4+6$

2 답 (1) × (2) ○ (3) ○ (4) × (5) × (6) ×

(1) 등식이 아니다.

(3) $4x-6=2x-6$에서 $4x-6-2x+6=0$

$\quad \therefore 2x=0$

$\quad$ 따라서 일차방정식이다.

(4) $6x-5x=x$에서 $6x-5x-x=0 \quad \therefore 0=0$

$\quad$ 따라서 일차방정식이 아니다.

(5) $2(x+7)=14+2x$에서 $2x+14=14+2x$

$\quad 2x+14-14-2x=0 \quad \therefore 0=0$

$\quad$ 따라서 일차방정식이 아니다.

(6) $2x^2+1=x(x-1)$에서 $2x^2+1=x^2-x$

$\quad 2x^2+1-x^2+x=0 \quad \therefore x^2+x+1=0$

$\quad$ 따라서 일차방정식이 아니다.

(대표 예제로 개념 익히기)

예제 1 답 ⑤

밑줄 친 항을 이항하면 다음과 같다.

① $3x=3-6$ $\qquad\qquad$ ② $x=-7+2$

③ $x+2x=9$ $\qquad\qquad$ ④ $x-2x+7=0$

⑤ $-3x-5x=-16$

따라서 바르게 이항한 것은 ⑤이다.

1-1 답 ②

1-2 답 (1) $2x+8=0$ (2) $5x-5=0$

(1) $3x+1=x-7$에서

$\quad 3x+1-x+7=0 \quad \therefore 2x+8=0$

(2) $4x-3=-x+2$에서

$\quad 4x-3+x-2=0 \quad \therefore 5x-5=0$

예제 2 답 ①, ③

① $3x+4=5-2x$에서 $3x+4-5+2x=0$

$\quad \therefore 5x-1=0$

$\quad$ 즉, 일차방정식이다.

② $4x-x=3x$에서 $4x-x-3x=0 \quad \therefore 0=0$

$\quad$ 즉, 일차방정식이 아니다.

③ $x^2-3x=8+x^2$에서 $x^2-3x-8-x^2=0$

$\quad \therefore -3x-8=0$

$\quad$ 즉, 일차방정식이다.

④ $5-(2x+3)=-2x-1$에서 $5-2x-3=-2x-1$

　$2-2x+2x+1=0$ 　∴ $3=0$

　즉, 일차방정식이 아니다.

⑤ $x^2-x=x+4$에서 $x^2-x-x-4=0$

　∴ $x^2-2x-4=0$

　즉, 일차방정식이 아니다.

따라서 일차방정식은 ①, ③이다.

2-1 답 ㄱ, ㄴ, ㄷ

ㄱ. $3x-2=-3x+2$에서 $3x-2+3x-2=0$

　∴ $6x-4=0$

ㄴ. $x^2+x=x^2-x+4$에서 $x^2+x-x^2+x-4=0$

　∴ $2x-4=0$

ㄷ. $2x-5=3$에서 $2x-5-3=0$ 　∴ $2x-8=0$

ㄹ. $2(x-1)=2x-2$에서 $2x-2=2x-2$

　$2x-2-2x+2=0$ 　∴ $0=0$

　즉, 일차방정식이 아니다.

ㅁ. $x^2-1=x+1$에서 $x^2-1-x-1=0$ 　∴ $x^2-x-2=0$

　즉, 일차방정식이 아니다.

ㅂ. 등식이 아니다.

따라서 일차방정식은 ㄱ, ㄴ, ㄷ이다.

오개념 바로잡기

ㄴ. $x^2+x=x^2-x+4$가 일차방정식인지 아닌지 판단하기

(×) 등식에 x^2과 같은 차수가 2인 항이 있으므로 일차방정식이 아니다.

(○) 우변의 모든 항을 좌변으로 이항하여 정리하면 $2x-4=0$이므로 일차방정식이다.

➡ 등식에 x^2이 포함된 항이 있어도 모든 항을 좌변으로 이항하여 정리했을 때 일차식이 되는 경우가 있으므로 반드시 식을 정리한 후에 판단해야 해!

2-2 답 ④

$3x+5=ax-4$에서 $3x+5-ax+4=0$

∴ $(3-a)x+9=0$

이 식이 x에 대한 일차방정식이 되려면 $3-a\neq0$이어야 하므로 $a\neq3$

　　　　└→ x의 계수가 0이 아니어야 한다.

개념 **28** 일차방정식의 풀이

•86～87쪽

•개념 확인하기

1 답 (1) 풀이 참조 (2) $x=3$ (3) $x=-2$ (4) $x=-14$

(1) $3x+5=11$

　$3x=11-\boxed{5}$ ←─ $\boxed{5}$를 이항한다.

　$3x=\boxed{6}$

　∴ $x=\boxed{2}$

(2) $2x-5=1$에서 $2x=1+5$

　$2x=6$ 　∴ $x=3$

(3) $3x=5x+4$에서 $3x-5x=4$

　$-2x=4$ 　∴ $x=-2$

(4) $-3x+7=-4x-7$에서 $-3x+4x=-7-7$

　∴ $x=-14$

2 답 (1) 풀이 참조 (2) $x=11$ (3) $x=-2$ (4) $x=-\dfrac{1}{2}$

(1) 　$4(x-3)=-3+x$ ┐ 분배법칙을 이용하여

　$\boxed{4}x-\boxed{12}=-3+x$ ┘ 괄호를 푼다.

　$\boxed{4}x-x=-3+\boxed{12}$ ← x와 $\boxed{-12}$를 각각 이항한다.

　$\boxed{3}x=\boxed{9}$

　∴ $x=\boxed{3}$

(2) $3(x-7)=12$에서 $3x-21=12$

　$3x=12+21$, $3x=33$ 　∴ $x=11$

(3) $-2(x-1)=x+8$에서 $-2x+2=x+8$

　$-2x-x=8-2$, $-3x=6$ 　∴ $x=-2$

(4) $6x-(x+1)=x-3$에서 $6x-x-1=x-3$

　$5x-1=x-3$, $5x-x=-3+1$

　$4x=-2$ 　∴ $x=-\dfrac{1}{2}$

(대표 예제로 개념 익히기)

예제 1 답 ③

① $6x-4=4x$에서 $2x=4$ 　∴ $x=2$

② $-2x+7=x+1$에서 $-3x=-6$ 　∴ $x=2$

③ $-3x-2=-7x-6$에서 $4x=-4$ 　∴ $x=-1$

④ $2x=3x-2$에서 $-x=-2$ 　∴ $x=2$

⑤ $2+5x=3x+6$에서 $2x=4$ 　∴ $x=2$

따라서 해가 나머지 넷과 다른 하나는 ③이다.

1-1 답 ④

ㄱ. $x=14-6x$에서 $7x=14$ 　∴ $x=2$

ㄴ. $2x=x-5$에서 $x=-5$

ㄷ. $7-3x=2x-28$에서 $-5x=-35$ 　∴ $x=7$

ㄹ. $-2x+14=4x-4$에서 $-6x=-18$ 　∴ $x=3$

ㅁ. $5x-8=4x-1$에서 $x=7$

따라서 해가 같은 것끼리 짝 지은 것은 ④이다.

1-2 답 ②

$x+2=3x+a$에 $x=4$를 대입하면

$6=12+a$ 　∴ $a=-6$

예제 2 답 ②

$4-(-2x+5)=-7$에서 $4+2x-5=-7$

$2x=-6$ 　∴ $x=-3$

2-1 답 $x=-14$

$-3(x+10)+12=6-(x-4)$에서

$-3x-30+12=6-x+4$, $-3x-18=-x+10$

$-2x=28$ ∴ $x=-14$

개념29 복잡한 일차방정식의 풀이 ·88~89쪽

•개념 확인하기

1 답 (1) 풀이 참조 (2) $x=5$ (3) $x=\dfrac{1}{2}$

(1) $0.6x-1.6=0.2$

$6x-16=2$ ┐ 양변에 $\boxed{10}$을 곱한다.

$6x=2+\boxed{16}$ ┘ -16을 이항한다.

$6x=\boxed{18}$

∴ $x=\boxed{3}$

(2) 양변에 10을 곱하면

$12x-19=3x+26$, $9x=45$ ∴ $x=5$

(3) 양변에 100을 곱하면

$77x-14=36-23x$, $100x=50$ ∴ $x=\dfrac{1}{2}$

2 답 (1) 풀이 참조 (2) $x=-\dfrac{13}{7}$ (3) $x=\dfrac{3}{2}$

(1) $\dfrac{x}{3}=\dfrac{x-2}{5}$ ┐ 양변에 $\boxed{15}$를 곱한다.

$\boxed{5}x=3(x-2)$ 괄호를 푼다.

$\boxed{5}x=3x-\boxed{6}$ ┐ $3x$를 이항한다.

$\boxed{5}x-3x=\boxed{-6}$ ┘

$\boxed{2}x=\boxed{-6}$

∴ $x=\boxed{-3}$

(2) 양변에 6을 곱하면

$3(3x+1)=2(x-5)$, $9x+3=2x-10$

$7x=-13$ ∴ $x=-\dfrac{13}{7}$

(3) 양변에 12를 곱하면

$18x=21+4x$, $14x=21$

∴ $x=\dfrac{3}{2}$

3 답 (1) $x=15$ (2) $x=20$

(1) $0.6x-1=\dfrac{x+1}{2}$에서 $\dfrac{3}{5}x-1=\dfrac{x+1}{2}$

양변에 10을 곱하면

$6x-10=5(x+1)$, $6x-10=5x+5$

∴ $x=15$

(2) $3-\dfrac{1}{5}x=0.25x-6$에서 $3-\dfrac{1}{5}x=\dfrac{1}{4}x-6$

양변에 20을 곱하면

$60-4x=5x-120$, $-9x=-180$

∴ $x=20$

참고 계수에 소수와 분수가 섞여 있는 경우에는 소수를 분수로 고친 후 양변에 분모의 최소공배수를 곱하여 계수를 모두 정수로 고친다.

대표 예제로 개념 익히기

예제1 답 ③

양변에 100을 곱하면

$50x-15=30(x-0.3)$, $50x-15=30x-9$

$20x=6$ ∴ $x=\dfrac{3}{10}$

1-1 답 $x=12$

양변에 10을 곱하면

$10x-2=4x+70$, $6x=72$ ∴ $x=12$

오개념 바로잡기

$x-0.2=0.4x+7$을 풀기

$\overset{(×)}{→}$ 양변에 10을 곱하면

$x-2=4x+7$, $-3x=9$ ∴ $x=-3$

$\overset{(○)}{→}$ 양변의 모든 항에 10을 곱해야 하므로

$10x-2=4x+70$, $6x=72$ ∴ $x=12$

➡ 소수인 계수를 정수로 만드는 과정에서 계수가 정수인 항에도 같은 수를 꼭 곱해야 해!

1-2 답 -2

$0.6x-2.1=0.3(x-4)$의 양변에 10을 곱하면

$6x-21=3(x-4)$, $6x-21=3x-12$

$3x=9$ ∴ $x=3$

$2x+a=4$에 $x=3$을 대입하면

$6+a=4$ ∴ $a=-2$

예제2 답 (1) ㉠ (2) $x=2$

(1) 분수인 계수를 정수로 만들기 위해 양변에 분모의 최소공배수인 6을 곱할 때, 모든 항에 곱하지 않았으므로 처음으로 틀린 곳은 ㉠이다.

(2) $\dfrac{3}{2}x-1=-\dfrac{2}{3}(x-5)$의 양변에 6을 곱하면

$9x-6=-4(x-5)$, $9x-6=-4x+20$

$13x=26$ ∴ $x=2$

2-1 답 ①

양변에 20을 곱하면

$5x-20=8x-2$, $-3x=18$ ∴ $x=-6$

$\frac{1}{4}x-1=\frac{2}{5}x-\frac{1}{10}$ 을 풀기

(×) ➔ 양변에 20을 곱하면

$5x-1=8x-2$, $-3x=-1$ $\therefore x=\frac{1}{3}$

(○) ➔ 양변의 모든 항에 20을 곱해야 하므로

$5x-20=8x-2$, $-3x=18$ $\therefore x=-6$

➔ 분수인 계수를 정수로 만드는 과정에서 계수가 정수인 항에도 같은 수를 꼭 곱해야 해!

2-2 답 $x=4$

$\frac{2x-8}{5}=0.7(x-4)$ 에서 $\frac{2x-8}{5}=\frac{7}{10}(x-4)$

양변에 10을 곱하면

$2(2x-8)=7(x-4)$, $4x-16=7x-28$

$-3x=-12$ $\therefore x=4$

개념 30 일차방정식의 활용 (1) •91~94쪽

•개념 확인하기

1 답 (1) 2, 5, 5 (2) $3(x+8)=7x$, $x=6$

(2) 어떤 수 x에 8을 더하여 3배한 수는 / 어떤 수 x의 7배와 같다.

➪ $3(x+8)=7x$, $3x+24=7x$

$-4x=-24$ $\therefore x=6$

2 답 풀이 참조

❶ 연속하는 두 짝수를 x, $x+2$라 하자.

❷ 일차방정식을 세우면 $x+(\boxed{x+2})=34$

❸ 이 일차방정식을 풀면

$2x+2=34$, $2x=32$ $\therefore x=\boxed{16}$

따라서 연속하는 두 짝수는 $\boxed{16}$, $\boxed{18}$이다.

❹ 연속하는 두 짝수를 합하면 $16+18=\boxed{34}$이므로 문제의 뜻에 맞는다.

3 답 풀이 참조

❶ 구하려고 하는 형의 나이를 x세라 하면 동생의 나이는 $(\boxed{x-3})$세이다.

❷ 일차방정식을 세우면 $x+(\boxed{x-3})=41$

❸ 이 일차방정식을 풀면

$2x-3=41$, $2x=44$ $\therefore x=\boxed{22}$

따라서 형의 나이는 $\boxed{22}$세이다.

❹ 동생의 나이는 $22-3=\boxed{19}$(세)이고, 형과 동생의 나이의 합은 $22+19=\boxed{41}$(세)이므로 문제의 뜻에 맞는다.

4 답 풀이 참조

❶ 구하려고 하는 윗변의 길이를 x cm라 하면 아랫변의 길이는 $(\boxed{x+3})$cm이다.

❷ 일차방정식을 세우면 $\frac{1}{2}\times\{x+(\boxed{x+3})\}\times4=22$

❸ 이 일차방정식을 풀면

$2(2x+3)=22$, $4x+6=22$

$4x=16$ $\therefore x=\boxed{4}$

따라서 윗변의 길이는 $\boxed{4}$ cm이다.

❹ 사다리꼴의 아랫변의 길이는 $4+3=\boxed{7}$ (cm)이고, 사다리꼴의 넓이는 $\frac{1}{2}\times(4+7)\times4=\boxed{22}$ (cm²)이므로 문제의 뜻에 맞는다.

(대표 예제로 **개념 익히기**)

예제 1 답 36, 37, 38

연속하는 세 자연수를 $x-1$, x, $x+1$이라 하면

$(x-1)+x+(x+1)=111$

$3x=111$ $\therefore x=37$

따라서 구하는 세 자연수는 36, 37, 38이다.

1-1 답 ④

연속하는 세 홀수 중 가장 작은 수를 x라 하면 세 홀수는 x, $x+2$, $x+4$이므로

$x+(x+2)+(x+4)=57$

$3x+6=57$, $3x=51$ $\therefore x=17$

따라서 세 홀수는 17, 19, 21이므로 가장 작은 수는 17이다.

(다른 풀이)

연속하는 세 홀수 중 가운데 수를 x라 하면 세 홀수는 $x-2$, x, $x+2$이므로

$(x-2)+x+(x+2)=57$

$3x=57$ $\therefore x=19$

따라서 세 홀수는 17, 19, 21이므로 가장 작은 수는 17이다.

예제 2 답 (1) 풀이 참조 (2) $x=4$ (3) 45

(1)

	x에 대한 일차식
십의 자리의 숫자	x
두 자리의 자연수	$10x+5$
각 자리의 숫자의 합	$x+5$

➪ 일차방정식: $10x+5=5(x+5)$

(2) $10x+5=5(x+5)$에서

$10x+5=5x+25$

$5x=20$ $\therefore x=4$

(3) 십의 자리의 숫자가 4이므로 구하는 자연수는 45이다.

2-1 답 36

일의 자리의 숫자를 x라 하면 주어진 자연수는 $30+x$이고, 각 자리의 숫자의 합은 $3+x$이므로

$30+x=4(3+x)$

$30+x=12+4x, \ -3x=-18 \quad \therefore x=6$

따라서 구하는 자연수는 36이다.

2-2 답 34

처음 자연수의 십의 자리의 숫자를 x라 하면 처음 수는 $10x+4$, 십의 자리의 숫자와 일의 자리의 숫자를 바꾼 수는 $40+x$이다.

바꾼 수는 처음 수보다 9만큼 크므로

$40+x=(10x+4)+9$

$40+x=10x+13, \ -9x=-27 \quad \therefore x=3$

따라서 처음 자연수는 34이다.

예제 3 답 300원

청소년 1명의 입장료를 x원이라 하면 어른 1명의 입장료는 $(x+500)$원이다.

(어른 3명의 입장료)+(청소년 6명의 입장료)=4200(원)이므로

$3(x+500)+6x=4200$

$3x+1500+6x=4200$

$9x=2700 \quad \therefore x=300$

따라서 청소년 1명의 입장료는 300원이다.

3-1 답 ①

망고맛 사탕을 x개 샀다고 하면 포도맛 사탕은 $(30-x)$개를 샀으므로

$250x+300(30-x)=8400$

$250x+9000-300x=8400$

$-50x=-600 \quad \therefore x=12$

따라서 망고맛 사탕은 12개, 포도맛 사탕은 $30-12=18$(개)를 샀다.

예제 4 답 2

$(6-1)\times(6+x)=40$에서 $5(6+x)=40$

$30+5x=40, \ 5x=10 \quad \therefore x=2$

4-1 답 3

처음 직사각형의 넓이는 $7\times11=77\,(\text{cm}^2)$

가로의 길이를 $x\,\text{cm}$만큼 늘이고 세로의 길이를 $2\,\text{cm}$만큼 줄여 새로 만든 직사각형의 가로의 길이는 $(7+x)\,\text{cm}$, 세로의 길이는 $11-2=9\,(\text{cm})$이므로

$(7+x)\times9=77+13$

$63+9x=90, \ 9x=27 \quad \therefore x=3$

4-2 답 5 m

토끼 우리의 세로의 길이를 $x\,\text{m}$라 하면 가로의 길이는 $(x+4)\,\text{m}$이므로

$2x+(x+4)=19$

$3x+4=19, \ 3x=15$

$\therefore x=5$

따라서 토끼 우리의 세로의 길이는 $5\,\text{m}$이다.

예제 5 답 (1) $5x-2$, $4x+5=5x-2$ (2) $x=7$ (3) 7명

(1) 학생 수를 x명이라 하면 한 학생에게 공책을 4권씩 주면 5권이 남으므로 공책의 수는 $(4x+5)$권, 5권씩 주면 2권이 부족하므로 공책의 수는 $(5x-2)$권이다.

공책의 수는 같으므로

$4x+5=5x-2$

(2) $4x+5=5x-2$에서

$-x=-7 \quad \therefore x=7$

(3) 학생 수는 7명이다.

5-1 답 (1) 30명 (2) 80개

(1) 학생 수를 x명이라 하면 한 학생에게 귤을 2개씩 주면 20개가 남으므로 귤의 개수는 $(2x+20)$개, 3개씩 주면 10개가 부족하므로 귤의 개수는 $(3x-10)$개이다.

귤의 개수는 같으므로

$2x+20=3x-10$

$-x=-30 \quad \therefore x=30$

따라서 학생 수는 30명이다.

(2) 귤의 개수는 $2\times30+20=80$(개)

예제 6 답 (1) 서연: $\dfrac{1}{3}$, 세호: $\dfrac{1}{6}$ (2) 2일

(1) 전체 일의 양을 1이라 하면 서연이와 세호가 하루에 하는 일의 양은 각각 $\dfrac{1}{3}$, $\dfrac{1}{6}$이다.

(2) 일을 서연이와 세호가 같이 완성하는 데 x일이 걸린다고 하면

$\left(\dfrac{1}{3}+\dfrac{1}{6}\right)x=1, \ \dfrac{1}{2}x=1$

$\therefore x=2$

따라서 이 일을 서연이와 세호가 같이 완성하는 데 2일이 걸린다.

6-1 답 9일

전체 일의 양을 1이라 하면 갑과 을이 하루에 하는 일의 양은 각각 $\dfrac{1}{12}$, $\dfrac{1}{16}$이다.

을이 혼자 x일 동안 한 일의 양은 $\dfrac{1}{16}x$, 갑과 을이 같이 3일 동안 한 일의 양은 $\left(\dfrac{1}{12}+\dfrac{1}{16}\right)\times3$이므로

$\dfrac{1}{16}x+\left(\dfrac{1}{12}+\dfrac{1}{16}\right)\times3=1$

$\dfrac{1}{16}x+\dfrac{7}{16}=1, \ x+7=16$

$\therefore x=9$

따라서 을이 혼자 일한 날수는 9일이다.

• 개념 확인하기

1 답 (1) 풀이 참조 (2) $x=240$ (3) $240\,km$

(1)

	갈 때	올 때
거리	$x\,km$	$x\,km$
속력	시속 $60\,km$	시속 $80\,km$
시간	$\dfrac{x}{60}$시간	$\dfrac{x}{80}$시간

⇨ (갈 때 걸린 시간)+(올 때 걸린 시간)=7(시간)이므로

일차방정식을 세우면 $\dfrac{x}{60}+\dfrac{x}{80}=7$이다.

(2) $\dfrac{x}{60}+\dfrac{x}{80}=7$의 양변에 240을 곱하면

$4x+3x=1680,\ 7x=1680$

$\therefore x=240$

(3) 두 지점 A, B 사이의 거리는 $240\,km$이다.

2 답 (1) 풀이 참조 (2) $x=2$

(3) 올라간 거리: $2\,km$, 내려온 거리: $6\,km$

(1)

	올라갈 때	내려올 때
거리	$x\,km$	$(x+4)\,km$
속력	시속 $2\,km$	시속 $3\,km$
시간	$\dfrac{x}{2}$시간	$\dfrac{x+4}{3}$시간

⇨ (올라갈 때 걸린 시간)+(내려올 때 걸린 시간)=3(시간)

이므로 일차방정식을 세우면 $\dfrac{x}{2}+\dfrac{x+4}{3}=3$이다.

(2) $\dfrac{x}{2}+\dfrac{x+4}{3}=3$의 양변에 6을 곱하면

$3x+2(x+4)=18$

$3x+2x+8=18,\ 5x=10$

$\therefore x=2$

(3) 미소가 올라간 거리는 $2\,km$, 내려온 거리는 $2+4=6(km)$이다.

(대표 예제로 개념 익히기)

예제 1 답 $\dfrac{12}{7}\,km$

우영이네 집에서 학교까지의 거리를 $x\,km$라 하면

(갈 때 걸린 시간)+(올 때 걸린 시간)=1(시간)이므로

$\dfrac{x}{3}+\dfrac{x}{4}=1$

양변에 12를 곱하면

$4x+3x=12,\ 7x=12$ $\therefore x=\dfrac{12}{7}$

따라서 우영이네 집에서 학교까지의 거리는 $\dfrac{12}{7}\,km$이다.

1-1 답 $\dfrac{21}{5}\,km$

친구네 집에서 지애네 집으로 돌아온 거리를 $x\,km$라 하면 지애네 집에서 친구네 집으로 간 거리는 $(x-1)\,km$이다.

(갈 때 걸린 시간)+(올 때 걸린 시간)=3(시간)이므로

$\dfrac{x-1}{2}+\dfrac{x}{3}=3$

양변에 6을 곱하면

$3(x-1)+2x=18,\ 3x-3+2x=18$

$5x=21$ $\therefore x=\dfrac{21}{5}$

따라서 친구네 집에서 지애네 집으로 돌아온 거리는 $\dfrac{21}{5}\,km$이다.

예제 2 답 (1) 풀이 참조 (2) $105\,km$

(1)

	갈 때	올 때
거리	$x\,km$	$x\,km$
속력	시속 $90\,km$	시속 $70\,km$
시간	$\dfrac{x}{90}$시간	$\dfrac{x}{70}$시간

(2) (올 때 걸린 시간)−(갈 때 걸린 시간)$=\dfrac{20}{60}=\dfrac{1}{3}$(시간)이므로

$\dfrac{x}{70}-\dfrac{x}{90}=\dfrac{1}{3}$

양변에 630을 곱하면

$9x-7x=210,\ 2x=210$ $\therefore x=105$

따라서 두 지점 A, B 사이의 거리는 $105\,km$이다.

오개념 바로잡기

(2) 시간 차가 20분일 때, 일차방정식 세우기

$\underset{(\times)}{\longrightarrow}$ 시간 차는 20분이므로 $\dfrac{x}{70}-\dfrac{x}{90}=20$

$\underset{(\bigcirc)}{\longrightarrow}$ 시간 차는 20분, 즉 $\dfrac{20}{60}=\dfrac{1}{3}$(시간)이므로

$\dfrac{x}{70}-\dfrac{x}{90}=\dfrac{1}{3}$

➡ 거리, 속력, 시간에 대한 문제에서 방정식을 세울 때는 단위를 통일해야 해!

2-1 답 $180\,km$

두 지점 A, B 사이의 거리를 $x\,km$라 하면

	갈 때	올 때
거리	$x\,km$	$x\,km$
속력	시속 $60\,km$	시속 $45\,km$
시간	$\dfrac{x}{60}$시간	$\dfrac{x}{45}$시간

(올 때 걸린 시간)−(갈 때 걸린 시간)=1(시간)이므로

$\dfrac{x}{45}-\dfrac{x}{60}=1$

양변에 180을 곱하면

$4x-3x=180$ $\therefore x=180$

따라서 두 지점 A, B 사이의 거리는 $180\,km$이다.

2-2 답 30분 후

동생이 집을 출발한 지 x분 후에 형을 만난다고 하면 형은 집을 출발한 지 $(x+15)$분 후 동생을 만난다.

이때 (형이 걸어간 거리)=(동생이 걸어간 거리)이므로

$40(x+15)=60x$

$40x+600=60x$

$-20x=-600$ $\quad \therefore x=30$

따라서 동생이 출발한 지 30분 후에 형을 만난다.

실전 문제로 단원 마무리하기

1 ③, ⑤	**2** ②	**3** ③	**4** ㄴ, ㅁ	**5** -4
6 ①, ④	**7** ④	**8** ㉢	**9** ⑤	**10** ⑤
11 ③	**12** 14	**13** 16	**14** ④	**15** ⑤
16 92	**17** 과자: 7개, 사탕: 8개			
18 192 cm²		**19** 35명	**20** ③	

서술형

21 -3 **22** $x=-2$ **23** 6년 후 **24** 50 km

---

1 답 ③, ⑤

① 다항식이다.

②, ④ 부등호를 사용한 식이다.

따라서 등식은 ③, ⑤이다.

2 답 ②

어떤 수 x의 3배에 5를 더한 수는 / 8에서 x를 뺀 수의 2배와
$\underbrace{\qquad\qquad\qquad}_{3x+5}$ $\qquad = \qquad$ $\underbrace{\qquad}_{2(8-x)}$

같다.

$\Rightarrow 3x+5=2(8-x)$

3 답 ③

주어진 방정식에 $x=2$를 각각 대입하면

① $2\times2-1\neq-3$ ② $6-3\times2\neq1$

③ $3\times2=2+4$ ④ $0.5\times2\neq10$

⑤ $\dfrac{2}{5}-1\neq\dfrac{3}{5}$

따라서 해가 $x=2$인 것은 ③이다.

4 답 ㄴ, ㅁ

x의 값에 관계없이 항상 참이 되는 등식은 항등식이다.

ㄱ. (좌변)≠(우변)이므로 항등식이 아니다.

ㄴ. (좌변)=$2x-x=x$

  즉, (좌변)=(우변)이므로 항등식이다.

ㄷ. 부등호를 사용한 식이다.

ㄹ. (좌변)≠(우변)이므로 항등식이 아니다.

ㅁ. (좌변)=$2(x+3)=2x+6$

  즉, (좌변)=(우변)이므로 항등식이다.

ㅂ. 다항식이다.

따라서 항등식은 ㄴ, ㅁ이다.

5 답 -4

$ax+6=2x-3b$가 x에 대한 항등식이므로

$a=2$, $6=-3b$ $\quad \therefore a=2$, $b=-2$

$\therefore ab=2\times(-2)=-4$

참고 **항등식이 되기 위한 조건**

$ax+b=cx+d$가 x에 대한 항등식이다.

➡ x의 계수끼리, 상수항끼리 같다.

➡ $a=c$, $b=d$

6 답 ①, ④

① $a=b$의 양변에 2를 더하면 $a+2=b+2$

② $a=b$의 양변에서 5를 빼면 $a-5=b-5$

③ $a=b$의 양변에 3을 곱하면 $3a=3b$

④ $a=b$의 양변을 4로 나누면 $\dfrac{a}{4}=\dfrac{b}{4}$

⑤ $a=b$의 양변에 2를 곱하면 $2a=2b$

  $2a=2b$의 양변에 1을 더하면 $2a+1=2b+1$

따라서 옳지 않은 것은 ①, ④이다.

7 답 ④

① $x+1=-2$의 양변에서 1을 빼면

  $x+1-1=-2-1$ $\quad \therefore x=-3$

② $2+3x=4$의 양변에서 2를 빼면

  $2+3x-2=4-2$ $\quad \therefore 3x=2$

③ $4(x+1)=2$에서 $4x+4=2$

  양변에서 4를 빼면 $4x+4-4=2-4$

  $\therefore 4x=-2$

④ 등식의 성질 '$a=b$이면 $ac=bc$이다.($c>0$)' 또는 '$a=b$이고 $c\neq0$이면 $\dfrac{a}{c}=\dfrac{b}{c}$이다.'를 이용한 것이다.

⑤ $\dfrac{1}{6}x+7=1$의 양변에서 7을 빼면

  $\dfrac{1}{6}x+7-7=1-7$ $\quad \therefore \dfrac{1}{6}x=-6$

따라서 등식의 성질 '$a=b$이면 $a-c=b-c$이다.($c>0$)'를 이용하여 방정식을 변형한 것이 아닌 것은 ④이다.

8 답 ㉢

그림이 나타내는 등식의 성질은 '등식의 양변을 0이 아닌 같은 수로 나누어도 등식은 성립한다.'이다.

㉠ 분배법칙을 이용하여 괄호를 푼다.

㉡ 등식의 양변에 12를 더한다.

㉢ 등식의 양변을 3으로 나눈다.

따라서 그림이 나타내는 등식의 성질이 이용된 곳은 ㉢이다.

9 답 ⑤

밑줄 친 항을 이항하면 다음과 같다.

① $2x=4-5$

② $4x=2+7$

③ $2x+x=-3$

④ $x-3x=-5$

⑤ $7x-6x=-3-3$

따라서 바르게 이항한 것은 ⑤이다.

10 답 ⑤

① $5x-3=2$에서 $5x-3-2=0$

   $\therefore 5x-5=0$

② $2x+4x=8x$에서 $2x+4x-8x=0$

   $\therefore -2x=0$

③ $\dfrac{x}{3}=9$에서 $\dfrac{x}{3}-9=0$

④ $x^2-x=x^2+5$에서 $x^2-x-x^2-5=0$

   $\therefore -x-5=0$

⑤ $2(x-3)=2x-6$에서 $2x-6=2x-6$

   $2x-6-2x+6=0$ $\therefore 0=0$

따라서 일차방정식이 아닌 것은 ⑤이다.

11 답 ③

$ax+2=5-bx$에서 $ax+2-5+bx=0$

$\therefore (a+b)x-3=0$

이 등식이 x에 대한 일차방정식이 되려면

$a+b\neq0$

12 답 14

$7x=4x+9$에서 $3x=9$ $\therefore x=3$

$\therefore a=3$

$4x-4=3(x-5)$에서 $4x-4=3x-15$ $\therefore x=-11$

$\therefore b=-11$

$\therefore a-b=3-(-11)=3+11=14$

13 답 16

$(2x+1)+(-x+5)=x+6$

$(-x+5)+(2x-2)=x+3$

$(x+6)+(x+3)=41$이므로

$2x+9=41,\ 2x=32$

$\therefore x=16$

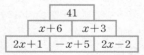

14 답 ④

$a(x-1)=3x+2$에 $x=-4$를 대입하면

$-5a=-10$ $\therefore a=2$

15 답 ⑤

$0.05x+0.3=0.2x-0.15$의 양변에 100을 곱하면

$5x+30=20x-15,\ -15x=-45$

$\therefore x=3$

16 답 92

연속하는 세 짝수를 $x-2,\ x,\ x+2$라 하면

$(x-2)+x+(x+2)=270$

$3x=270$ $\therefore x=90$

따라서 세 짝수는 88, 90, 92이므로 가장 큰 수는 92이다.

17 답 과자: 7개, 사탕: 8개

과자의 개수를 x개라 하면 사탕의 개수는 $(15-x)$개이므로

$700x+300(15-x)=7300$

$700x+4500-300x=7300$

$400x=2800$ $\therefore x=7$

따라서 과자는 7개, 사탕은 $15-7=8$(개)를 샀다.

18 답 $192\ cm^2$

직사각형의 가로의 길이를 $x\ cm$라 하면 세로의 길이는

$(x-4)\ cm$이므로

$2\{x+(x-4)\}=56$

$2(2x-4)=56,\ 4x-8=56$

$4x=64$ $\therefore x=16$

따라서 직사각형의 가로의 길이는 $16\ cm$, 세로의 길이는

$12\ cm$이므로 직사각형의 넓이는

$16\times12=192(cm^2)$

19 답 35명

의자의 수를 x개라 하면

한 의자에 4명씩 앉으면 3명이 남으므로 학생 수는 $(4x+3)$명,

한 의자에 5명씩 앉는 경우 5명이 모두 앉은 의자의 수는

$(x-1)$개이므로 학생 수는 $5(x-1)$명이다.

학생 수는 같으므로

$4x+3=5(x-1)$

$4x+3=5x-5$

$-x=-8$ $\therefore x=8$

따라서 의자의 수는 8개이므로 학생 수는

$4\times8+3=35$(명)

20 답 ③

서현이네 집에서 공원까지의 거리는 $2\ km$, 즉 $2000\ m$이고,

(뛰어갈 때 걸린 시간)+(걸어갈 때 걸린 시간)=20(분)이므로

$\dfrac{x}{300}+\dfrac{2000-x}{100}=20$

21 답 -3

$3(x-3)+5=2x$에서 $3x-9+5=2x$

$3x-4=2x$ ∴ $x=4$ ⋯ (i)

$\dfrac{x}{2}-\dfrac{a}{3}=a+\dfrac{3}{2}x$에 $x=4$를 대입하면

$2-\dfrac{a}{3}=a+6$ ⋯ (ii)

$-\dfrac{4}{3}a=4$ ∴ $a=-3$ ⋯ (iii)

채점 기준	배점
(i) $3(x-3)+5=2x$의 해 구하기	40 %
(ii) 해를 $\dfrac{x}{2}-\dfrac{a}{3}=a+\dfrac{3}{2}x$에 대입하여 a에 대한 방정식 만들기	20 %
(iii) a의 값 구하기	40 %

22 답 $x=-2$

$\dfrac{1}{10}(x-3)-0.5=\dfrac{1}{3}(x-1)$에서

$\dfrac{1}{10}(x-3)-\dfrac{1}{2}=\dfrac{1}{3}(x-1)$ ⋯ (i)

양변에 30을 곱하면

$3(x-3)-15=10(x-1)$ ⋯ (ii)

$3x-9-15=10x-10$

$-7x=14$ ∴ $x=-2$ ⋯ (iii)

채점 기준	배점
(i) 소수를 분수로 바꾸기	20 %
(ii) 계수를 정수로 고치기	40 %
(iii) 일차방정식의 해 구하기	40 %

23 답 6년 후

x년 후 아버지의 나이가 지수의 나이의 3배가 된다고 하면

x년 후 아버지의 나이는 $(45+x)$세, 지수의 나이는 $(11+x)$세

이므로

$45+x=3(11+x)$ ⋯ (i)

$45+x=33+3x,\ -2x=-12$ ∴ $x=6$ ⋯ (ii)

따라서 아버지의 나이가 지수의 나이의 3배가 되는 것은 6년 후

이다. ⋯ (iii)

채점 기준	배점
(i) 방정식 세우기	50 %
(ii) 방정식의 해 구하기	30 %
(iii) 아버지의 나이가 지수의 나이의 3배가 되는 것은 몇 년 후인지 구하기	20 %

24 답 50 km

두 지점 A, B 사이의 거리를 $x\,\text{km}$라 하면

	버스로 갈 때	자전거로 갈 때
거리	$x\,\text{km}$	$x\,\text{km}$
속력	시속 50 km	시속 25 km
시간	$\dfrac{x}{50}$시간	$\dfrac{x}{25}$시간

(자전거로 갈 때 걸린 시간)$-$(버스로 갈 때 걸린 시간)$=1$(시간)

이므로

$\dfrac{x}{25}-\dfrac{x}{50}=1$ ⋯ (i)

양변에 50을 곱하면

$2x-x=50$

∴ $x=50$ ⋯ (ii)

따라서 두 지점 A, B 사이의 거리는 50 km이다. ⋯ (iii)

채점 기준	배점
(i) 방정식 세우기	50 %
(ii) 방정식의 해 구하기	30 %
(iii) 두 지점 A, B 사이의 거리 구하기	20 %

OX 문제로 개념 점검! •101쪽

❶ ○ ❷ × ❸ ○ ❹ × ❺ × ❻ ○ ❼ ○ ❽ ○

❷ 주어진 방정식에 $x=3$을 대입하면 $3+2\neq2\times3-2$이므로 $x=3$은 주어진 방정식의 해가 아니다.

❹ $\dfrac{a}{3}=\dfrac{b}{4}$의 양변에 12를 곱하면 $4a=3b$이다.

❺ 좌변에 있는 4를 이항하면 $2x=-8-4$이다.

❻ $2x^2-3x=2x^2+8$에서 $-3x-8=0$이므로 일차방정식이다.

❼ 주어진 두 일차방정식의 해는 $x=15$로 같다.

5 좌표와 그래프

개념 32 순서쌍과 좌표

·104~105쪽

·개념 확인하기

1 답 $A\left(-\dfrac{5}{2}\right)$, $B\left(\dfrac{2}{3}\right)$, $C(3)$

2 답

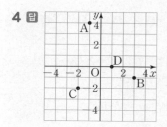

3 답 $A(-3, 1)$, $B(-2, -3)$, $C(4, -4)$, $D(0, 2)$

4 답

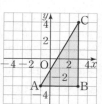

대표 예제로 개념 익히기

예제 1 답 $a=-6$, $b=2$

두 순서쌍 $\left(\dfrac{1}{3}a, 2\right)$, $(-2, 4b-6)$이 서로 같으므로

$\dfrac{1}{3}a=-2$에서 $a=-6$

$2=4b-6$에서 $4b=8$　∴ $b=2$

1-1 답 -1

두 순서쌍 $(3a, 4)$, $(-9, 2b)$가 서로 같으므로

$3a=-9$에서 $a=-3$

$4=2b$에서 $b=2$

∴ $a+b=-3+2=-1$

예제 2 답 ③

① $A(-4, 4)$　　　② $B(-3, -1)$
④ $D(2, -1)$　　　⑤ $E(0, -3)$

따라서 옳은 것은 ③이다.

2-1 답 ②

$A(-1, -5)$이므로 점 A의 x좌표와 y좌표의 합은

$-1+(-5)=-6$

$B(2, 3)$이므로 점 B의 x좌표와 y좌표의 합은

$2+3=5$

$C(-2, 2)$이므로 점 C의 x좌표와 y좌표의 합은

$-2+2=0$

$D(5, -2)$이므로 점 D의 x좌표와 y좌표의 합은

$5+(-2)=3$

$E(-3, 4)$이므로 점 E의 x좌표와 y좌표의 합은

$-3+4=1$

따라서 x좌표와 y좌표의 합이 가장 큰 것은 점 B이다.

2-2 답 (1) $A(2, -1)$　(2) $B(5, 0)$　(3) $C(0, -4)$

오개념 바로잡기

세 점 A, B, C의 좌표를 기호로 나타내기

(×) (1) $A(-1, 2)$　(2) $B(0, 5)$　(3) $C(-4, 0)$

(O) (1) $A(2, -1)$　(2) $B(5, 0)$　(3) $C(0, -4)$

➡ 점의 좌표를 기호로 나타낼 때는 x좌표와 y좌표의 순서에 주의해야 해!

2-3 답 그림은 풀이 참조, 14

세 점 $A(-1, -3)$, $B(3, -3)$, $C(3, 4)$를 꼭짓점으로 하는 삼각형 ABC를 좌표평면 위에 그리면 오른쪽 그림과 같다.

따라서 삼각형 ABC의 넓이는

$\dfrac{1}{2} \times \underbrace{\{3-(-1)\}}_{\text{밑변의 길이}} \times \underbrace{\{4-(-3)\}}_{\text{높이}} = \dfrac{1}{2} \times 4 \times 7$

$= 14$

참고 좌표평면 위의 삼각형의 넓이를 구할 때는 좌표축에 평행한 변을 밑변으로 생각하고 높이를 구한다.

개념 33 사분면

·106~107쪽

·개념 확인하기

1 답

점의 좌표	x좌표의 부호	y좌표의 부호	사분면
$(3, 1)$	$+$	$+$	제1사분면
$(-3, 1)$	$-$	$+$	제2사분면
$(-3, -1)$	$-$	$-$	제3사분면
$(3, -1)$	$+$	$-$	제4사분면

2 답 (1) 제3사분면　(2) 제4사분면
　　(3) 어느 사분면에도 속하지 않는다.
　　(4) 제1사분면　(5) 제2사분면
　　(6) 어느 사분면에도 속하지 않는다.

(3), (6) 좌표축 위의 점은 어느 사분면에도 속하지 않는다.

3 답 (1) 제4사분면　(2) $-$, $-$, 제3사분면
　　(3) $+$, $+$, 제1사분면　(4) $-$, $+$, 제2사분면

(1) $a>0$, $b<0$이므로 $(a, b) \Rightarrow (+, -)$

　따라서 점 (a, b)는 제4사분면 위의 점이다.

(2) $a>0$, $b<0$에서 $-a<0$, $b<0$이므로

　$(-a, b) \Rightarrow (\ominus, \ominus)$

　따라서 점 $(-a, b)$는 제3사분면 위의 점이다.

(3) $a>0$, $b<0$에서 $a>0$, $-b>0$이므로

　$(a, -b) \Rightarrow (\oplus, \oplus)$

　따라서 점 $(a, -b)$는 제1사분면 위의 점이다.

(4) $a>0$, $b<0$에서 $-a<0$, $-b>0$이므로

　$(-a, -b) \Rightarrow (\ominus, \oplus)$

　따라서 점 $(-a, -b)$는 제2사분면 위의 점이다.

대표 예제로 개념 익히기

예제 1 답 ③

① $A(5, 0) \Rightarrow$ 어느 사분면에도 속하지 않는다.

② $B(-1, 5) \Rightarrow$ 제2사분면

④ $D(2, -1) \Rightarrow$ 제4사분면

⑤ $E(6, 3) \Rightarrow$ 제1사분면

따라서 바르게 연결된 것은 ③이다.

1-1 답 ③, ④

③ 점 $(2, 0)$은 어느 사분면에도 속하지 않는다.

④ 점 $(-6, 3)$은 제2사분면 위의 점이다.

1-2 답 ㄷ, ㄹ

점 $(4, 5)$는 제1사분면 위의 점이다.

ㄱ. 제2사분면

ㄴ. 어느 사분면에도 속하지 않는다.

ㄷ. 제1사분면

ㄹ. 제1사분면

ㅁ. 제3사분면

ㅂ. 제4사분면

따라서 점 $(4, 5)$와 같은 사분면 위의 점은 ㄷ, ㄹ이다.

예제 2 답 (1) 제1사분면 　(2) 제4사분면

　　　　　(3) 제3사분면 　(4) 제2사분면

(1) $a<0$, $b<0$에서 $-b>0$, $-a>0$이므로 점 $(-b, -a)$는

　제1사분면 위의 점이다.

(2) $a<0$, $b<0$에서 $-2a>0$, $b<0$이므로 점 $(-2a, b)$는

　제4사분면 위의 점이다.

(3) $a<0$, $b<0$에서 $a+b<0$, $b<0$이므로 점 $(a+b, b)$는

　제3사분면 위의 점이다.

(4) $a<0$, $b<0$에서 $a<0$, $ab>0$이므로 점 (a, ab)는

　제2사분면 위의 점이다.

2-1 답 ⑤

① $a<0$, $b>0$에서 $3a<0$, $-b<0$이므로 점 $(3a, -b)$는

　제3사분면 위의 점이다.

② $a<0$, $b>0$에서 $a-b<0$, $ab<0$이므로 점 $(a-b, ab)$는

　제3사분면 위의 점이다. └─(음수)−(양수)=(음수)

③ $a<0$, $b>0$에서 $b>0$, $b-a>0$이므로 점 $(b, b-a)$는

　제1사분면 위의 점이다. └─(양수)−(음수)=(양수)

④ $a<0$, $b>0$에서 $-2a>0$, $-2b<0$이므로 점 $(-2a, -2b)$는

　제4사분면 위의 점이다.

⑤ $a<0$, $b>0$에서 $\dfrac{a}{b}<0$, $-a>0$이므로 점 $\left(\dfrac{a}{b}, -a\right)$는

　제2사분면 위의 점이다.

따라서 제2사분면 위의 점은 ⑤이다.

2-2 답 제3사분면

점 (a, b)가 제4사분면 위의 점이므로

$a>0$, $b<0$

따라서 $b<0$, $-a<0$이므로 점 $(b, -a)$는 제3사분면 위의 점이다.

개념 34　그래프와 그 해석 ·109~111쪽

· 개념 확인하기

1 답 (1) ㄴ 　(2) ㄹ 　(3) ㄷ 　(4) ㄱ

2 답 (1) ㄴ 　(2) ㄷ 　(3) ㄱ

(1) 용기의 폭이 위로 갈수록 넓어지므로 물의 높이는 점점 느리게 증가한다.

　따라서 알맞은 그래프는 ㄴ이다.

(2) 용기의 폭이 위로 갈수록 좁아지므로 물의 높이는 점점 빠르게 증가한다.

　따라서 알맞은 그래프는 ㄷ이다.

(3) 용기의 폭이 일정하므로 물의 높이는 일정하게 증가한다.

　따라서 알맞은 그래프는 ㄱ이다.

참고 용기의 폭에 따라 시간당 증가하는 물의 높이의 변화

· 용기의 폭이 일정하면 ➡ 물의 높이는 일정하게 증가

· 용기의 폭이 위로 갈수록 넓어지면 ➡ 물의 높이는 점점 느리게 증가

· 용기의 폭이 위로 갈수록 좁아지면 ➡ 물의 높이는 점점 빠르게 증가

3 답 (1) 4 km 　(2) 7 km 　(3) 20분

(3) 멈춰 있는 동안에는 거리의 변화가 없다.

　따라서 멈춰 있던 시간은 달린 지 30분 후부터 50분 후까지이므로 $50-30=20$(분)이다.

대표 예제로 **개념 익히기**

예제 1 답 (1) A, B (2) C (3) B

(1) 양초를 다 태우면 양초의 길이는 0이 된다.
따라서 그래프로 알맞은 것은 A, B이다.

(2) 양초를 절반만 태우고 불을 껐으므로 양초의 길이는 줄어들
다가 그 길이가 절반이 된 순간부터 변화 없이 일정하다.
따라서 그래프로 알맞은 것은 C이다.

(3) 양초를 태우는 도중에 멈추면 그 순간부터 양초의 길이는 변
화 없이 일정하고, 그 후 남은 양초를 다 태웠으므로 양초의
길이는 줄어들다가 0이 된다.
따라서 그래프로 알맞은 것은 B이다.

1-1 답 ㄴ

주어진 그래프에서 거리는 시간에 따라 줄어들다가 늘어난 후
변화가 없다가 다시 줄어들어 0이 된다.
따라서 주어진 그래프에 알맞은 상황은 ㄴ이다.

1-2 답 A-ⓒ, B-ⓛ, C-ⓣ

컵의 폭이 좁을수록 물의 높이가 빠르게 증가하므로 세 컵 A,
B, C에 해당하는 그래프는 각각 A-ⓒ, B-ⓛ, C-ⓣ이다.

예제 2 답 (1) 초속 30 m (2) 5초 (3) 4초

(3) 브레이크를 밟는 순간부터 속력이 감소하여 정지하는 순간
자동차의 속력은 0이 된다.
따라서 브레이크를 밟은 후 자동차가 완전히 정지하는 데 걸
린 시간은 9-5=4(초)이다.

2-1 답 (1) 0 ℃ (2) 14분 후

(2) 물이 모두 얼음으로 변할 때까지 물의 온도는 0 ℃에서 일정
하게 유지된다.
따라서 물이 모두 얼음으로 변한 것은 냉동실에 물을 넣은 지
14분 후이다.

2-2 답 (개): 4, (내): 6, (대): 2, (래): 16

실전 문제로 **단원 마무리하기**

•112~114쪽

1 ④	2 ⑤	3 ⑤	4 25	5 ④

6 윤아: 제4사분면, 준호: 제2사분면   7 $-\dfrac{1}{3}$

8 ④   9 제4사분면   10 ㄷ

11 (1) A, B (2) A, C   12 ④   13 ㄱ, ㄴ

14 (1) 자전거로 갈 때: 40분, 뛰어갈 때: 60분 (2) 20분

서술형

15 6   16 (1) 4 km (2) 60분

---

1 답 ④

④ $D\left(\dfrac{11}{3}\right)$

2 답 ⑤

두 순서쌍 $(3-a, 2b-5)$, $(-1, b)$가 서로 같으므로
$3-a=-1$에서 $a=4$
$2b-5=b$에서 $b=5$
따라서 순서쌍 $(a, a-b)$는 $(4, 4-5)$, 즉 $(4, -1)$과 같다.

3 답 ⑤

⑤ $E(-3, 4)$

4 답 25

네 점 $A(-3, 2)$, $B(-3, -3)$,
$C(2, -3)$, $D(2, 2)$를 좌표평면 위에
나타내면 오른쪽 그림과 같으므로 사각
형 ABCD의 넓이는
$\{2-(-3)\} \times \{2-(-3)\}=5 \times 5$
$\qquad\qquad\qquad\qquad = 25$

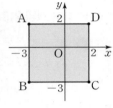

5 답 ④

① 어느 사분면에도 속하지 않는다.
② 제1사분면
③ 제3사분면
⑤ 제2사분면
따라서 제4사분면 위의 점은 ④이다.

6 답 윤아: 제4사분면, 준호: 제2사분면

윤아를 나타내는 점의 좌표는 $(3, -4)$이고, 이 점은 제4사분면
에 속한다.
준호를 나타내는 점의 좌표는 $(-4, 2)$이고, 이 점은 제2사분면
에 속한다.

7 답 $-\dfrac{1}{3}$

점 $(5a+3, 2-3a)$는 x축 위의 점이므로
$2-3a=0$에서 $3a=2$ $\therefore a=\dfrac{2}{3}$
점 $(b+1, 2b-4)$는 y축 위의 점이므로
$b+1=0$ $\therefore b=-1$
$\therefore a+b=\dfrac{2}{3}+(-1)=-\dfrac{1}{3}$

8 답 ④

① $a<0$, $b>0$이므로 점 (a, b)는 제2사분면 위의 점이다.
② $a<0$, $b>0$에서 $-a>0$, $a-b<0$이므로 점 $(-a, a-b)$는
제4사분면 위의 점이다.

③ $a<0$, $b>0$에서 $ab<0$, $-b<0$이므로 점 $(ab, -b)$는
　제3사분면 위의 점이다.

④ $a<0$, $b>0$에서 $b>0$, $b-a>0$이므로 점 $(b, b-a)$는
　제1사분면 위의 점이다.

⑤ $a<0$, $b>0$에서 $\dfrac{b}{a}<0$, $b>0$이므로 점 $\left(\dfrac{b}{a}, b\right)$는
　제2사분면 위의 점이다.

따라서 옳은 것은 ④이다.

9 답 제4사분면

점 $(-a, -b)$가 제2사분면 위의 점이므로

$-a<0$, $-b>0$

$\therefore a>0$, $b<0$

따라서 $a-b>0$, $ab<0$이므로 점 $(a-b, ab)$는 제4사분면 위의 점이다.

10 답 ㄷ

ㄱ. 구간 ㉮: 말은 일정한 속력으로 달린다.

ㄴ. 구간 ㉯: 말은 속력을 증가하면서 달린다.

따라서 옳은 것은 ㄷ이다.

✏️ 오개념 바로잡기

시간에 따른 속력의 그래프 해석하기

(×) ㄱ. 구간 ㉮: 속력의 변화가 없으므로 말은 움직이지 않고 가만히 서 있다.
　　 ㄴ. 구간 ㉯: 그래프의 모양이 직선이므로 말은 일정한 속력으로 달린다.

(○) ㄱ. 구간 ㉮: 속력의 변화가 없으므로 말은 일정한 속력으로 달린다.
　　 ㄴ. 구간 ㉯: 시간에 따라 속력이 증가하므로 말은 속력을 증가하면서 달린다.

➡ 그래프를 해석할 때는 먼저 그래프에서 x축과 y축이 각각 무엇을 나타내는지 정확하게 이해한 후, 두 양 사이의 관계를 파악해야 해!

---

11 답 ⑴ A, B ⑵ A, C

⑴ 물을 모두 마시면 물병에 남아 있는 물의 양이 0이 되므로 물을 모두 마신 사람은 A, B이다.

⑵ 물을 마시다가 멈춘 동안에는 물병에 남아 있는 물의 양의 변화가 없다.

따라서 물을 마시다가 멈춘 적이 있는 사람은 물의 양의 변화가 없는 구간이 있는 A, C이다.

12 답 ④

주어진 그래프에서 물의 높이는 느리고 일정하게 증가하다가 빠르고 일정하게 증가하므로 용기의 아랫부분은 폭이 넓고 일정하고, 윗부분은 폭이 좁고 일정하다.

따라서 용기의 모양으로 가장 알맞은 것은 ④이다.

13 답 ㄱ, ㄴ

ㄷ. 고무동력기를 날린 지 40분 후부터 60분 후까지 고무동력기의 지면으로부터의 높이는 일정하였다.

따라서 옳은 것은 ㄱ, ㄴ이다.

14 답 ⑴ 자전거로 갈 때: 40분, 뛰어갈 때: 60분
　　　⑵ 20분

⑵ 집에서 공원까지 뛰어갈 때는 자전거로 갈 때보다
　$60-40=20$(분) 더 걸린다.

15 답 6

점 $A(a+1, a-2)$가 x축 위의 점이므로

$a-2=0$에서 $a=2$ $\quad\therefore A(3, 0)$

점 $B(b+3, b-1)$이 y축 위의 점이므로

$b+3=0$에서 $b=-3$ $\quad\therefore B(0, -4)$ $\qquad\cdots$ ⑴

따라서 원점 O와 두 점 A(3, 0), B(0, -4)를 좌표평면 위에 나타내면 오른쪽 그림과 같으므로 삼각형 OBA의 넓이는

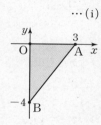

$\dfrac{1}{2}\times(3-0)\times\{0-(-4)\}=\dfrac{1}{2}\times3\times4$

$\qquad\qquad\qquad\qquad\qquad\quad =6$ $\qquad\cdots$ ⑵

채점 기준	배점
⑴ 두 점 A, B의 좌표 구하기	60%
⑵ 삼각형 OBA의 넓이 구하기	40%

16 답 ⑴ 4 km ⑵ 60분

⑴ 나은이는 집을 출발한 지 20분 후에 편의점에 도착하였고, 이때 편의점은 집에서 4 km 떨어져 있다. $\qquad\cdots$ ⑴

⑵ 머문 동안에는 거리의 변화가 없다.

집에서 떨어진 거리가 처음으로 변화가 없는 때는 편의점에 들렀을 때이고, 두 번째로 변화가 없는 때는 놀이터에서 머물렀을 때이다.

따라서 나은이가 놀이터에서 머문 시간은 $100-40=60$(분)이다. $\qquad\cdots$ ⑵

채점 기준	배점
⑴ 집에서 편의점까지의 거리 구하기	40%
⑵ 놀이터에서 머문 시간 구하기	60%

OX 문제로 개념 점검! ·115쪽

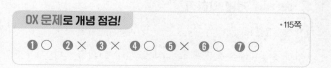

❶ ○ ❷ × ❸ × ❹ ○ ❺ × ❻ ○ ❼ ○

❸ 점 $(-2, 3)$은 제2사분면 위의 점이다.

❺ $a>0$, $b<0$이면 점 (a, b)는 제4사분면 위의 점이다.

6 정비례와 반비례

개념 35 정비례 관계 ·118~119쪽

개념 확인하기

1 답 (1) 풀이 참조 (2) 정비례한다. (3) $y=500x$

(1)

x	1	2	3	4	⋯
y	500	1000	1500	2000	⋯

(2) x의 값이 2배, 3배, 4배, ⋯로 변함에 따라 y의 값도 2배, 3배, 4배, ⋯로 변하므로 y는 x에 정비례한다.

(3) y가 x에 정비례하므로 $y=ax$에 $x=1$, $y=500$을 대입하면
$a=500$ ∴ $y=500x$

2 답 (1) ○ (2) × (3) ○ (4) ○ (5) × (6) ×

y가 x에 정비례하면 관계식은 $y=ax\,(a\neq0)$의 꼴이다.

(4) $\dfrac{y}{x}=9$에서 $y=9x$이므로 y가 x에 정비례한다.

(5) $xy=2$에서 $y=\dfrac{2}{x}$이므로 y가 x에 정비례하지 않는다.

3 답 (1) $y=x+4$, 정비례하지 않는다.
(2) $y=40x$, 정비례한다.
(3) $y=1800x$, 정비례한다.
(4) $y=24-x$, 정비례하지 않는다.

y가 x에 정비례하면 관계식은 $y=ax\,(a\neq0)$의 꼴이다.
(1) (형의 나이)=(동생의 나이)+4(세)이므로
$y=x+4$
따라서 y가 x에 정비례하지 않는다.
(2) (거리)=(속력)×(시간)이므로
$y=40x$
따라서 y가 x에 정비례한다.
(3) (전체 가격)=(1 L당 휘발유의 가격)×(주유한 양)이므로
$y=1800x$
따라서 y가 x에 정비례한다.
(4) (낮의 길이)+(밤의 길이)=24(시간)이므로
$x+y=24$ ∴ $y=24-x$
따라서 y가 x에 정비례하지 않는다.

대표 예제로 개념 익히기

예제 1 답 ③, ⑤

y가 x에 정비례하면 관계식은 $y=ax\,(a\neq0)$의 꼴이다.
② $xy=-6$에서 $y=-\dfrac{6}{x}$
따라서 y가 x에 정비례하는 것은 ③, ⑤이다.

1-1 답 ②

y가 x에 정비례하므로 관계식은 $y=ax\,(a\neq0)$의 꼴이다.
③ $xy=5$에서 $y=\dfrac{5}{x}$
따라서 x의 값이 2배, 3배, 4배, ⋯가 될 때, y의 값도 2배, 3배, 4배, ⋯가 되는 것, 즉 y가 x에 정비례하는 것은 ②이다.

1-2 답 ㄴ, ㄷ

y가 x에 정비례하면 관계식은 $y=ax\,(a\neq0)$의 꼴이다.
ㄱ. $y=2\times3.14\times x=6.28x$
ㄴ. $y=\dfrac{100}{x}$
ㄷ. $y=200-x$
ㄹ. $y=30x$
따라서 y가 x에 정비례하지 않는 것은 ㄴ, ㄷ이다.

예제 2 답 -4

y가 x에 정비례하므로
$y=ax$에 $x=-1$, $y=7$을 대입하면
$7=-a$에서 $a=-7$
∴ $y=-7x$
따라서 $y=-7x$에 $y=28$을 대입하면
$28=-7x$ ∴ $x=-4$

2-1 답 -2

y가 x에 정비례하므로
$y=ax$에 $x=-2$, $y=4$를 대입하면
$4=-2a$에서 $a=-2$
∴ $y=-2x$
$y=-2x$에 $x=-1$을 대입하면
$y=-2\times(-1)=2$ ∴ $A=2$
또 $y=-2x$에 $x=2$를 대입하면
$y=-2\times2=-4$ ∴ $B=-4$
∴ $A+B=2+(-4)=-2$

·개념 확인하기

1 답 풀이 참조

(1) $y=\dfrac{1}{3}x$

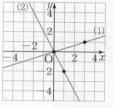

⇨ 두 점 $(0, \boxed{0})$, $(3, \boxed{1})$을 지나는 직선이다.

⇨ 제 $\boxed{1}$ 사분면과 제 $\boxed{3}$ 사분면을 지난다.

(2) $y=-2x$

⇨ 두 점 $(0, \boxed{0})$, $(1, \boxed{-2})$를 지나는 직선이다.

⇨ 제 $\boxed{2}$ 사분면과 제 $\boxed{4}$ 사분면을 지난다.

참고 x의 값의 간격을 작게 할수록 순서쌍 (x, y)를 좌표로 하는 점들이 촘촘하게 나타나므로 x의 값의 범위가 수 전체이면 정비례 관계의 그래프는 원점을 지나는 직선이 된다.

2 답 (1) $y=5x$　(2) $70\,\text{L}$

(1) x분 후에 물통 안에 있는 물의 양은 $5x\,\text{L}$이므로
$$y=5x$$

(2) $y=5x$에 $x=14$를 대입하면 $y=5\times14=70$
따라서 14분 후에 물통 안에 있는 물의 양은 $70\,\text{L}$이다.

대표 예제로 개념 익히기

예제 **1** 답 ②

② 제1사분면과 제3사분면을 지난다.
③ $y=3x$에 $x=1$, $y=3$을 대입하면 $3=3\times1$이므로 점 $(1, 3)$을 지난다.
따라서 옳지 않은 것은 ②이다.

1-1 답 ④, ⑤

④ $a<0$일 때, x의 값이 증가하면 y의 값은 감소한다.
⑤ a의 절댓값이 클수록 y축에 가까워진다.

1-2 답 ①

정비례 관계 $y=ax$의 그래프는 a의 절댓값이 클수록 y축에 가깝다.

① $|-6|=6$　② $\left|\dfrac{1}{4}\right|=\dfrac{1}{4}$　③ $|-1|=1$

④ $|1|=1$　⑤ $|3|=3$

따라서 y축에 가장 가까운 그래프는 ①의 그래프이다.

예제 **2** 답 ⑤

$y=-\dfrac{1}{4}x$에 주어진 점의 좌표를 각각 대입하면

① $\dfrac{1}{4}=-\dfrac{1}{4}\times(-1)$　② $\dfrac{1}{8}=-\dfrac{1}{4}\times\left(-\dfrac{1}{2}\right)$

③ $0=-\dfrac{1}{4}\times0$　④ $-\dfrac{1}{2}=-\dfrac{1}{4}\times2$

⑤ $1\neq-\dfrac{1}{4}\times4$

따라서 정비례 관계 $y=-\dfrac{1}{4}x$의 그래프 위의 점이 아닌 것은 ⑤이다.

2-1 답 ②, ④

$y=6x$에 주어진 점의 좌표를 각각 대입하면

① $12\neq6\times(-2)$　② $-6=6\times(-1)$

③ $-3\neq6\times\left(-\dfrac{1}{3}\right)$　④ $1=6\times\dfrac{1}{6}$

⑤ $2\neq6\times12$

따라서 정비례 관계 $y=6x$의 그래프가 지나는 점은 ②, ④이다.

2-2 답 -2

$y=-15x$에 $x=a$, $y=30$을 대입하면

$30=-15a$　∴ $a=-2$

예제 **3** 답 $y=-\dfrac{5}{2}x$

그래프가 원점을 지나는 직선이므로 $y=ax$라 하자.
점 $(-2, 5)$를 지나므로 $y=ax$에 $x=-2$, $y=5$를 대입하면
$5=-2a$에서 $a=-\dfrac{5}{2}$

따라서 x와 y 사이의 관계식은 $y=-\dfrac{5}{2}x$이다.

3-1 답 $y=\dfrac{2}{3}x$

그래프가 원점을 지나는 직선이므로 $y=ax$라 하자.
점 $(3, 2)$를 지나므로 $y=ax$에 $x=3$, $y=2$를 대입하면
$2=3a$에서 $a=\dfrac{2}{3}$

따라서 x와 y 사이의 관계식은 $y=\dfrac{2}{3}x$이다.

3-2 답 1

$y=ax$에 $x=-8$, $y=6$을 대입하면

$6=-8a$에서 $a=-\dfrac{3}{4}$　∴ $y=-\dfrac{3}{4}x$

$y=-\dfrac{3}{4}x$에 $x=b$, $y=-3$을 대입하면

$-3=-\dfrac{3}{4}b$　∴ $b=4$

∴ $4a+b=4\times\left(-\dfrac{3}{4}\right)+4=-3+4=1$

예제 **4** 답 (1) $y=80x$　(2) 5시간

(1) 시속 $80\,\text{km}$로 x시간 동안 달린 거리는 $80x\,\text{km}$이므로
$$y=80x$$

(2) $y=80x$에 $y=400$을 대입하면
$400=80x$　∴ $x=5$
따라서 $400\,\text{km}$를 가는 데 걸리는 시간은 5시간이다.

4-1 답 (1) $y=0.5x$ (2) $8\,\text{cm}$

(1) 불을 붙인 지 x분 후에 줄어든 양초의 길이는 $0.5x\,\text{cm}$이므로
$$y=0.5x$$

(2) $y=0.5x$에 $x=16$을 대입하면
$$y=0.5\times16=8$$
따라서 불을 붙인 지 16분 후에 줄어든 양초의 길이는 $8\,\text{cm}$이다.

4-2 답 $y=3x$, $6\,\text{cm}$

x와 y 사이의 관계식은 $y=\dfrac{1}{2}\times x\times6=3x$

$y=3x$에 $y=18$을 대입하면
$$18=3x \qquad \therefore x=6$$
따라서 삼각형 ABP의 넓이가 $18\,\text{cm}^2$일 때의 선분 BP의 길이는 $6\,\text{cm}$이다.

개념 **37** 반비례 관계
·123~124쪽

· 개념 확인하기

1 답 (1) 풀이 참조 (2) 반비례한다. (3) $y=\dfrac{48}{x}$

(1)

x	1	2	3	4	$\cdots$	48
y	48	24	16	12	$\cdots$	1

(2) x의 값이 2배, 3배, 4배, $\cdots$로 변함에 따라 y의 값은 $\dfrac{1}{2}$배, $\dfrac{1}{3}$배, $\dfrac{1}{4}$배, $\cdots$로 변하므로 y는 x에 반비례한다.

(3) y가 x에 반비례하므로 $y=\dfrac{a}{x}$에 $x=1$, $y=48$을 대입하면
$$48=\dfrac{a}{1}에서 a=48 \qquad \therefore y=\dfrac{48}{x}$$

2 답 (1) ○ (2) × (3) ○ (4) ○ (5) × (6) ×

y가 x에 반비례하면 관계식은 $y=\dfrac{a}{x}\,(a\ne0)$의 꼴이다.

(4) $xy=9$에서 $y=\dfrac{9}{x}$이므로 y가 x에 반비례한다.

(5) $\dfrac{y}{x}=4$에서 $y=4x$이므로 y가 x에 반비례하지 않는다.

3 답 (1) $y=50-x$, 반비례하지 않는다.
(2) $y=\dfrac{28}{x}$, 반비례한다.
(3) $y=\dfrac{8000}{x}$, 반비례한다.
(4) $y=\dfrac{x}{10}$, 반비례하지 않는다.

y가 x에 반비례하면 관계식은 $y=\dfrac{a}{x}\,(a\ne0)$의 꼴이다.

(1) (전체 학생 수)=(남학생 수)+(여학생 수)이므로
$$50=x+y \qquad \therefore y=50-x$$
따라서 y가 x에 반비례하지 않는다.

(2) (직사각형의 넓이)=(가로의 길이)×(세로의 길이)이므로
$$28=xy \qquad \therefore y=\dfrac{28}{x}$$
따라서 y가 x에 반비례한다.

(3) (지불한 금액)
$$=(아이스크림 한 개의 가격)\times(아이스크림의 개수)$$
이므로
$$8000=xy \qquad \therefore y=\dfrac{8000}{x}$$
따라서 y가 x에 반비례한다.

(4) (한 사람이 드는 생수의 양)$=\dfrac{(전체 생수의 양)}{(전체 사람 수)}$이므로
$$y=\dfrac{x}{10}$$
따라서 y가 x에 반비례하지 않는다.

(대표 예제로 **개념 익히기**)

예제 1 답 ①, ③

y가 x에 반비례하면 관계식은 $y=\dfrac{a}{x}\,(a\ne0)$의 꼴이다.

③ $xy=-5$에서 $y=-\dfrac{5}{x}$

⑤ $x+y=1$에서 $y=1-x$

따라서 y가 x에 반비례하는 것은 ①, ③이다.

✎ 오개념 바로잡기

② $y=\dfrac{1}{x}+1$과 ⑤ $x+y=1$이 반비례 관계식인지 판단하기

(×) ② $y=\dfrac{1}{x}+1$과 ⑤ $x+y=1$은 x의 값이 증가할 때, y의 값은 감소하므로 y가 x에 반비례한다.

(○) ② $y=\dfrac{1}{x}+1$과 ⑤ $x+y=1$은 x의 값이 2배, 3배, 4배, $\cdots$가 될 때, y의 값은 $\dfrac{1}{2}$배, $\dfrac{1}{3}$배, $\dfrac{1}{4}$배, $\cdots$가 되지 않으므로 y가 x에 반비례하지 않는다.

➡ y가 x에 반비례한다는 것의 의미를 정확히 알아야 해.
y가 x에 반비례할 때, x와 y 사이의 관계식은 $y=\dfrac{a}{x}\,(a\ne0)$ 또는 $xy=a\,(a\ne0)$의 꼴임을 기억해야 해!

1-1 답 ⑤

y가 x에 반비례하므로 관계식은 $y=\dfrac{a}{x}\,(a\ne0)$의 꼴이다.

② $\dfrac{y}{x}=-1$에서 $y=-x$

⑤ $xy=4$에서 $y=\dfrac{4}{x}$

따라서 x의 값이 2배, 3배, 4배, $\cdots$가 될 때, y의 값은 $\dfrac{1}{2}$배, $\dfrac{1}{3}$배, $\dfrac{1}{4}$배, $\cdots$가 되는 것, 즉 y가 x에 반비례하는 것은 ⑤이다.

1-2 답 ㄷ, ㄹ, ㅁ

y가 x에 반비례하면 관계식은 $y=\dfrac{a}{x}$ $(a\neq0)$의 꼴이다.

ㄱ. $x+y=60$ ∴ $y=60-x$

ㄴ. $y=4000x$

ㄷ. $y=\dfrac{100}{x}$

ㄹ. $\dfrac{1}{2}\times x\times y=30$ ∴ $y=\dfrac{60}{x}$

ㅁ. $y=\dfrac{70}{x}$

따라서 y가 x에 반비례하는 것은 ㄷ, ㄹ, ㅁ이다.

예제 2 답 4

y가 x에 반비례하므로 $y=\dfrac{a}{x}$에 $x=-8$, $y=-3$을 대입하면

$-3=\dfrac{a}{-8}$에서 $a=24$ ∴ $y=\dfrac{24}{x}$

따라서 $y=\dfrac{24}{x}$에 $x=6$을 대입하면

$y=\dfrac{24}{6}=4$

2-1 답 9

y가 x에 반비례하므로 $y=\dfrac{a}{x}$에 $x=1$, $y=18$을 대입하면

$18=\dfrac{a}{1}$에서 $a=18$ ∴ $y=\dfrac{18}{x}$

$y=\dfrac{18}{x}$에 $x=3$을 대입하면

$y=\dfrac{18}{3}=6$ ∴ $A=6$

또 $y=\dfrac{18}{x}$에 $x=6$을 대입하면

$y=\dfrac{18}{6}=3$ ∴ $B=3$

∴ $A+B=6+3=9$

개념 38 반비례 관계의 그래프와 활용 · 125~127쪽

·개념 확인하기

1 답 풀이 참조

(1) $y=\dfrac{3}{x}$

⇨ 네 점 $(-3, \boxed{-1})$,
$(-1, \boxed{-3})$, $(1, \boxed{3})$,
$(3, \boxed{1})$을 지나는 한 쌍의 매끄
러운 곡선이다.

⇨ 제$\boxed{1}$사분면과 제$\boxed{3}$사분면을 지난다.

(2) $y=-\dfrac{6}{x}$

⇨ 네 점 $(-3, \boxed{2})$, $(-2, \boxed{3})$, $(2, \boxed{-3})$, $(3, \boxed{-2})$를 지나는 한 쌍의 매끄러운 곡선이다.

⇨ 제$\boxed{2}$사분면과 제$\boxed{4}$사분면을 지난다.

[참고] x의 값의 간격을 작게 할수록 순서쌍 (x, y)를 좌표로 하는 점들이 촘촘하게 나타나므로 x의 값의 범위가 0이 아닌 수 전체이면 반비례 관계의 그래프는 좌표축에 점점 가까워지면서 한없이 뻗어 나가는 한 쌍의 매끄러운 곡선이 된다.

2 답 (1) $y=\dfrac{360}{x}$ (2) 20일 후

(1) (읽은 날수)×(하루에 읽은 쪽수)=360(쪽)이므로

$xy=360$ ∴ $y=\dfrac{360}{x}$

(2) $y=\dfrac{360}{x}$에 $y=18$을 대입하면 $18=\dfrac{360}{x}$ ∴ $x=20$

따라서 책을 하루에 18쪽씩 읽을 때, 책을 읽기 시작한 지 20일 후에 모두 읽게 된다.

대표 예제로 개념 익히기

예제 1 답 ①, ③

① $y=\dfrac{8}{x}$에 $x=4$, $y=2$를 대입하면 $2=\dfrac{8}{4}$이므로 점 $(4, 2)$를 지난다.

② x축과 만나지 않는다.

④ 원점을 지나지 않는 한 쌍의 매끄러운 곡선이다.

⑤ $x<0$일 때, x의 값이 증가하면 y의 값은 감소한다.

따라서 옳은 것은 ①, ③이다.

1-1 답 ④

④ $a<0$, $x>0$일 때, x의 값이 증가하면 y의 값도 증가한다.

1-2 답 ㄷ, ㄹ

반비례 관계 $y=\dfrac{a}{x}$의 그래프는 a의 절댓값이 클수록 원점에서 멀어진다.

ㄱ. $|1|=1$ ㄴ. $|-2|=2$

ㄷ. $\left|\dfrac{1}{3}\right|=\dfrac{1}{3}$ ㄹ. $|-5|=5$

따라서 원점에 가장 가까운 것은 ㄷ, 원점에서 가장 먼 것은 ㄹ이다.

예제 2 답 ④

$y=\dfrac{10}{x}$에 주어진 점의 좌표를 각각 대입하면

① $-2=\dfrac{10}{-5}$ ② $-10=\dfrac{10}{-1}$ ③ $10=\dfrac{10}{1}$

④ $\dfrac{1}{2}\neq\dfrac{10}{10}$ ⑤ $\dfrac{2}{3}=\dfrac{10}{15}$

따라서 반비례 관계 $y=\dfrac{10}{x}$의 그래프 위의 점이 아닌 것은 ④이다.

2-1 답 ①, ⑤

$y=-\dfrac{12}{x}$에 주어진 점의 좌표를 각각 대입하면

① $6=-\dfrac{12}{-2}$ ② $-12\neq-\dfrac{12}{-1}$

③ $4\neq-\dfrac{12}{3}$ ④ $2\neq-\dfrac{12}{6}$

⑤ $-1=-\dfrac{12}{12}$

따라서 반비례 관계 $y=-\dfrac{12}{x}$의 그래프가 지나는 점은 ①, ⑤ 이다.

2-2 답 -3

$y=\dfrac{24}{x}$에 $x=a$, $y=-8$을 대입하면

$-8=\dfrac{24}{a}$ ∴ $a=-3$

예제 3 답 $y=\dfrac{15}{x}$

그래프가 원점을 지나지 않는 한 쌍의 매끄러운 곡선이므로

$y=\dfrac{a}{x}$라 하자.

점 $(5, 3)$을 지나므로

$y=\dfrac{a}{x}$에 $x=5$, $y=3$을 대입하면

$3=\dfrac{a}{5}$에서 $a=15$

따라서 x와 y 사이의 관계식은 $y=\dfrac{15}{x}$이다.

3-1 답 $y=-\dfrac{4}{x}$

그래프가 원점을 지나지 않는 한 쌍의 매끄러운 곡선이므로

$y=\dfrac{a}{x}$라 하자.

점 $(-2, 2)$를 지나므로

$y=\dfrac{a}{x}$에 $x=-2$, $y=2$를 대입하면

$2=\dfrac{a}{-2}$에서 $a=-4$

따라서 x와 y 사이의 관계식은 $y=-\dfrac{4}{x}$이다.

3-2 답 -3

$y=\dfrac{a}{x}$에 $x=-6$, $y=2$를 대입하면

$2=\dfrac{a}{-6}$에서 $a=-12$

∴ $y=-\dfrac{12}{x}$

따라서 $y=-\dfrac{12}{x}$에 $x=4$, $y=k$를 대입하면

$k=-\dfrac{12}{4}=-3$

예제 4 답 (1) $y=\dfrac{36}{x}$ (2) 9개

(1) (가로에 놓인 타일의 개수)×(세로에 놓인 타일의 개수)

 $=36$(개)

 이므로 $xy=36$ ∴ $y=\dfrac{36}{x}$

(2) $y=\dfrac{36}{x}$에 $x=4$를 대입하면 $y=\dfrac{36}{4}=9$

 따라서 가로에 4개의 타일이 놓여 있을 때, 세로에 놓이는 타일은 9개이다.

4-1 답 (1) $y=\dfrac{12}{x}$ (2) 1 mL

(1) 기체의 부피는 압력에 반비례하므로 $y=\dfrac{a}{x}$라 하고,

 $y=\dfrac{a}{x}$에 $x=2$, $y=6$을 대입하면

 $6=\dfrac{a}{2}$에서 $a=12$ ∴ $y=\dfrac{12}{x}$

(2) $y=\dfrac{12}{x}$에 $x=12$를 대입하면 $y=\dfrac{12}{12}=1$

 따라서 압력이 12기압일 때, 기체의 부피는 1 mL이다.

4-2 답 $y=\dfrac{100}{x}$, 5 L

물탱크의 용량은 $2\times50=100$(L)

(매분 넣는 물의 양)×(물이 가득 차는 데 걸리는 시간)$=100$(L)

이므로

$xy=100$ ∴ $y=\dfrac{100}{x}$

$y=\dfrac{100}{x}$에 $y=20$을 대입하면

$20=\dfrac{100}{x}$ ∴ $x=5$

따라서 20분 만에 물탱크에 물을 가득 채우려면 매분 5 L씩 물을 넣어야 한다.

실전 문제로 단원 마무리하기 •128~131쪽

1 ①, ④	**2** ③		**3** ②	
4 (1) ㄹ	(2) ㄱ	(3) ㄷ	(4) ㄴ	**5** 3 **6** ④
7 20바퀴	**8** ④, ⑤	**9** 반비례한다., $y=\dfrac{4}{x}$		
10 ㄷ	**11** ①	**12** 3개	**13** ④	**14** ②, ③
15 ①	**16** ㄴ, ㄷ			

서술형

17 -2 **18** -6 **19** -6

20 (1) $y=\dfrac{300}{x}$ (2) 6 m

1 답 ①, ④

y가 x에 정비례하면 관계식은 $y=ax\,(a\neq0)$의 꼴이므로 y가 x에 정비례하는 것은 ①, ④이다.

2 답 ③

y가 x에 정비례하면 관계식은 $y=ax\,(a\neq0)$의 꼴이다.

① $y=\dfrac{50}{x}$ 　　　② $xy=30$에서 $y=\dfrac{30}{x}$

③ $y=4x$ 　　　④ $y=\dfrac{10}{x}$

⑤ $y=0.5x+40$

따라서 y가 x에 정비례하는 것은 ③이다.

3 답 ②

$y=-\dfrac{2}{3}x$에서 $x=-3$일 때 $y=-\dfrac{2}{3}\times(-3)=2$

따라서 정비례 관계 $y=-\dfrac{2}{3}x$의 그래프는 원점과 점 $(-3,\,2)$를 지나는 직선이므로 ②이다.

4 답 (1) ㄹ (2) ㄱ (3) ㄷ (4) ㄴ

오른쪽 아래로 향하는 직선은 $y=-3x,\ y=-\dfrac{1}{2}x$이고,

$\left|-3\right|>\left|-\dfrac{1}{2}\right|$이므로 (1) ㄹ, (2) ㄱ이다.

오른쪽 위로 향하는 직선은 $y=x,\ y=4x$이고,

$\left|1\right|<\left|4\right|$이므로 (3) ㄷ, (4) ㄴ이다.

5 답 3

$y=\dfrac{4}{3}x$에 $x=-a,\ y=a-7$을 대입하면

$a-7=-\dfrac{4}{3}a,\ \dfrac{7}{3}a=7$ 　　 $\therefore a=3$

6 답 ④

주어진 그래프는 원점과 점 $(-5,\,4)$를 지나는 직선이므로 $y=ax$에 $x=-5,\ y=4$를 대입하면

$4=-5a,\ a=-\dfrac{4}{5}$ 　　 $\therefore y=-\dfrac{4}{5}x$

① $-8\neq-\dfrac{4}{5}\times(-10)$ 　　② $\dfrac{5}{4}\neq-\dfrac{4}{5}\times(-1)$

③ $\dfrac{5}{4}\neq-\dfrac{4}{5}\times1$ 　　④ $-4=-\dfrac{4}{5}\times5$

⑤ $-6\neq-\dfrac{4}{5}\times10$

따라서 주어진 그래프 위의 점은 ④이다.

7 답 20바퀴

톱니의 수가 다른 두 톱니바퀴 A, B가 각각 회전하는 동안 맞물린 톱니의 수는 같으므로

(톱니바퀴 A의 톱니의 수)×(톱니바퀴 A의 회전수)

=(톱니바퀴 B의 톱니의 수)×(톱니바퀴 B의 회전수)

에서 $28x=14y$ 　　 $\therefore y=2x$

$y=2x$에 $x=10$을 대입하면

$y=2\times10=20$

따라서 톱니바퀴 A가 10바퀴 회전할 때, 톱니바퀴 B는 20바퀴 회전한다.

8 답 ④, ⑤

② $y=\dfrac{3}{x}$에 $x=1$을 대입하면 $y=\dfrac{3}{1}=3$

③ $y=\dfrac{3}{x}$에 $x=-3$을 대입하면 $y=\dfrac{3}{-3}=-1$

④ x의 값이 2배가 되면 y의 값은 $\dfrac{1}{2}$배가 된다.

⑤ $y=\dfrac{3}{x}$에서 $xy=3$이므로 xy의 값은 3으로 항상 일정하다.

따라서 옳지 않은 것은 ④, ⑤이다.

9 답 반비례한다., $y=\dfrac{4}{x}$

주어진 표에서 x분음표와 y박자에 대하여 x의 값이 2배, 4배, 8배가 될 때, y의 값은 $\dfrac{1}{2}$배, $\dfrac{1}{4}$배, $\dfrac{1}{8}$배가 되므로 y가 x에 반비례한다.

따라서 x와 y 사이의 관계식을 $y=\dfrac{a}{x}$라 하고,

$y=\dfrac{a}{x}$에 $x=2,\ y=2$를 대입하면

$2=\dfrac{a}{2}$에서 $a=4$

$\therefore y=\dfrac{4}{x}$

10 답 ㄷ

$y=-\dfrac{4}{x}$에서

$x=-2$일 때 $y=-\dfrac{4}{-2}=2$

$x=2$일 때 $y=-\dfrac{4}{2}=-2$

따라서 반비례 관계 $y=-\dfrac{4}{x}$의 그래프는 두 점 $(-2,\,2)$, $(2,\,-2)$를 지나고 제2사분면과 제4사분면을 지나는 한 쌍의 매끄러운 곡선이므로 ㄷ이다.

11 답 ①

반비례 관계 $y=\dfrac{a}{x}$의 그래프는 a의 절댓값이 클수록 원점에서 멀어진다.

① $\left|-7\right|=7$ 　　　② $\left|-4\right|=4$

③ $\left|-1\right|=1$ 　　　④ $\left|3\right|=3$

⑤ $\left|6\right|=6$

따라서 원점에서 가장 멀리 떨어진 것은 ①이다.

12 답 3개

정비례 관계 $y=ax$의 그래프와 반비례 관계 $y=\dfrac{a}{x}$의 그래프는

모두 $a<0$일 때, 제2사분면과 제4사분면을 지난다.

따라서 그래프가 제2사분면을 지나는 것은

$y=-2x$, $y=-\dfrac{4}{3}x$, $y=-\dfrac{1}{x}$의 3개이다.

13 답 ④

$y=-\dfrac{16}{x}$에 $x=a$, $y=2$를 대입하면

$2=-\dfrac{16}{a}$ ∴ $a=-8$

$y=-\dfrac{16}{x}$에 $x=-4$, $y=b$를 대입하면

$b=-\dfrac{16}{-4}=4$

∴ $b-a=4-(-8)=4+8=12$

14 답 ②, ③

①, ② y가 x에 반비례하므로 $y=\dfrac{a}{x}$라 하고,

$y=\dfrac{a}{x}$에 $x=6$, $y=3$을 대입하면

$3=\dfrac{a}{6}$에서 $a=18$ ∴ $y=\dfrac{18}{x}$

③ $y=\dfrac{18}{x}$에 $x=-2$, $y=-9$를 대입하면 $-9=\dfrac{18}{-2}$

④ $x<0$일 때, x의 값이 증가하면 y의 값은 감소한다.

⑤ $y=\dfrac{18}{x}$에서 $xy=18$이므로 그래프 위의 임의의 점 (a, b)에

대하여 ab의 값이 18로 일정하다.

따라서 옳은 것은 ②, ③이다.

15 답 ①

$y=-3x$에 $x=-3$을 대입하면 $y=-3\times(-3)=9$이므로

A$(-3, 9)$

따라서 $y=\dfrac{a}{x}$에 $x=-3$, $y=9$를 대입하면

$9=\dfrac{a}{-3}$에서 $a=-27$

16 답 ㄴ, ㄷ

2시간 동안 시청했을 때 소모되는 전력량이 400 Wh이므로

1시간 동안 시청했을 때 소모되는 전력량은 200 Wh이다.

즉, x시간 동안 시청했을 때 소모되는 전력량은 $200x$ Wh이므로

$y=200x$ (ㄴ)

ㄱ. y는 x에 정비례한다.

ㄷ. $y=200x$에 $x=4$를 대입하면 $y=200\times4=800$

　즉, 이 텔레비전을 4시간 동안 시청했을 때 소모되는 전력량

　은 800 Wh이다.

ㄹ. $y=200x$에서 $\dfrac{y}{x}=200$이므로 $\dfrac{y}{x}$의 값이 200으로 일정하다.

따라서 옳은 것은 ㄴ, ㄷ이다.

17 답 -2

정비례 관계 $y=ax$의 그래프가 점 $(3, 4)$를 지나므로

$y=ax$에 $x=3$, $y=4$를 대입하면

$4=3a$에서 $a=\dfrac{4}{3}$　　　　　　　　　　　　　　　…(i)

정비례 관계 $y=bx$의 그래프가 점 $(-4, 6)$을 지나므로

$y=bx$에 $x=-4$, $y=6$을 대입하면

$6=-4b$에서 $b=-\dfrac{3}{2}$　　　　　　　　　　　　…(ii)

∴ $ab=\dfrac{4}{3}\times\left(-\dfrac{3}{2}\right)=-2$　　　　　　…(iii)

채점 기준	배점
(i) a의 값 구하기	40 %
(ii) b의 값 구하기	40 %
(iii) ab의 값 구하기	20 %

18 답 -6

$y=ax$에 $x=2$, $y=6$을 대입하면

$6=2a$에서 $a=3$　∴ $y=3x$　　　　　　　　…(i)

$y=3x$에 $x=-1$, $y=b$를 대입하면

$b=3\times(-1)=-3$　　　　　　　　　　　　…(ii)

$y=3x$에 $x=c$, $y=-18$을 대입하면

$-18=3c$　∴ $c=-6$　　　　　　　　　　　…(iii)

∴ $a+b+c=3+(-3)+(-6)=-6$　　　　…(iv)

채점 기준	배점
(i) a의 값 구하기	30 %
(ii) b의 값 구하기	30 %
(iii) c의 값 구하기	30 %
(iv) $a+b+c$의 값 구하기	10 %

19 답 -6

그래프가 원점을 지나지 않는 한 쌍의 매끄러운 곡선이므로

$y=\dfrac{a}{x}$라 하자.

점 $(-2, 3)$을 지나므로

$y=\dfrac{a}{x}$에 $x=-2$, $y=3$을 대입하면

$3=\dfrac{a}{-2}$에서 $a=-6$　∴ $y=-\dfrac{6}{x}$　　…(i)

따라서 $y=-\dfrac{6}{x}$의 그래프가 점 $(1, k)$를 지나므로

$y=-\dfrac{6}{x}$에 $x=1$, $y=k$를 대입하면

$k=-\dfrac{6}{1}=-6$　　　　　　　　　　　　…(ii)

채점 기준	배점
(i) 그래프가 나타내는 x와 y 사이의 관계식 구하기	60 %
(ii) k의 값 구하기	40 %

20 답 (1) $y = \dfrac{300}{x}$ (2) 6 m

(1) 주어진 그래프에서 파장은 주파수에 반비례하므로 $y = \dfrac{a}{x}$ 라

하고, $y = \dfrac{a}{x}$ 에 $x = 20$, $y = 15$ 를 대입하면

$15 = \dfrac{a}{20}$ 에서 $a = 300$ $\therefore y = \dfrac{300}{x}$ ⋯ (i)

(2) $y = \dfrac{300}{x}$ 에 $x = 50$ 을 대입하면 $y = \dfrac{300}{50} = 6$

따라서 주파수가 50 MHz일 때, 파장은 6 m이다.   ⋯ (ii)

채점 기준	배점
(i) x와 y 사이의 관계식 구하기	60 %
(ii) 주파수가 50 MHz일 때, 파장의 길이 구하기	40 %

OX 문제로 개념 점검!

·132쪽

❶ ○ ❷ × ❸ × ❹ ○ ❺ × ❻ ○

❷ 정비례 관계 $y = \dfrac{1}{2}x$ 의 그래프에서 x의 값이 증가하면 y의 값도 증가한다.

❸ y가 x에 반비례할 때, xy의 값은 항상 일정하다.

❺ 정비례 관계의 그래프는 원점을 지나지만 반비례 관계의 그래프는 원점을 지나지 않는다.

정답 및 해설 워크북

1 소인수분해

개념 01 소수와 합성수 •3쪽

1 답 (1) 소 (2) 합 (3) 합 (4) 소 (5) 소
(6) 합 (7) 합 (8) 소 (9) 소 (10) 합

2 답 (1) × (2) × (3) ○ (4) × (5) ○ (6) ×
(1) 2는 소수이지만 짝수이다.
(2) 3은 3의 배수이지만 소수이다.
(4) 1은 소수도 아니고 합성수도 아니다.
(6) 모든 소수는 1과 자기 자신만을 약수로 가지므로 1과 자기 자신의 곱으로만 나타낼 수 있다.

3 답 1
소수는 2, 5, 29, 31의 4개이므로 $a=4$
합성수는 15, 27, 91의 3개이므로 $b=3$
∴ $a-b=4-3=1$

4 답 ④
① 합성수는 약수가 3개 이상이다.
② 33은 일의 자리의 숫자가 3이지만 약수가 1, 3, 11, 33인 합성수이다.
③ 10 이하의 자연수 중 소수는 2, 3, 5, 7의 4개이다.
④ 7의 배수 중 소수는 7의 1개뿐이다.
⑤ 두 소수 2, 3의 곱인 6은 합성수이다.
따라서 옳은 것은 ④이다.

개념 02 거듭제곱 •4쪽

1 답 (1) 5, 4 (2) 2, 7 (3) $\frac{2}{5}$, 8

2 답 (1) 10^3 (2) $2^2 \times 7^2$ (3) $3^2 \times 5^2 \times 11$ (4) $\left(\frac{1}{2}\right)^4$
(5) $\left(\frac{1}{5}\right)^3 \times \left(\frac{1}{7}\right)^2$ (6) $\frac{1}{2 \times 3^2 \times 5^2}$

3 답 (1) 2^4 (2) 7^2 (3) 11^2 (4) $\left(\frac{1}{3}\right)^3$ (5) $\left(\frac{1}{2}\right)^6$ (6) $\left(\frac{1}{10}\right)^4$
(1) $16=2\times2\times2\times2=2^4$
(2) $49=7\times7=7^2$
(3) $121=11\times11=11^2$
(4) $\frac{1}{27}=\frac{1}{3}\times\frac{1}{3}\times\frac{1}{3}=\left(\frac{1}{3}\right)^3$
(5) $\frac{1}{64}=\frac{1}{2}\times\frac{1}{2}\times\frac{1}{2}\times\frac{1}{2}\times\frac{1}{2}\times\frac{1}{2}=\left(\frac{1}{2}\right)^6$
(6) $\frac{1}{10000}=\frac{1}{10}\times\frac{1}{10}\times\frac{1}{10}\times\frac{1}{10}=\left(\frac{1}{10}\right)^4$

4 답 (1) 3 (2) 3 (3) 5 (4) 2
(1) $3^3=27$이므로 $a=3$
(2) $5^3=125$이므로 $a=3$
(3) $\left(\frac{1}{2}\right)^5=\frac{1}{32}$이므로 $a=5$
(4) $\frac{1}{13^2}=\frac{1}{169}$이므로 $a=2$

5 답 ⑤
① $2+2+2=2\times3$
② $3\times3+5\times5\times5=3^2+5^3$
③ $2\times2\times2=2^3$
④ $3+3+3\times7+7=3\times2+21+7$
따라서 옳은 것은 ⑤이다.

6 답 ④
$16\times625=2^4\times5^4$이므로 $a=4$, $b=5$

개념 03 소인수분해 •5~7쪽

1 답 풀이 참조
(1) 방법❶  방법❷
⇨ 28의 소인수분해 결과: $28=2^{\boxed{2}}\times7$
28의 소인수: 2, 7
(2) 방법❶ 방법❷
⇨ 27의 소인수분해 결과: $27=\boxed{3}^3$
27의 소인수: 3

2 답 (1) 5^2, 소인수: 5
(2) $2\times3\times7$, 소인수: 2, 3, 7
(3) 5×11, 소인수: 5, 11
(4) $2^3\times3^2$, 소인수: 2, 3
(5) $3^2\times17$, 소인수: 3, 17
(6) $2^2\times3^2\times5$, 소인수: 2, 3, 5

3 답 (1) ○ (2) × (3) × (4) ○ (5) ×

(1) $2^2 \times 3^2 = 36 = 6^2$이므로 $2^2 \times 3^2$은 6의 제곱인 수이다.

(2) 3의 지수가 홀수이므로 3^3은 어떤 자연수의 제곱인 수가 아니다.

(3) 7의 지수가 홀수이므로 $2^4 \times 7^3$은 어떤 자연수의 제곱인 수가 아니다.

(4) $2^4 \times 3^2 \times 5^2 = 3600 = 60^2$이므로 $2^4 \times 3^2 \times 5^2$은 60의 제곱인 수이다.

(5) 5의 지수가 홀수이므로 $3^2 \times 5^3 \times 7^2$은 어떤 자연수의 제곱인 수가 아니다.

4 답 (1) 3 (2) 7 (3) 6

(1) 3^3

$\Rightarrow 3^3 \times 3 = 3 \times 3 \times 3 \times 3$
$= (3 \times 3) \times (3 \times 3)$
$= (3 \times 3)^2$
$= 9^2$

따라서 곱할 수 있는 가장 작은 자연수는 3이다.

(2) $2^4 \times 7^3$

$\Rightarrow 2^4 \times 7^3 \times 7 = 2 \times 2 \times 2 \times 2 \times 7 \times 7 \times 7 \times 7$
$= (2 \times 2 \times 7 \times 7) \times (2 \times 2 \times 7 \times 7)$
$= (2 \times 2 \times 7 \times 7)^2$
$= 196^2$

따라서 곱할 수 있는 가장 작은 자연수는 7이다.

(3) $2 \times 3 \times 5^2$

$\Rightarrow 2 \times 3 \times 5^2 \times 2 \times 3 = 2 \times 2 \times 3 \times 3 \times 5 \times 5$
$= (2 \times 3 \times 5) \times (2 \times 3 \times 5)$
$= (2 \times 3 \times 5)^2$
$= 30^2$

따라서 곱할 수 있는 가장 작은 자연수는 $2 \times 3 = 6$이다.

5 답 (1) 2 (2) 2 (3) 10

(1) 2^5

$\Rightarrow \dfrac{2^5}{2} = \dfrac{2 \times 2 \times 2 \times 2 \times 2}{2} = 2 \times 2 \times 2 \times 2$
$= (2 \times 2) \times (2 \times 2)$
$= (2 \times 2)^2 = 4^2$

따라서 나눌 수 있는 가장 작은 자연수는 2이다.

(2) $2^3 \times 3^2$

$\Rightarrow \dfrac{2^3 \times 3^2}{2} = \dfrac{2 \times 2 \times 2 \times 3 \times 3}{2} = 2 \times 2 \times 3 \times 3$
$= (2 \times 3) \times (2 \times 3)$
$= (2 \times 3)^2 = 6^2$

따라서 나눌 수 있는 가장 작은 자연수는 2이다.

(3) $2 \times 5 \times 7^2$

$\Rightarrow \dfrac{2 \times 5 \times 7^2}{2 \times 5} = 7^2$

따라서 나눌 수 있는 가장 작은 자연수는 $2 \times 5 = 10$이다.

6 답 풀이 참조

(1) $45 = \boxed{3}^2 \times \boxed{5}$

×	1	5
1	1	5
3	3	15
3^2	9	45

$\Rightarrow$ 45의 약수: 1, 3, 5, 9, 15, 45

(2) $72 = \boxed{2}^3 \times \boxed{3}^2$

×	1	3	3^2
1	1	3	9
2	2	6	18
2^2	4	12	36
2^3	8	24	72

$\Rightarrow$ 72의 약수: 1, 2, 3, 4, 6, 8, 9, 12, 18, 24, 36, 72

7 답 (1) 3개 (2) 12개 (3) 6개 (4) 12개 (5) 8개 (6) 3개

(1) 3^2의 약수의 개수는 $2 + 1 = 3$(개)

(2) $2^2 \times 3^3$의 약수의 개수는
$(2+1) \times (3+1) = 3 \times 4 = 12$(개)

(3) $5^2 \times 7$의 약수의 개수는
$(2+1) \times (1+1) = 3 \times 2 = 6$(개)

(4) $2^2 \times 3 \times 5$의 약수의 개수는
$(2+1) \times (1+1) \times (1+1) = 3 \times 2 \times 2 = 12$(개)

(5) $24 = 2^3 \times 3$의 약수의 개수는
$(3+1) \times (1+1) = 4 \times 2 = 8$(개)

(6) $121 = 11^2$의 약수의 개수는 $2 + 1 = 3$(개)

8 답 ④

① $48 = 2^4 \times 3$
② $54 = 2 \times 3^3$
③ $63 = 3^2 \times 7$
⑤ $90 = 2 \times 3^2 \times 5$

따라서 소인수분해를 바르게 한 것은 ④이다.

9 답 3

$300 = 2^2 \times 3 \times 5^2$이므로

$a = 2$, $b = 3$, $c = 2$

$\therefore a + b - c = 2 + 3 - 2 = 3$

10 답 24, 72

$24 = 2^3 \times 3$이므로 24의 소인수는 2, 3이다.

$45 = 3^2 \times 5$이므로 45의 소인수는 3, 5이다.

$56 = 2^3 \times 7$이므로 56의 소인수는 2, 7이다.

$72 = 2^3 \times 3^2$이므로 72의 소인수는 2, 3이다.

따라서 소인수가 같은 두 수는 24, 72이다.

11 답 ②, ④

$48=2^4 \times 3$이므로 48에 곱하여 어떤 자연수의 제곱이 되게 하는
자연수는 $3 \times$ (자연수)^{2}의 꼴이다.

② $3^5=3 \times 3^4=3 \times 9^2$

④ $3^7=3 \times 3^6=3 \times 27^2$

따라서 48에 곱할 수 있는 수는 ②, ④이다.

12 답 ㄷ, ㄹ, ㅁ

ㄷ. (나)에 알맞은 수는 $2^2 \times 7$이다.

ㄹ. (나)는 $2^2 \times 7$, (다)는 $2^2 \times 7^2$이므로 (나)는 어떤 자연수의 제곱인
수가 아니다.

ㅁ. $196=2^2 \times 7^2$의 약수는 (2^2의 약수)$\times$(7^2의 약수)의 꼴이므로
$2^3 \times 7^2$은 196의 약수가 아니다.

13 답 ④

$(n+1) \times (3+1)=20$이므로

$(n+1) \times 4=5 \times 4$

$n+1=5$ ∴ $n=4$

개념 **04** 공약수와 최대공약수 ・8쪽

1 답 (1) ① 1, 2, 4 ② 1, 2, 3, 6 ③ 1, 2 ④ 2
⇨ 2, 약수

(2) ① 1, 2, 3, 6, 9, 18 ② 1, 3, 9, 27 ③ 1, 3, 9
④ 9
⇨ 9, 약수

2 답 (1) 1, 3, 13, 39

(2) 1, 3, 7, 9, 21, 63

(3) 1, 2, 7, 14, 49, 98

(4) 1, 2, 5, 10, 11, 22, 55, 110

어떤 두 자연수의 공약수는 그 두 수의 최대공약수의 약수이므로

(1) 구하는 공약수는 39의 약수인 1, 3, 13, 39이다.

(2) 구하는 공약수는 63의 약수인 1, 3, 7, 9, 21, 63이다.

(3) 구하는 공약수는 98의 약수인 1, 2, 7, 14, 49, 98이다.

(4) 구하는 공약수는 110의 약수인 1, 2, 5, 10, 11, 22, 55, 110
이다.

3 답 (1) ◯ (2) ✕ (3) ✕ (4) ◯

(1) 7의 약수는 1, 7이고, 9의 약수는 1, 3, 9이다.
따라서 7과 9의 최대공약수는 1이므로 서로소이다.

(2) 14의 약수는 1, 2, 7, 14이고, 91의 약수는 1, 7, 13, 91이다.
따라서 14와 91의 최대공약수는 7이므로 서로소가 아니다.

(3) 16의 약수는 1, 2, 4, 8, 16이고, 32의 약수는 1, 2, 4, 8,
16, 32이다.
따라서 16과 32의 최대공약수는 16이므로 서로소가 아니다.

(4) 30의 약수는 1, 2, 3, 5, 6, 10, 15, 30이고, 49의 약수는 1,
7, 49이다.
따라서 30과 49의 최대공약수는 1이므로 서로소이다.

4 답 ④

두 자연수 A, B의 공약수는 A, B의 최대공약수인 $2 \times 3^3=54$
의 약수이므로 1, 2, 3, 6, 9, 18, 27, 54

5 답 ②, ④

① 6과 8의 최대공약수는 2이므로 두 수는 서로소가 아니다.

② 15와 16의 최대공약수는 1이므로 두 수는 서로소이다.

③ 24와 45의 최대공약수는 3이므로 두 수는 서로소가 아니다.

④ 37과 43의 최대공약수는 1이므로 두 수는 서로소이다.

⑤ 56과 105의 최대공약수는 7이므로 두 수는 서로소가 아니다.

따라서 두 수가 서로소인 것은 ②, ④이다.

개념 **05** 최대공약수 구하기 ・9쪽

1 답 풀이 참조

(1) 방법 ❶ 12의 소인수분해: $\boxed{2}^2 \times \boxed{3}$
16의 소인수분해: $\boxed{2}^4$
──────────────
(최대공약수)$=2^{\boxed{2}}$ $=\boxed{4}$

방법 ❷ 2) 12 16   ⇨ (최대공약수)$=2 \times \boxed{2}=\boxed{4}$
$\boxed{2}$) 6 8
     3 4

(2) 방법 ❶ 36의 소인수분해: $2^2 \times 3^2$
42의 소인수분해: $2 \times 3 \times 7$
──────────────
(최대공약수)$=2 \times 3$ $=6$

방법 ❷ 2) 36 42
3) 18 21
     6   7
⇨ (최대공약수)$=2 \times 3=6$

(3) 방법 ❶ 9의 소인수분해: 3^2
36의 소인수분해: $2^2 \times 3^2$
45의 소인수분해: $3^2 \times 5$
──────────────
(최대공약수)$=$ 3^2 $=9$

방법 ❷ 3) 9 36 45
3) 3 12 15
     1   4   5
⇨ (최대공약수)$=3 \times 3=9$

(4) 방법 ❶ 18의 소인수분해: 2×3^2
90의 소인수분해: $2 \times 3^2 \times 5$
126의 소인수분해: 2×3^2 $\times 7$
──────────────
(최대공약수)$=2 \times 3^2$ $=18$

방법 ② 2) 18　90　126
　　　　　3) 9　45　63
　　　　　3) 3　15　21
　　　　　　　1　5　7

⇨ (최대공약수)$=2 \times 3 \times 3 = 18$

2 답 $2^2 \times 3$

$24=2^3 \times 3$, $60=2^2 \times 3 \times 5$, $120=2^3 \times 3 \times 5$이므로

　　　　$2^3 \times 3$
　　　$2^2 \times 3 \times 5$
　　　$2^3 \times 3 \times 5$
────────────
(최대공약수)$=2^2 \times 3$

3 답 ⑤

$225=3^2 \times 5^2$이므로

　　　　$3^2 \times 5^2$
　　　$2 \times 3^2 \times 5$
────────────
(최대공약수)$=\quad\ \ 3^2 \times 5$

즉, 두 수 225, $2 \times 3^2 \times 5$의 공약수는 (3^2의 약수)×(5의 약수)의 꼴이다.

따라서 주어진 두 수의 공약수가 아닌 것은 ⑤이다.

개념 06　공배수와 최소공배수　·10쪽

1 답 (1) ① 9, 18, 27, 36, 45, …　② 12, 24, 36, 48, 60, …
　　　　　③ 36, 72, …　④ 36
　　　　　⇨ 36, 배수
　　(2) ① 2, 4, 6, 8, 10, …　② 3, 6, 9, 12, 15, …
　　　　　③ 6, 12, …　④ 6
　　　　　⇨ 6, 배수
　　　　　⇨ 6, 곱

2 답 (1) 8, 16, 24　(2) 13, 26, 39
　　　(3) 20, 40, 60　(4) 45, 90, 135

(1) 두 자연수의 공배수는 두 수의 최소공배수인 8의 배수이므로 가장 작은 것부터 차례로 3개를 구하면
　　8, 16, 24

(2) 두 자연수의 공배수는 두 수의 최소공배수인 13의 배수이므로 가장 작은 것부터 차례로 3개를 구하면
　　13, 26, 39

(3) 두 자연수의 공배수는 두 수의 최소공배수인 20의 배수이므로 가장 작은 것부터 차례로 3개를 구하면
　　20, 40, 60

(4) 두 자연수의 공배수는 두 수의 최소공배수인 45의 배수이므로 가장 작은 것부터 차례로 3개를 구하면
　　45, 90, 135

---

3 답 (1) 15, 30, 45, 60, 75, 90
　　(2) 24, 48, 72, 96
　　(3) 32, 64, 96
　　(4) 40, 80

(1) 두 자연수의 공배수는 두 수의 최소공배수인 15의 배수이므로 두 수의 공배수 중 100 이하인 것은
　　15, 30, 45, 60, 75, 90

(2) 두 자연수의 공배수는 두 수의 최소공배수인 24의 배수이므로 두 수의 공배수 중 100 이하인 것은
　　24, 48, 72, 96

(3) 두 자연수의 공배수는 두 수의 최소공배수인 32의 배수이므로 두 수의 공배수 중 100 이하인 것은
　　32, 64, 96

(4) 두 자연수의 공배수는 두 수의 최소공배수인 40의 배수이므로 두 수의 공배수 중 100 이하인 것은
　　40, 80

4 답 ④

두 자연수 A, B의 공배수는 두 수의 최소공배수인 36의 배수이다.
④ 124는 36의 배수가 아니므로 A, B의 공배수가 아니다.

5 답 196

두 자연수 A, B의 공배수는 두 수의 최소공배수인 28의 배수이므로 28, 56, 84, 112, 140, 168, 196, 224, …
이 중에서 200에 가장 가까운 수는 196이다.

개념 07　최소공배수 구하기　·11쪽

1 답 풀이 참조

(1) **방법 ①**　14의 소인수분해: ［2］　　 ×7
　　　　　　 35의 소인수분해: 　　 ［5］×7
　　　　　────────────
　　　　　(최소공배수)＝［2］×［5］×7＝［70］

　　방법 ②　7) 14　35　⇨ (최소공배수)＝$7 \times$［2］$\times$［5］＝［70］
　　　　　　 　　　 ［2］　［5］

(2) **방법 ①**　　6의 소인수분해: 2×3
　　　　　　 28의 소인수분해: 2^2　　 ×7
　　　　　　 60의 소인수분해: $2^2 \times 3 \times 5$
　　　　　────────────
　　　　　(최소공배수)＝$2^2 \times 3 \times 5 \times 7 = 420$

　　방법 ②　2) 6　28　60
　　　　　　 2) 3　14　30
　　　　　　 3) 3　7　15
　　　　　　　　1　7　5

　　⇨ (최소공배수)$=2 \times 2 \times 3 \times 1 \times 7 \times 5 = 420$

(3) **방법 ①** 20의 소인수분해: $2^2\qquad\times5$

30의 소인수분해: $2\ \times3\ \times5$

45의 소인수분해: $\qquad\ 3^2\times5$

(최소공배수)$=2^2\times3^2\times5=180$

방법 ②

$$
\begin{array}{r|lll}
5 & 20 & 30 & 45 \\ \hline
2 & 4 & 6 & 9 \\ \hline
3 & 2 & 3 & 9 \\ \hline
& 2 & 1 & 3
\end{array}
$$

$\Rightarrow$ (최소공배수)$=5\times2\times3\times2\times1\times3=180$

2 답 ⑤

주어진 두 수의 최소공배수를 구하면 다음과 같다.

① $2^2\times3^2\times5\times7$

② $2\times3^3\times5\times7$

③ $2^2\times3^3\times5^2\times7$

④ $2^3\times3^2\times5\times7$

⑤ $2^2\times3^3\times5\times7$

따라서 최소공배수가 $2^2\times3^3\times5\times7$인 것은 ⑤이다.

3 답 ①

$$
\begin{array}{l}
\qquad\quad 2^2\times3 \\
\qquad\quad 2^3\times3^2\times5 \\ \hline
(최소공배수)=2^3\times3^2\times5
\end{array}
$$

즉, 두 수 $2^2\times3$, $2^3\times3^2\times5$의 공배수는 $2^3\times3^2\times5$의 배수이다.

① $2^2\times3^2\times5$는 $2^3\times3^2\times5$의 배수가 아니다.

따라서 두 수의 공배수가 아닌 것은 ①이다.

4 답 $a=1$, $b=3$, $c=5$

$$
\begin{array}{l}
\qquad\quad 2^a\times3^2 \\
\qquad\quad 2^2\times3^b\times c \\ \hline
(최대공약수)=2\ \times3^2 \\
(최소공배수)=2^2\times3^3\times5
\end{array}
$$

$\therefore a=1$, $b=3$, $c=5$

---

2 정수와 유리수

개념 08 양수와 음수 ·12쪽

1 답 (1) -2점 (2) $+5000$원 (3) -4년

(4) $+5\,\mathrm{kg}$ (5) $+20\,\%$

2 답 (1) $+3$, $+1$, $+1.6$

(2) -7, $-\dfrac{3}{2}$, -11

3 답 (1) $+3$, 양수 (2) -5, 음수

(3) $+\dfrac{2}{5}$, 양수 (4) -1.7, 음수

4 답 ④

④ 이번 달 용돈에서 4000원을 사용했다. $\Rightarrow$ -4000원

5 답 ④, ⑤

음수는 0보다 작은 수로 음의 부호 $-$가 붙은 수이다.

④ 0은 양수도 아니고 음수도 아니다.

⑤ $+6$은 양수이다.

따라서 음수가 아닌 것은 ④, ⑤이다.

개념 09 정수와 유리수 ·13쪽

1 답 (1) $+\dfrac{9}{3}$, $\dfrac{4}{2}$, 6

(2) -3, -10

(3) -3, $+\dfrac{9}{3}$, -10, $\dfrac{4}{2}$, 0, 6

(4) 1.2, $+\dfrac{9}{3}$, $\dfrac{4}{2}$, $+0.7$, 6

(5) -3, $-\dfrac{5}{8}$, -2.3, -10

(6) 1.2, $-\dfrac{5}{8}$, -2.3, $+0.7$

2 답 (1) ○ (2) × (3) × (4) ○ (5) × (6) ×

(2) 모든 정수는 $\dfrac{(정수)}{(0이\ 아닌\ 정수)}$의 꼴로 나타낼 수 있다.

(3) 정수는 양의 정수(자연수), 0, 음의 정수로 이루어져 있으므로 정수 중 양의 정수만 자연수이다.

(5) 음수는 음의 부호 $-$를 생략할 수 없다.

(6) 유리수는 양의 유리수, 0, 음의 유리수로 이루어져 있다.

3 답 2

양의 정수는 $+\dfrac{21}{7}\,(=+3)$의 1개이므로 $a=1$

음의 정수는 -1, $-\dfrac{12}{6}\,(=-2)$, -9의 3개이므로 $b=3$

$\therefore b-a=3-1=2$

4 답 ③, ④

① $-\dfrac{10}{2}\,(=-5)$는 음의 정수이다.

② 0은 정수이다.

⑤ 11은 양의 정수이다.

따라서 정수가 아닌 유리수는 ③, ④이다.

5 답 ④

① 0은 양수도 아니고 음수도 아니다.

② $-\dfrac{1}{2}$은 음수이지만 정수는 아니다.

③ 모든 정수는 유리수이다.

⑤ 유리수는 $\dfrac{(정수)}{(0이 \ 아닌 \ 정수)}$의 꼴로 나타낼 수 있는 수이다.

따라서 옳은 것은 ④이다.

개념 10   수직선 / 절댓값 · 14~15쪽

1 답 (1) A: -2, B: 0   (2) A: -1, B: $+3$

(3) A: $-\dfrac{5}{2}$, B: $+\dfrac{1}{2}$ (4) A: $-\dfrac{4}{3}$, B: $+\dfrac{4}{3}$

(5) A: $-\dfrac{3}{4}$, B: $+\dfrac{3}{2}$

2 답

3 답 (1) 3   (2) 8   (3) 1.7   (4) $\dfrac{2}{9}$

4 답 (1) 4   (2) 0   (3) $\dfrac{11}{3}$ (4) 2.4

5 답 (1) $+5$, -5 (2) $+1.6$, -1.6 (3) $+\dfrac{8}{5}$, $-\dfrac{8}{5}$

(4) 0   (5) $+4$ (6) $-\dfrac{4}{7}$

---

6 답 ②

주어진 수를 수직선 위의 점에 대응시키면 다음 그림과 같다.

따라서 왼쪽에서 두 번째에 있는 수는 -1이다.

7 답 $a=\dfrac{3}{8}$, $b=-7$, $c=+\dfrac{5}{2}$

$a=\left|-\dfrac{3}{8}\right|=\dfrac{3}{8}$

절댓값이 7인 음수는 -7이므로 $b=-7$

절댓값이 $\dfrac{5}{2}$인 양수는 $+\dfrac{5}{2}$이므로 $c=+\dfrac{5}{2}$

8 답 ②, ④

① 모든 수의 절댓값은 0 또는 양수이다.

③ 절댓값이 3인 수는 $+3$, -3이다.

⑤ 절댓값이 클수록 수직선 위에서 원점으로부터 멀리 떨어져 있다.

따라서 옳은 것은 ②, ④이다.

9 답 ②

두 수 a, b의 절댓값이 같으므로 수직선 위에서 두 수 a, b에 대응하는 두 점은 원점으로부터 같은 거리만큼 떨어져 있다.

이때 그 두 점 사이의 거리가 15이므로 두 점은 원점으로부터 각각 $15\times\dfrac{1}{2}\left(=\dfrac{15}{2}\right)$만큼 떨어진 점이다.

이때 $a>b$이므로 $b=-\dfrac{15}{2}$

개념 11   수의 대소 관계 · 16~17쪽

1 답 (1) <   (2) >   (3) >   (4) <   (5) >

(음수)<0<(양수)이므로

(1) $0 < +3$

(2) $0 > -4$

(3) $+2 > -6$

(4) $-10 < +5$

(5) $+\dfrac{1}{4} > -0.25$

2 답 (1) >   (2) <   (3) $+\dfrac{8}{28}$, $+\dfrac{7}{28}$, >   (4) 24, 18, >

양수는 절댓값이 큰 수가 크다.

(1) $|+6|=6$, $|+1|=1$이므로 $+6 > +1$

(2) $|+3|=3$, $|+7.3|=7.3$이므로 $+3 < +7.3$

(3) $+\dfrac{2}{7}=\boxed{+\dfrac{8}{28}}$, $+\dfrac{1}{4}=\boxed{+\dfrac{7}{28}}$ 이므로

$\left|+\dfrac{2}{7}\right|=\dfrac{8}{28}$, $\left|+\dfrac{1}{4}\right|=\dfrac{7}{28}$

$\therefore +\dfrac{2}{7}\ \boxed{>}\ +\dfrac{1}{4}$

(4) $+\dfrac{12}{5}=+\dfrac{\boxed{24}}{10}$, $+1.8=+\dfrac{\boxed{18}}{10}$ 이므로

$\left|+\dfrac{12}{5}\right|=\dfrac{24}{10}$, $|+1.8|=\dfrac{18}{10}$

$\therefore +\dfrac{12}{5}\ \boxed{>}\ +1.8$

3 답 (1) $<$　(2) $>$　(3) $-\dfrac{35}{55}$, $-\dfrac{44}{55}$, $>$　(4) 16, 25, $>$

음수는 절댓값이 큰 수가 작다.

(1) $|-4|=4$, $|-3|=3$이므로 $-4\ \boxed{<}\ -3$

(2) $\left|-\dfrac{3}{2}\right|=\dfrac{3}{2}$, $|-2|=2$이므로 $-\dfrac{3}{2}\ \boxed{>}\ -2$

(3) $-\dfrac{7}{11}=\boxed{-\dfrac{35}{55}}$, $-\dfrac{4}{5}=\boxed{-\dfrac{44}{55}}$이므로

$\left|-\dfrac{7}{11}\right|=\dfrac{35}{55}$, $\left|-\dfrac{4}{5}\right|=\dfrac{44}{55}$

$\therefore -\dfrac{7}{11}\ \boxed{>}\ -\dfrac{4}{5}$

(4) $-1.6=-\dfrac{\boxed{16}}{10}$, $-\dfrac{5}{2}=-\dfrac{\boxed{25}}{10}$이므로

$|-1.6|=\dfrac{16}{10}$, $\left|-\dfrac{5}{2}\right|=\dfrac{25}{10}$

$\therefore -1.6\ \boxed{>}\ -\dfrac{5}{2}$

4 답 (1) $\geq$　(2) $<$, $\leq$　(3) $<$, $\leq$　(4) $<$, $<$

(2) x는 -3보다 크고 / 2보다 크지 않다.

$\Rightarrow -3\ \boxed{<}\ x\ \boxed{\leq}\ 2$

(3) x는 -1 초과이고 / 4보다 작거나 같다.

$\Rightarrow -1\ \boxed{<}\ x\ \boxed{\leq}\ 4$

(4) x는 $\dfrac{2}{7}$보다 크고 / 3.1 미만이다.

$\Rightarrow \dfrac{2}{7}\ \boxed{<}\ x\ \boxed{<}\ 3.1$

5 답 (1) $x<-5$　(2) $x\leq 7$　(3) $x\geq -1$　(4) $x\leq -\dfrac{3}{2}$

(5) $x>\dfrac{7}{5}$　(6) $x\leq -3$　(7) $-2\leq x\leq 3$

(8) $-5\leq x\leq 4$　(9) $-\dfrac{5}{2}\leq x<1$　(10) $0<x\leq\dfrac{9}{4}$

(7) x는 -2보다 크거나 같고 / 3보다 작거나 같다.

$\Rightarrow -2\leq x\leq 3$

(8) x는 -5보다 작지 않고 / 4 이하이다.

$\Rightarrow -5\leq x\leq 4$

(9) x는 $-\dfrac{5}{2}$ 이상이고 / 1 미만이다.

$\Rightarrow -\dfrac{5}{2}\leq x<1$

(10) x는 0 초과이고 / $\dfrac{9}{4}$보다 크지 않다.

$\Rightarrow 0<x\leq\dfrac{9}{4}$

6 답 ④

① $-12<-3$

② $-2.7>-3.2$

③ $\left|-\dfrac{1}{3}\right|=\left|-\dfrac{5}{15}\right|=\dfrac{5}{15}$, $\left|-\dfrac{1}{5}\right|=\left|-\dfrac{3}{15}\right|=\dfrac{3}{15}$이므로

$-\dfrac{1}{3}<-\dfrac{1}{5}$

④ $\left|-\dfrac{5}{3}\right|=\left|-\dfrac{25}{15}\right|=\dfrac{25}{15}$, $\dfrac{2}{5}=\dfrac{6}{15}$이므로

$\left|-\dfrac{5}{3}\right|>\dfrac{2}{5}$

⑤ $|-3.1|=3.1$이므로 $|-3.1|>3$

따라서 대소 관계가 옳은 것은 ④이다.

7 답 ⑤

$+7=+\dfrac{28}{4}$이므로 $+7>\dfrac{5}{4}$

$|-5.9|=\left|-\dfrac{59}{10}\right|=\dfrac{59}{10}$, $\left|-\dfrac{5}{2}\right|=\left|-\dfrac{25}{10}\right|=\dfrac{25}{10}$이므로

$-5.9<-\dfrac{5}{2}$

$\left|-\dfrac{5}{2}\right|=\dfrac{5}{2}$, $|-1|=\left|-\dfrac{2}{2}\right|=\dfrac{2}{2}$이므로 $-\dfrac{5}{2}<-1$

이때 (양수)>(음수)이므로 큰 수부터 차례로 나열하면

$+7$, $\dfrac{5}{4}$, -1, $-\dfrac{5}{2}$, -5.9

따라서 세 번째에 오는 수는 -1이다.

8 답 ①, ②

① $x\geq 5$

② $-1<x\leq 3$

개념 **12** 정수와 유리수의 덧셈 ·18~19쪽

1 답 (1) $+9$　(2) $+21$　(3) -12　(4) -30

(5) $-\dfrac{13}{7}$　(6) $+\dfrac{11}{4}$　(7) $+2.3$　(8) -3.8

(1) $(+7)+(+2)=+(7+2)=+9$

(2) $(+6)+(+15)=+(6+15)=+21$

(3) $(-8)+(-4)=-(8+4)=-12$

(4) $(-17)+(-13)=-(17+13)=-30$

(5) $\left(-\dfrac{4}{7}\right)+\left(-\dfrac{9}{7}\right)=-\left(\dfrac{4}{7}+\dfrac{9}{7}\right)=-\dfrac{13}{7}$

(6) $\left(+\dfrac{9}{4}\right)+\left(+\dfrac{1}{2}\right)=+\left(\dfrac{9}{4}+\dfrac{2}{4}\right)=+\dfrac{11}{4}$

(7) $(+0.9)+(+1.4)=+(0.9+1.4)=+2.3$

(8) $(-1.3)+(-2.5)=-(1.3+2.5)=-3.8$

2 답 (1) $+4$ (2) $+5$ (3) -12 (4) -2

(5) $+\dfrac{4}{5}$ (6) $+\dfrac{1}{12}$ (7) -0.3 (8) -0.6

(1) $(+6)+(-2)=+(6-2)=+4$

(2) $(+12)+(-7)=+(12-7)=+5$

(3) $(-18)+(+6)=-(18-6)=-12$

(4) $(-11)+(+9)=-(11-9)=-2$

(5) $\left(-\dfrac{3}{10}\right)+\left(+\dfrac{11}{10}\right)=+\left(\dfrac{11}{10}-\dfrac{3}{10}\right)=+\dfrac{8}{10}=+\dfrac{4}{5}$

(6) $\left(+\dfrac{4}{3}\right)+\left(-\dfrac{5}{4}\right)=+\left(\dfrac{16}{12}-\dfrac{15}{12}\right)=+\dfrac{1}{12}$

(7) $(+0.5)+(-0.8)=-(0.8-0.5)=-0.3$

(8) $(-2.3)+(+1.7)=-(2.3-1.7)=-0.6$

3 답 (1) ㈎ 덧셈의 교환법칙, ㈏ 덧셈의 결합법칙
(2) ㈎ 덧셈의 교환법칙, ㈏ 덧셈의 결합법칙

4 답 풀이 참조

(1) $(+1)+(-6)+(+9)$
$=(+1)+(\boxed{+9})+(-6)$ ← 덧셈의 $\boxed{교환}$ 법칙
$=\{(+1)+(\boxed{+9})\}+(-6)$ ← 덧셈의 결합법칙
$=(\boxed{+10})+(-6)$
$=\boxed{+4}$

(2) $(-0.8)+(+1.2)+(-0.4)$
$=(+1.2)+(\boxed{-0.8})+(-0.4)$ ← 덧셈의 교환법칙
$=(+1.2)+\{(\boxed{-0.8})+(-0.4)\}$ ← 덧셈의 $\boxed{결합}$ 법칙
$=(+1.2)+(\boxed{-1.2})$
$=\boxed{0}$

(3) $\left(+\dfrac{7}{2}\right)+\left(-\dfrac{2}{3}\right)+\left(-\dfrac{1}{2}\right)$
$=\left(-\dfrac{2}{3}\right)+\left(\boxed{+\dfrac{7}{2}}\right)+\left(-\dfrac{1}{2}\right)$ ← 덧셈의 $\boxed{교환}$ 법칙
$=\left(-\dfrac{2}{3}\right)+\left\{\left(\boxed{+\dfrac{7}{2}}\right)+\left(-\dfrac{1}{2}\right)\right\}$ ← 덧셈의 $\boxed{결합}$ 법칙
$=\left(-\dfrac{2}{3}\right)+\left(\boxed{+3}\right)$
$=\boxed{+\dfrac{7}{3}}$

5 답 (1) $+8$ (2) $+5$ (3) -4

(1) $(+6)+(-3)+(+5)$
$=(+6)+(+5)+(-3)$ ← 덧셈의 교환법칙
$=\{(+6)+(+5)\}+(-3)$ ← 덧셈의 결합법칙
$=(+11)+(-3)$
$=+8$

(2) $\left(-\dfrac{2}{3}\right)+(+7)+\left(-\dfrac{4}{3}\right)$
$=\left(-\dfrac{2}{3}\right)+\left(-\dfrac{4}{3}\right)+(+7)$ ← 덧셈의 교환법칙
$=\left\{\left(-\dfrac{2}{3}\right)+\left(-\dfrac{4}{3}\right)\right\}+(+7)$ ← 덧셈의 결합법칙
$=(-2)+(+7)$
$=+5$

(3) $(+4.7)+(-5)+(-0.7)+(-3)$
$=(+4.7)+(-0.7)+(-5)+(-3)$ ← 덧셈의 교환법칙
$=\{(+4.7)+(-0.7)\}+\{(-5)+(-3)\}$ ← 덧셈의 결합법칙
$=(+4)+(-8)$
$=-4$

6 답 ③

① $(+3)+(-7)=-(7-3)=-4$

② $(-5)+(+11)=+(11-5)=+6$

③ $\left(-\dfrac{3}{2}\right)+\left(+\dfrac{7}{2}\right)=+\left(\dfrac{7}{2}-\dfrac{3}{2}\right)=+\dfrac{4}{2}=+2$

④ $\left(+\dfrac{5}{3}\right)+\left(+\dfrac{1}{6}\right)=+\left(\dfrac{10}{6}+\dfrac{1}{6}\right)=+\dfrac{11}{6}$

⑤ $(-2.7)+(-1.3)=-(2.7+1.3)=-4$

따라서 계산 결과가 옳은 것은 ③이다.

7 답 ⑤

⑤ ㈐ $-\dfrac{1}{3}$

8 답 $+\dfrac{2}{3}$

$\left(+\dfrac{6}{7}\right)+\left(-\dfrac{11}{3}\right)+\left(+\dfrac{8}{7}\right)+\left(+\dfrac{7}{3}\right)$
$=\left(+\dfrac{6}{7}\right)+\left(+\dfrac{8}{7}\right)+\left(-\dfrac{11}{3}\right)+\left(+\dfrac{7}{3}\right)$
$=\left\{\left(+\dfrac{6}{7}\right)+\left(+\dfrac{8}{7}\right)\right\}+\left\{\left(-\dfrac{11}{3}\right)+\left(+\dfrac{7}{3}\right)\right\}$
$=(+2)+\left(-\dfrac{4}{3}\right)=\left(+\dfrac{6}{3}\right)+\left(-\dfrac{4}{3}\right)$
$=+\dfrac{2}{3}$

개념13 정수와 유리수의 뺄셈 •20~21쪽

1 답 (1) $+3$ (2) -5 (3) -11 (4) -15

(5) $+\dfrac{2}{3}$ (6) $-\dfrac{11}{10}$ (7) $+1.1$ (8) -5.5

(1) $(+9)-(+6)=(+9)+(-6)=+(9-6)=+3$

(2) $(+7)-(+12)=(+7)+(-12)=-(12-7)=-5$

(3) $(-8)-(+3)=(-8)+(-3)=-(8+3)=-11$

(4) $(-10)-(+5)=(-10)+(-5)=-(10+5)=-15$

$(5)\left(+\dfrac{11}{6}\right)-\left(+\dfrac{7}{6}\right)=\left(+\dfrac{11}{6}\right)+\left(-\dfrac{7}{6}\right)$
$$=+\left(\dfrac{11}{6}-\dfrac{7}{6}\right)=+\dfrac{4}{6}=+\dfrac{2}{3}$$

$(6)\left(-\dfrac{1}{2}\right)-\left(+\dfrac{3}{5}\right)=\left(-\dfrac{1}{2}\right)+\left(-\dfrac{3}{5}\right)$
$$=\left(-\dfrac{5}{10}\right)+\left(-\dfrac{6}{10}\right)$$
$$=-\left(\dfrac{5}{10}+\dfrac{6}{10}\right)=-\dfrac{11}{10}$$

$(7)(+1.4)-(+0.3)=(+1.4)+(-0.3)$
$$=+(1.4-0.3)=+1.1$$

$(8)(-3.8)-(+1.7)=(-3.8)+(-1.7)$
$$=-(3.8+1.7)=-5.5$$

2 답 $(1)+9$ $(2)+10$ $(3)-6$ $(4)+5$
$\qquad(5)+1$ $(6)+\dfrac{13}{24}$ $(7)+3.3$ $(8)-0.3$

$(1)(+3)-(-6)=(+3)+(+6)=+(3+6)=+9$

$(2)(+2)-(-8)=(+2)+(+8)=+(2+8)=+10$

$(3)(-11)-(-5)=(-11)+(+5)=-(11-5)=-6$

$(4)(-9)-(-14)=(-9)+(+14)=+(14-9)=+5$

$(5)\left(+\dfrac{1}{4}\right)-\left(-\dfrac{3}{4}\right)=\left(+\dfrac{1}{4}\right)+\left(+\dfrac{3}{4}\right)=+\left(\dfrac{1}{4}+\dfrac{3}{4}\right)=+1$

$(6)\left(-\dfrac{1}{3}\right)-\left(-\dfrac{7}{8}\right)=\left(-\dfrac{1}{3}\right)+\left(+\dfrac{7}{8}\right)=\left(-\dfrac{8}{24}\right)+\left(+\dfrac{21}{24}\right)$
$$=+\left(\dfrac{21}{24}-\dfrac{8}{24}\right)=+\dfrac{13}{24}$$

$(7)(+2.7)-(-0.6)=(+2.7)+(+0.6)$
$$=+(2.7+0.6)=+3.3$$

$(8)(-1.8)-(-1.5)=(-1.8)+(+1.5)$
$$=-(1.8-1.5)=-0.3$$

3 답 $(1)\ 10$ $(2)\ 17$ $(3)-\dfrac{3}{7}$ $(4)\ 2$

$(1)(-2)-(-9)+(+3)=(-2)+(+9)+(+3)$
$$=(-2)+\{(+9)+(+3)\}$$
$$=(-2)+(+12)=10$$

$(2)(+3)-(-10)+(+5)-(+1)$
$$=(+3)+(+10)+(+5)+(-1)$$
$$=\{(+3)+(+10)\}+(+5)+(-1)$$
$$=(+13)+(+5)+(-1)$$
$$=\{(+13)+(+5)\}+(-1)$$
$$=(+18)+(-1)=17$$

$(3)\left(-\dfrac{2}{7}\right)-\left(-\dfrac{3}{7}\right)+\left(-\dfrac{4}{7}\right)=\left(-\dfrac{2}{7}\right)+\left(+\dfrac{3}{7}\right)+\left(-\dfrac{4}{7}\right)$
$$=\left\{\left(-\dfrac{2}{7}\right)+\left(-\dfrac{4}{7}\right)\right\}+\left(+\dfrac{3}{7}\right)$$
$$=\left(-\dfrac{6}{7}\right)+\left(+\dfrac{3}{7}\right)$$
$$=-\dfrac{3}{7}$$

$(4)\left(-\dfrac{1}{3}\right)+\left(+\dfrac{5}{6}\right)-\left(-\dfrac{4}{3}\right)+\left(+\dfrac{1}{6}\right)$
$$=\left(-\dfrac{1}{3}\right)+\left(+\dfrac{5}{6}\right)+\left(+\dfrac{4}{3}\right)+\left(+\dfrac{1}{6}\right)$$
$$=\left\{\left(-\dfrac{1}{3}\right)+\left(+\dfrac{4}{3}\right)\right\}+\left\{\left(+\dfrac{5}{6}\right)+\left(+\dfrac{1}{6}\right)\right\}$$
$$=(+1)+(+1)=2$$

> 분모가 같은 수를 모아서 계산하면 편리하다.

4 답 $(1)\ 8$ $(2)\ 3$ $(3)-30$ $(4)-\dfrac{3}{5}$ $(5)\dfrac{5}{6}$ $(6)-3$

$(1)-12+16+4=(-12)+(+16)+(+4)$
$$=(-12)+\{(+16)+(+4)\}$$
$$=(-12)+(+20)=8$$

$(2)5-10+8=(+5)-(+10)+(+8)$
$$=(+5)+(-10)+(+8)$$
$$=\{(+5)+(+8)\}+(-10)$$
$$=(+13)+(-10)=3$$

$(3)-8-11+5-16=(-8)-(+11)+(+5)-(+16)$
$$=(-8)+(-11)+(+5)+(-16)$$
$$=\{(-8)+(-11)\}+(-16)+(+5)$$
$$=\{(-19)+(-16)\}+(+5)$$
$$=(-35)+(+5)=-30$$

$(4)-\dfrac{9}{5}+\dfrac{2}{5}+\dfrac{4}{5}=\left(-\dfrac{9}{5}\right)+\left(+\dfrac{2}{5}\right)+\left(+\dfrac{4}{5}\right)$
$$=\left(-\dfrac{9}{5}\right)+\left\{\left(+\dfrac{2}{5}\right)+\left(+\dfrac{4}{5}\right)\right\}$$
$$=\left(-\dfrac{9}{5}\right)+\left(+\dfrac{6}{5}\right)=-\dfrac{3}{5}$$

$(5)-4+5-\dfrac{1}{3}+\dfrac{1}{6}$
$$=(-4)+(+5)-\left(+\dfrac{1}{3}\right)+\left(+\dfrac{1}{6}\right)$$
$$=(-4)+(+5)+\left(-\dfrac{1}{3}\right)+\left(+\dfrac{1}{6}\right)$$
$$=\{(-4)+(+5)\}+\left\{\left(-\dfrac{2}{6}\right)+\left(+\dfrac{1}{6}\right)\right\}$$
$$=(+1)+\left(-\dfrac{1}{6}\right)$$
$$=\left(+\dfrac{6}{6}\right)+\left(-\dfrac{1}{6}\right)=\dfrac{5}{6}$$

$(6)-5.2+4-0.5-1.3$
$$=(-5.2)+(+4)-(+0.5)-(+1.3)$$
$$=(-5.2)+(+4)+(-0.5)+(-1.3)$$
$$=(+4)+\{(-5.2)+(-0.5)\}+(-1.3)$$
$$=(+4)+\{(-5.7)+(-1.3)\}$$
$$=(+4)+(-7)=-3$$

5 답 ㄴ, ㄹ

ㄱ. $(-3)-(-3)=(-3)+(+3)=0$

ㄴ. $\left(+\dfrac{3}{2}\right)-\left(+\dfrac{15}{2}\right)=\left(+\dfrac{3}{2}\right)+\left(-\dfrac{15}{2}\right)=-6$

ㄷ. $(+10.1)-(-4.1)=(+10.1)+(+4.1)=+14.2$

ㄹ. $(-5)-(+1)=(-5)+(-1)=-6$

따라서 계산 결과가 -6인 것은 ㄴ, ㄹ이다.

6 답 $-\dfrac{19}{12}$

$a=\dfrac{1}{3}+\left(-\dfrac{3}{2}\right)=\dfrac{2}{6}+\left(-\dfrac{9}{6}\right)=-\dfrac{7}{6}$

$b=-\dfrac{1}{4}-\dfrac{1}{6}=-\dfrac{3}{12}-\dfrac{2}{12}=-\dfrac{5}{12}$

$\therefore a+b=\left(-\dfrac{7}{6}\right)+\left(-\dfrac{5}{12}\right)=\left(-\dfrac{14}{12}\right)+\left(-\dfrac{5}{12}\right)=-\dfrac{19}{12}$

7 답 ③

① $(+5)-(-5)+(+1)=(+5)+(+5)+(+1)$
$\qquad\qquad\qquad\quad=\{(+5)+(+5)\}+(+1)$
$\qquad\qquad\qquad\quad=(+10)+(+1)=11$

② $\left(-\dfrac{1}{3}\right)-(-2)+\left(-\dfrac{1}{2}\right)=\left(-\dfrac{1}{3}\right)+(+2)+\left(-\dfrac{1}{2}\right)$
$\qquad\qquad\qquad\qquad\quad=\left\{\left(-\dfrac{2}{6}\right)+\left(-\dfrac{3}{6}\right)\right\}+(+2)$
$\qquad\qquad\qquad\qquad\quad=\left(-\dfrac{5}{6}\right)+\left(+\dfrac{12}{6}\right)=\dfrac{7}{6}$

③ $\left(-\dfrac{1}{2}\right)-\left(+\dfrac{5}{4}\right)+\left(-\dfrac{3}{2}\right)=\left(-\dfrac{1}{2}\right)+\left(-\dfrac{5}{4}\right)+\left(-\dfrac{3}{2}\right)$
$\qquad\qquad\qquad\qquad\quad=\left\{\left(-\dfrac{1}{2}\right)+\left(-\dfrac{3}{2}\right)\right\}+\left(-\dfrac{5}{4}\right)$
$\qquad\qquad\qquad\qquad\quad=(-2)+\left(-\dfrac{5}{4}\right)$
$\qquad\qquad\qquad\qquad\quad=\left(-\dfrac{8}{4}\right)+\left(-\dfrac{5}{4}\right)=-\dfrac{13}{4}$

④ $3-7+1=(+3)-(+7)+(+1)$
$\qquad\qquad=(+3)+(-7)+(+1)$
$\qquad\qquad=\{(+3)+(+1)\}+(-7)$
$\qquad\qquad=(+4)+(-7)=-3$

⑤ $-\dfrac{8}{5}-\dfrac{4}{5}+\dfrac{1}{2}=\left(-\dfrac{8}{5}\right)-\left(+\dfrac{4}{5}\right)+\left(+\dfrac{1}{2}\right)$
$\qquad\qquad\qquad=\left(-\dfrac{8}{5}\right)+\left(-\dfrac{4}{5}\right)+\left(+\dfrac{1}{2}\right)$
$\qquad\qquad\qquad=\left\{\left(-\dfrac{8}{5}\right)+\left(-\dfrac{4}{5}\right)\right\}+\left(+\dfrac{1}{2}\right)$
$\qquad\qquad\qquad=\left(-\dfrac{12}{5}\right)+\left(+\dfrac{1}{2}\right)$
$\qquad\qquad\qquad=\left(-\dfrac{24}{10}\right)+\left(+\dfrac{5}{10}\right)=-\dfrac{19}{10}$

따라서 계산 결과가 옳지 않은 것은 ③이다.

8 답 B

$A=-5.4+2.1-1.6$
$\quad=(-5.4)+(+2.1)-(+1.6)$
$\quad=(-5.4)+(+2.1)+(-1.6)$
$\quad=\{(-5.4)+(-1.6)\}+(+2.1)$
$\quad=(-7)+(+2.1)=-4.9$

$B=-\dfrac{1}{2}+1.8+\dfrac{1}{5}$
$\quad=\left(-\dfrac{1}{2}\right)+(+1.8)+\left(+\dfrac{1}{5}\right)$
$\quad=\left(-\dfrac{1}{2}\right)+\left(+\dfrac{18}{10}\right)+\left(+\dfrac{1}{5}\right)$
$\quad=\left(-\dfrac{1}{2}\right)+\left\{\left(+\dfrac{9}{5}\right)+\left(+\dfrac{1}{5}\right)\right\}$
$\quad=\left(-\dfrac{1}{2}\right)+(+2)=\dfrac{3}{2}$

$C=\dfrac{2}{5}-\dfrac{5}{3}+1+\dfrac{2}{3}$
$\quad=\left(+\dfrac{2}{5}\right)-\left(+\dfrac{5}{3}\right)+(+1)+\left(+\dfrac{2}{3}\right)$
$\quad=\left(+\dfrac{2}{5}\right)+\left(-\dfrac{5}{3}\right)+(+1)+\left(+\dfrac{2}{3}\right)$
$\quad=\left(+\dfrac{2}{5}\right)+\left\{\left(-\dfrac{5}{3}\right)+\left(+\dfrac{2}{3}\right)\right\}+(+1)$
$\quad=\left(+\dfrac{2}{5}\right)+(-1)+(+1)$
$\quad=\left(+\dfrac{2}{5}\right)+\{(-1)+(+1)\}=\dfrac{2}{5}$

따라서 가장 큰 수는 B이다.

개념 14 정수와 유리수의 곱셈 •22쪽

1 답 (1) $+28$　(2) $+\dfrac{3}{14}$　(3) $+3$
　　　(4) $+3.6$　(5) $+\dfrac{2}{3}$　(6) $+\dfrac{1}{4}$

(1) $(-4)\times(-7)=+(4\times7)=+28$

(2) $\left(+\dfrac{2}{7}\right)\times\left(+\dfrac{3}{4}\right)=+\left(\dfrac{2}{7}\times\dfrac{3}{4}\right)=+\dfrac{3}{14}$

(3) $(-0.6)\times(-5)=+(0.6\times5)=+3$

(4) $(+4)\times(+0.9)=+(4\times0.9)=+3.6$

(5) $(+0.5)\times\left(+\dfrac{4}{3}\right)=+\left(0.5\times\dfrac{4}{3}\right)=+\left(\dfrac{1}{2}\times\dfrac{4}{3}\right)=+\dfrac{2}{3}$

(6) $\left(-\dfrac{5}{8}\right)\times(-0.4)=+\left(\dfrac{5}{8}\times0.4\right)=+\left(\dfrac{5}{8}\times\dfrac{2}{5}\right)=+\dfrac{1}{4}$

2 답 (1) -16　(2) $-\dfrac{3}{5}$　(3) -2
　　　(4) -2.4　(5) $-\dfrac{3}{10}$　(6) -2

(1) $(+8)\times(-2)=-(8\times2)=-16$

(2) $\left(-\dfrac{2}{3}\right)\times\left(+\dfrac{9}{10}\right)=-\left(\dfrac{2}{3}\times\dfrac{9}{10}\right)=-\dfrac{3}{5}$

(3) $\left(+\dfrac{14}{5}\right)\times\left(-\dfrac{5}{7}\right)=-\left(\dfrac{14}{5}\times\dfrac{5}{7}\right)=-2$

(4) $(-0.8)\times(+3)=-(0.8\times3)=-2.4$

(5) $\left(+\dfrac{3}{2}\right)\times(-0.2)=-\left(\dfrac{3}{2}\times0.2\right)=-\left(\dfrac{3}{2}\times\dfrac{1}{5}\right)=-\dfrac{3}{10}$

(6) $\left(-\dfrac{5}{3}\right)\times(+1.2)=-\left(\dfrac{5}{3}\times1.2\right)=-\left(\dfrac{5}{3}\times\dfrac{6}{5}\right)=-2$

3 답 ⑤

① $(-6) \times \left(+\dfrac{4}{9}\right) = -\left(6 \times \dfrac{4}{9}\right) = -\dfrac{8}{3}$

② $\left(+\dfrac{1}{6}\right) \times (-0.6) = -\left(\dfrac{1}{6} \times 0.6\right) = -\left(\dfrac{1}{6} \times \dfrac{3}{5}\right) = -\dfrac{1}{10}$

③ $\left(+\dfrac{7}{3}\right) \times \left(-\dfrac{3}{8}\right) = -\left(\dfrac{7}{3} \times \dfrac{3}{8}\right) = -\dfrac{7}{8}$

④ $\left(-\dfrac{2}{3}\right) \times \left(-\dfrac{6}{5}\right) = +\left(\dfrac{2}{3} \times \dfrac{6}{5}\right) = +\dfrac{4}{5}$

⑤ $(-1.5) \times (+4) = -(1.5 \times 4) = -6$

따라서 계산 결과가 가장 작은 것은 ⑤이다.

4 답 $-\dfrac{3}{25}$

$a = \left(-\dfrac{7}{10}\right) \times \left(+\dfrac{2}{5}\right) = -\left(\dfrac{7}{10} \times \dfrac{2}{5}\right) = -\dfrac{7}{25}$

$b = \left(-\dfrac{3}{4}\right) \times \left(-\dfrac{4}{7}\right) = +\left(\dfrac{3}{4} \times \dfrac{4}{7}\right) = +\dfrac{3}{7}$

$\therefore a \times b = \left(-\dfrac{7}{25}\right) \times \left(+\dfrac{3}{7}\right) = -\left(\dfrac{7}{25} \times \dfrac{3}{7}\right) = -\dfrac{3}{25}$

개념 15 곱셈의 계산 법칙 / 세 수 이상의 곱셈 ·23쪽

1 답 ㈎ 곱셈의 교환법칙, ㈏ 곱셈의 결합법칙

2 답 풀이 참조

(1) $(-3) \times (+2) \times (-4)$

　$= (-3) \times (\boxed{-4}) \times (+2)$　┐ 곱셈의 $\boxed{\text{교환}}$ 법칙

　$= \{(-3) \times (\boxed{-4})\} \times (+2)$　┘ 곱셈의 $\boxed{\text{결합}}$ 법칙

　$= (\boxed{+12}) \times (+2)$

　$= \boxed{+24}$

(2) $(+6) \times \left(-\dfrac{5}{8}\right) \times \left(+\dfrac{2}{3}\right)$

　$= \left(-\dfrac{5}{8}\right) \times (\boxed{+6}) \times \left(+\dfrac{2}{3}\right)$　┐ 곱셈의 $\boxed{\text{교환}}$ 법칙

　$= \left(-\dfrac{5}{8}\right) \times \left\{(\boxed{+6}) \times \left(+\dfrac{2}{3}\right)\right\}$　┘ 곱셈의 $\boxed{\text{결합}}$ 법칙

　$= \left(-\dfrac{5}{8}\right) \times (\boxed{+4})$

　$= \boxed{-\dfrac{5}{2}}$

3 답 (1) $+70$ (2) -60 (3) -6 (4) -3

(1) $(-2) \times (-5) \times (+7) = +(2 \times 5 \times 7) = +70$

(2) $(-2) \times (+4) \times (-2.5) \times (-3) = -(2 \times 4 \times 2.5 \times 3)$
　$= -60$

(3) $(+9) \times \left(-\dfrac{8}{15}\right) \times \left(+\dfrac{5}{4}\right) = -\left(9 \times \dfrac{8}{15} \times \dfrac{5}{4}\right) = -6$

(4) $\left(-\dfrac{3}{10}\right) \times \left(-\dfrac{4}{9}\right) \times (+15) \times \left(-\dfrac{3}{2}\right)$

　$= -\left(\dfrac{3}{10} \times \dfrac{4}{9} \times 15 \times \dfrac{3}{2}\right) = -3$

---

4 답 $+11$

$\left(-\dfrac{5}{11}\right) \times (+0.2) \times (-121)$

$= \left(-\dfrac{5}{11}\right) \times (-121) \times (+0.2)$

$= \left\{\left(-\dfrac{5}{11}\right) \times (-121)\right\} \times (+0.2)$

$= (+55) \times (+0.2) = +11$

5 답 ㄹ

ㄱ. $\left(-\dfrac{5}{7}\right) \times \left(-\dfrac{8}{11}\right) \times \left(-\dfrac{7}{10}\right)$

　$= -\left(\dfrac{5}{7} \times \dfrac{8}{11} \times \dfrac{7}{10}\right) = -\dfrac{4}{11}$

ㄴ. $\left(-\dfrac{3}{7}\right) \times \left(+\dfrac{21}{8}\right) \times \left(-\dfrac{4}{3}\right)$

　$= +\left(\dfrac{3}{7} \times \dfrac{21}{8} \times \dfrac{4}{3}\right) = +\dfrac{3}{2}$

ㄷ. $(+6) \times \left(-\dfrac{1}{2}\right) \times \left(+\dfrac{2}{3}\right)$

　$= -\left(6 \times \dfrac{1}{2} \times \dfrac{2}{3}\right) = -2$

ㄹ. $\left(-\dfrac{3}{11}\right) \times |-22| \times (-2) \times \left(+\dfrac{1}{6}\right)$

　$= \left(-\dfrac{3}{11}\right) \times 22 \times (-2) \times \left(+\dfrac{1}{6}\right)$

　$= +\left(\dfrac{3}{11} \times 22 \times 2 \times \dfrac{1}{6}\right) = +2$

따라서 계산 결과가 가장 큰 것은 ㄹ이다.

개념 16 거듭제곱의 계산 / 분배법칙 ·24~25쪽

1 답 (1) -64 (2) -64 (3) $+25$ (4) -25
　(5) $+1$ (6) -1 (7) $-\dfrac{8}{27}$ (8) $-\dfrac{1}{9}$

(1) $(-4)^3 = (-4) \times (-4) \times (-4)$
　$= -(4 \times 4 \times 4) = -64$

(2) $-4^3 = -(4 \times 4 \times 4) = -64$

(3) $(-5)^2 = (-5) \times (-5)$
　$= +(5 \times 5) = +25$

(4) $-5^2 = -(5 \times 5) = -25$

(5) $(-1)^{100} = (-1) \times (-1) \times \cdots \times (-1)$ ←-1이 100개(짝수 개)
　$= +(1 \times 1 \times \cdots \times 1) = +1$

(6) $(-1)^{101} = (-1) \times (-1) \times \cdots \times (-1)$ ←-1이 101개(홀수 개)
　$= -(1 \times 1 \times \cdots \times 1) = -1$

(7) $\left(-\dfrac{2}{3}\right)^3 = \left(-\dfrac{2}{3}\right) \times \left(-\dfrac{2}{3}\right) \times \left(-\dfrac{2}{3}\right)$
　$= -\left(\dfrac{2}{3} \times \dfrac{2}{3} \times \dfrac{2}{3}\right) = -\dfrac{8}{27}$

(8) $-\left(\dfrac{1}{3}\right)^2 = -\left(\dfrac{1}{3} \times \dfrac{1}{3}\right) = -\dfrac{1}{9}$

2 답 (1) $+48$　(2) -72　(3) $+18$　(4) -54

　　　(5) -1　(6) $-\dfrac{81}{4}$　(7) $-\dfrac{8}{25}$　(8) $-\dfrac{1}{4}$

(1) $(-2)^3\times(-6)=(-8)\times(-6)=+(8\times6)=+48$

(2) $-2^3\times(+3)^2=(-8)\times(+9)=-(8\times9)=-72$

(3) $(-3)^2\times(-1)^7\times(-2)=(+9)\times(-1)\times(-2)$
$\qquad\qquad\qquad\qquad =+(9\times1\times2)=+18$

(4) $(+2)\times(-1)^2\times(-3)^3=(+2)\times(+1)\times(-27)$
$\qquad\qquad\qquad\qquad =-(2\times1\times27)=-54$

(5) $\left(-\dfrac{1}{2}\right)^2\times(-4)=\left(+\dfrac{1}{4}\right)\times(-4)$
$\qquad\qquad\qquad\qquad =-\left(\dfrac{1}{4}\times4\right)=-1$

(6) $\left(-\dfrac{3}{2}\right)^3\times(+6)=\left(-\dfrac{27}{8}\right)\times(+6)$
$\qquad\qquad\qquad\qquad =-\left(\dfrac{27}{8}\times6\right)=-\dfrac{81}{4}$

(7) $\left(-\dfrac{2}{5}\right)^2\times(-1)^3\times(+2)=\left(+\dfrac{4}{25}\right)\times(-1)\times(+2)$
$\qquad\qquad\qquad\qquad =-\left(\dfrac{4}{25}\times1\times2\right)=-\dfrac{8}{25}$

(8) $-3^2\times\left(-\dfrac{1}{4}\right)^2\times\left(+\dfrac{2}{3}\right)^2=-9\times\left(+\dfrac{1}{16}\right)\times\left(+\dfrac{4}{9}\right)$
$\qquad\qquad\qquad\qquad =-\left(9\times\dfrac{1}{16}\times\dfrac{4}{9}\right)=-\dfrac{1}{4}$

3 답 (1) $100,\ 1,\ 2525$　(2) $20,\ 2,\ 612$

　　　(3) $14,\ 1400$　(4) $135,\ 135$

(1) $25\times(100+1)=25\times\boxed{100}+25\times\boxed{1}$
$\qquad\qquad\quad =2500+25=\boxed{2525}$

(2) $(20-2)\times34=\boxed{20}\times34-\boxed{2}\times34$
$\qquad\qquad\quad =680-68=\boxed{612}$

(3) $14\times64+14\times36=\boxed{14}\times(64+36)$
$\qquad\qquad\qquad =14\times100=\boxed{1400}$

(4) $99\times135-98\times135=(99-98)\times\boxed{135}$
$\qquad\qquad\qquad\qquad =1\times135=\boxed{135}$

4 답 (1) 4725　(2) 1344　(3) 21　(4) 13　(5) $-\dfrac{3}{4}$

(1) $45\times(100+5)=45\times100+45\times5$
$\qquad\qquad\qquad =4500+225=4725$

(2) $28\times(50-2)=28\times50-28\times2$
$\qquad\qquad\qquad =1400-56=1344$

(3) $10\times\left(\dfrac{9}{10}+\dfrac{6}{5}\right)=10\times\dfrac{9}{10}+10\times\dfrac{6}{5}$
$\qquad\qquad\qquad\quad =9+12=21$

(4) $\left(\dfrac{5}{6}-\dfrac{2}{5}\right)\times30=\dfrac{5}{6}\times30-\dfrac{2}{5}\times30$
$\qquad\qquad\qquad\quad =25-12=13$

(5) $\left(-\dfrac{1}{3}+\dfrac{5}{12}\right)\times(-9)=\left(-\dfrac{1}{3}\right)\times(-9)+\dfrac{5}{12}\times(-9)$
$\qquad\qquad\qquad\qquad =3+\left(-\dfrac{15}{4}\right)=-\dfrac{3}{4}$

5 답 (1) 128　(2) -1100　(3) 297　(4) -8　(5) 3.4

(1) $128\times99-128\times98=128\times(99-98)=128\times1=128$

(2) $(-11)\times26+(-11)\times74=(-11)\times(26+74)$
$\qquad\qquad\qquad\qquad =(-11)\times100=-1100$

(3) $102\times2.97-2\times2.97=(102-2)\times2.97$
$\qquad\qquad\qquad\qquad =100\times2.97=297$

(4) $2\times\left(-\dfrac{4}{5}\right)+8\times\left(-\dfrac{4}{5}\right)=(2+8)\times\left(-\dfrac{4}{5}\right)$
$\qquad\qquad\qquad\qquad =10\times\left(-\dfrac{4}{5}\right)=-8$

(5) $\dfrac{3}{2}\times1.7+\dfrac{1}{2}\times1.7=\left(\dfrac{3}{2}+\dfrac{1}{2}\right)\times1.7$
$\qquad\qquad\qquad\qquad =2\times1.7=3.4$

6 답 ③

③ $-6^2=-(6\times6)=-36$

⑤ $-(-3)^3=-\{(-3)\times(-3)\times(-3)\}=-(-27)=27$

따라서 계산 결과가 옳지 않은 것은 ③이다.

7 답 7447

$73\times101=73\times(100+1)=73\times100+73\times1$
$\qquad\quad =7300+73=7373$

따라서 $a=1$, $b=73$, $c=7373$이므로

$a+b+c=1+73+7373=7447$

8 답 (1) 20　(2) -6

(1) $a\times(b+c)=a\times b+a\times c=7+13=20$

(2) $a\times(b-c)=a\times b-a\times c=7-13=-6$

개념17 **정수와 유리수의 나눗셈 / 혼합 계산** ·26~27쪽

1 답 (1) $+9$　(2) $+8$　(3) -5　(4) -7

(1) $(+63)\div(+7)=+(63\div7)=+9$

(2) $(-48)\div(-6)=+(48\div6)=+8$

(3) $(+60)\div(-12)=-(60\div12)=-5$

(4) $(-35)\div(+5)=-(35\div5)=-7$

2 답 (1) $\dfrac{1}{5}$　(2) -1　(3) $\dfrac{4}{3}$　(4) $-\dfrac{7}{4}$　(5) $\dfrac{3}{4}$　(6) $\dfrac{2}{5}$

(5) $1\dfrac{1}{3}\left(=\dfrac{4}{3}\right)$의 역수는 $\dfrac{3}{4}$이다.

(6) $2.5\left(=\dfrac{5}{2}\right)$의 역수는 $\dfrac{2}{5}$이다.

3 답 (1) -18　(2) $-\dfrac{3}{5}$　(3) $+3$　(4) $+\dfrac{35}{2}$

(1) $(+8)\div\left(-\dfrac{4}{9}\right)=(+8)\times\left(-\dfrac{9}{4}\right)=-18$

(2) $\left(-\dfrac{2}{5}\right)\div\left(+\dfrac{2}{3}\right)=\left(-\dfrac{2}{5}\right)\times\left(+\dfrac{3}{2}\right)=-\dfrac{3}{5}$

(3) $(+1.2) \div (+0.4) = \left(+\dfrac{6}{5}\right) \div \left(+\dfrac{2}{5}\right)$

$\qquad\qquad\qquad = \left(+\dfrac{6}{5}\right) \times \left(+\dfrac{5}{2}\right) = +3$

(4) $(-3.5) \div \left(-\dfrac{1}{5}\right) = \left(-\dfrac{7}{2}\right) \times (-5) = +\dfrac{35}{2}$

4 답 (1) -1 (2) 4 (3) $-\dfrac{16}{27}$ (4) $\dfrac{4}{5}$ (5) $\dfrac{16}{15}$ (6) $\dfrac{1}{12}$

(1) $(-24) \div 6 \times \dfrac{1}{4} = (-24) \times \dfrac{1}{6} \times \dfrac{1}{4}$

$\qquad\qquad\qquad = -\left(24 \times \dfrac{1}{6} \times \dfrac{1}{4}\right) = -1$

(2) $(-8) \div (-4) \div \dfrac{1}{2} = (-8) \times \left(-\dfrac{1}{4}\right) \times 2$

$\qquad\qquad\qquad = +\left(8 \times \dfrac{1}{4} \times 2\right) = 4$

(3) $\left(-\dfrac{8}{15}\right) \div \left(-\dfrac{9}{4}\right) \div \left(-\dfrac{2}{5}\right) = \left(-\dfrac{8}{15}\right) \times \left(-\dfrac{4}{9}\right) \times \left(-\dfrac{5}{2}\right)$

$\qquad\qquad\qquad\qquad\qquad = -\left(\dfrac{8}{15} \times \dfrac{4}{9} \times \dfrac{5}{2}\right) = -\dfrac{16}{27}$

(4) $\dfrac{1}{3} \times (-0.9) \div \left(-\dfrac{3}{8}\right) = \dfrac{1}{3} \times \left(-\dfrac{9}{10}\right) \times \left(-\dfrac{8}{3}\right)$

$\qquad\qquad\qquad\qquad = +\left(\dfrac{1}{3} \times \dfrac{9}{10} \times \dfrac{8}{3}\right) = \dfrac{4}{5}$

(5) $\left(-\dfrac{3}{10}\right) \times (-2)^3 \div \dfrac{9}{4} = \left(-\dfrac{3}{10}\right) \times (-8) \times \dfrac{4}{9}$

$\qquad\qquad\qquad\qquad = +\left(\dfrac{3}{10} \times 8 \times \dfrac{4}{9}\right) = \dfrac{16}{15}$

(6) $\left(-\dfrac{1}{3}\right)^2 \div \left(-\dfrac{2}{5}\right) \times \left(-\dfrac{3}{10}\right) = \dfrac{1}{9} \times \left(-\dfrac{5}{2}\right) \times \left(-\dfrac{3}{10}\right)$

$\qquad\qquad\qquad\qquad\qquad = +\left(\dfrac{1}{9} \times \dfrac{5}{2} \times \dfrac{3}{10}\right) = \dfrac{1}{12}$

5 답 (1) 32 (2) $\dfrac{4}{5}$ (3) -2 (4) -6

(1) $(-3) \times (-9) + 5 = 27 + 5 = 32$

(2) $\dfrac{1}{2} - \left(-\dfrac{1}{8}\right) \div \dfrac{5}{12} = \dfrac{1}{2} - \left(-\dfrac{1}{8}\right) \times \dfrac{12}{5} = \dfrac{1}{2} - \left(-\dfrac{3}{10}\right)$

$\qquad\qquad\qquad\qquad = \dfrac{5}{10} + \dfrac{3}{10} = \dfrac{4}{5}$

(3) $-\dfrac{3}{2} \times 4 + \dfrac{1}{3} \div \dfrac{1}{12} = -6 + \dfrac{1}{3} \times 12 = -6 + 4 = -2$

(4) $-3 \times (1 - 2^2) \div \left(-\dfrac{3}{2}\right) = -3 \times (1 - 4) \div \left(-\dfrac{3}{2}\right)$

$\qquad\qquad\qquad\qquad = -3 \times (-3) \times \left(-\dfrac{2}{3}\right)$

$\qquad\qquad\qquad\qquad = -\left(3 \times 3 \times \dfrac{2}{3}\right) = -6$

6 답 (1) 계산 순서: ㉢, ㉣, ㉡, ㉤, ㉠ (또는 ㉢, ㉣, ㉤, ㉡, ㉠)

　　　계산 결과: -3

(2) 계산 순서: ㉢, ㉣, ㉡, ㉠, ㉤

　　　계산 결과: -5

(1) $28 - \{6 + (-3)^2 \times 4 - 11\} = 28 - (6 + 9 \times 4 - 11)$

$\qquad\qquad\qquad\qquad\qquad = 28 - (6 + 36 - 11)$

$\qquad\qquad\qquad\qquad\qquad = 28 - 31 = -3$

(2) $2 \times \left[\dfrac{1}{2} - \left\{\dfrac{3}{5} \div \left(-\dfrac{3}{10}\right) + 1\right\}\right] - 8$

$\quad = 2 \times \left[\dfrac{1}{2} - \left\{\dfrac{3}{5} \times \left(-\dfrac{10}{3}\right) + 1\right\}\right] - 8$

$\quad = 2 \times \left[\dfrac{1}{2} - \{(-2) + 1\}\right] - 8$

$\quad = 2 \times \left(\dfrac{1}{2} + 1\right) - 8$

$\quad = 2 \times \dfrac{3}{2} - 8 = 3 - 8 = -5$

7 답 ⑤

③ $-0.2\left(=-\dfrac{1}{5}\right)$의 역수는 -5이다.

⑤ $3.5\left(=\dfrac{7}{2}\right)$의 역수는 $\dfrac{2}{7}$이고, $-\dfrac{2}{7}$의 역수는 $-\dfrac{7}{2}$이다.

따라서 두 수가 서로 역수가 아닌 것은 ⑤이다.

8 답 ②, ⑤

① $(-20) \div (-4) = +(20 \div 4) = +5$

② $(-144) \div (+12) = -(144 \div 12) = -12$

③ $(+14) \div \left(-\dfrac{7}{3}\right) = (+14) \times \left(-\dfrac{3}{7}\right) = -\left(14 \times \dfrac{3}{7}\right) = -6$

④ $\left(+\dfrac{3}{10}\right) \div \left(+\dfrac{3}{2}\right) = \left(+\dfrac{3}{10}\right) \times \left(+\dfrac{2}{3}\right)$

$\qquad\qquad\qquad\qquad = +\left(\dfrac{3}{10} \times \dfrac{2}{3}\right) = +\dfrac{1}{5}$

⑤ $\left(-\dfrac{3}{5}\right) \div (+15) = \left(-\dfrac{3}{5}\right) \times \left(+\dfrac{1}{15}\right)$

$\qquad\qquad\qquad\qquad = -\left(\dfrac{3}{5} \times \dfrac{1}{15}\right) = -\dfrac{1}{25}$

따라서 계산 결과가 옳지 않은 것은 ②, ⑤이다.

9 답 $-\dfrac{1}{8}$

$A = \left(-\dfrac{8}{9}\right) \div (-0.5) \times \left(-\dfrac{3}{2}\right)^4 = \left(-\dfrac{8}{9}\right) \div \left(-\dfrac{1}{2}\right) \times \dfrac{81}{16}$

$\quad = \left(-\dfrac{8}{9}\right) \times (-2) \times \dfrac{81}{16} = +\left(\dfrac{8}{9} \times 2 \times \dfrac{81}{16}\right) = 9$

$B = \left(-\dfrac{3}{10}\right)^2 \div (-3)^3 \div \dfrac{6}{25} = \dfrac{9}{100} \div (-27) \div \dfrac{6}{25}$

$\quad = \dfrac{9}{100} \times \left(-\dfrac{1}{27}\right) \times \dfrac{25}{6} = -\left(\dfrac{9}{100} \times \dfrac{1}{27} \times \dfrac{25}{6}\right) = -\dfrac{1}{72}$

$\therefore A \times B = 9 \times \left(-\dfrac{1}{72}\right) = -\dfrac{1}{8}$

10 답 27

$3 + \left[\left\{\left(-\dfrac{3}{5}\right)^2 - 1\right\} \times \dfrac{5}{8} + (-2)\right] \times (-10)$

$= 3 + \left\{\left(\dfrac{9}{25} - 1\right) \times \dfrac{5}{8} + (-2)\right\} \times (-10)$

$= 3 + \left\{\left(-\dfrac{16}{25}\right) \times \dfrac{5}{8} + (-2)\right\} \times (-10)$

$= 3 + \left\{\left(-\dfrac{2}{5}\right) + (-2)\right\} \times (-10)$

$= 3 + \left(-\dfrac{12}{5}\right) \times (-10)$

$= 3 + 24 = 27$

3 문자의 사용과 식

개념18 문자의 사용
·28~29쪽

1 답 (1) $6a$ (2) $-2xy$ (3) $0.1ah$ (4) $7(x+y)$
　　(5) $-a+5b$ (6) $z^3-4(x-y)$

2 답 (1) $-\dfrac{7}{x}$ (2) $\dfrac{2b}{9}$ (3) $-\dfrac{x}{3y}$ (4) $\dfrac{x}{7yz}$
　　(5) $\dfrac{9(a-3)}{b}$ (6) $\dfrac{a}{7}-\dfrac{c}{b}$

(1) $(-7)\div x=(-7)\times\dfrac{1}{x}=-\dfrac{7}{x}$

(2) $2b\div9=2b\times\dfrac{1}{9}=\dfrac{2b}{9}$

(3) $x\div(-3)\div y=x\times\left(-\dfrac{1}{3}\right)\times\dfrac{1}{y}=-\dfrac{x}{3y}$

(4) $x\div y\div7\div z=x\times\dfrac{1}{y}\times\dfrac{1}{7}\times\dfrac{1}{z}=\dfrac{x}{7yz}$

(5) $(a-3)\div b\div\dfrac{1}{9}=(a-3)\times\dfrac{1}{b}\times9=\dfrac{9(a-3)}{b}$

(6) $a\div7-c\div b=a\times\dfrac{1}{7}-c\times\dfrac{1}{b}=\dfrac{a}{7}-\dfrac{c}{b}$

3 답 (1) $\dfrac{ab}{5}$ (2) $-\dfrac{3a}{b}$ (3) $\dfrac{xz}{1+y}$ (4) $\dfrac{x}{y}-2x$ (5) $a^2-\dfrac{b}{2}$

(1) $a\div5\times b=a\times\dfrac{1}{5}\times b=\dfrac{ab}{5}$

(2) $a\times(-3)\div b=a\times(-3)\times\dfrac{1}{b}=-\dfrac{3a}{b}$

(3) $x\div(1+y)\times z=x\times\dfrac{1}{1+y}\times z=\dfrac{xz}{1+y}$

(4) $x\div y+x\times(-2)=x\times\dfrac{1}{y}-2x=\dfrac{x}{y}-2x$

(5) $a\times a-b\div2=a^2-b\times\dfrac{1}{2}=a^2-\dfrac{b}{2}$

4 답 (1) $500a$원 (2) $3000-x\times5$, $(3000-5x)$원
　　(3) $x\div10$, $\dfrac{x}{10}$원 (4) $2\times x$, $2x$점
　　(5) $x\times4+y\times2$, $(4x+2y)$개 (6) $y\times3+5$, $(3y+5)$세
　　(7) $a\times3-b\times2$, $3a-2b$ (8) $10\times a+8$, $10a+8$
　　(9) $2\times(x+y)$, $2(x+y)$cm (10) $x\times x\times x$, x^3cm³
　　(11) $y\times2$, $2y$km (12) $15\div a$, $\dfrac{15}{a}$시간
　　(13) $x\times\dfrac{7}{100}$, $\dfrac{7}{100}x$마리
　　(14) $4000-4000\times\dfrac{a}{100}$, $(4000-40a)$원

5 답 ②, ⑤

① $(-2)\times(a+b)=-2(a+b)$

③ $2\times(x+y)\div3=\dfrac{2(x+y)}{3}$

④ $4x\div\dfrac{3}{5}y=4x\times\dfrac{5}{3y}=\dfrac{20x}{3y}$

따라서 옳은 것은 ②, ⑤이다.

6 답 ③, ⑤

① $10a+b-12$

② $10\,\text{mm}$는 $1\,\text{cm}$이므로 길이가 $x\,\text{cm}$인 끈을 $10\,\text{mm}$ 사용하고 남은 끈의 길이는 $(x-1)\,\text{cm}$

④ $5a\times5a\times h=25a^2h(\text{cm}^3)$

⑤ x원의 $10\,\%$는 $x\times\dfrac{10}{100}=\dfrac{1}{10}x(원)$이므로 원가가 x원인 물건에 $10\,\%$ 이익을 붙인 정가는
$$x+\dfrac{1}{10}x=\dfrac{11}{10}x(원)$$

따라서 옳은 것은 ③, ⑤이다.

개념19 대입과 식의 값
·30~31쪽

1 답 (1) 0, 7 (2) 3, 1 (3) $\dfrac{1}{2}$, 6 (4) -4, 15

2 답 (1) 7 (2) 14 (3) 0 (4) $\dfrac{9}{4}$ (5) -4
　　(6) 3 (7) $\dfrac{1}{2}$ (8) 0 (9) -2 (10) $\dfrac{9}{2}$

(1) $3x+1=3\times2+1=6+1=7$

(2) $-3a+5=-3\times(-3)+5=9+5=14$

(3) $-\dfrac{1}{2}x+\dfrac{1}{4}=-\dfrac{1}{2}\times\dfrac{1}{2}+\dfrac{1}{4}=-\dfrac{1}{4}+\dfrac{1}{4}=0$

(4) $x-\dfrac{7}{x}=4-\dfrac{7}{4}=\dfrac{9}{4}$

(5) $a^2+5a=(-4)^2+5\times(-4)=16-20=-4$

(6) $2a+b=2\times2+(-1)=4-1=3$

(7) $\dfrac{3}{4}xy=\dfrac{3}{4}\times(-4)\times\left(-\dfrac{1}{6}\right)=\dfrac{1}{2}$

(8) $-x-3y=-(-1)-3\times\dfrac{1}{3}=1-1=0$

(9) $ab+b^2=3\times(-2)+(-2)^2=-6+4=-2$

(10) $-\dfrac{1}{2}x^2+\dfrac{1}{5}y^2=-\dfrac{1}{2}\times(-1)^2+\dfrac{1}{5}\times5^2=-\dfrac{1}{2}+5=\dfrac{9}{2}$

3 답 (1) -1 (2) 13 (3) 5 (4) 2

(1) $\dfrac{1}{a}+\dfrac{1}{b}=1\div\dfrac{1}{2}+1\div\left(-\dfrac{1}{3}\right)$
　　$=1\times2+1\times(-3)=2-3=-1$

(2) $\dfrac{2}{a}-\dfrac{3}{b}=2\div\dfrac{1}{2}-3\div\left(-\dfrac{1}{3}\right)$
　　$=2\times2-3\times(-3)=4+9=13$

(3) $4a^2-24ab=4\times\left(\dfrac{1}{2}\right)^2-24\times\dfrac{1}{2}\times\left(-\dfrac{1}{3}\right)=1+4=5$

(4) $12(a+b)=12\times\left\{\dfrac{1}{2}+\left(-\dfrac{1}{3}\right)\right\}=12\times\dfrac{1}{6}=2$

4 답 5, 5, 7000, 7000

5 답 ④

① $2a+1=2\times(-3)+1=-6+1=-5$

② $5-a=5-(-3)=5+3=8$

③ $-a+7=-(-3)+7=3+7=10$

④ $-a^2=-(-3)^2=-9$

⑤ $\dfrac{a-2}{3}=\dfrac{-3-2}{3}=-\dfrac{5}{3}$

따라서 식의 값이 가장 작은 것은 ④이다.

6 답 ㉁, -96

처음으로 틀린 부분은 ㉁이다.

이를 바르게 계산하면

$-6x^2=-6\times(-4)^2=-6\times16=-96$

7 답 ②

$6xy-9y^2=6\times1\times\left(-\dfrac{1}{3}\right)-9\times\left(-\dfrac{1}{3}\right)^2$

$=-2-1=-3$

8 답 ①

$0.9(h-100)$에 $h=170$을 대입하면

$0.9\times(170-100)=0.9\times70=63(\text{kg})$

따라서 키가 170 cm인 사람의 표준 몸무게는 63 kg이다.

개념 **20** 다항식 / 일차식 ·32쪽

1 답 (1) -7, x^2, xy　(2) $\dfrac{ab}{2}$, 0

(1) $\dfrac{y-1}{2}=\dfrac{y}{2}-\dfrac{1}{2}$이므로 다항식이다.

2 답 풀이 참조

(1)

다항식	$7a-3b+\dfrac{4}{3}$	$-5a+9b$
항	$7a$, $-3b$, $\dfrac{4}{3}$	$-5a$, $9b$
상수항	$\dfrac{4}{3}$	0
a의 계수	7	-5
b의 계수	-3	9

(2)

다항식	$4x^2+2x-3$	$10x^2+\dfrac{1}{2}$
항	$4x^2$, $2x$, -3	$10x^2$, $\dfrac{1}{2}$
상수항	-3	$\dfrac{1}{2}$
x^2의 계수	4	10
x의 계수	2	0

3 답 풀이 참조

다항식	$\dfrac{x}{8}-6$	$-2x^2+3x+5$
차수	$\dfrac{x}{8}$의 차수: 1	$-2x^2$의 차수: 2 $3x$의 차수: 1
다항식의 차수	1	2
일차식이면 ○, 아니면 ×	○	×

4 답 ③

① 항은 $\dfrac{x^2}{3}$, $2x$, -5의 3개이다.

③ $2x$의 차수는 1이다.

따라서 옳지 않은 것은 ③이다.

5 답 ①, ③

② 다항식의 차수가 2이므로 일차식이 아니다.

④ 분모에 문자가 있는 항이 있으므로 다항식이 아니다.

　즉, 일차식이 아니다.

⑤ 상수항은 일차식이 아니다.

따라서 일차식은 ①, ③이다.

개념 **21** 일차식과 수의 곱셈, 나눗셈 ·33쪽

1 답 (1) $15x$　(2) $-20x$　(3) $-12a$　(4) $3a$

(5) $6x$　(6) $-4y$　(7) $-63b$　(8) $3a$

(7) $7b\div\left(-\dfrac{1}{9}\right)=7b\times(-9)=-63b$

(8) $\left(-\dfrac{2}{5}a\right)\div\left(-\dfrac{2}{15}\right)=\left(-\dfrac{2}{5}a\right)\times\left(-\dfrac{15}{2}\right)=3a$

2 답 (1) $6x+20$　(2) $-10x+45$　(3) $21a+9$

(4) $15-10b$　(5) $\dfrac{1}{3}-\dfrac{2}{3}x$　(6) $-2a-3$

(7) $4y+1$　(8) $-\dfrac{21}{5}b+\dfrac{1}{4}$

(1) $2(3x+10)=2\times3x+2\times10$

$=6x+20$

(2) $-5(2x-9)=-5\times2x-5\times(-9)$

$=-10x+45$

(3) $(7a+3)\times3=7a\times3+3\times3$

$=21a+9$

(4) $(-3+2b)\times(-5)=-3\times(-5)+2b\times(-5)$

$=15-10b$

(5) $(5-10x)\div15=(5-10x)\times\dfrac{1}{15}$

$=5\times\dfrac{1}{15}-10x\times\dfrac{1}{15}$

$=\dfrac{1}{3}-\dfrac{2}{3}x$

(6) $(6a+9) \div (-3) = (6a+9) \times \left(-\dfrac{1}{3}\right)$

$\qquad = 6a \times \left(-\dfrac{1}{3}\right) + 9 \times \left(-\dfrac{1}{3}\right)$

$\qquad = -2a-3$

(7) $\left(y+\dfrac{1}{4}\right) \div \dfrac{1}{4} = \left(y+\dfrac{1}{4}\right) \times 4$

$\qquad = y \times 4 + \dfrac{1}{4} \times 4$

$\qquad = 4y+1$

(8) $\left(-14b+\dfrac{5}{6}\right) \div \dfrac{10}{3} = \left(-14b+\dfrac{5}{6}\right) \times \dfrac{3}{10}$

$\qquad = -14b \times \dfrac{3}{10} + \dfrac{5}{6} \times \dfrac{3}{10}$

$\qquad = -\dfrac{21}{5}b + \dfrac{1}{4}$

3 답 ②, ⑤

① $(-14) \times (-y) = 14y$

③ $18x \div (-3) = 18x \times \left(-\dfrac{1}{3}\right) = -6x$

④ $12x \div \left(-\dfrac{1}{4}\right) = 12x \times (-4) = -48x$

⑤ $\left(-\dfrac{9}{2}y\right) \div \dfrac{3}{4} = \left(-\dfrac{9}{2}y\right) \times \dfrac{4}{3} = -6y$

따라서 옳은 것은 ②, ⑤이다.

4 답 ②

$(49x-4) \times \dfrac{1}{7} = 49x \times \dfrac{1}{7} - 4 \times \dfrac{1}{7}$

$\qquad = 7x - \dfrac{4}{7}$

따라서 $a=7$, $b=-\dfrac{4}{7}$이므로

$ab = 7 \times \left(-\dfrac{4}{7}\right) = -4$

개념 22 · 동류항의 계산

•34쪽

1 답 (1) $2x$와 $3x$, -1과 4 (2) $-5x$와 x

$\qquad$ (3) $\dfrac{1}{3}y$와 $-y$ (4) $\dfrac{3}{4}a$와 a, $-\dfrac{3}{4}$과 9

2 답 (1) 8, $11x$ (2) -9, $-a$ (3) 7, 2, $5y$

$\qquad$ (4) 2, 10, 5, $-3b$

3 답 (1) $17a$ (2) $-7x$ (3) $-2b$ (4) 0

$\qquad$ (5) $-2a-6$ (6) $12x-14y$

(3) $11b-(-7b)-20b = 11b+7b-20b$

$\qquad = (11+7-20)b = -2b$

(4) $\dfrac{2}{3}y - \dfrac{1}{2}y - \dfrac{1}{6}y = \left(\dfrac{4}{6} - \dfrac{3}{6} - \dfrac{1}{6}\right)y = 0$

(5) $a-2-3a-4 = a-3a-2-4$

$\qquad = (1-3)a + (-2-4)$

$\qquad = -2a-6$

(6) $5x-y+7x-13y = 5x+7x-y-13y$

$\qquad = (5+7)x + (-1-13)y$

$\qquad = 12x-14y$

4 답 ㄱ, ㄹ, ㅁ

$-3x$와 문자와 차수가 각각 같은 항이 있는 다항식은

ㄱ. $x-3$, ㄹ. $y+5x$, ㅁ. x^2-x이다.

5 답 ⑤

① $2a$와 5는 동류항이 아니므로 간단히 할 수 없다.

② $x+x = 2x$

③ $3a-4a = -a$

④ $\dfrac{1}{2}x + \dfrac{1}{3}x = \dfrac{5}{6}x$

따라서 옳은 것은 ⑤이다.

개념 23 · 일차식의 덧셈과 뺄셈

•35~36쪽

1 답 (1) $6x-20$ (2) $11a+13$ (3) $3y-2$ (4) $-a+12$

$\qquad$ (5) $2x-4$ (6) $2b+6$ (7) $x+2$ (8) $2a-2$

(4) $(5a+9)-(6a-3) = 5a+9-6a+3$

$\qquad = -a+12$

(5) $(7x+2)-(5x+6) = 7x+2-5x-6$

$\qquad = 2x-4$

(6) $(-2b+5)-(-4b-1) = -2b+5+4b+1$

$\qquad = 2b+6$

(8) $\left(\dfrac{5}{3}a - \dfrac{3}{4}\right) - \left(-\dfrac{1}{3}a + \dfrac{5}{4}\right) = \dfrac{5}{3}a - \dfrac{3}{4} + \dfrac{1}{3}a - \dfrac{5}{4}$

$\qquad = 2a-2$

2 답 (1) $6x+5$ (2) $8a-13$ (3) $-2b+23$ (4) -5

$\qquad$ (5) $6x+35$ (6) $-a+\dfrac{1}{2}$ (7) $8x-6$ (8) $\dfrac{7}{3}x+\dfrac{1}{2}$

(1) $2(x+4)+(4x-3) = 2x+8+4x-3$

$\qquad = 6x+5$

(2) $3(2a-5)+2(a+1) = 6a-15+2a+2$

$\qquad = 8a-13$

(3) $(b+2)-3(b-7) = b+2-3b+21$

$\qquad = -2b+23$

(4) $-(10a+7)+2(5a+1)=-10a-7+10a+2$
$$=-5$$

(5) $3(-2x+9)-4(-3x-2)=-6x+27+12x+8$
$$=6x+35$$

(6) $\frac{1}{2}(4a-3)+\frac{1}{3}(6-9a)=2a-\frac{3}{2}+2-3a$
$$=-a+\frac{1}{2}$$

(7) $-5(-x+1)-\frac{1}{2}(-6x+2)=5x-5+3x-1$
$$=8x-6$$

(8) $2\left(\frac{3}{2}x-\frac{5}{8}\right)-3\left(\frac{2}{9}x-\frac{7}{12}\right)=3x-\frac{5}{4}-\frac{2}{3}x+\frac{7}{4}$
$$=\frac{7}{3}x+\frac{1}{2}$$

3 답 (1) $-6x+10$ (2) $5x-8$ (3) $6x+11$
  (4) $x+2$ (5) $9x+13$ (6) $x+1$

(1) $\boxed{}=-5x+8-(x-2)$
$$=-5x+8-x+2=-6x+10$$

(2) $\boxed{}=x-7-(-4x+1)$
$$=x-7+4x-1=5x-8$$

(3) $\boxed{}=11x-4-5(x-3)$
$$=11x-4-5x+15=6x+11$$

(4) $\boxed{}=-x+1+(2x+1)$
$$=-x+1+2x+1=x+2$$

(5) $\boxed{}=3x+4-(-6x-9)$
$$=3x+4+6x+9=9x+13$$

(6) $\boxed{}=-x-\frac{1}{3}+\frac{2}{3}(3x+2)$
$$=-x-\frac{1}{3}+2x+\frac{4}{3}=x+1$$

4 답 (1) $-$ (2) $-x+7$ (3) $2x+5$

(2) (어떤 다항식)$=-4x+9+(3x-2)$
$$=-4x+9+3x-2$$
$$=-x+7$$

(3) 바르게 계산한 식은
$-x+7+(3x-2)=-x+7+3x-2$
$$=2x+5$$

5 답 (1) $+$ (2) $11x+5$ (3) $7x+11$

(2) (어떤 다항식)$=15x-1-(4x-6)$
$$=15x-1-4x+6$$
$$=11x+5$$

(3) 바르게 계산한 식은
$11x+5-(4x-6)=11x+5-4x+6$
$$=7x+11$$

6 답 -8

$\frac{3}{4}(4x-8)+(6x-4)\times\left(-\frac{5}{2}\right)$
$$=3x-6-15x+10$$
$$=-12x+4$$
따라서 x의 계수는 -12, 상수항은 4이므로 구하는 합은
$-12+4=-8$

7 답 $5x+1$

어떤 다항식을 $\boxed{}$라 하면
$(3x+4)+\boxed{}=x+7$
$\therefore \boxed{}=x+7-(3x+4)$
$$=x+7-3x-4$$
$$=-2x+3$$
따라서 바르게 계산한 식은
$(3x+4)-(-2x+3)=3x+4+2x-3$
$$=5x+1$$

개념 **24** **복잡한 일차식의 덧셈과 뺄셈** •37쪽

1 답 (1) x, 7, 4, $\frac{12}{7}$ (2) $\frac{11}{6}a+\frac{7}{6}$
  (3) $-\frac{3}{5}x+\frac{1}{15}$ (4) $-\frac{7}{12}y-\frac{1}{6}$

(2) $\frac{3a-1}{2}+\frac{a+5}{3}=\frac{3}{2}a-\frac{1}{2}+\frac{1}{3}a+\frac{5}{3}$
$$=\frac{9}{6}a+\frac{2}{6}a-\frac{3}{6}+\frac{10}{6}$$
$$=\frac{11}{6}a+\frac{7}{6}$$

(3) $\frac{2x-3}{5}-\frac{3x-2}{3}=\frac{2}{5}x-\frac{3}{5}-x+\frac{2}{3}$
$$=\frac{2}{5}x-\frac{5}{5}x-\frac{9}{15}+\frac{10}{15}$$
$$=-\frac{3}{5}x+\frac{1}{15}$$

(4) $\frac{3y+4}{12}-\frac{5y+3}{6}=\frac{3}{12}y+\frac{1}{3}-\frac{5}{6}y-\frac{1}{2}$
$$=\frac{3}{12}y-\frac{10}{12}y+\frac{2}{6}-\frac{3}{6}$$
$$=-\frac{7}{12}y-\frac{1}{6}$$

2 답 (1) $2x$, x, x, $-3x$ (2) $-2a+5$
  (3) $5x+2$ (4) $5y-45$

(2) $a+\{2-3(a-1)\}=a+(2-3a+3)$
$$=a+(-3a+5)$$
$$=a-3a+5$$
$$=-2a+5$$

(3) $3(x+1)-\{2x+(1-4x)\}=3x+3-(2x+1-4x)$
$\qquad\qquad\qquad\qquad\quad=3x+3-(-2x+1)$
$\qquad\qquad\qquad\qquad\quad=3x+3+2x-1$
$\qquad\qquad\qquad\qquad\quad=5x+2$

(4) $-5[y+2(y-2)-\{3+4(y-4)\}]$
$\quad=-5\{y+2y-4-(3+4y-16)\}$
$\quad=-5\{3y-4-(4y-13)\}$
$\quad=-5(3y-4-4y+13)$
$\quad=-5(-y+9)$
$\quad=5y-45$

3 답 (1) ㉡ (2) $-\dfrac{11}{24}x+\dfrac{47}{24}$

(1), (2) $\dfrac{3x+5}{8}+\dfrac{7}{6}x-\dfrac{2(3x-2)}{3}$ 를 계산하면 다음과 같다.

$\dfrac{3x+5}{8}+\dfrac{7}{6}x-\dfrac{2(3x-2)}{3}$

$=\dfrac{3(3x+5)}{24}+\dfrac{28}{24}x-\dfrac{16(3x-2)}{24}$ ⟩㉠

$=\dfrac{9x+15+28x-48x+32}{24}$ ⟩㉡

$=\dfrac{-11x+47}{24}$ ⟩㉢

$=-\dfrac{11}{24}x+\dfrac{47}{24}$ ⟩㉣

따라서 처음으로 틀린 곳은 ㉡이다.

4 답 -1

$5x-[4x-2-\{3x-(5x+1)\}]$
$=5x-\{4x-2-(3x-5x-1)\}$
$=5x-\{4x-2-(-2x-1)\}$
$=5x-(4x-2+2x+1)$
$=5x-(6x-1)$
$=5x-6x+1$
$=-x+1$
따라서 $a=-1$, $b=1$이므로
$ab=-1\times1=-1$

1 답 (1) $2x+5=7$ (2) $x-13=21$ (3) $850x+2500=5900$
$\qquad$ (4) $6x=42$ (5) $60x=240$

(1) 어떤 수 x의 2배에 5를 더하면 / 7과 같다.
$\qquad\quad\underbrace{\qquad\qquad\qquad}_{2x+5}\quad\underbrace{\quad}_{=}\ \underbrace{}_{7}$
$\quad\Rightarrow 2x+5=7$

(2) 선생님의 나이 x세에서 수아의 나이 13세를 빼면 / 21세이다.
$\qquad\underbrace{\qquad\qquad\qquad\qquad\qquad}_{x-13}\qquad\underbrace{}_{=}\ \underbrace{}_{21}$
$\quad\Rightarrow x-13=21$

(3) 한 권에 850원인 공책 x권과 한 자루에 500원인 볼펜 5자루
$\qquad\qquad\underbrace{\qquad\qquad\qquad\qquad\qquad\qquad}_{850x+2500}$
를 사고 지불한 금액은 / 5900원이다.
$\qquad\qquad\qquad\qquad\underbrace{}_{=}\ \underbrace{}_{5900}$
$\quad\Rightarrow 850x+2500=5900$

(4) 가로의 길이가 6 cm, 세로의 길이가 x cm인 직사각형의 넓
$\qquad\qquad\qquad\qquad\qquad\qquad\underbrace{}_{6x}$
이는 / 42 cm²이다.
$\ \underbrace{}_{=}\ \underbrace{}_{42}$
$\quad\Rightarrow 6x=42$

(5) 시속 60 km로 x시간 동안 이동한 거리는 / 240 km이다.
$\qquad\underbrace{}_{60x}\qquad\qquad\qquad\qquad\underbrace{}_{=}\ \underbrace{}_{240}$
$\quad\Rightarrow 60x=240$

2 답 풀이 참조

(1)

x의 값	$4x-1$의 값	-5	참 / 거짓
-1	$4\times(-1)-1=-5$	-5	참
0	$4\times0-1=-1$	-5	거짓
1	$4\times1-1=3$	-5	거짓

$\Rightarrow$ 해: $x=-1$

(2)

x의 값	$5x-2$의 값	$3x$의 값	참 / 거짓
-1	$5\times(-1)-2=-7$	$3\times(-1)=-3$	거짓
0	$5\times0-2=-2$	$3\times0=0$	거짓
1	$5\times1-2=3$	$3\times1=3$	참

$\Rightarrow$ 해: $x=1$

3 답 (1) ○ (2) × (3) ○ (4) ×

(1) $x+1=0$에 $x=-1$을 대입하면
$\quad-1+1=0$

(2) $3x=2x+1$에 $x=0$을 대입하면
$\quad3\times0\neq2\times0+1$

(3) $-(x+1)=2$에 $x=-3$을 대입하면
$\quad-(-3+1)=2$

(4) $7x-8=9x-10$에 $x=-2$를 대입하면
$\quad7\times(-2)-8\neq9\times(-2)-10$

4 답 (1) 표는 풀이 참조, × (2) 표는 풀이 참조, ○

(1)

x의 값	$x-3$의 값	$3-x$의 값	참 / 거짓
0	$0-3=-3$	$3-0=3$	거짓
1	$1-3=-2$	$3-1=2$	거짓
2	$2-3=-1$	$3-2=1$	거짓
3	$3-3=0$	$3-3=0$	참

(2)

x의 값	$4x$의 값	$6x-2x$의 값	참 / 거짓
0	$4\times0=0$	$6\times0-2\times0=0$	참
1	$4\times1=4$	$6\times1-2\times1=4$	참
2	$4\times2=8$	$6\times2-2\times2=8$	참
3	$4\times3=12$	$6\times3-2\times3=12$	참

5 답 (1) × (2) ○ (3) ○ (4) × (5) ○

(1) (좌변)≠(우변)이므로 항등식이 아니다.

(2) (좌변)=(우변)이므로 항등식이다.

(3) (좌변)$=5x+3x=8x$

따라서 (좌변)=(우변)이므로 항등식이다.

(4) (좌변)$=4(x-1)=4x-4$

따라서 (좌변)≠(우변)이므로 항등식이 아니다.

(5) (좌변)$=2(x+1)=2x+2$

따라서 (좌변)=(우변)이므로 항등식이다.

6 답 ②, ⑤

② 밑변의 길이가 x, 높이가 y인 삼각형의 넓이는 / 6이다.

$$\underset{\frac{1}{2}xy}{} \quad = \quad \underset{6}{}$$

$\Rightarrow \dfrac{1}{2}xy=6$

⑤ 시속 x km로 4시간 동안 달린 거리는 / 30 km이다.

$$\underset{4x}{} \quad = \quad \underset{30}{}$$

$\Rightarrow 4x=30$

7 답 ③

① $3(x+2)=0$에 $x=2$를 대입하면 $3(2+2)\neq0$

② $x-3=-4$에 $x=1$을 대입하면 $1-3\neq-4$

③ $5-2x=7$에 $x=-1$을 대입하면 $5-2\times(-1)=7$

④ $\dfrac{1}{3}x-1=1$에 $x=0$을 대입하면 $\dfrac{1}{3}\times0-1\neq1$

⑤ $2x-3=6-x$에 $x=-3$을 대입하면

$2\times(-3)-3\neq6-(-3)$

따라서 [ ] 안의 수가 주어진 방정식의 해인 것은 ③이다.

8 답 ⑤

① (좌변)≠(우변)이므로 항등식이 아니다.

② (좌변)≠(우변)이므로 항등식이 아니다.

③ (우변)$=3(2x+1)=6x+3$

즉, (좌변)≠(우변)이므로 항등식이 아니다.

④ (좌변)≠(우변)이므로 항등식이 아니다.

⑤ (우변)$=2x-(x+1)=2x-x-1=x-1$

즉, (좌변)=(우변)이므로 항등식이다.

따라서 항등식인 것은 ⑤이다.

9 답 (1) $a=2$, $b=1$ (2) $a=5$, $b=-3$ (3) $a=-1$, $b=1$

(3) $1-ax=x+b$가 x에 대한 항등식이려면

$-a=1$, $1=b$이어야 하므로 $a=-1$, $b=1$

참고 $ax+b=cx+d$가 x에 대한 항등식이다.

➡ $a=c$, $b=d$

개념 26 등식의 성질 · 40~41쪽

1 답 (1) 2 (2) 4 (3) 5 (4) 3 (5) 2

(1) $a=b$의 양변에 2를 더하면 $a+\boxed{2}=b+2$

(2) $a=b$의 양변에서 4를 빼면 $a-4=b-\boxed{4}$

(3) $a=b$의 양변에 5를 곱하면 $5a=\boxed{5}b$

(4) $a=b$의 양변을 3으로 나누면 $a\div3=b\div\boxed{3}$

(5) $a=b$의 양변을 2로 나누면 $\dfrac{a}{2}=\dfrac{b}{\boxed{2}}$

2 답 (1) 7 (2) 3 (3) 4 (4) 3 (5) 3

(1) $2a=b$의 양변에 7을 더하면 $2a+\boxed{7}=b+7$

(2) $2a=b$의 양변에서 3을 빼면 $2a-3=b-\boxed{3}$

(3) $2a=b$의 양변을 4로 나누면

$\dfrac{2a}{4}=\dfrac{b}{\boxed{4}}$ ∴ $\dfrac{a}{2}=\dfrac{b}{\boxed{4}}$

(4) $2a=b$의 양변에 -1을 곱하면

$-2a=-b$

$-2a=-b$의 양변에 3을 더하면

$-2a+3=-b+\boxed{3}$

(5) $2a=b$의 양변에 3을 곱하면

$6a=\boxed{3}b$

$6a=\boxed{3}b$의 양변에서 9를 빼면

$6a-9=\boxed{3}b-9$

3 답 (1) × (2) ○ (3) ○ (4) ○

(5) × (6) ○ (7) × (8) ○

(1) $a=b$의 양변에 3을 더하면

$a+3=b+3$

(2) $a=b$의 양변에 -1을 곱하면

$-a=-b$

$-a=-b$의 양변에 3을 더하면

$-a+3=-b+3$

(3) $a-11=b-11$의 양변에 11을 더하면

$a-11+11=b-11+11$ ∴ $a=b$

(4) $3a=3b$의 양변을 3으로 나누면

$\dfrac{3a}{3}=\dfrac{3b}{3}$ ∴ $a=b$

(5) $\dfrac{a}{3}=\dfrac{b}{5}$의 양변에 15를 곱하면

$5a=3b$

(6) $a+5=3b+5$의 양변에서 5를 빼면

$a+5-5=3b+5-5$ ∴ $a=3b$

(7) $a=-b$의 양변에 3을 곱하면

$3a=-3b$

$3a=-3b$의 양변에 2를 더하면

$3a+2=-3b+2$

(8) $a=2b$의 양변에서 2를 빼면

$a-2=2b-2$ ∴ $a-2=2(b-1)$

4 답 (1) 2, 2, 2, 3 (2) 4, 4, 4, 48 (3) 5, 5, 5, 4
　　　(4) 1, 1, 4, 2, 4, 2
　　　(5) 5, 5, -12, 3, -12, -4

5 답 (1) $x=-3$ (2) $x=-6$ (3) $x=-2$ (4) $x=16$

(1) $-3x=9$의 양변을 -3으로 나누면

$\dfrac{-3x}{-3}=\dfrac{9}{-3}$ ∴ $x=-3$

(2) $x+4=-2$의 양변에서 4를 빼면

$x+4-4=-2-4$ ∴ $x=-6$

(3) $-5x-4=6$의 양변에 4를 더하면

$-5x-4+4=6+4$, $-5x=10$

$-5x=10$의 양변을 -5로 나누면

$\dfrac{-5x}{-5}=\dfrac{10}{-5}$ ∴ $x=-2$

(4) $\dfrac{3}{4}x-6=6$의 양변에 6을 더하면

$\dfrac{3}{4}x-6+6=6+6$, $\dfrac{3}{4}x=12$

$\dfrac{3}{4}x=12$의 양변에 $\dfrac{4}{3}$를 곱하면

$\dfrac{3}{4}x\times\dfrac{4}{3}=12\times\dfrac{4}{3}$ ∴ $x=16$

6 답 ③, ④

① $a=b$의 양변에 4를 더하면

$a+4=b+4$

② $a=-b$의 양변에서 3을 빼면

$a-3=-b-3$

③ $a=3b$의 양변에서 3을 빼면

$a-3=3b-3$ ∴ $a-3=3(b-1)$

④ $a=2b$의 양변에 $\dfrac{3}{2}$을 곱하면

$\dfrac{3}{2}a=3b$

⑤ $2a-1=-2b+1$의 양변에 1을 더하면

$2a=-2b+2$

$2a=-2b+2$의 양변을 2로 나누면

$a=-b+1$

따라서 옳은 것은 ③, ④이다.

7 답 (개) ㄷ, (내) ㄴ, (대) ㄹ

(개) 양변에 9를 곱한다. ⇨ ㄷ

(내) 양변에서 3을 뺀다. ⇨ ㄴ

(대) 양변을 2로 나눈다. ⇨ ㄹ

개념 27　이항 / 일차방정식　　•42쪽

1 답 (1) $x=6-2$ (2) $2x=-7+6$ (3) $x+3x=12$
　　　(4) $2x-3x=4$ (5) $3x-2x=3-1$ (6) $5x-x=6+2$
　　　(7) $5x+x=3-4$ (8) $6x+4x=5+8$

2 답 (1) ○ (2) × (3) ○ (4) × (5) × (6) ○

(1) $3x-4=2x$에서 $3x-4-2x=0$

∴ $x-4=0$

따라서 일차방정식이다.

(2) 등식이 아니므로 일차방정식이 아니다.

(3) $2x+5=2+5x$에서 $2x+5-2-5x=0$

∴ $-3x+3=0$

따라서 일차방정식이다.

(4) $4(x+2)=4x+2$에서 $4x+8=4x+2$

$4x+8-4x-2=0$ ∴ $6=0$

따라서 일차방정식이 아니다.

(5) x^2과 같이 차수가 2인 항이 있으므로 일차방정식이 아니다.

(6) $x^2-3x+1=x^2$에서 $x^2-3x+1-x^2=0$

∴ $-3x+1=0$

따라서 일차방정식이다.

3 답 ⑤

① $x-2=-7$에서 -2를 이항하면

$x=-7+2$

② $-3x=5x-16$에서 $5x$를 이항하면

$-3x-5x=-16$

③ $2x-1=3$에서 -1을 이항하면

$2x=3+1$

④ $3x-6=2x-6$에서 -6, $2x$를 각각 이항하면

$3x-2x=-6+6$

⑤ $6x+9=5x+2$에서 9, $5x$를 각각 이항하면

$6x-5x=2-9$

따라서 바르게 이항한 것은 ⑤이다.

4 답 ㄱ, ㄴ

이항하여 정리한 식이 (x에 대한 일차식)=0이면 일차방정식이다.

ㄱ. $-2x+5=6+2x$에서 $-2x+5-6-2x=0$
   $\therefore -4x-1=0$

ㄴ. $2x^2+3x=1+2(x^2-1)$에서 $2x^2+3x=1+2x^2-2$
   $2x^2+3x=2x^2-1$, $2x^2+3x-2x^2+1=0$
   $\therefore 3x+1=0$

ㄷ. $x^2-3x=8-x^2$에서 $x^2-3x-8+x^2=0$
   $\therefore 2x^2-3x-8=0$

따라서 일차방정식은 ㄱ, ㄴ이다.

5 답 $a\neq-4$

$4x-3=2-ax$에서 $4x-3-2+ax=0$
$\therefore (4+a)x-5=0$
이 식이 x에 대한 일차방정식이 되려면 $4+a\neq0$이어야 하므로 $a\neq-4$

개념 **28** 일차방정식의 풀이 •43쪽

1 답 (1) $x=4$ (2) $x=2$ (3) $x=-3$ (4) $x=1$

(1) $3x-4=8$에서 $3x=8+4$
   $3x=12$ $\therefore x=4$

(2) $-2x-1=-5$에서 $-2x=-5+1$
   $-2x=-4$ $\therefore x=2$

(3) $x=12+5x$에서 $x-5x=12$
   $-4x=12$ $\therefore x=-3$

(4) $-8x=-2x-6$에서 $-8x+2x=-6$
   $-6x=-6$ $\therefore x=1$

2 답 (1) $x=-18$ (2) $x=-3$ (3) $x=\dfrac{5}{2}$
   (4) $x=-2$ (5) $x=4$ (6) $x=-11$

(1) $x-6=2x+12$에서 $x-2x=12+6$
   $-x=18$ $\therefore x=-18$

(2) $7x-2=4x-11$에서 $7x-4x=-11+2$
   $3x=-9$ $\therefore x=-3$

(3) $3x+1=11-x$에서 $3x+x=11-1$
   $4x=10$ $\therefore x=\dfrac{5}{2}$

(4) $5-10x=19-3x$에서 $-10x+3x=19-5$
   $-7x=14$ $\therefore x=-2$

(5) $-x+4=3x-12$에서 $-x-3x=-12-4$
   $-4x=-16$ $\therefore x=4$

(6) $-6x+15=-8x-7$에서 $-6x+8x=-7-15$
   $2x=-22$ $\therefore x=-11$

---

3 답 (1) $x=3$ (2) $x=5$ (3) $x=-3$
   (4) $x=-4$ (5) $x=1$

(1) $4(2x-1)=20$에서 $8x-4=20$
   $8x=24$ $\therefore x=3$

(2) $5(x+2)=7x$에서 $5x+10=7x$
   $-2x=-10$ $\therefore x=5$

(3) $-(9+7x)=-4x$에서 $-9-7x=-4x$
   $-3x=9$ $\therefore x=-3$

(4) $5x+6=2(x-3)$에서 $5x+6=2x-6$
   $3x=-12$ $\therefore x=-4$

(5) $5-2(2x+3)=2x-7$에서 $5-4x-6=2x-7$
   $-4x-1=2x-7$, $-6x=-6$ $\therefore x=1$

4 답 ③

① $x-8=-x$에서 $2x=8$ $\therefore x=4$

② $-3x+2=-10x+30$에서
   $7x=28$ $\therefore x=4$

③ $4(2x+3)=3x-8$에서 $8x+12=3x-8$
   $5x=-20$ $\therefore x=-4$

④ $x-19=3(x-9)$에서 $x-19=3x-27$
   $-2x=-8$ $\therefore x=4$

⑤ $3(x+2)=2(2x+1)$에서 $3x+6=4x+2$
   $-x=-4$ $\therefore x=4$

따라서 해가 나머지 넷과 다른 하나는 ③이다.

5 답 (1) $x=5$ (2) 2

(1) $3(1-2x)=8-7x$에서
   $3-6x=8-7x$ $\therefore x=5$

(2) $ax+5=2(x+a)+1$에 $x=5$를 대입하면
   $5a+5=2(5+a)+1$
   $5a+5=10+2a+1$
   $3a=6$ $\therefore a=2$

개념 **29** 복잡한 일차방정식의 풀이 •44쪽

1 답 (1) $x=-2$ (2) $x=2$ (3) $x=11$ (4) $x=-\dfrac{3}{2}$

(1) $0.3x+1=0.4$의 양변에 10을 곱하면
   $3x+10=4$, $3x=-6$ $\therefore x=-2$

(2) $0.1x-0.2=-2.4x+4.8$의 양변에 10을 곱하면
   $x-2=-24x+48$, $25x=50$ $\therefore x=2$

(3) $0.07x-0.1=0.05x+0.12$의 양변에 100을 곱하면
   $7x-10=5x+12$, $2x=22$ $\therefore x=11$

(4) $1.1x+2.7=0.3(3x+8)$의 양변에 10을 곱하면
   $11x+27=3(3x+8)$, $11x+27=9x+24$
   $2x=-3$ $\therefore x=-\dfrac{3}{2}$

2 답 (1) $x=1$ (2) $x=-1$ (3) $x=\dfrac{42}{5}$ (4) $x=\dfrac{5}{2}$

(1) $\dfrac{2x-1}{2}=\dfrac{x+1}{4}$의 양변에 4를 곱하면

$2(2x-1)=x+1$, $4x-2=x+1$

$3x=3$ $\therefore x=1$

(2) $\dfrac{2-x}{3}=\dfrac{3x+9}{6}$의 양변에 6을 곱하면

$2(2-x)=3x+9$, $4-2x=3x+9$

$-5x=5$ $\therefore x=-1$

(3) $\dfrac{2}{7}x-1=\dfrac{1}{6}x$의 양변에 42를 곱하면

$12x-42=7x$, $5x=42$ $\therefore x=\dfrac{42}{5}$

(4) $\dfrac{2}{5}x=\dfrac{7}{10}x-\dfrac{3}{4}$의 양변에 20을 곱하면

$8x=14x-15$, $-6x=-15$ $\therefore x=\dfrac{5}{2}$

3 답 (1) $x=3$ (2) $x=1$ (3) $x=3$

(1) $0.2x-\dfrac{1}{5}=0.4$에서

$\dfrac{1}{5}x-\dfrac{1}{5}=\dfrac{2}{5}$

양변에 5를 곱하면

$x-1=2$ $\therefore x=3$

(2) $\dfrac{2x+4}{3}-1.5=0.5x$에서

$\dfrac{2x+4}{3}-\dfrac{3}{2}=\dfrac{1}{2}x$

양변에 6을 곱하면

$2(2x+4)-9=3x$

$4x+8-9=3x$

$4x-1=3x$ $\therefore x=1$

(3) $0.8x-\dfrac{3}{4}=\dfrac{2}{5}x+0.45$에서

$\dfrac{4}{5}x-\dfrac{3}{4}=\dfrac{2}{5}x+\dfrac{9}{20}$

양변에 20을 곱하면

$16x-15=8x+9$

$8x=24$ $\therefore x=3$

4 답 ②

$0.6x-0.14=0.2(x-2)$의 양변에 100을 곱하면

$60x-14=20(x-2)$

$60x-14=20x-40$

$40x=-26$ $\therefore x=-\dfrac{13}{20}$

5 답 $x=-\dfrac{8}{3}$

$0.3(x-2)=\dfrac{3x+1}{5}$에서

$\dfrac{3}{10}(x-2)=\dfrac{3x+1}{5}$

양변에 10을 곱하면

$3(x-2)=2(3x+1)$

$3x-6=6x+2$

$-3x=8$ $\therefore x=-\dfrac{8}{3}$

개념 **30** 일차방정식의 활용 (1)
•45~48쪽

1 답 (1) $x+8=3x$, $x=4$

(2) $2(x-4)=5x+1$, $x=-3$

(1) 어떤 수 x에 8을 더한 수는 / 어떤 수 x의 3배와 같다.
　　$x+8$　　　　　　　　$3x$

$\Rightarrow x+8=3x$에서

$-2x=-8$ $\therefore x=4$

(2) 어떤 수 x에서 4를 뺀 수의 2배는 / 어떤 수 x의 5배보다 1만
　$2(x-4)$　　　　　　　　$5x+1$

큼 크다.

$\Rightarrow 2(x-4)=5x+1$에서

$2x-8=5x+1$

$-3x=9$ $\therefore x=-3$

2 답 (1) $x-1$, $x+1$ (2) $(x-1)+x+(x+1)=30$

(3) $x=10$ (4) 9, 10, 11

(2), (3) $(x-1)+x+(x+1)=30$에서

$3x=30$ $\therefore x=10$

(4) 가운데 수가 10이므로 연속하는 세 자연수는 9, 10, 11이다.

3 답 (1) $10x+8$ (2) $10x+8=4(x+8)+6$

(3) $x=5$ (4) 58

(2), (3) $10x+8=4(x+8)+6$에서

$10x+8=4x+32+6$

$6x=30$ $\therefore x=5$

(4) 구하는 자연수는 십의 자리의 숫자가 5, 일의 자리의 숫자가

8이므로 58이다.

4 답 (1) $(x+9)$세 (2) $(x+9)+x=19$

(3) $x=5$ (4) 언니: 14세, 동생: 5세

(2), (3) $(x+9)+x=19$에서

$2x+9=19$

$2x=10$ $\therefore x=5$

(4) 동생의 나이가 5세이므로 언니의 나이는 $5+9=14$(세)이다.

5 답 (1) $(10-x)$개 (2) $300x+1200(10-x)=6600$

(3) $x=6$ (4) 사탕: 6개, 과자: 4개

(2), (3) $300x+1200(10-x)=6600$에서

$300x+12000-1200x=6600$

$-900x=-5400$ $\therefore x=6$

(4) 사탕을 6개 샀으므로 과자는 $10-6=4$(개) 샀다.

6 탑 (1) 형: $(5000+800x)$원, 동생: $(6800+500x)$원

    (2) $5000+800x=6800+500x$

    (3) $x=6$

    (4) 6일 후

(2), (3) $5000+800x=6800+500x$에서

    $300x=1800$ ∴ $x=6$

7 탑 (1) $(x+4)$ cm (2) $2\{x+(x+4)\}=44$

    (3) $x=9$ (4) 9 cm

(2), (3) (직사각형의 둘레의 길이)

    $=2\{($가로의 길이$)+($세로의 길이$)\}$

이므로

$2\{x+(x+4)\}=44$에서

$2(2x+4)=44$

$4x+8=44,\ 4x=36$ ∴ $x=9$

8 탑 (1) $(x-6)$ cm (2) $\frac{1}{2}\times\{(x-6)+x\}\times5=60$

    (3) $x=15$ (4) 15 cm

(2), (3) (사다리꼴의 넓이)

    $=\frac{1}{2}\times\{($윗변의 길이$)+($아랫변의 길이$)\}\times($높이$)$

이므로

$\frac{1}{2}\times\{(x-6)+x\}\times5=60$에서

$\frac{5}{2}(2x-6)=60,\ 5x-15=60$

$5x=75$ ∴ $x=15$

9 탑 (1) $(6x+10)$개, $(8x-4)$개

    (2) $6x+10=8x-4$

    (3) $x=7$

    (4) 7명, 52개

(2), (3) $6x+10=8x-4$에서

    $-2x=-14$ ∴ $x=7$

(4) 학생 수가 7명이므로 음료수의 개수는

    $6\times7+10=52$(개)

10 탑 (1) 미주: $\frac{1}{15}$, 찬우: $\frac{1}{10}$

    (2) $\left(\frac{1}{15}+\frac{1}{10}\right)x=1$

    (3) $x=6$

    (4) 6일

(1) 전체 일의 양을 1이라 하면 미주, 찬우가 하루에 하는 일의 양

    은 각각 $\frac{1}{15}$, $\frac{1}{10}$이다.

(2), (3) 미주와 찬우가 같이 일한 날수를 x일이라 하면

    $\left(\frac{1}{15}+\frac{1}{10}\right)x=1$에서

    $\frac{1}{6}x=1$ ∴ $x=6$

11 탑 35

연속하는 세 홀수를 $x-2$, x, $x+2$라 하면

$(x-2)+x+(x+2)=99$

$3x=99$

∴ $x=33$

따라서 연속하는 세 홀수는 31, 33, 35이므로 가장 큰 수는

35이다.

12 탑 37

처음 자연수의 십의 자리의 숫자를 x라 하면

처음 자연수는 $10x+7$,

십의 자리의 숫자와 일의 자리의 숫자를 서로 바꾼 수는

$10\times7+x$, 즉 $70+x$이다.

바꾼 수가 처음 수보다 36만큼 크므로

$70+x=(10x+7)+36$

$70+x=10x+43$

$-9x=-27$

∴ $x=3$

따라서 처음 자연수는 37이다.

13 탑 19마리

닭이 x마리가 있다고 하면

소는 $(25-x)$마리가 있으므로

$2x+4(25-x)=62$

$2x+100-4x=62$

$-2x=-38$

∴ $x=19$

따라서 닭은 19마리가 있다.

14 탑 (1) 4 (2) 12 cm

(1) 처음 직사각형의 넓이는 $8\times14=112(\text{cm}^2)$

    가로의 길이를 x cm만큼 늘이고 세로의 길이를 5 cm만큼 줄

    여 새로 만든 직사각형의 가로의 길이는 $(8+x)$ cm, 세로의

    길이는 $14-5=9(\text{cm})$이므로

    $(8+x)\times9=112-4$

    $72+9x=108$

    $9x=36$

    ∴ $x=4$

(2) $x=4$이므로 새로 만든 직사각형의 가로의 길이는

    $8+4=12(\text{cm})$

15 탑 600원

아이스크림 한 개의 가격을 x원이라 하면

$6x+800=8x-400$

$-2x=-1200$

∴ $x=600$

따라서 아이스크림 한 개의 가격은 600원이다.

16 답 8시간

전체 일의 양을 1이라 하면 유나와 유빈이가 한 시간에 하는 일의 양은 각각 $\frac{1}{16}$, $\frac{1}{8}$이다.

유나가 혼자 4시간 동안 한 일의 양은 $\frac{1}{16} \times 4 \left(= \frac{1}{4} \right)$이고,

둘이 같이 x시간 동안 일했다고 하면 둘이 한 일의 양은 $\left(\frac{1}{16} + \frac{1}{8} \right)x$이므로

$$\frac{1}{4} + \left(\frac{1}{16} + \frac{1}{8} \right)x = 1$$

$$\frac{1}{4} + \frac{3}{16}x = 1, \ 4 + 3x = 16$$

$$3x = 12 \qquad \therefore x = 4$$

따라서 유나가 일한 시간은 총 $4 + 4 = 8$(시간)이다.

개념**31** 일차방정식의 활용 (2)
•49쪽

1 답 (1) 풀이 참조 (2) $\frac{x}{2} + \frac{x}{3} = 5$
(3) $x = 6$ (4) 6 km

(1)

	올라갈 때	내려올 때
거리	x km	x km
속력	시속 2 km	시속 3 km
시간	$\frac{x}{2}$시간	$\frac{x}{3}$시간

(2), (3) $\frac{x}{2} + \frac{x}{3} = 5$에서

$3x + 2x = 30$

$5x = 30 \qquad \therefore x = 6$

2 답 (1) 풀이 참조 (2) $\frac{x}{8} + \frac{x+2}{6} = \frac{8}{3}$
(3) $x = 8$ (4) 8 km, 10 km

(1)

	시속 8 km로 갈 때	시속 6 km로 갈 때
거리	x km	$(x+2)$ km
속력	시속 8 km	시속 6 km
시간	$\frac{x}{8}$시간	$\frac{x+2}{6}$시간

(2), (3) 집에서 공원까지 가는 데 걸린 시간은 2시간 40분,

즉 $2\frac{40}{60} = \frac{8}{3}$(시간)이므로

$$\frac{x}{8} + \frac{x+2}{6} = \frac{8}{3}$$

$$3x + 4(x+2) = 64$$

$$3x + 4x + 8 = 64$$

$$7x = 56 \qquad \therefore x = 8$$

(4) 시속 8 km로 간 거리가 8 km이고, 시속 6 km로 간 거리는 $8 + 2 = 10$(km)이다.

---

3 답 3 km

집과 서점 사이의 거리를 x km라 하면

	갈 때	올 때
거리	x km	x km
속력	시속 3 km	시속 4 km
시간	$\frac{x}{3}$시간	$\frac{x}{4}$시간

서점에서 소설책을 구매하는 데 걸린 시간은 15분,

즉 $\frac{15}{60} = \frac{1}{4}$(시간)이므로

$$\frac{x}{3} + \frac{1}{4} + \frac{x}{4} = 2$$

$$4x + 3 + 3x = 24$$

$$7x = 21 \qquad \therefore x = 3$$

따라서 집과 서점 사이의 거리는 3 km이다.

4 답 60 km

두 지점 A, B 사이의 거리를 x km라 하면

	갈 때	올 때
거리	x km	x km
속력	시속 40 km	시속 60 km
시간	$\frac{x}{40}$시간	$\frac{x}{60}$시간

갈 때와 올 때의 시간 차는 30분, 즉 $\frac{30}{60} = \frac{1}{2}$(시간)이므로

$$\frac{x}{40} - \frac{x}{60} = \frac{1}{2}$$

$$3x - 2x = 60 \qquad \therefore x = 60$$

따라서 두 지점 A, B 사이의 거리는 60 km이다.

5 좌표와 그래프

개념 32 순서쌍과 좌표 ·50∼51쪽

1 답 (1) A(-3), B(0), C(2), D(3)

(2) A(-4), B$\left(-\dfrac{1}{2}\right)$, C$\left(\dfrac{5}{2}\right)$, D$\left(\dfrac{11}{3}\right)$

2 답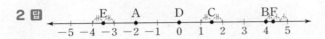

3 답 (1) O$(0, 0)$ (2) A$(3, -2)$ (3) B$(4, 0)$ (4) C$(0, 1)$

4 답 A$(0, 3)$, B$(-2, 1)$, C$(3, -4)$, D$(-3, -3)$

5 답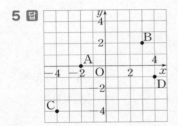

6 답 (1) 그림은 풀이 참조, 12

(2) 그림은 풀이 참조, 12

(3) 그림은 풀이 참조, $\dfrac{35}{2}$

(1) 세 점 A$(3, 2)$, B$(-3, -2)$, C$(3, -2)$를 꼭짓점으로 하는 삼각형 ABC를 좌표평면 위에 그리면 오른쪽 그림과 같다.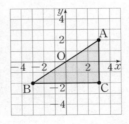
따라서 삼각형 ABC의 넓이는

$\dfrac{1}{2} \times \{3-(-3)\} \times \{2-(-2)\}$

$=\dfrac{1}{2} \times 6 \times 4$

$=12$

(2) 세 점 A$(0, 0)$, B$(-4, -3)$, C$(4, -3)$을 꼭짓점으로 하는 삼각형 ABC를 좌표평면 위에 그리면 오른쪽 그림과 같다.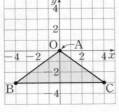
따라서 삼각형 ABC의 넓이는

$\dfrac{1}{2} \times \{4-(-4)\} \times \{0-(-3)\}$

$=\dfrac{1}{2} \times 8 \times 3$

$=12$

(3) 세 점 A$(-3, 3)$, B$(-3, -4)$, C$(2, 2)$를 꼭짓점으로 하는 삼각형 ABC를 좌표평면 위에 그리면 오른쪽 그림과 같다.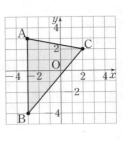
따라서 삼각형 ABC의 넓이는

$\dfrac{1}{2} \times \{3-(-4)\} \times \{2-(-3)\}$

$=\dfrac{1}{2} \times 7 \times 5 = \dfrac{35}{2}$

7 답 (1) 그림은 풀이 참조, 14

(2) 그림은 풀이 참조, 36

(3) 그림은 풀이 참조, 20

(1) 네 점 A$(1, 3)$, B$(1, -4)$, C$(3, -4)$, D$(3, 3)$을 꼭짓점으로 하는 사각형 ABCD를 좌표평면 위에 그리면 오른쪽 그림과 같다.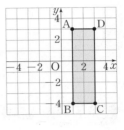
따라서 사각형 ABCD의 넓이는

$(3-1) \times \{3-(-4)\} = 2 \times 7$

$= 14$

(2) 네 점 A$(-3, 3)$, B$(-3, -3)$, C$(3, -3)$, D$(3, 3)$을 꼭짓점으로 하는 사각형 ABCD를 좌표평면 위에 그리면 오른쪽 그림과 같다.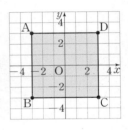
따라서 사각형 ABCD의 넓이는

$\{3-(-3)\} \times \{3-(-3)\}$

$=6 \times 6 = 36$

(3) 네 점 A$(-2, 2)$, B$(-3, -2)$, C$(2, -2)$, D$(3, 2)$를 꼭짓점으로 하는 사각형 ABCD를 좌표평면 위에 그리면 오른쪽 그림과 같다.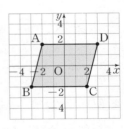
따라서 사각형 ABCD의 넓이는

$\{2-(-3)\} \times \{2-(-2)\}$

$=5 \times 4 = 20$

8 답 -10

두 순서쌍 $\left(\dfrac{1}{2}a, 3\right)$, $(-5, 4b-1)$이 서로 같으므로

$\dfrac{1}{2}a = -5$에서 $a = -10$

$3 = 4b-1$에서 $4b = 4$ ∴ $b = 1$

∴ $ab = -10 \times 1 = -10$

9 답 $a = 6$, $b = \dfrac{1}{3}$

x축 위의 점은 y좌표가 0이므로

$a-6 = 0$ ∴ $a = 6$

y축 위의 점은 x좌표가 0이므로

$1-3b = 0$ ∴ $b = \dfrac{1}{3}$

10 답 30

네 점 A$(-2, 3)$, B$(-3, -3)$,
C$(3, -3)$, D$(2, 3)$을 좌표평면 위에
나타내면 오른쪽 그림과 같이 사각형
ABCD는 사다리꼴이다.
따라서 사각형 ABCD의 넓이는

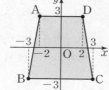

$\dfrac{1}{2} \times [\{2-(-2)\}+\{3-(-3)\}] \times \{3-(-3)\}$

$= \dfrac{1}{2} \times (4+6) \times 6$

$= 30$

개념 33 사분면
•52~53쪽

1 답 풀이 참조

점의 좌표	x좌표의 부호	y좌표의 부호	사분면
A$(-1, 4)$	$-$	$+$	제2사분면
B$(2, 2)$	$+$	$+$	제1사분면
C$(3, -4)$	$+$	$-$	제4사분면
D$(-2, -3)$	$-$	$-$	제3사분면
E$(-3, 2)$	$-$	$+$	제2사분면

2 답 (1) 점 D (2) 점 C, 점 J (3) 점 A, 점 E
   (4) 점 F, 점 G (5) 점 B, 점 H, 점 I

3 답 (1) $-$, $+$, 제2사분면 (2) $+$, $-$, 제4사분면
   (3) $-$, $-$, 제3사분면 (4) $+$, $+$, 제1사분면
   (5) $+$, $-$, 제4사분면

(1) $a<0$, $b>0$이므로 $(a, b) \Rightarrow (-, +)$
   따라서 점 (a, b)는 제2사분면 위의 점이다.
(2) $b>0$, $a<0$이므로 $(b, a) \Rightarrow (+, -)$
   따라서 점 (b, a)는 제4사분면 위의 점이다.
(3) $a<0$, $b>0$에서 $a<0$, $-b<0$이므로
   $(a, -b) \Rightarrow (-, -)$
   따라서 점 $(a, -b)$는 제3사분면 위의 점이다.
(4) $a<0$, $b>0$에서 $-a>0$, $b>0$이므로
   $(-a, b) \Rightarrow (+, +)$
   따라서 점 $(-a, b)$는 제1사분면 위의 점이다.

(5) $a<0$, $b>0$에서 $-a>0$, $-b<0$이므로
   $(-a, -b) \Rightarrow (+, -)$
   따라서 점 $(-a, -b)$는 제4사분면 위의 점이다.

4 답 (1) $-$, $-$, 제3사분면 (2) $-$, $+$, 제2사분면
   (3) $+$, $-$, 제4사분면 (4) $+$, $+$, 제1사분면

점 (a, b)가 제3사분면 위의 점이므로 $a<0$, $b<0$
(1) $b<0$, $a<0$이므로 $(b, a) \Rightarrow (-, -)$
   따라서 점 (b, a)는 제3사분면 위의 점이다.
(2) $a<0$, $-b>0$이므로 $(a, -b) \Rightarrow (-, +)$
   따라서 점 $(a, -b)$는 제2사분면 위의 점이다.
(3) $-a>0$, $b<0$이므로 $(-a, b) \Rightarrow (+, -)$
   따라서 점 $(-a, b)$는 제4사분면 위의 점이다.
(4) $-a>0$, $-b>0$이므로 $(-a, -b) \Rightarrow (+, +)$
   따라서 점 $(-a, -b)$는 제1사분면 위의 점이다.

5 답 (1) 제4사분면 (2) 제2사분면
   (3) 제1사분면 (4) 제3사분면

$ab<0$이므로 a, b의 부호는 다르다.
이때 $a>b$이므로 $a>0$, $b<0$
(1) $a>0$, $b<0$이므로 $(a, b) \Rightarrow (+, -)$
   따라서 점 (a, b)는 제4사분면 위의 점이다.
(2) $b<0$, $a>0$이므로 $(b, a) \Rightarrow (-, +)$
   따라서 점 (b, a)는 제2사분면 위의 점이다.
(3) $a>0$, $-b>0$이므로 $(a, -b) \Rightarrow (+, +)$
   따라서 점 $(a, -b)$는 제1사분면 위의 점이다.
(4) $-a<0$, $b<0$이므로 $(-a, b) \Rightarrow (-, -)$
   따라서 점 $(-a, b)$는 제3사분면 위의 점이다.

6 답 ㅂ, ㅈ
점 $(4, -3)$은 제4사분면 위의 점이므로 제4사분면 위의 점인
것은 ㅂ, ㅈ이다.

7 답 ④
① $b<0$, $a<0$이므로
   점 (b, a)는 제3사분면 위의 점이다.
② $a<0$, $b<0$에서 $a<0$, $ab>0$이므로
   점 (a, ab)는 제2사분면 위의 점이다.
③ $a<0$, $b<0$에서 $-b>0$, $a<0$이므로
   점 $(-b, a)$는 제4사분면 위의 점이다.
④ $a<0$, $b<0$에서 $-a>0$, $-b>0$이므로
   점 $(-a, -b)$는 제1사분면 위의 점이다.
⑤ $a<0$, $b<0$에서 $a+b<0$, $b<0$이므로
   점 $(a+b, b)$는 제3사분면 위의 점이다.
따라서 제1사분면 위의 점은 ④이다.

8 답 제4사분면

점 (a, b)가 제2사분면 위의 점이므로
$a<0$, $b>0$
따라서 $-a>0$, $ab<0$이므로 점 $(-a, ab)$는 제4사분면 위의
점이다.

개념 34 그래프와 그 해석 •54~56쪽

1 답 (1) ㄱ (2) ㄹ (3) ㄷ (4) ㄴ

2 답 (1) ㄱ (2) ㄷ (3) ㄴ

3 답 (1) 600 m (2) 4분 후 (3) 8분 (4) 5분
(3) 멈춰 있는 동안에는 거리의 변화가 없다.
따라서 거리의 변화가 없는 시간은 출발한 지 4분 후부터 12분
후까지이므로 민우가 문구점에 머문 시간은 $12-4=8$(분)이
다.
(4) 민우가 문구점에서 출발하여 집으로 돌아오는 데 걸린 시간은
$17-12=5$(분)이다.

4 답 (1) 1 km (2) 15분 후 (3) 1 km (4) 10분 후
(3) 멈춰 있는 동안에는 거리의 변화가 없다.
집에서 이동한 거리가 처음으로 변화가 없는 때는 그래프가
처음으로 수평일 때이므로 윤아가 처음 멈췄을 때, 집에서 떨
어진 거리는 1 km이다.
(4) 출발한 지 5분 후부터 10분 후까지 거리의 변화가 없다가 10분
후부터 거리의 변화가 있으므로 출발한 후 멈춰 있다가 다시
이동하기 시작한 것은 집에서 출발한 지 10분 후이다.

5 답 ④
급수기를 사용하면 물의 양은 줄어들다가 0이 된다.
물을 채우면 물의 양은 늘어나고 다시 급수기를 사용하면 물의
양은 줄어든다.
따라서 그래프로 알맞은 것은 ④이다.

6 답 (1)-(개) (2)-(대) (3)-(내)
(1) 물통의 아랫부분은 폭이 좁고 일정하고, 윗부분은 폭이 넓고
일정하므로 물의 높이가 처음에는 빠르고 일정하게 증가하다
가 나중에는 느리고 일정하게 증가한다.
따라서 그래프로 알맞은 것은 (개)이다.
(2), (3) 물통의 폭이 일정하므로 물의 높이가 일정하게 증가하고,
물통의 폭이 좁을수록 물의 높이가 빠르게 증가하므로 물통
(2)의 그래프로 알맞은 것은 (대), 물통 (3)의 그래프로 알맞은
것은 (내)이다.

7 답 30 ℃
물을 끓이기 시작한 지 4분 후의 물의 온도는 50 ℃이고,
물을 끓이기 시작한 지 8분 후의 물의 온도는 80 ℃이다.
따라서 구하는 물의 온도의 차는
$80-50=30$(℃)이다.

8 답 ③, ④
③ 연의 지면으로부터의 높이가 4 m가 되는 경우는 총 3번이다.
④ 연의 지면으로부터의 높이가 처음으로 6 m가 되는 것은 연을
날리기 시작한 지 8분 후이다.

6 정비례와 반비례

35 정비례 관계 •57쪽

1 답 (1) 50, 100, 150, 200
　　(2) 정비례한다.
　　(3) $y=50x$

(2) x의 값이 2배, 3배, 4배, …로 변함에 따라 y의 값도 2배, 3배, 4배, …로 변하므로 y는 x에 정비례한다.

(3) y가 x에 정비례하므로 $y=ax$에 $x=1$, $y=50$을 대입하면
　$a=50$　　$\therefore y=50x$

2 답 (1) ○ (2) × (3) ○ (4) × (5) × (6) ○

y가 x에 정비례하면 관계식은 $y=ax\,(a\neq0)$의 꼴이다.

(3) $\dfrac{y}{x}=5$에서 $y=5x$이므로 y가 x에 정비례한다.

(4) $xy=-4$에서 $y=-\dfrac{4}{x}$이므로 y가 x에 정비례하지 않는다.

3 답 (1) $y=2x$, 정비례한다
　　(2) $y=100-10x$, 정비례하지 않는다
　　(3) $y=\dfrac{30}{x}$, 정비례하지 않는다
　　(4) $y=20x$, 정비례한다

y가 x에 정비례하면 관계식은 $y=ax\,(a\neq0)$의 꼴이다.
(1) (거리)=(속력)×(시간)이므로
　$y=2x$
　따라서 y가 x에 정비례한다.

(3) (가로의 길이)×(세로의 길이)=(직사각형의 넓이)이므로
　$xy=30$　　$\therefore y=\dfrac{30}{x}$
　따라서 y가 x에 정비례하지 않는다.

4 답 ④

y가 x에 정비례하면 관계식은 $y=ax\,(a\neq0)$의 꼴이다.
② $xy=2$에서 $y=\dfrac{2}{x}$이므로 y가 x에 정비례하지 않는다.
따라서 y가 x에 정비례하는 것은 ④이다.

5 답 -4

y가 x에 정비례하므로 $y=ax$에 $x=3$, $y=6$을 대입하면
$6=3a$에서 $a=2$
$\therefore y=2x$
따라서 $y=2x$에 $x=-2$를 대입하면
$y=2\times(-2)=-4$

36 정비례 관계의 그래프와 활용 •58～60쪽

1 답 풀이 참조

(1)
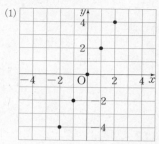

(2)
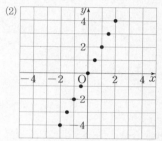

(3)
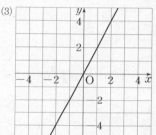

2 답 (1) 0, -3, 2, 4, 아래 /
　　　　그래프는 풀이 참조
　　(2) 0, 1, 1, 3, 위 /
　　　　그래프는 풀이 참조
　　(3) 0, 3, 2, 4, 아래 /
　　　　그래프는 풀이 참조

(1)
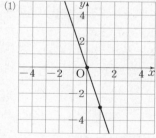

(2)
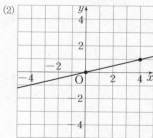

6. 정비례와 반비례 **93**

(3)
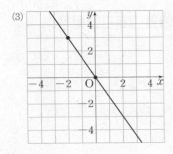

3 답 (1) × (2) ○ (3) × (4) ○

(1) $y=-4x$에 $x=-3$, $y=-12$를 대입하면
$$-12 \neq -4 \times (-3)$$
따라서 점 $(-3, -12)$는 정비례 관계 $y=-4x$의 그래프 위에 있지 않다.

(2) $y=-4x$에 $x=-\frac{1}{2}$, $y=2$를 대입하면
$$2 = -4 \times \left(-\frac{1}{2}\right)$$
따라서 점 $\left(-\frac{1}{2}, 2\right)$는 정비례 관계 $y=-4x$의 그래프 위에 있다.

(3) $y=-4x$에 $x=0$, $y=-4$를 대입하면
$$-4 \neq -4 \times 0$$
따라서 점 $(0, -4)$는 정비례 관계 $y=-4x$의 그래프 위에 있지 않다.

(4) $y=-4x$에 $x=\frac{3}{2}$, $y=-6$을 대입하면
$$-6 = -4 \times \frac{3}{2}$$
따라서 점 $\left(\frac{3}{2}, -6\right)$은 정비례 관계 $y=-4x$의 그래프 위에 있다.

4 답 (1) $y=-x$ (2) $y=\frac{3}{4}x$ (3) $y=-\frac{1}{3}x$

(1) 그래프가 원점을 지나는 직선이므로 $y=ax$라 하고, 점 $(-3, 3)$을 지나므로 $y=ax$에 $x=-3$, $y=3$을 대입하면
$3=a \times (-3)$에서 $a=-1$ ∴ $y=-x$

(2) 그래프가 원점을 지나는 직선이므로 $y=ax$라 하고, 점 $(-4, -3)$을 지나므로 $y=ax$에 $x=-4$, $y=-3$을 대입하면
$-3=a \times (-4)$에서 $a=\frac{3}{4}$ ∴ $y=\frac{3}{4}x$

(3) 그래프가 원점을 지나는 직선이므로 $y=ax$라 하고, 점 $(6, -2)$를 지나므로 $y=ax$에 $x=6$, $y=-2$를 대입하면
$-2=a \times 6$에서 $a=-\frac{1}{3}$ ∴ $y=-\frac{1}{3}x$

5 답 (1) $y=600x$ (2) $3\,\mathrm{km}$

(1) x분 동안 간 거리는 $600x\,\mathrm{m}$이므로
$$y=600x$$

(2) $y=600x$에 $x=5$를 대입하면
$$y=600 \times 5=3000$$
따라서 5분 동안 간 거리는 $3000\,\mathrm{m}$, 즉 $3\,\mathrm{km}$이다.

6 답 (1) $y=3x$ (2) $36\,\mathrm{cm}$

(1) x분 후의 물의 높이는 $3x\,\mathrm{cm}$이므로
$$y=3x$$

(2) $y=3x$에 $x=12$를 대입하면
$$y=3 \times 12=36$$
따라서 물을 넣기 시작한 지 12분 후의 물의 높이는 $36\,\mathrm{cm}$이다.

7 답 (1) $y=12x$ (2) $9\,\mathrm{L}$

(1) $x\,\mathrm{L}$의 휘발유로 달릴 수 있는 거리는 $12x\,\mathrm{km}$이므로
$$y=12x$$

(2) $y=12x$에 $y=108$을 대입하면
$$108=12x \qquad \therefore x=9$$
따라서 $108\,\mathrm{km}$를 가는 데 필요한 휘발유의 양은 $9\,\mathrm{L}$이다.

8 답 ④, ⑤

① 원점을 지난다.
② $y=2x$에 $x=-1$, $y=2$를 대입하면 $2 \neq 2 \times (-1)$이므로 점 $(-1, 2)$를 지나지 않는다.
③ 오른쪽 위로 향하는 직선이다.
따라서 옳은 것은 ④, ⑤이다.

9 답 ②

①, ③, ④, ⑤ 그래프가 제1사분면과 제3사분면을 지난다.
② 그래프가 제2사분면과 제4사분면을 지난다.
따라서 지나는 사분면이 나머지 넷과 다른 하나는 ②이다.

10 답 -8

$y=\frac{4}{3}x$에 $x=-6$, $y=a$를 대입하면
$$a=\frac{4}{3} \times (-6)=-8$$

11 답 ⑤

그래프가 원점을 지나는 직선이므로 $y=ax$라 하고, 점 $(-2, 3)$을 지나므로 $y=ax$에 $x=-2$, $y=3$을 대입하면
$3=-2a$에서 $a=-\frac{3}{2}$ ∴ $y=-\frac{3}{2}x$

$y=-\frac{3}{2}x$에 주어진 점의 좌표를 각각 대입하면
① $6=-\frac{3}{2} \times (-4)$ ② $\frac{3}{2}=-\frac{3}{2} \times (-1)$
③ $\frac{1}{2}=-\frac{3}{2} \times \left(-\frac{1}{3}\right)$ ④ $-3=-\frac{3}{2} \times 2$
⑤ $-6 \neq -\frac{3}{2} \times 6$

따라서 $y=-\frac{3}{2}x$의 그래프가 지나는 점이 아닌 것은 ⑤이다.

12 탑 ④

③, ④ (원의 둘레의 길이)=2×(원주율)×(반지름의 길이)이므로
$y=2\times3.14\times x$, 즉 $y=6.28x$

이때 $\dfrac{y}{x}=6.28$이므로 $\dfrac{y}{x}$의 값은 6.28로 항상 일정하다.

⑤ $y=6.28x$에 $x=2$를 대입하면
$y=6.28\times2=12.56$

즉, 원의 반지름의 길이가 $2\,\text{cm}$일 때, 원의 둘레의 길이는
$12.56\,\text{cm}$이다.

따라서 옳지 않은 것은 ④이다.

개념 **37** 반비례 관계 ·61쪽

1 탑 (1) 36, 18, 12, 9, 1
    (2) 반비례한다.
    (3) $y=\dfrac{36}{x}$

(2) x의 값이 2배, 3배, 4배, …로 변함에 따라 y의 값은 $\dfrac{1}{2}$배,

$\dfrac{1}{3}$배, $\dfrac{1}{4}$배, …로 변하므로 y는 x에 반비례한다.

(3) y가 x에 반비례하므로 $y=\dfrac{a}{x}$에 $x=1$, $y=36$을 대입하면
$36=\dfrac{a}{1}$에서 $a=36$ ∴ $y=\dfrac{36}{x}$

2 탑 (1) × (2) ○ (3) ○ (4) × (5) × (6) ○

y가 x에 반비례하면 관계식은 $y=\dfrac{a}{x}\,(a\neq0)$의 꼴이다.

(2) $xy=5$에서 $y=\dfrac{5}{x}$이므로 y가 x에 반비례한다.

(4) $\dfrac{y}{x}=7$에서 $y=7x$이므로 y가 x에 반비례하지 않는다.

3 탑 (1) $y=\dfrac{50}{x}$, 반비례한다
    (2) $y=3x$, 반비례하지 않는다
    (3) $y=\dfrac{40}{x}$, 반비례한다
    (4) $y=\dfrac{16}{x}$, 반비례한다

y가 x에 반비례하면 관계식은 $y=\dfrac{a}{x}\,(a\neq0)$의 꼴이다.

(2) (삼각형의 넓이)$=\dfrac{1}{2}\times$(밑변의 길이)×(높이)이므로
$y=\dfrac{1}{2}\times x\times6=3x$

따라서 y가 x에 반비례하지 않는다.

(3) (평행사변형의 넓이)=(밑변의 길이)×(높이)이므로
$40=xy$ ∴ $y=\dfrac{40}{x}$

따라서 y가 x에 반비례한다.

(4) (시간)$=\dfrac{\text{(거리)}}{\text{(속력)}}$이므로 $y=\dfrac{16}{x}$

따라서 y가 x에 반비례한다.

4 탑 ④

y가 x에 반비례하면 관계식은 $y=\dfrac{a}{x}\,(a\neq0)$의 꼴이다.

④ $xy=3$에서 $y=\dfrac{3}{x}$이므로 y가 x에 반비례한다.

5 탑 ②, ③

y가 x에 반비례하므로 $y=\dfrac{a}{x}$에 $x=\dfrac{1}{2}$, $y=-16$을 대입하면
$-16=a\div\dfrac{1}{2}$, $-16=a\times2$

$a=-8$ ∴ $y=-\dfrac{8}{x}$

① $y=-\dfrac{8}{x}$에 $y=\dfrac{1}{2}$을 대입하면

$\dfrac{1}{2}=-\dfrac{8}{x}$에서 $x=-16$

② $y=-\dfrac{8}{x}$에 $x=2$를 대입하면
$y=-\dfrac{8}{2}=-4$

③ $y=-\dfrac{8}{x}$에서 $xy=-8$이므로 xy의 값은 -8로 항상 일정하다.

④ x의 값이 2배가 되면 y의 값은 $\dfrac{1}{2}$배가 된다.

⑤ x와 y 사이의 관계를 식으로 나타내면 $y=-\dfrac{8}{x}$이다.

따라서 옳은 것은 ②, ③이다.

개념 **38** 반비례 관계의 그래프와 활용 ·62~64쪽

1 탑 풀이 참조

(1)

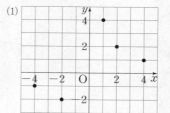

(2)

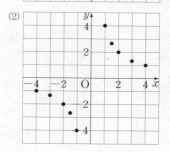

(3)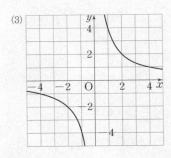

2 답 (1) 1, 4, −4, −1, 2, 4 /
　　　그래프는 풀이 참조
　　(2) −2, −4, 4, 2, 1, 3 /
　　　그래프는 풀이 참조
　　(3) 3, 4, −4, −3, 2, 4 /
　　　그래프는 풀이 참조

(1)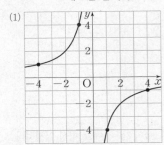

(2)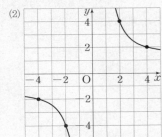

(3)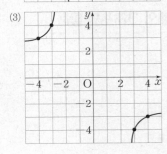

3 답 (1) × (2) × (3) ○ (4) ○

(1) $y=\dfrac{6}{x}$에 $x=-3$, $y=2$를 대입하면 $2\neq\dfrac{6}{-3}$

따라서 점 $(-3,\ 2)$는 반비례 관계 $y=\dfrac{6}{x}$의 그래프 위에 있지 않다.

(2) $y=\dfrac{6}{x}$에 $x=-1$, $y=-\dfrac{1}{6}$을 대입하면 $-\dfrac{1}{6}\neq\dfrac{6}{-1}$

따라서 점 $\left(-1,\ -\dfrac{1}{6}\right)$은 반비례 관계 $y=\dfrac{6}{x}$의 그래프 위에 있지 않다.

(3) $y=\dfrac{6}{x}$에 $x=1$, $y=6$을 대입하면

$6=\dfrac{6}{1}$

따라서 점 $(1,\ 6)$은 반비례 관계 $y=\dfrac{6}{x}$의 그래프 위에 있다.

(4) $y=\dfrac{6}{x}$에 $x=2$, $y=3$을 대입하면

$3=\dfrac{6}{2}$

따라서 점 $(2,\ 3)$은 반비례 관계 $y=\dfrac{6}{x}$의 그래프 위에 있다.

4 답 (1) $y=\dfrac{2}{x}$　(2) $y=-\dfrac{6}{x}$　(3) $y=\dfrac{15}{x}$

(1) 그래프가 원점을 지나지 않는 한 쌍의 매끄러운 곡선이므로

$y=\dfrac{a}{x}$라 하고, 점 $(1,\ 2)$를 지나므로

$y=\dfrac{a}{x}$에 $x=1$, $y=2$를 대입하면

$2=\dfrac{a}{1}$에서 $a=2$　　∴ $y=\dfrac{2}{x}$

(2) 그래프가 원점을 지나지 않는 한 쌍의 매끄러운 곡선이므로

$y=\dfrac{a}{x}$라 하고, 점 $(-2,\ 3)$을 지나므로

$y=\dfrac{a}{x}$에 $x=-2$, $y=3$을 대입하면

$3=\dfrac{a}{-2}$에서 $a=-6$　　∴ $y=-\dfrac{6}{x}$

(3) 그래프가 원점을 지나지 않는 한 쌍의 매끄러운 곡선이므로

$y=\dfrac{a}{x}$라 하고, 점 $\left(4,\ \dfrac{15}{4}\right)$를 지나므로

$y=\dfrac{a}{x}$에 $x=4$, $y=\dfrac{15}{4}$를 대입하면

$\dfrac{15}{4}=\dfrac{a}{4}$에서 $a=15$　　∴ $y=\dfrac{15}{x}$

5 답 (1) $y=\dfrac{12}{x}$　(2) 3조각

(1) (사람 수)×(한 명이 먹은 피자 조각 수)=12(조각)이므로

$xy=12$　　∴ $y=\dfrac{12}{x}$

(2) $y=\dfrac{12}{x}$에 $x=4$를 대입하면 $y=\dfrac{12}{4}=3$

따라서 4명이 똑같이 나누어 먹으면 한 명당 3조각씩 먹을 수 있다.

6 답 (1) $y=\dfrac{20}{x}$　(2) $\dfrac{10}{3}$ cm

(1) (가로의 길이)×(세로의 길이)=(직사각형의 넓이)이므로

$xy=20$　　∴ $y=\dfrac{20}{x}$

(2) $y=\dfrac{20}{x}$에 $x=6$을 대입하면 $y=\dfrac{20}{6}=\dfrac{10}{3}$

따라서 직사각형의 가로의 길이가 6 cm일 때, 세로의 길이는 $\dfrac{10}{3}$ cm이다.

7 답 (1) $y=\dfrac{240}{x}$ (2) 시속 $60\,\text{km}$

(1) (속력)×(시간)=(거리)이므로

$\quad xy=240 \quad \therefore y=\dfrac{240}{x}$

(2) $y=\dfrac{240}{x}$에 $y=4$를 대입하면

$\quad 4=\dfrac{240}{x} \quad \therefore x=60$

따라서 지점 A에서 지점 B까지 가는 데 4시간이 걸렸다면 자동차는 시속 $60\,\text{km}$로 달렸다.

8 답 ②, ⑤

② $y=-\dfrac{4}{x}$에 $x=4$, $y=1$을 대입하면 $1\neq-\dfrac{4}{4}$이므로

점 $(4, 1)$을 지나지 않는다.

⑤ $x<0$일 때, x의 값이 증가하면 y의 값도 증가한다.

9 답 4개

정비례 관계 $y=ax$의 그래프와 반비례 관계 $y=\dfrac{a}{x}$의 그래프는

모두 $a<0$일 때, 제2사분면과 제4사분면을 지난다.

따라서 제4사분면을 지나는 것은

$y=-\dfrac{6}{x}$, $y=-\dfrac{x}{7}$, $y=-\dfrac{15}{x}$, $y=-\dfrac{3}{4}x$

의 4개이다.

10 답 ②

$y=-\dfrac{10}{x}$에 주어진 점의 좌표를 각각 대입하면

① $1=-\dfrac{10}{-10}$ ② $-2\neq-\dfrac{10}{-5}$

③ $10=-\dfrac{10}{-1}$ ④ $-5=-\dfrac{10}{2}$

⑤ $-1=-\dfrac{10}{10}$

따라서 반비례 관계 $y=-\dfrac{10}{x}$의 그래프가 지나는 점이 아닌 것은 ②이다.

11 답 -9

그래프가 원점을 지나지 않는 한 쌍의 매끄러운 곡선이므로

$y=\dfrac{a}{x}$라 하고, 점 $(3, 6)$을 지나므로

$y=\dfrac{a}{x}$에 $x=3$, $y=6$을 대입하면

$6=\dfrac{a}{3}$에서 $a=18 \quad \therefore y=\dfrac{18}{x}$

$y=\dfrac{18}{x}$에 $x=-2$, $y=a$를 대입하면

$a=\dfrac{18}{-2}=-9$

12 답 8장

(가로에 붙인 색종이의 수)×(세로에 붙인 색종이의 수)=120(장)

이므로

$xy=120 \quad \therefore y=\dfrac{120}{x}$

$y=\dfrac{120}{x}$에 $y=15$를 대입하면

$15=\dfrac{120}{x} \quad \therefore x=8$

따라서 가로에 붙인 색종이는 8장이다.

MEMO.

MEMO.

MEMO.